房地产估价

王旭育 编著

同濟大學出版社
TONGJI UNIVERSITY PRESS

内 容 提 要

本书以住房和城乡建设部于2013年6月26日发布的《房地产估价基本术语标准》(GB/T 50899—2013)和2015年4月8日发布的《房地产估价规范》(GB/T 50291—2015)为依据，结合笔者多年房地产相关课程的教学经验和实践成果，系统阐述了房地产估价的理论、方法及应用。共分十二章：第一章至第三章，主要阐述与房地产估价有关的基础知识；第四章至第八章，重点介绍常用的房地产估价方法，如比较法、收益法、成本法、假设开发法和长期趋势法；第九章至第十一章，主要介绍地价评估的一些特有的方法，如路线价法、基准地价修正法、批量估价法；第十二章，介绍房地产估价的相关实务。

本书突出系统性、实用性、前瞻性，将房地产估价理论与实践紧密结合在一起，使读者通过学习，既能掌握一定深度的理论知识，又能提高实际操作能力。本书可作为普通高等院校房地产(方向)、土地资源管理、物业管理、工程管理、城市经济、建筑和规划等专业本科生的教材使用，也可作为房地产估价师考试的参考教材及房地产估价专业人士的学习用书。

图书在版编目(CIP)数据

房地产估价 / 王旭育编著. —上海：同济大学出版社，2021.11

ISBN 978-7-5608-9981-7

Ⅰ. ①房… Ⅱ. ①王… Ⅲ. ①房地产价格—估价—高等学校—教材 Ⅳ. ①F293.35

中国版本图书馆CIP数据核字(2021)第221513号

房地产估价

王旭育 **编著**

责任编辑 姚烨铭 **责任校对** 徐春莲 **封面设计** 张 微

出版发行 同济大学出版社 www.tongjipress.com.cn

(地址：上海市四平路1239号 邮编：200092 电话：021-65985622)

经 销 全国各地新华书店

排 版 南京文脉图文设计制作有限公司

印 刷 常熟市大宏印刷有限公司

开 本 787 mm×1092 mm 1/16

印 张 22.5

字 数 562 000

版 次 2021年11月第1版 2021年11月第1次印刷

书 号 ISBN 978-7-5608-9981-7

定 价 89.00元

目　　录

第一章　房地产估价概论

房地产估价行业是市场经济体系中的一个重要的中介服务行业，是社会经济发展到一定阶段的客观要求和必然产物。房地产估价具有科学性、实践性和公正性，是现代房地产管理、开发经营、投资交易、抵押贷款、课税保险以及企业重组等的基础性工作，在经济活动中占有重要地位。

第一节　房地产估价的含义与特点

一、房地产估价的含义

关于房地产估价的称谓及定义，各个国家以及中国香港、台湾地区都不尽相同。美国大多称为 Real Estate Appraisal，欧洲和英联邦国家大多称为 Property Valuation，日本和韩国通常称为不动产鉴定评价，中国香港地区习惯上称为物业估值或物业估价，中国台湾地区则称为不动产估价。中国内地有人称为房地产评估，但这种称谓不够确切，因为“评估”一词的含义很广，不仅可以包含房地产价值评估，还可以包含房地产质量、功能、投资风险评估，甚至可以包含房地产制度政策评估等，所以更为准确的说法是房地产价值评估，或简称房地产估价。

所谓房地产估价，是指房地产估价机构接受他人的委托，选派注册房地产估价师对房地产的价值或价格进行分析、测算和判断，并提供专业意见的活动。具体地说，它是房地产估价机构接受他人委托，选派注册房地产估价师，为了特定目的，遵循公认的原则，按照严谨的程序，依据有关文件、标准和资料，在合理的假设下，采用科学的方法，对特定房地产在特定时间的特定价值或价格进行分析、测算和判断，并提供专业意见的活动。

上述概念中的房地产估价机构、注册房地产估价师和委托人，统称为估价当事人；特定目的，称为估价目的；公认的原则，称为估价原则；严谨的程序，称为估价程序；依据的有关文件、标准和资料，称为估价依据；合理的假设，称为估价假设；科学的方法，称为估价方法；特定房地产，称为估价对象；特定时间，称为价值时点；特定价值或价格，称为价值类型；分析、测算和判断出的特定价值或价格以及提供的专业意见，称为估价结果。估价当事人、估价目的、估价对象、价值时点、价值类型、估价原则、估价程序、估价依据、估价假设、估价方法和估价结果是房地产估价的要素。其中，估价目的、估价对象、价值时点和价值类型是在分析、测算和判断价值或价格之前需要确定的最主要要素，又称为估价基本事项。

专业房地产估价与非专业房地产估价相比，主要有下列特点：

（1）专业房地产估价是专业机构和专业人员完成的。专业机构是指具备足够数量的专业估价人员，专门从事估价活动的单位。专业估价人员是指具有估价专业知识和实践经验，专门从事估价活动的个人。

（2）专业房地产估价提供的是专业意见。专业估价提供的意见不是用直觉或仅凭经验得出的，而是按照严谨的程序，根据有关资料数据，采用科学的方法，经过审慎的分析、测算和判断得出的，更科学准确、客观合理。

（3）专业房地产估价具有公信力。专业估价是由专业机构和专业人员完成，估价结果较科学准确、客观合理，所以具有证明效力，能使人们信服、认可或接受。

（4）专业房地产估价实行有偿服务。专业估价是接受他人委托而提供的一种有偿服务，要向委托人收取一定的费用。

（5）专业房地产估价要承担法律责任。专业机构和专业人员要对其提供的估价结果及专业意见负责，违反有关规定的，不仅会被责令限期改正，还会依法受到行政处罚，承担民事赔偿责任，甚至被追究刑事责任。

二、房地产估价的特点

为进一步理解和把握房地产估价的内涵，要对房地产估价以下特点加以认识。

（一）房地产估价本质上是评估房地产的价值而不是价格

从理论上讲，价值和价格之间的关系和区别是：价值是物的真实所值，是内在的、客观的和相对稳定的，是价格波动的“中心”；价格是价值的外在表现，围绕着价值而上下波动，是实际发生、已经完成并可以观察到的事实，通常因人而异，时高时低。现实中由于定价决策、个人偏好或者交易者之间的利害关系等原因，时常出现“低值高价”“高值低价”等价格背离价值的情况。因此，为了在表述上更加科学、准确，减少估价的主观随意性，也为了与国际上通行的估价理念和理论一致，我们有必要说明房地产估价本质上是评估房地产的价值而不是价格。

同时需要说明的是，虽然估价本质上是评估价值，而且理论上是价值决定价格，但在实践中一般是通过外在的价格来推测内在的价值。另外，价值和价格的内涵虽然在理论上有严格区分，但由于使用习惯等原因，现实生活中一般不对它们做严格的区分，价值和价格通常可以交换使用。此外，现实中还经常需要通过估价活动为卖方确定要价、为买方确定出价或买卖双方协商成交价等提供服务，并且价值和价格的种类也越来越多，因此，传统的仅对价值进行评估的观念也需要更新。

（二）房地产估价是模拟市场定价而不是代替市场定价

房地产的价值由市场决定，即由众多市场参与者对其价值的判断而形成，而非个别市场参与者的价值判断所决定。因此，房地产估价不应是估价师的主观随意定价，而是估价师模拟大多数市场参与者的定价思维和行为，在充分认识房地产价格形成机制和过程、深入调查房地产市场行情的基础上，通过科学的分析、测算和判断活动，把客观存在的房地产价值揭示出来。换句话说，估价师只是运用自己的专业知识和实践经验去"发现"或"探测"房地产价值，而不是去"发明"或"创造"房地产价值。估价师在具体模拟房地产市场给某个估价对象"定价"时，考虑该估价对象的潜在客户群是如何思考和分析其价格的，即要模拟该估价对象潜在客户群的思维进行估价，避免以自己的偏好来判断，更不应把自己主观想象的某个"价值"强加给估价对象。

（三）房地产估价是提供价值意见而不是做价格保证

人们通常会认为，估价机构和估价师评估出的价值或价格应是在市场上可以实现的，否则就是估价失误，应赔偿损失。实际上，估价是估价机构和估价师以专业机构和专家的身份发表对估价对象价值或价格的专业意见，不应被视为估价机构和估价师对估价对象在市场上可实现价格的保证。但这又不能被认为估价机构和估价师可以随意发表意见，并且可以不负任何责任。

根据提供的专业意见的用途和作用，估价可分为鉴证性估价（或称公证性估价、证据性估价）和咨询性估价（或称参考性估价）。为委托人向第三方证明或说服第三方的估价，即估价报告是给委托人以外的第三方特别是众多的不特定第三方使用，如为证券发行、上市公司关联交易、房屋征收补偿、房地产抵押贷款和人民法院强制拍卖房地产（也称为房地产司法拍卖）提供参考依据的估价，通常属于鉴证性估价。为委托人自己使用而提供的估价，即估价报告是供委托人自己使用，如为委托人购买房地产确定出价、出售房地产确定价格提供参考的估价，通常属于咨询性估价。在这两种不同性质的估价中，估价机构和估价师都要承担一定的法律责任，但鉴证性估价承担的法律责任一般要大于咨询性估价承担的法律责任。

（四）房地产估价难免有误差，但误差应在合理范围内

人们通常认为，不同的估价师对同一估价对象的评估价值应相同，并且为交易提供参考依据的估价，其评估价值是否正确还应通过事后的实际成交价格来检验。但在实际中，不同的估价师对同一估价对象在同一时间的同种价值或价格进行评估，得出的评估价值往往有所不同，而且与实际成交价格常常有差异，甚至差异较大。这就产生了估价准确性问题。估价准确性问题主要包括下列5点：

（1）即使是合格的估价师，也不能得出完全相同的评估价值，只会得出近似的评估价值。因为估价总是在信息不完全和存在不确定因素下作出的，并且不同的估价师掌握的信息也不可能完全相同。

（2）所有的评估价值都有一定程度的误差，即评估价值＝真实价值＋误差。估价对象的真实价值只在理论上存在，实际中不可得知，因此，评估价值有误差是不可避免的。

（3）不能用一般物理量测量的误差标准来要求估价的误差标准，应允许估价有较大的误差，但估价的误差也要适度。在英国和其他英联邦国家，在估价委托人起诉估价师的诉讼中，法官使用的误差范围通常是±10％，有时放宽到±15％，对于难度很大的估价业务甚至放宽到±20％。如果评估价值超出了误差范围，即可认为估价师有"专业疏忽（professional negligence）"。但以误差范围来判断估价的准确性，在英国估价行业内一直存

在争议。尽管如此,估价误差仍要有个度,因此需要确定一个合理的误差范围。

(4) 判断一个评估价值的误差大小或准确性,理论上是将它与真实价值进行比较,实践中一般是将它与合格的估价师的重新估价结果进行比较。

(5) 即使可以用上述方法判断评估价值的误差大小或准确性,但在实际估价鉴定中一般不轻易直接评判一个评估价值的对与错及其误差大小,而是通过检查估价师和估价机构在履行估价程序方面是否有疏漏,以及估价依据是否正确、估价方法是否适用、估价参数是否合理等,间接地对估价结果予以肯定或否定。

为了避免不同的估价师对同一估价对象在同一估价目的、同一时间的估价结果出现较大差异,国际估价组织、区域估价组织以及许多国家和地区的估价组织或政府部门制定了估价标准或规范、准则、规则和办法等。例如,国际估价标准委员会制定了《国际估价标准》(*International Valuation Standards*,IVS),欧洲估价师协会联合会制定了《欧洲估价标准》(*European Valuation Standards*,EVS),美国估价促进会估价标准委员会制定了《专业估价执业统一标准》(*Uniform Standards of Professional Appraisal Practice*,USPAP),英国皇家特许测量师学会制定了《RICS估价标准》(*RICS Valuation Standards*),日本制定了《不动产鉴定评价基准》,中国台湾地区制定了《不动产估价技术规则》,中国香港测量师学会制定了《物业估值准则》(*The HKIS Valuation Standards on Properties*),中国内地制定了《房地产估价规范》(GB/T 50291—2015)、《房地产估价基本术语标准》(GB/T 50899—2013)以及《房地产抵抵押估价指导意见》《国有土地上房屋征收评估办法》等。

(五) 房地产估价既是科学又是艺术

房地产估价建立在科学的估价理论与方法的基础之上,具有科学性。虽然房地产价格受多种因素影响,构成和变化都比较复杂,难以准确地确定,但通过估价人员的长期理论研究与实践探索,总结出了房地产价格形成与变化的基本规律,这些内容构成了房地产估价的基本理论。在这些估价理论的基础之上,又形成了一整套系统而严谨的估价方法及评估步骤,使房地产估价有章可循。另外,在房地产估价过程中还广泛涉及规划、建筑、结构、法律,以及宏观经济等有关理论和知识。因此,房地产估价虽然从现象上来看,是估价人员对房地产价格所作出的推测与判断,但究其实质并不是主观臆断,而是把房地产的客观实在价值通过评估活动正确地反映出来,具有很强的客观性和科学性。

房地产估价必须遵循一套科学严谨的估价理论和方法,但又不能完全拘泥于有关的理论和方法。因为房地产价格形成的因素复杂多变,不是简单地套用某些数学公式就能够计算出来的。房地产估价在一定程度上具有艺术性,主要体现在如下三个方面。

1. 房地产估价人员需要有丰富的经验

房地产估价是一项专业性很强的业务。准确、完整地了解和掌握估价对象离不开估价人员的经验,准确地运用各种估价方法离不开估价人员的经验,合理地确定各项估价参数同样离不开估价人员的经验。因此,估价人员必须具备丰富的经验,才能作出准确合理的判断。

2. 房地产估价需要准确的推理判断能力

丰富的估价经验是顺利评估的前提,在经验基础上所形成的推理判断能力在一定程度上代表着估价师的水平。房地产估价离不开对房地产价格变化趋势的分析，由于房地产价格是在多种因素综合作用下形成与变化的，这就要求估价师具有较强的综合分析与推理判断能力。

3. 房地产估价需要专业的技巧

房地产估价的技巧性一方面体现在估价过程中，另一方面则体现在如何保证评估结果的权威性，保证委托人及有关当事人能够接受合理的评估结论上。在房地产估价过程中，涉及准确核实待估房地产的权利状态，如何以最快的速度拟好估价报告，避免以后出现纠纷，这些问题的处理都需要估价师掌握相应的技巧。

房地产估价体现出科学性与艺术性的高度统一。正因为如此，有人将房地产估价定义为：为特定目的评估房地产的特定权益于特定时间的价值的科学与艺术。

第二节　房地产估价的要素

一、估价当事人

估价当事人是与房地产估价活动有直接关系的单位或个人，包括房地产估价机构、注册房地产估价师和估价委托人。其中，房地产估价机构和注册房地产估价师是估价服务提供者，是估价主体；估价委托人是估价服务的直接需求者和对象。

1. 房地产估价机构

房地产估价机构简称估价机构，是依法设立并取得房地产估价机构资质，从事房地产估价活动的中介服务机构。目前，中国规定房地产估价机构应由自然人出资，以有限责任公司或合伙企业形式设立；法定代表人或执行合伙事务的合伙人（简称执行合伙人）是注册后从事房地产估价工作达 3 年以上的房地产估价师；资质等级由高到低分为一级、二级、三级和暂定期内的三级；不同资质等级房地产估价机构的业务范围根据估价目的划分，应在资质等级许可的业务范围内从事估价业务，但不受地域范围的限制；房地产估价报告应由房地产估价机构出具。

2. 注册房地产估价师

房地产估价师是通过全国房地产估价师执业资格考试或资格认定、资格互认，取得房地产估价师执业资格的人员。其中，经过执业注册，从事房地产估价活动的房地产估价师，称为注册房地产估价师，简称估价师。一名合格的房地产估价师应具有房地产估价方面的扎实的专业知识、丰富的实践经验和良好的职业道德。

目前，中国规定注册房地产估价师应受聘于一个房地产估价机构，在同一时间只能在一个房地产估价机构从事房地产估价业务；不得以个人名义承揽房地产估价业务，应由所在的房地产估价机构统一接受委托和收费。

3. 估价委托人

估价委托人简称委托人，是委托房地产估价机构为其提供估价服务的单位或个人。委托人委托估价、取得估价报告的目的可能是给自己使用，如人民法院委托的司法拍卖估价报告是人民法院自己用于确定拍卖保留价；也可能是给特定的第三方使用，如借款人委托的抵押估价报告是借款人提供给贷款人（如商业银行）使用；还可能是给不特定的第三方使用，如上市公司委托的关联交易估价报告是上市公司披露给社会公众使用。不论估价报告是给谁使用，委托人都应向估价机构如实提供其知悉的估价所需资料，如估价对象的权属证明、有关会计报表等，并对其提供的资料的合法性、真实性、准确性和完整性负责，有义务协助估价师对估价对象进行实地查勘及搜集估价所需资料，不得非法干预估价机构和估价师的估价行为和估价结果。

二、估价目的

估价目的是估价委托人对估价报告的预期用途。根据房地产估价的不同需要，相应的估价目的可分为：房地产抵押、税收、征收、征用、司法拍卖、分家析产、损害赔偿、保险、转让、租赁和建设用地使用权出让，企业改制、上市、资产重组、产权转让、租赁、合资、合作、对外投资、合并、分立及清算，等等。在实际估价中，应根据委托人的具体需要尽量对上述估价目的进行细分或做进一步说明。例如，房地产征收估价可分为国有土地上房屋征收评估和集体土地征收评估；国有土地上房屋征收评估又可以根据估价对象，分为被征收房屋价值评估和用于产权调换房屋价值评估等。房地产转让估价可以根据转让方式，分为买卖、互换、以房地产作价入股、以房地产出资设立企业和以房地产抵偿债务等估价。建设用地使用权出让估价可以根据服务对象，分为出让人需要的估价和用地者需要的估价；根据出让方式，分为招标、拍卖、挂牌和协议出让估价。

不同的估价目的将影响估价结果，因为估价目的不同，价值时点、估价对象、价值类型以及估价原则、估价依据等都有可能不同。例如，房地产在买卖、抵押之前已出租，买卖、抵押时带有租赁期未届满的租赁合同，这种房地产称为有租约限制的房地产、带租约的房地产或已出租的房地产。如果是为房地产买卖、抵押目的评估这种房地产价值，就应考虑租赁合同约定的租金与市场租金差异的影响。但如果是为房屋征收目的而估价，则不考虑房屋租赁因素的影响，应视为无租约限制的房屋来估价。此外，估价目的还限制了估价报告的用途。针对某种估价目的得出的估价结果，不能盲目地套用于与其不相符的用途。因此，估价师在估价中应始终谨记估价目的。

三、估价对象

估价对象也称为被估价房地产，当其为租赁权、地役权等房屋所有权和土地使用权以外的房地产权利时，也称为被估价权益，是所估价的房地产等财产或相关权益。估价对象由委托人和估价目的双重决定。

房地产虽然在理论上只有土地、建筑物、土地与建筑物的综合体（简称“房地”）三种基本存在形态，但现实中的估价对象是丰富多彩、复杂多样的。除了房屋、构筑物、土地等常见的估价对象以外，未建房地产（期房）、在建房地产或在建工程，也可以成为估价对象；还有因民事纠纷或理赔等原因，要求对已经灭失的房地产，如已被拆除或损毁的房屋进行的估价。房地产估价中也可能含有房地产以外的、作为房地产附属财产的价值，如为宾馆、商店、餐馆、汽车加油站和高尔夫球场等交易提供价值参考依据而进行的估价，其评估价值除了包含该建筑物及其占用范围内的土地的价值，通常还包含房地产以外的其他财产，如家具、电器、货架和机器设备等的价值，甚至包含特许经营权、商誉、客户基础、员工队伍和债权债务等的价值，即以房地产为主的整体资产价值评估，或称为企业价值评估。此外，估价对象还可能是房地产的某个局部，如某幢房屋中的某个楼层，某幢住宅楼中的某套住房。估价对象还可能是房地产的现在状况与过去状况的差异部分，如在预售商品房的情况下销售方提前装饰装修的部分，在房屋租赁的情况下承租人装饰装修的部分。

概括起来，房地产估价对象有房屋、构筑物、土地、在建房地产、未建房地产、已灭失房地产、以房地产为主的整体资产及整体资产中的房地产等财产或相关权益。

四、价值时点

价值时点是所评估的估价对象价值或价格对应的某一特定时间。不同的估价专业、不同的国家和地区，对价值时点的称谓不尽相同。如，资产评估专业一般称为评估基准日，土地估价专业一般称为估价期日。评估基准日、估价期日在字面上容易使人误解为估价工作的时间，因此称价值时点更为准确。

由于同一估价对象在不同的时间会有不同的价值或价格，所以估价时必须搞清楚是评估估价对象在哪个时间的价值或价格，即确定价值时点。但价值时点不是随意确定的，而应根据估价目的来确定。它可能是现在、过去或将来的某个时间，通常为某个日期。需要指出的是，确定价值时点应在前，得出评估价值应在后。有关价值时点的确定等内容，见本书第三章第一节“价值时点原则”。

五、价值类型

价值类型是所评估的估价对象的某种特定价值或价格，包括价值或价格的名称、定义或内涵。估价虽然通常讲是评估估价对象的价值或价格，但因价值和价格的种类很多，每种价值和价格的内涵不同，而且即使是同一估价对象，在同一时间，其不同种类的价值和价格的大小通常也不相同，所以具体到某个估价项目时，就不能笼统地讲是评估估价对象的价值或价格，而必须明确是评估哪种价值或价格。在一个估价项目中，价值类型不是随意确定的，应根据估价目的来确定。

同一估价对象在同一时间的某种价值和价格，是该估价对象在相应估价目的特定条件下形成的正常值，理论上它是唯一的。例如，同一房地产在买卖情况下，虽然实际的成交价格有高有低，但客观上有其正常的买卖价格；在征收情况下，虽然实际的补偿金额可能有多有少，但客观上有其合理的补偿金额；在抵押情况下，虽然不同的抵押权人或抵押人对抵押价值的大小有不同的见解，但客观上有其正常的抵押价值。而上述正常的买卖价格、合理的补偿金额、正常的抵押价值，彼此之间可能是不相同的。

根据价值的前提或内涵等实质内容来划分价值的类型，主要有市场价值、投资价值、谨慎价值、快速变现价值、现状价值和残余价值。其中，市场价值是最基本、最常用的价值类型。有关价值类型的详细内容，见本书第二章第二节“房地产价格的种类”。

六、估价原则

估价原则是估价活动所依据的法则或标准。它是人们在估价的反复实践和理论探索中，在认识价格形成和变动规律的基础上总结和提炼出来的。在评估市场价值时，应遵循以下原则：①独立、客观、公正原则，②合法原则，③价值时点原则，④替代原则，⑤最高最佳利用原则，⑥谨慎原则。在评估过程中，上述原则不是全部适用，应根据估价目的和价值类型，从上述原则中选择适用的估价原则。如评估现状价值不适用最高最佳利用原则，而评估谨慎价值应遵循谨慎原则。

估价原则可以使不同的估价师对估价的基本前提具有一致性，对同一估价对象在同一估价目的、同一价值时点的评估价值趋于相同或近似。有关房地产估价原则的详细内容，见本书第三章第一节。

七、估价程序

估价程序是完成估价项目所需做的各项工作的先后次序。房地产估价的基本程序是：①受理估价委托，②确定估价基本事项，③编制估价作业方案，④搜集估价所需资料，⑤实地查勘估价对象，⑥选用估价方法进行测算，⑦确定估价结果，⑧撰写估价报告，⑨审核估价报告，⑩交付估价报告，⑪保存估价资料。

通过估价程序，可以看到估价项目开展的全过程，可以了解估价项目中各项工作之间的相互关系。履行必要的估价程序，是规范估价行为、保证估价质量、提高估价效率和防范估价风险的重要方面。有关房地产估价程序的详细内容见本书第三章第二节。

八、估价依据

估价依据是作为估价的前提或基础的文件、标准和资料。它主要包括以下四个方面的文件、标准和资料：①有关法律、法规和政策，包括有关法律、行政法规，最高人民法院和最高人民检察院发布的有关司法解释，估价对象所在地的有关地方性法规，国务院所属部门颁发的有关部门规章和政策，估价对象所在地人民政府颁发的有关地方政府规章和政策，如《中华人民共和国物权法》《中华人民共和国城市房地产管理法》《中华人民共和国土地管理法》《国有土地上房屋征收与补偿条例》等的有关规定。②有关估价标准，包括房地产估价的国家标准、行业标准、指导意见和估价对象所在地的地方标准等，如《房地产估价规范》(GB/T 50291—2015)、《房地产估价基本术语标准》(GB/T 50899—2013)、《房地产抵押估价指导意见》《国有土地上房屋征收评估办法》《北京市房屋质量缺陷损失评估规程》等。③估价委托书、估价委托合同和估价委托人提供的估价所需资料，如估价对象的面积、用途、权属证明、历史成交价格、运营收益(收入和费用)、开发建设成本(成本、费用、税金和利润等)以及有关会计报表等资料。为了使委托人提供的资料可靠,估价机构和估价师应要求委托人如实提供其知悉的估价所需资料并保证其提供的资料是合法、真实、准确和完整的,没有隐匿或虚报的情况;估价师还应对委托人提供的资料进行审慎检查。④房地产估价机构、注册房地产估价师掌握和搜集的估价所需资料。

在估价中选取估价依据应有针对性,主要是根据估价目的和估价对象来选取。不同的估价目的和估价对象,其估价依据有所不同。另外,《房地产估价规范》(GB/T 50291—2015)和《房地产估价基本术语标准》(GB/T 50899—2013)是效力最高的估价标准,其要求是估价的底线。国家鼓励估价机构制定严于国家标准的企业标准,并在不与有关法规、政策、标准相抵触的前提下有所创新,在估价机构内部适用。

九、估价假设

估价假设是针对估价对象状况等估价前提所作的必要、合理且有依据的假定,包括一般假设、未定事项假设、背离事实假设、不相一致假设和依据不足假设。例如,在评估一宗房地产开发用地的价值时,在该土地的容积率或用途等规划条件尚未确定的情况下,对其作出的合理假定。

合理且有依据地说明估价假设,既体现了一名合格的估价师的专业胜任能力,又反映了估价师的职业道德。估价假设的作用一方面是规避估价风险,保护估价师和估价机构;另一方面是告知、提醒估价报告使用者在使用估价报告时的一些注意事项,保护估价报告的使用者。

十、估价方法

房地产价值和价格应采用科学的方法进行测算,不能仅凭经验进行主观推测。一宗房地产的价值和价格通常可通过下列三个途径来求取。

(1) 近期市场上相似的房地产是以什么价格进行交易的——基于理性的买者愿意出的价钱通常不会高于其他买者最近购买相似的房地产的价格,即以相似的房地产的成交价格来衡量其价值或价格。

(2) 如果将该房地产出租或自营,预计可以获得多少收益——基于理性的买者愿意出的价钱通常不会高于该房地产预期未来收益的现值之和,即以该房地产的预期未来收益来衡量其价值或价格。

(3) 如果重新开发建设一宗相同或相似的房地产,预计需要多少费用——基于理性的买者愿意出的价钱通常不会高于重新开发建设相同或相似的房地产所必要的代价,即以房地产的重新开发建设成本来衡量其价值或价格。

由上述三个途径产生了三种基本估价方法,即比较法(也称为市场比较法、市场法)、收益法(也称为收益资本化法、收益还原法)和成本法(也称为重置成本法、重建成本法)。此外还有一些估价方法,如假设开发法(也称为剩余法、预期开发法、开发法)、路线价法、基准地价修正法(也称为基准地价系数修正法)、标准价调整法、多元回归分析法和长期趋势法。房地产价值减损评估还有修复成本法、损失资本化法和价差法。

关于基本估价方法，值得指出的是，美国为市场比较法、收益法、成本法三种；英国为比较法、投资法、利润法、剩余法和承包商法五种。英国的比较法与美国的市场比较法相同，英国的投资法和利润法可归为收益法（两者的区别主要在于估价对象不同，投资法用于出租的房地产估价，利润法用于自营的房地产估价），而剩余法和承包商法可归为成本法。因此，英国的估价方法与美国的估价方法本质上是相同的。

本书将在后面的章节中介绍各种估价方法及其运用。每种估价方法都有其适用的估价对象和估价需要具备的条件。它们有时可以同时运用于同一估价对象，如商品住宅、写字楼一般可同时采用比较法、收益法和成本法估价，以相互验证，但不应相互替代。不同的估价方法有时是互补的，如特殊厂房一般不适用比较法估价，但适用成本法估价；待开发的土地一般不适用成本法估价，但适用假设开发法和比较法估价；在建工程一般不适用比较法估价，但适用成本法和假设开发法估价。

十一、估价结果

估价结果是通过估价活动得出的估价对象价值或价格及提供的相关专业意见，即评估价值和相关专业意见。由于估价结果特别是评估价值对委托人很重要，委托人可能对估价结果有所期望，甚至设法进行干预。但对鉴证性估价来说，因要求客观公正，估价师和估价机构不能在估价结果方面让“客户满意”；不能在未估价之前就征求委托人或估价利害关系人对估价结果的意见，一般也不能在完成估价之前与他们讨论估价结果，因为这些都有可能影响估价独立、客观、公正地进行；更不得为招揽估价业务而迎合委托人高估或低估的要求。

需要说明的是，虽然要求估价结果是客观合理的，但实际上的估价结果可能带有估价师的个人因素，受其专业水平和职业道德的影响，并且所要求的客观合理的估价结果和实际的估价结果也可能与估价对象在市场上进行交易的成交价格有所不同。出现这种情况的原因，不一定是估价结果有问题，而可能是成交价格受到交易者个别情况的影响，或者房地产市场状况、估价对象状况因成交日期与价值时点不同而发生了变化。

第三节　房地产估价的应用

房地产估价是市场经济不可或缺的一部分，随着经济社会发展，特别是房地产市场的发展和人们财产保护意识的增强，会产生更多、更新的房地产估价需要。这一方面为房地产估价行业提供了广阔的发展空间，另一方面对房地产估价提出了更高的要求。现实中房地产估价主要应用在以下几个方面。

一、土地使用权出让

土地使用权出让，是指国家将国有土地使用权在一定年限内出让给土地使用者，由土地使用者向国家支付土地使用权出让金的行为。目前，土地使用权出让的方式有招标、拍卖、挂牌和协议 4 种。

在招标出让方式中，出让人需要确定招标底价，投标人需要确定投标报价。在拍卖出让方式中，出让人需要确定拍卖底价（保留价），竞买人需要确定自己的最高出价。在挂牌出让方式中，出让人需要确定挂牌底价，竞买人需要确定自己的最高报价。在协议出让方式中，出让人需要提出出让价格、确定协商出让最低价；土地使用者需要确定自己的最高出价。因此，无论哪种出让方式，都需要对拟出让的土地进行估价，为出让人确定相应的出让底价提供参考依据，也为竞买人或受让人确定相应的出价提供参考依据。

二、房地产转让和租赁

房地产转让包括房屋所有权转让和土地使用权转让，是指房屋所有权人或土地使用权人通过买卖、互换、赠与或者其他合法方式将其房屋所有权和土地使用权（简称房地产）转移给他人的行为。其他合法方式包括用房地产作价出资、作价入股、抵偿债务等。房地产租赁包括房屋租赁、土地租赁和土地使用权出租，是指房屋所有权人、土地所有权人、土地使用权人作为出租人将其房地产出租给承租人使用，由承租人向出租人支付租金的行为。

房地产价值较大，其转让价格和租金无论是偏高还是偏低，都会使某一方遭受较大的经济损失。又因为一般单位和个人不是专门从事房地产交易的，甚至一生中未曾经历过房地产交易，并且没有两宗房地产是完全相同的，所以这些单位和个人对房地产及其市场行情通常不很了解，这就需要房地产估价机构为其确定转让价格或租金等提供参考依据。

三、房地产征收征用

房地产，特别是土地，是各种生产、生活活动都不可缺少的，且不可移动，有时为了基础设施建设、公共事业、保障性安居工程建设和旧城区改建等公共利益的需要，或者因抢险、救灾等紧急需要，国家不得不征收或征用集体所有的土地和单位、个人的房屋及其他不动产。征收和征用既有相同之处，又有不同之处。相同之处在于，都是为了公共利益的需要，都具有强制性，都要经过法定程序，都应依法给予补偿。不同之处在于，征收是所有权的改变，是国家将集体或私人所有的财产强行征为国有，不存在返还的问题；而征用只是使用权的改变，是国家强行使用集体或私人所有的财产，被征用的财产使用完后，应当返还被征用人。

征收和征用虽然具有强制性，但都不是无偿的，应依法给予补偿。征用房地产不仅应当给予使用上的补偿（补偿金额相当于租金），如果房地产被征用后毁损、灭失的，还应当根据实际损失给予补偿。确定上述征收征用的补偿，就需要通过房地产估价来提供依据。具体地说，被征收人选择货币补偿的，要对被征收房屋的价值进行评估，为确定货币补偿金额提供依据；被征收人选择房屋产权调换的，要对被征收房屋的价值和用于产权调换房屋的价值进行评估，为计算被征收房屋价值与用于产权调换房屋价值的差价提供依据。在房地产征收征用中不仅需要评估其价值和租金，有时还需要评估因为征收征用房地产造成的家具、家电、机器设备及物资等动产的搬迁费用、临时安置费用和停产停业损失。

四、房地产抵押

房地产抵押是债务人或第三人不转移房地产的占有，将该房地产作为履行债务的担保，当债务人不履行到期债务或发生当事人约定的实现抵押权的情形时，债权人有权依照法律规定以该房地产折价或以拍卖、变卖该房地产所得的价款优先受偿。

房地产由于具有不可移动、寿命长久、保值增值和价值较大等特性，是一种良好的用于担保债务履行的财产。在借贷等民事活动中，为了保障债权的实现，债权人一般会要求债务人或第三人将其有权处分并且不属于法律法规规定不得抵押的房地产抵押给债权人，并要求贷款金额小于抵押房地产的价值。特别是商业银行为了兼顾业务发展、市场竞争和防范风险，既不能压低抵押房地产的价值，也不能抬高抵押房地产的价值。为了知道客观合理的价值，债权人一般会自行委托或要求债务人委托专门的房地产估价机构进行评估，为其确定房地产抵押贷款额度提供参考依据。

房地产抵押对房地产估价的需要一般有下列五种情形。

(1) 初次抵押估价，即将没有抵押的房地产进行抵押的，对该房地产的价值进行评估。

(2) 再次抵押估价，即将已抵押的房地产再次抵押的，对该房地产的价值进行评估。《担保法》第三十五条规定："财产抵押后，该财产的价值大于所担保债权的余额部分，可以再次抵押，但不得超出其余额部分。"

(3) 续贷抵押估价，即抵押贷款到期后继续以该房地产向同一抵押权人抵押贷款的，对该房地产的价值进行评估。

(4) 抵押期间估价，即在房地产市场价格变化较快、抵押房地产状况发生较大改变时，对抵押房地产的市场价格或市场价值、抵押价值等进行重新评估。

(5) 抵押房地产处置估价，即债务人不履行到期债务或发生当事人约定的实现抵押权的情形，需要将抵押房地产折价或拍卖、变卖的，为折价或拍卖、变卖提供相关价值参考依据，对该房地产的市场价值等进行评估。

实践中，还可按照抵押贷款前、抵押贷款后和抵押物处置3个阶段来划分房地产估价及相关服务。在抵押贷款前，除了提供房地产价值评估，还可提供房地产贷款项目评价、抵押成数(抵押率)测算等服务。在抵押贷款后，可以提供抵押房地产及其价值或价格动态评估，为抵押权人提供相关风险提示。在抵押物处置阶段，除了提供处置抵押房地产价值评估，还可提供资产处置方案、处置方式分析咨询等服务。

五、房地产税收

我国目前与房地产有关的税种共有10个，其中5个是专门针对房地产设置的税种，分别是房产税、城镇土地使用税、耕地占用税、契税和土地增值税；另外5个是具有普遍调节功能的税种，分别是营业税、城市维护建设税、企业所得税、个人所得税及印花税。这些税种中，除城镇土地使用税和耕地占用税应按照占地面积实行从量定额征收而不需要房地产估价外，其他税种在一定程度上都需要房地产估价。例如，契税是在土地、房屋权属转移时向其承受者征收的一种税收，其计税依据有：①国有土地使用权出让、土地使用权出售和房屋买卖，为成交价格。成交价格明显低于市场价格并且无正当理由的，由征收机关参照市场价格核定。②土地使用权赠与、房屋赠与，由征收机关参照土地使用权出售、房屋买卖的市场价格核定。③土地使用权交换、房屋交换，为所交换的土地使用权、房屋的价格的差额。所交换土地使用权、房屋的价格的差额明显不合理并且无正当理由的，由征收机关参照市场价格核定。因此，在上述需要由征收机关参照市场价格核定计税依据的情况下，通常需要测算房地产市场价格或评估房地产市场价值，为征收机关核定计税依据提供参考。再如，土地增值税是对转让房地产的增值额征收的一种税收，增值额为纳税人转让房地产取得的收入减去规定扣除项目金额后的余额。

目前，许多国家和地区都有依据房地产价值对拥有或使用房地产的纳税人按年征收的房地产税（或不动产税、财产税、物业税）。中国多年来酝酿改革现行房地产保有环节的税收制度，一旦房地产税开征并依据房地产价值征收，就更加需要房地产估价。

六、房地产保险

房地产，特别是建筑物可能因发生火灾、爆炸、雷击、暴风雨、泥石流、地面突然塌陷、岩崩、突发性滑坡或空中运行物体坠落等自然灾害或意外事故而遭受损毁或灭失，从而需要保险。房地产保险对房地产估价的需要，一是在投保时需要评估保险标的的实际价值，为投保人和保险人约定保险标的的保险价值和保险金额提供参考依据；二是在保险事故发生后需要评估因保险事故发生造成的财产损失，为保险人确定赔偿保险金的数额提供参考依据。此外，在保险期间保险标的的保险价值明显减少的，需要重新评估保险标的的保险价值，为采取有关补救措施提供参考依据。

七、房地产损害赔偿

房地产损害的情形很多，也很复杂，归纳起来主要有：

（1）新建建筑物影响相邻房屋的通风、采光、日照、景观和视野等。

（2）使他人房地产受到污染。例如，架设高压线、建变电站等使附近房屋受到辐射污染，修建高架桥、铁路、机场或经常产生振动等使周边房屋受到噪声污染或振动影响，泄漏或排放有害物质使房地产中的土壤、水、空气受到污染等。

（3）工程施工不慎使邻近建筑物受损，如造成房屋门窗变形、墙体开裂、倾斜及倒塌等。

（4）修改城乡规划给房地产权利人等的合法权益造成损失。

（5）工程质量缺陷造成房地产价值减损或给购房人造成损失。预售的商品房在交付使用后发现存在工程质量问题，如墙体开裂，层高或室内净高、防水、保温、隔热、隔声及室内空气质量等未达到合同约定的标准或不符合国家标准。

（6）未能履约（如未按照合同约定如期供货、供款等）使他人工程停缓建或延迟竣工，给他人造成损失。

（7）对房地产权利行使不当限制（如错误查封）给房地产权利人造成损失。

（8）异议登记不当造成房地产权利人损害。

（9）非法批准征收、使用土地给当事人造成损失。

(10) 其他房地产损害，如引发火灾造成房地产权利人损害。

上述各种房地产损害需要评估被损害房地产价值减损额和相关经济损失（如因房地产损害造成的其他财产损失、搬迁费用、临时安置费用及停产停业损失等），为和解、调解、仲裁和诉讼等确定赔偿或补偿金额提供参考依据。

八、房地产司法拍卖

人民法院强制拍卖房地产，需要评估被拍卖房地产的市场价值，为人民法院确定拍卖保留价提供参考依据。

九、房地产分家析产

房地产通常是家庭财产的最主要部分，遗产继承、离婚等通常涉及房地产分割。但房地产一般不宜采取实物分割的方法，而是采取折价或拍卖、变卖的方式，然后对折价或拍卖、变卖所得的价款予以分配。在这种情况下，双方通常会委托房地产估价机构对该房地产进行估价。

有时即使可以采取实物分割的方法，但由于房地产是不均质的，分割后通常有面积大小和质量好坏的差别，因此还需要进行现金或现金等价物的“多退少补”。这些也需要房地产估价提供价值参考依据。

十、企业有关经济行为

企业改制、上市、资产重组、产权转让、租赁、合资、合作、对外投资、合并、分立和清算等经济行为，往往需要对企业整体资产或其中的房地产进行估价，为企业的有关决策等提供参考依据。例如，一方提供土地、房屋，另一方或多方提供资金、设备，开展有关合资、合作，然后各方按照一定比例分配相关经济利益。在这种情况下，需要评估所提供的土地、房屋的价值，以便与所提供的资金、设备的价值进行比较，从而为确定各方的经济利益分配比例提供参考依据。

十一、房地产行政管理

中国经济体制改革将过去的计划经济转变为市场经济，与之相应，对各类财产的行政管理从过去单一的实物管理转到重视价值管理，实行实物管理与价值管理相结合。在这种情况下，房地产行政管理不仅需要搞清房屋和土地的数量、质量，还需要搞清房屋和土地的价值量及其增减变动情况，这就需要房地产估价。

例如，《中华人民共和国城市房地产管理法》第三十三条规定：“基准地价、标定地价和各类房屋的重置价格应当定期确定并公布。”——如何确定基准地价、标定地价和各类房屋的重置价格，需要估价提供参考依据。再如，第十八条规定“土地使用者需要改变土地使用权出让合同约定的土地用途的……相应调整土地使用权出让金”；第四十三条规定“以出让方式取得土地使用权的，转让房地产后，受让人改变原土地使用权出让合同约定的土地用途的……相应调整土地使用权出让金”。——如何相应调整土地使用权出让金（即改变土地用途的补地价应为多少)，需要估价提供参考依据。

十二、其他

对房地产估价的需要，除了上面列举的还有许多，例如：办理出国移民提供财产证明的需要，核实涉案房地产的实物量和价值量的需要，房地产投资信托基金的需要，房地产开发经营过程中投资估算、收入预测、房地产定价的需要等。

第四节　房地产估价行业的发展

中国房地产估价行业是一个古老而又年轻的行业，是房地产业和现代服务业的重要组成部分，是知识和信息密集的专业服务行业。1978 年改革开放后，随着城镇住房制度改革、房屋商品化和国有土地有偿使用，房地产估价活动开始复兴。特别是 1993 年诞生了首批房地产估价师和 1994 年法律规定国家实行房地产价格评估制度以来，房地产估价队伍快速壮大，估价法规逐渐健全，估价标准不断完善，估价理论日趋成熟，估价业务稳步增长、国际影响力持续提升。房地产估价在解决房地产市场失灵，保障房地产公平交易，保护房地产交易者合法权益，防范房地产信贷风险，促进社会稳定等方面，发挥着独特的不可替代的作用。

一、以法律形式确立房地产估价的地位

1994 年 7 月 5 日公布的《中华人民共和国城市房地产管理法》第三十四条规定："国家实行房地产价格评估制度。"第五十九条规定："国家实行房地产价格评估人员资格认证制度。"这两条规定明确赋予了房地产估价的法律地位，使房地产估价成为国家法定制度。

二、建立房地产估价师执业资格制度

1993 年，借鉴经济发达国家和地区的经验，认定了首批 140 名房地产估价师。这是中国最早建立的执业资格制度之一。1994 年，认定了第二批 206 名房地产估价师。从 1995 年开始，房地产估价师执业资格实行全国统一考试制度。2002 年之前原则上每两年举行一次，2002 年之后每年举行一次。2003 年 8 月 12 日，国务院发布《关于促进房地产市场持续健康发展的通知》，要求严格执行房地产估价师执(职)业资格制度。

2004 年 8 月，根据中央政府与香港特别行政区政府签署的《内地与香港关于建立更紧密经贸关系的安排》(通常称 CEPA)，内地与香港完成了房地产估价师与产业测量师审批资格互认，香港 97 名产业测量师取得了内地的房地产估价师资格，内地 111 名房地产估价师取得了香港的产业测量师资格。这是内地与香港最早实现资格互认的执业资格，进一步加强和推进了内地与香港在房地产估价领域的交流合作，促进了内地与香港房地产估价行业共同发展。

三、设定房地产估价资格资质行政许可

行政许可是行政机关根据公民、法人或其他组织的申请，经依法审查，准予其从事特定活动的行为。2003 年 8 月 27 日第十届全国人民代表大会常务委员会通过了《中华人民共和国行政许可法》。2004 年 6 月 29 日，国务院对所属各部门的行政审批项目进行了全面清理。“房地产估价师执业资格注册”是由《中华人民共和国城市房地产管理法》设定的行政许可项目(即原第五十八条规定“国家实行房地产价格评估人员资格认证制度”)，依法继续实施；“房地产估价机构资质核准”是国务院决定予以保留并设定行政许可的 500 项之一(是其中第 110 项)。

行政许可的资格、资质可以说是“行业准入条件”。因此，不论是何种估价目的、何种类型的房地产估价活动，包括公司上市、资产处置、企业清算等，只有注册房地产估价师和房地产估价机构才能够从事，不是房地产估价机构出具和注册房地产估价师签字的关于房地产价值的评估报告，不具有法律效力。

四、成立房地产估价行业组织

1994 年 8 月 15 日，经民政部批准，成立了“中国房地产估价师学会”这一全国性房地产估价行业组织。2004 年 7 月 12 日，经建设部同意，民政部批准，更名为“中国房地产估价师与房地产经纪人学会”，成为全国性的房地产估价和经纪行业自律性组织。

房地产估价行业自律性组织坚持“服务会员、服务行业、服务社会”的宗旨，履行提供服务、反映诉求、规范行为的职能，在宣传行业积极作用、维护行业合法权益、加强行业自律管理和促进行业健康发展等方面发挥了重要作用。

五、发布房地产估价若干法规

为了加强对房地产估价师的管理，完善房地产估价制度和房地产估价人员资格认证制度，规范注册房地产估价师行为，维护公共利益和房地产估价市场秩序，1998 年 8 月 20 日建设部发布了《房地产估价师注册管理办法》。2001 年 8 月 15 日，建设部发布了《关于修改〈房地产估价师注册管理办法〉的决定》。2006 年 12 月 25 日，在对该办法再次进行修改、补充、完善的基础上，建设部发布了《注册房地产估价师管理办法》。

为了规范房地产估价机构的行为，维护房地产估价市场秩序，保障房地产估价活动当事人的合法权益，1997 年 1 月 9 日建设部颁布了《关于房地产价格评估机构资格等级管理的若干规定》。2005 年 10 月 12 日，在对该规定进行修改、补充、完善的基础上，建设部发布了《房地产估价机构管理办法》。为了进一步规范房地产估价机构资质许可行为，加强房地产估价机构的日常监管，2006 年 12 月 7 日建设部发出了《关于加强房地产估价机构监管有关问题的通知》。

上述部门规章和其他规范性文件对房地产估价活动的市场准入、行为规范、市场监管等作了明确规定，推动了房地产估价行业规范、健康的发展。

六、制定房地产估价系列标准

为了规范房地产估价活动，统一房地产估价程序和方法，保证房地产估价质量，1999 年 2 月 12 日原建设部会同国家质量技术监督局发布了《房地产估价规范》(GB/T 50291—1999)，并于 2015 年 4 月 8 日全面修订后重新发布。为了统一和规范房地产估价的术语，并有利于国内外的交流和合作，2013 年 6 月 26 日住房和城乡建设部会同国家质量监督检验检疫总局发布了《房地产估价基本术语标准》(GB/T 50899—2013)。此外，针对不同的估价目的，国务院住房城乡建设主管部门制定或者会同有关主管部门制定了若干估价指导意见。例如，为了规范房地产抵押估价行为，保证房地产抵押估价质量，维护房地产抵押当事人的合法权益，防范房地产信贷风险，2006 年 1 月 13 日，建设部、中国人民银行、中国银行业监督管理委员会联合制定了《房地产抵押估价指导意见》。为了规范国有土地上房屋征收评估活动，保证房屋征收评估结果客观公平，根据《国有土地上房屋征收与补偿条例》，2011 年 6 月 3 日，住房和城乡建设部制定了《国有土地上房屋征收评估办法》。

一些地方也制定了房地产估价相关标准或实施细则。例如，为了维护房屋买卖当事人的合法权益，有效解决房屋质量缺陷引起的经济纠纷，规范房屋质量缺陷损失评估行为，统一评估程序和方法，使评估结果客观、公正、合理，2005 年 11 月 28 日，北京市建设委员会发布了《北京市房屋质量缺陷损失评估规程》。为了适应成都市农村房地产流转中价值评估的需要，规范农村房地产估价行为，2009 年 9 月 10 日，成都市房产管理局发布了《成都市农村房地产估价规范(试行)》。为了规范房地产司法鉴定评估行为，保障房地产司法鉴定评估质量，提高房地产司法鉴定评估公信力，2011 年 3 月 22 日，四川省住房和城乡建设厅发布了《房地产司法鉴定评估指导意见》。

七、构建房地产估价理论方法体系

房地产估价理论、方法及其应用研究不仅得到行业行政主管部门和行业组织的高度重视，高等学校、科研院所的专家学者以及许多房地产估价师和房地产估价机构也积极开展这方面的研究，借鉴美国、英国、日本、德国等发达国家以及中国台湾和香港地区的房地产估价成果，结合中国内地房地产估价的实践，丰富和发展了房地产估价理论和方法，形成了既与国际接轨又适用于中国内地现行房地产制度政策及市场环境的房地产估价理论方法体系。目前，房地产估价的相关理念、术语及其内涵等与国际上的基本一致，比较法、收益法、成本法、假设开发法是中国内地房地产估价的常用方法。

八、形成公平竞争的房地产估价市场

2000 年以前，绝大多数房地产估价机构为挂靠在有关政府部门或其下属单位的事业单位或企业，这些房地产估价机构本质上是有关政府部门的延伸，垄断了相应的房地产估价业务，不利于房地产估价市场的发展。为了建立、健全与社会主义市场经济相适应的中介机构管理体制和符合市场经济要求的自律性运行机制，2000 年 5 月 29 日，国务院要求包括房地产估价机构在内的中介机构必须与挂靠的政府部门及其下属单位在人员、财务(包括资金、实物、财产权利等)、业务和名称等方面彻底脱钩。2000 年 7 月 14 日,国务院办公厅转发了《关于经济鉴证类社会中介机构与政府部门实行脱钩改制的意见》,要求认真贯彻执行。根据这些要求,建设部大力推进房地产估价机构与政府部门脱钩,使其改制成主要由注册房地产估价师出资设立的有限责任公司或合伙企业。脱钩改制打破了行业垄断和地区市场分割的局面,形成了公平竞争的房地产估价市场。2005 年出台的《房地产估价机构管理办法》第四条进一步明确规定:“房地产估价机构依法从事房地产估价活动,不受行政区域、行业限制。”

九、深化拓展房地产估价业务

房地产估价起初主要服务于房地产交易市场管理,防止交易当事人不实申报成交价格而偷漏有关税费。随着经济社会的发展,为更好地满足需要,从估价目的、估价对象、价值类型等方面,房地产行业对估价业务进行了不断深化,提供越来越精细化的估价服务。

此外,房地产估价机构和房地产估价师在做好房地产价值、价格评估的同时,还积极提供房地产市场调研、房地产投资项目可行性研究、房地产开发项目策划等房地产咨询服务,拓宽了业务领域。随着经济社会的发展,房地产估价的业务内容还会深化,服务领域也将越来越宽广,作用也会越来越大。

十、积极开展国际交流合作

中国房地产估价师与房地产经纪人学会同国际测量师联合会、国际估价标准委员会、世界估价组织协会等估价相关的国际组织,美国估价学会、英国皇家特许测量师学会等国外估价组织,以及中国香港测量师学会等地区估价组织建立了紧密联系,签署了交流合作协议,联合举办专业研讨等活动。

2006 年 10 月 13 日,中国房地产估价师与房地产经纪人学会加入国际测量师联合会,成为其全权会员。国际测量师联合会成立于 1878 年,是联合国认可的非政府组织,是各国测量师(包括估价师)组织的联合会,设有 10 个专业委员会,房地产估价属于其中第 9 专业委员会房地产估价与管理委员会。

与市场经济发达的国家和地区相比,中国内地目前的房地产制度、房地产管理体制和房地产市场等既有许多特色,也有一些不完善之处,导致其目前的房地产估价不仅有许多特点,而且估价对象也较为复杂,估价所需要的前提条件有时很不确定,因此估价的难度较大。其主要表现在:①土地和房屋的所有制不同。土地全部是公有的;土地上的房屋可以私人所有。②土地所有制在城乡之间不同。城市的土地属于国有;农村和城市郊区的土地,除由法律规定属于国有的以外,还有属于农民集体所有。国家所有的土地(简称国有土地)和农民集体所有的土地(简称集体土地)适用的政策不同。例如,征收集体土地和征收国有土地上单位、个人的房屋的补偿不同。③市场上流通的土地权利不是土地所有权而是建设用地使用权等土地使用权,并且以出让方式取得的建设用地使用权是有使用期限的,以划拨方式取得的建设用地使用权一般没有使用期限的限制。④土地和房屋在许多地方分别由不同的部门管理。这种现状容易造成估价对象变更登记不及时或违法占地、违法建筑得不到及时纠正、处理等情况。⑤房地产市场不够规范，市场运行缺乏规则或运行规则未严格执行，市场参与者不够成熟、理性，市场成交价格难以真实反映交易对象的实际状况，房地产交易和登记信息不够公开、透明。因此，目前在实际估价中遇到的问题，许多不是估价技术方面的问题，但估价师和估价机构还是应该在现有条件下尽责做好估价工作。

复习思考题

1. 房地产估价的含义?
2. 房地产估价有何特点?
3. 房地产估价的基本要素有哪些?
4. 房地产估价有哪些现实需要?
5. 房地产估价行业的发展状况及存在的问题是什么?

第二章　房地产价格

房地产估价本质上是评估房地产的价值。价值的外在表现是价格。理论上是价值决定价格，实践中却是通过价格来了解价值。因此，做好房地产估价不仅要对房地产价值，而且要对房地产价格有全面、深入和正确的认识。

第一节　房地产价格的含义与形成基础

一、房地产价格的含义

所谓房地产价格，是指在开发、建设、经营房地产过程中，所耗费的全部社会必要劳动所形成的价值和相应的土地使用权价格的综合性货币表现。现代社会中，一般认为房地产价格是房地产的经济价值的货币表示，即为获得某房地产所必须付出的代价。通常用货币来表示，习惯上也是用货币形式来偿付，但也可以用实物等非货币形式来偿付，如以房地产作价出资入股换取技术、设备等。

二、房地产价格的形成条件

房地产之所以有价格，与其他任何物品一样，需要同时具有有用性、稀缺性和有效需求。

1. 有用性

有用性是指物品能够满足人们的某种需要，如水可以解渴，住宅可以居住。房地产如果没有用，人们就不会产生占有它的要求或欲望，更不会花钱去购买或租赁它，那么它就不会有价格。

2. 稀缺性

稀缺性是指物品的数量没有多到使每个人都可以随心所欲地得到它。因此，说一种物品是稀缺的，并不意味着它是难以得到的，仅意味着它是不能自由取用的，即不付出代价就不能得到；是相对缺乏，而不是绝对缺乏。一种物品仅有用还不能使它有价格，因为如果该物品数量丰富，随时随地都可以自由取用，像空气或某些地方的水那样，尽管对人们至关重要——没有它人们就无法生存，但也不会有价格。因此，房地产要有价格，还必须具有稀缺性，而且稀缺性对价格的作用是巨大的，正如俗话所说“物以稀为贵”。

3. 有效需求

有效需求是指对物品有支付能力来支持需要——不仅愿意购买，而且有能力购买。仅有需要而无支付能力，或者虽然有支付能力但不需要，都不能使购买行为发生，从而不能使价格成为现实。分清需要与有效需求是非常重要的。需要不等于有效需求，它只是一种要求或欲望，有支付能力支持的需要才是有效需求。

三、房地产价格形成的理论基础

关于商品价格形成的理论主要有四种，即劳动价值论、效用决定论、供求决定论和收益决定论。

1. 劳动价值论

马克思劳动价值论的主要观点是：商品是用来交换的劳动产品，只有劳动产品才有价值。劳动创造价值，劳动量决定价值量，劳动量以社会必要劳动时间来度量。决定商品价格的基础是商品价值，即价格是价值的货币表现。

按照劳动价值论的观点，由于土地的开发、建筑物的建造都凝结了人类劳动，这些开发和建造房地产的人类劳动形成了房地产价格，这与一般商品价格形成的机理一样。而作为自然物的土地不是人类的劳动产品，没有价值，却具有价格，原因在于土地所有权的存在。所有权关系本身就是经济利益或权利的表现，这种利益首先表现为地租，地租转化为资本的过程，使土地具有了价格。

2. 效用决定论

物品的效用是物品能够满足人的需要的能力，价值则是人对物品的满足程度的主观估计。效用是价值的源泉，稀缺性是价值的条件。商品的价格取决于它们的效用，如果某物品没有效用，就不会产生价格。

房地产的效用体现为人们因占有、使用房地产而得到满足的程度。显然，不同的房地产具有不同的效用，如商业房地产、工业房地产、居住房地产，其效用不同，相应的价格会有很大的不同。因此，在进行房地产估价时不能不考虑效用对价格的影响。

3. 供求决定论

一种商品的价值，在其他条件不变的情况下，是由该商品的需求和供给状况决定的。当供过于求时，价格下降；当供不应求时，价格上升；而供求平衡时，则表现为均衡价格。

现代社会中，房地产价格更多的时候是由市场决定的，即供求双方相互竞争并达到动态平衡的结果。尽管价值在房地产价格中起着基础作用，但从现实的价格形成而言，则主要是供求双方力量抗衡的结果。

4. 收益决定论

商品之所以有价格，是因为它能在较长的时间内给所有者带来一定收益，这些收益通过一定方法折算成现值就是商品的价格。

房地产的未来收益情况也是影响房地产价格的重要因素，这是收益法成立的前提条件之一。在中国，由于土地使用权出让期限的不同，房地产就有了不同的收益期限，由此折现的房地产价格也就不同。

总之，在进行房地产估价时，只有以劳动价值论、效用决定论、供求决定论和收益决定论作为补充，才能准确把握房地产价格的复杂性，才能评估出房地产的合理价格。

房地产估价的三种基本方法中，比较法反映了房地产的市场供需状况，是供求决定论在房地产估价中的反映；收益法是以效用决定论和收益决定论为依据，从房地产的效用及未来带给权利人的收益的角度来分析房地产的市场价格；成本法是以劳动价值论为依据，从房地产这种特殊商品生成过程中所耗费的成本角度来分析房地产的市场价格。

第二节　房地产价格的种类

实践中，房地产价格种类很多，不同的房地产价格所起的作用不尽相同，在评估它们时应采用的依据和考虑的因素也不尽相同。因此，在进行房地产估价之前，必须弄清楚房地产价格的种类以及每种价格的确切含义，把握需要评估的房地产价格内涵，进而运用不同的估价原则和估价方法进行房地产估价。

一、市场价格、评估价格

从现实的角度和从评估的角度，房地产价格可划分为市场价格与评估价格。

1. 市场价格

市场价格又称市场价或市价，是指某种房地产在市场上的平均交易价格。由于房地产具有独一无二性，没有相同房地产的大量成交价格，所以房地产的市场价格应是以一些类似房地产的成交价格为基础测算的，但不能对这些成交价格直接采用平均的方法进行计算，而是在平均之前要剔除偶然的和不正常的因素造成的价格偏差，并消除房地产之间状况不同造成的价格差异。

2. 评估价格

评估价格简称评估价，是指房地产估价师通过房地产估价活动得出的估价对象的价值或价格。它实质上是对估价对象的某种特定价值或价格的估计值。估价师在评估某一具体房地产的价格时，往往需要参考大量的市场交易资料。一般来说，具有丰富经验和娴熟技巧的估价师所评估出的价格往往接近于市场价格。所以，评估价格虽然不是已发生的价格，但它可以作为市场价格的重要参考依据。

二、土地价格、建筑物价格和房地价格

按照房地产基本存在的形态，房地产价格可划分三种价格。

1. 土地价格

土地价格简称地价，如果是一块空地，就是指该块土地的价值；如果是一块有建筑物的土地，则是指土地自身的价值，不包含附着于该土地上的建筑物的价值。

在对土地估价时，根据土地的实际开发程度或在特殊情况下假设的开发程度的不同，会有不同的价值。主要有以下五种情况：①未完成土地征收补偿的集体土地。取得该土地后还需要支付土地征收补偿费用。②已完成土地征收补偿但未完成“三通一平”以上开发的土地。③已完成土地征收补偿和“三通一平”以上开发的土地。④未完成房屋征收补偿的国有土地。取得该土地后还需要支付房屋征收补偿费用。⑤已完成房屋征收补偿的国有土地。根据土地开发程度的差异，可以将土地细分为生地、毛地和熟地，相应地有生地价格、毛地价格和熟地价格。

2. 建筑物价格

建筑物价格是指建筑物自身的价格，不包含该建筑物占用范围内的土地的价格。建筑物价格一般也不包括建筑物内动产的价格，如果建筑物价格包含了建筑物内动产的价格，需要进行仔细分析，并在估价报告的价格定义中详细说明。

3. 房地价格

房地价格也称房地混合价，是指建筑物及其占用范围内的土地的价格，或土地及附着于该土地上的建筑物的价格。该价格往往等同于人们平常所说的房价。

需要指出的是，房地价格在土地与建筑物之间的分配，与房地产分割、合并估价不同，在房地产价值分配的情况下，各部分的价值之和等于整体价值；在房地产分割的情况下，分割后各个独立部分的价值之和一般小于分割前的整体价值；在房地产合并的情况下，合并后的价值一般大于合并前各个独立部分的价值之和。

三、房地产所有权价格、土地使用权价格

按照房地产权利的种类，房地产价格可划分为房地产所有权价格和土地使用权价格。

1. 房地产所有权价格

房地产所有权价格是指房屋所有权价格和土地所有权价格。所有权是物权中最重要、最完整的一项权利，是房地产所有人在法律规定的范围内，对房地产行使的占有、使用、收益和处分并排除他人干涉的权利，其他权利（如租赁权、抵押权等）是由所有权派生出来的，当所有权上设定其他权利时，其价格将会有所降低。

中国目前只有房屋所有权价格，没有土地所有权价格，通常也不存在土地所有权价值评估。但在特殊情况下可能需要评估土地所有权价值，如衡量社会总财富中的土地财富时，评估的应是土地所有权价值而不是土地使用权价值。

2. 土地使用权价格

在中国，城市土地所有权属于国有，不能直接进入市场流转，进入市场流通的只是土地使用权。鉴于这种特殊的土地产权制度，就价格评估而言，地价一般是指土地使用权价格。

土地使用权有建设用地使用权、宅基地使用权、土地承包经营权等，所以土地使用权价格又有相应的使用权价格。中国目前有偿出让和转让土地的价格主要是国有建设用地使用权价格。据此，以出让方式取得的国有建设用地使用权价格，其法定名称为土地使用权出让金。对有使用期限的出让国有建设用地使用权和土地承包经营权来说，其价格还可区分为不同使用期限的价格，如40年、50年、70年的国有建设用地使用权出让价格。

房屋所有权和土地使用权都可能存在设立了抵押权、地役权、租赁权或有纠纷、被依法查封及限制交易等情形，因此还有各种情形下的房屋所有权价格和土地使用权价格。

四、租赁价格、抵押价格

按照房地产交易方式或有关经济行为类型，房地产价格可划分为租赁价格和抵押价格。

1. 租赁价格

租赁价格即租金，是指房地产在保持所有权不转移的前提下，房屋所有权人或土地使用权人作为出租人将其房地产出租给承租人使用，由承租人定期向出租人支付的款项。实践中，单纯出租土地时形成的租金称为地租，房地产整体出租时形成的租金称为房租。

房租构成因素包括：①地租；②房屋折旧费，包括建筑结构、设施设备和装饰装修的折旧费；③房屋维修费；④管理费；⑤投资利息；⑥保险费；⑦房地产税（是房地产保有环节的税收，目前属于这种性质的税收有房产税、城镇土地使用税）；⑧租赁费用，如租赁代理费；⑨租赁税费，如营业税、城市维护建设税、教育费附加、租赁手续费；⑩利润。

现实生活中的房租可能还包含上述房租构成因素之外的费用，如可能包含家具电器使用费、供暖费、物业服务费，甚至包含水费、电费、燃气费和电话费等；也可能未包含上述房租构成因素的费用，如出租人与承租人约定房屋维修费、管理费、保险费和房地产税等由承租人负担。房租可能按使用面积、建筑面积、套、间或幢计算。其中，住宅一般按套、间或使用面积计租，非住宅一般按建筑面积计租。

2. 抵押价格

抵押价格是指为房地产抵押而评估的房地产价格。房地产权利人在法律许可的范围内，可将房地产权利作为还债的担保，抵押给债权人，房地产权利人也因此称为债务人。当债务人到期不能或不履行债务时，享有抵押权的债权人有权就拍卖抵押房地产所得优先受偿。一般而言，抵押权人为了保证自身利益的安全性，要求房地产的抵押价格要低于它的实际价值。

五、基准地价、标定地价和房屋重置价格

基准地价、标定地价和房屋重置价格是《中华人民共和国城市房地产管理法》规定应定期确定并公布的几种价格。这三种价格不是针对具体的估价对象而言的，而是针对某一类型房地产所评估的均价，本质上属于政府部门专业业务管理的范畴。

1. 基准地价

基准地价是指在土地利用总体规划确定的城镇可建设用地范围内，对平均开发利用条件下不同级别或不同均质地域的建设用地，按照商服、住宅、工业等用途分别评估，并由政府确定的，某一估价期日法定最高使用年期土地权利的区域平均价格。

2. 标定地价

标定地价是政府根据管理需要评估的标准宗地在现状开发利用、正常市场条件下，某一估价期日法定最高使用年期下的土地权利价格。

3. 房屋重置价格

房屋重置价格是指采用价值时点的建筑材料、建筑构配件、建筑设备和建筑技术及工艺等，在价值时点的国家财税制度和市场价格体系下，重新建造与估价对象具有相同效用的新的房屋的必要支出及应得利润。房屋重置价格对于成本法估价方法具有重要意义，关于它的详细内容，参见第六章成本法中的有关表述。

六、招标价格、拍卖价格、挂牌价格、协议价格

按照城镇国有土地使用权出让方式，房地产价格可分为招标价格、拍卖价格、挂牌价格和协议价格。

1. 招标价格

采用招标方式出让国有土地使用权，是指在指定的期限内，由符合规定条件的单位或个人，以书面形式竞买某块土地的使用权，土地出让方代表（土地招标小组）最终择优选择土地受让者，由此而形成的价格称为招标价格。在确定中标者时，不仅要考虑报价，还要考虑开发建设方案、企业资信等其他条件，在综合考察的基础上确定中标者，因此，中标价格可能会低于拍卖价格。

2. 拍卖价格

由拍卖方式所形成的土地价格称为拍卖价格。采用拍卖方式出让国有土地使用权，是指在指定时间、公开场合，在拍卖主持人的主持下，首先由支持人叫出底价，此后竞价者轮番应价，最终由出价最高者取得所拍卖土地的使用权。拍卖出让方式充分引进竞争机制，可最大化土地价值，适用于竞争性和盈利性房地产用地的出让。

3. 挂牌价格

挂牌出让是应用最多的土地出让方式。挂牌出让方式是指土地出让人发布土地挂牌公告，载明挂牌条件，竞买人据此填写报价单报价，出让人在挂牌截止时间（不少于10个工作日）确定竞买人，据此而确定的价格称为挂牌价格。挂牌优于拍卖之处主要有以下两点。

（1）挂牌方式可谓是一种既经济又有效的土地出让方式，尤其是对一些投资巨大而又竞争性较弱的经营性用地的出让，相比于其他出让方式，挂牌出让的优越性更加明显。

（2）由于挂牌方式有一个合理的交易期限，因此，该方式可以避免拍卖会上一些不理智行为，使竞买人可以通过充分的理性判断来进行报价决策，从而可以有效防止地价被过分炒高的现象。

4. 协议价格

采用协议方式出让国有土地使用权，一般是政府与特定的用地者协商确定出让价格，此为协议价格。这种方式受行政干预较多，是一种优惠性价格，因此，一般适用于市政工程、公益事业、福利设施、基础设施及政府需要扶持的高科技项目的用地出让。通常协议价格最低，拍卖（挂牌）价格最高，招标价格居中。

七、总价格、单位价格和楼面地价

按照房地产价格表示单位，房地产价格可划分为总价格、单位价格和楼面地价。

1. 总价格

总价格简称总价，是指某一宗或某一区域范围内的房地产整体的价格。它可以是建筑物的总价格，也可以是建筑物和土地合一的房地产整体价格。房地产的总价格一般不能完全反映房地产价格水平的高低。

2. 单位价格

单位价格简称单价，其中，土地单价是指单位土地面积的土地价格；建筑物单价通常是指单位建筑物面积的建筑物价格；房地单价通常是指单位建筑物面积的房地价格。房地产的单位价格一般可以反映房地产价格水平的高低。

认清单位价格，必须认清价格单位，价格单位由货币和面积构成。

(1) 货币：包括币种和货币单位。在币种方面，例如是人民币、美元还是港币。在货币单位方面，例如是元还是万元。

(2) 面积：包括面积内涵和面积单位。在面积内涵方面，建筑物通常有建筑面积、套内建筑面积、使用面积之分。此外，住宅还有居住面积，商业用房还有营业面积，出租的房屋还有可出租面积，成片开发的土地还有可转让的土地面积，成片开发的商品房还有可出售的建筑面积等。在面积单位方面，不同国家和地区的法定计量单位或习惯用法可能不同，如中国内地通常采用平方米（土地的面积单位有时还采用公顷、亩），美国、英国和中国香港地区习惯采用平方英尺，日本、韩国和中国台湾地区一般采用坪。

3. 楼面地价

楼面地价简称楼面价、楼板价，是一种特殊的土地单价，是指一定地块内分摊到单位建筑面积上的土地价格。即

$$楼面地价=土地总价÷总建筑面积。$$

由于

$$容积率=总建筑面积÷土地总面积，$$

所以

$$楼面地价=土地单价÷容积率。$$

认识楼面地价的作用十分重要，因为地块上规定的容积率或允许建的总建筑面积有所不同，楼面地价通常比土地单价更能反映土地价格水平的高低。例如，有甲、乙两块土地，甲土地的单价为7 000元/平方米，乙土地的单价为5 100元/平方米，如果甲、乙两块土地的其他条件相同，毫无疑问，甲土地比乙土地贵，此时理性的购买者会购买乙土地而不会购买甲土地。但如果甲、乙两块土地的容积率不同，除此之外的其他条件都相同，则不能简单地根据土地单价的高低来判断甲、乙两块土地价格的高低，而应采用楼面地价。例如，甲土地的容积率为5.0，乙土地的容积率为3.0，则甲土地的楼面地价为1 400元/平方米，乙土地的楼面地价为1 700元/平方米。根据楼面地价的高低来判断，乙土地反而比甲土地贵，此时理性的购买者通常会购买甲土地而不会购买乙土地。

八、名义价格和实际价格

名义价格是表面上的价格，能直接观察到。实际价格一般直接观察不到，需要在名义价格的基础上进行计算或处理才能获得。一般而言，有多种含义的名义价格和实际价格，例如：①未扣除价格因素的价格为名义价格，扣除价格因素后的价格为实际价格。在计算房地产自然增值时，应采用这种含义的实际价格。②在买房赠送装修、家具、汽车、车位和物业服务费等的情况下，未减去它们的价值的价格为名义价格，减去了它们的价值后的价格为实际价格。③在交易当事人为了逃税等而不实申报成交价格的情况下，申报的成交价格为名义价格，真实的成交价格为实际价格。④房地产买卖中，本应由卖方缴纳的税费买卖双方约定由买方缴纳，或者本应由买方缴纳的税费买卖双方约定由卖方缴纳，这种情况下的成交价格为名义价格，而实际价格则是在买卖双方各自缴纳自己应缴纳的交易税费后的价格。⑤在不同的付款方式下，在成交日期讲明，但不是在成交日期一次性付清的价格为名义价格，在成交日期一次性付清的价格或者将不是在成交日期一次性付清的价格折现到成交日期的价格为实际价格。

第三节 房地产价格的特点

房地产价格与一般物品的价格既有共同之处，又有不同之处。共同之处是：都是价格，是价值的货币表现；都有波动，受供求因素的影响；都是按质论价，即优质高价，劣质低价。不同之处即房地产价格的特点，主要有以下五点。

一、房地产价格与区位关系密切

一般物品由于可以移动，其价格通常与区位无关。房地产由于不可移动，其价格与区位密切相关。在其他状况相同的情况下，区位好的房地产，价格就高；区位差的房地产，价格就低。零售商业用途的房地产尤其如此，有“一步三市”之说。从一个城市来看，房地产价格总体上是从市中心向郊区递减。但城市一般不是单中心的，在若干个分中心会出现房地产价格“高地”。一些特殊的公共服务设施的存在也会导致房地产价格高企，如好的中、小学附近的住房价格；交通站点或交通沿线附近的房地产价格，也会明显高于其他位置的房地产价格。当然，某些设施或项目的存在也会导致房地产价格低落，如传染病医院或有噪声等污染的工厂附近的住房价格。

二、房地产价格实质上是房地产权益的价格

一般物品是动产，其物权的设立和转让是依照法律规定交付，因此其价格一般就是物品本身的价格。房地产是不动产，其物权的设立、变更、转让和消灭是依照法律规定登记，因此房地产在交易中可以转移的不是其实物，而是其所有权、建设用地使用权或其他权利。

实物状况相同的房地产,权益状况可能千差万别,甚至实物状况好的,由于权益较小或权利受到过多限制,如土地剩余期限很短、产权不明确、权属有争议及违法建筑等,则价格较低;相反,实物状况差的,由于权益较大,如产权清晰、完全,则价格可能较高。因此,从这种意义上讲,房地产价格实质上是房地产权益的价格,房地产估价应对房地产权益状况进行调查分析。当然,在估价中也不可忽视房地产实物状况对其价值的影响。

三、房地产价格同时有买卖价格和租赁价格

一般物品由于价值不是很大,使用寿命较短,许多还是一次性使用或消费,所以主要发生买卖行为,其价格主要是买卖价格。房地产由于价值较大、寿命长久,所以同时存在买卖和租赁两种交易方式、两个市场。公寓、商铺、写字楼、标准厂房和仓库等类房地产甚至以租赁为主。因此,房地产同时有两种价格:一是其本身有一个价格,即买卖价格,通常简称价格;二是使用其一定时间的价格,即租赁价格,通常简称租金。因此,房地产价格有广义的价格(包括买卖价格和租赁价格)和狭义的价格(仅指买卖价格)之分。

四、房地产价格容易受交易者个别情况的影响

一般物品由于批量生产,品质基本相同,可以开展样品交易、品名交易,同时存在众多的卖者和买者,其价格形成通常较客观,不易受交易者个别情况左右。房地产由于具有独一无二的特性,且不能搬到同一处进行比较,要认识房地产,只有到实地查看;而且由于房地产价值较大,相似的房地产一般只有少数几个买者和卖者,有的房地产甚至只有一个买者和一个卖者,所以房地产价格通常随交易的需要而个别形成,并容易受买卖双方个别情况(如议价能力,卖方急需现金,买方的偏好、财力、感情冲动等)的影响。

五、房地产价格形成的时间通常较长

一般物品因为同质的很多,相互之间可比性较强,且价值不很大,所以其价格形成的时间通常较短。房地产因为具有独一无二的特性,相互之间可比性较差,加上价值较大,在非房地产市场过热导致“抢购”的情况下,人们对房地产交易通常是很谨慎的,所以房地产交易价格一般难以在短时间内达成。

第四节　房地产价格的影响因素

房地产价格的高低及其变动是众多因素对房地产价格共同作用的结果,这些对房地产价格有影响的因素称为房地产价格影响因素。了解这些因素对房地产价格的影响,掌握它们是如何以及在何种程度上影响的,将对房地产估价有较大帮助。

房地产价格影响因素众多而复杂,需要进行分类。一种分类是先将其分为房地产自身因素和房地产外部因素两大类,然后再分别进行细分,其中,房地产自身因素可再分为房地

产实物因素、房地产权益因素和房地产区位因素；房地产外部因素可再分为人口因素、制度政策因素、经济因素、社会因素、国际因素、心理因素和其他因素。另一种分类是将其分为一般因素、区域因素和个别因素，其中，一般因素是指对广大范围的房地产价格都有影响的因素，如宏观经济发展状况、货币政策、利率、汇率等；区域因素是指对估价对象一定区域范围内的房地产价格有影响的因素，如所在地区的城市规划调整、环境状况、配套设施状况等；个别因素是指仅对特定房地产的价格有影响的因素，主要是该房地产的自身因素，如该房地产的区位、用途、规模、土地形状、地形、地势、建筑结构及建筑物新旧程度等。需要指出的是，一般因素、区域因素和个别因素的界限并不是固定的，随着估价对象范围的扩大，某些区域因素也许会变为个别因素。

依据《房地产估价规范》(GB/T 50291—2015)，当前房地产估价活动中大多采用第一种分类方法。但在进行土地估价时，以《城镇土地估价规程》(GB/T 18507—2014)为依据，仍采用第二种分类方法。本节主要根据上述第一种分类方法对各种因素对房地产价格的影响进行定性分析。需要说明的是，许多因素之间不是完全独立的，甚至存在交叉或包含关系，但在分析某种因素对房地产价格的影响时，是假定其他因素不变的，尽管这种情况在现实中一般不存在。

一、房地产自身因素

房地产自身状况的好坏直接关系到其价格的高低，是不同的房地产之间价值高低差异的基本原因。所谓房地产自身因素，是指构成房地产实物、权益和区位状况的因素。因此，房地产自身因素又可分为房地产实物因素、权益因素和区位因素三类。

（一）房地产实物因素

1. 土地实物因素

（1）形状

土地形状是否规则，对地价有一定的影响。形状规则的土地主要是指正方形、长方形（但长和宽的比例要适当）的土地。由于形状不规则的土地一般不能有效利用，相对于形状规则的土地来说，其价格一般较低。通常为改善形状不规则土地的利用状况，多采取土地调整或重划措施。土地经过调整或重划之后，利用价值提高，地价立即随之上涨，这从另一方面说明了土地形状对地价的影响。

（2）面积

两块位置相当的土地，如果面积相差较大，单价会有所不同。一般来说，面积过小而不利于利用的土地，单价较低。但在特殊情况下也可能有例外，如面积过小的土地与相邻土地合并后会大大提高相邻土地的利用价值，则其拥有者待价而沽，而相邻土地的拥有者为求其土地得到有效利用，可能不惜以高价取得。

（3）地形

地面的高低起伏、平坦程度等会影响房地产的开发成本、利用价值或景观等，从而影响其价格。一般来说，平坦的土地，价格较高；高低不平的土地，价格较低。但是，如果土地过于平缓，往往不利于地面水的汇集和排除。

（4）地势

在其他状况相同的情况下，地势高的房地产的价格一般高于地势低的房地产的价格。因为地势低不仅下雨时容易积水、潮湿，而且会影响建筑物的气势和可视性。气势和可视性对写字楼很重要，可视性对商铺很重要。把地势与当地的降水量结合起来，可以较好地看到地势对房地产价格的影响。地势虽然低洼，但如果降水量不大，则不易积水，从而地势对房地产价格的影响不大；反之，降水量大，地势对房地产价格的影响就大。

（5）地质

地质条件是指地基承载力和稳定性，地下水位和水质，有无不良地质现象等。其中，地基承载力是指土地可负荷物品的能力，特别是指在保证地基稳定的条件下，建筑物的沉降量不超过允许值的地基承载能力。对建设用地特别是城市建设用地来说，地基（工程地质）状况对地价的影响较大，它决定建设费用的高低，因而影响到地价的高低。建造同样的建筑物，地基（工程地质）状况好的，需要的地基加固处理等费用低，从而地价高；相反，则地价低。

（6）土地开发程度

一宗土地的基础设施完备程度和场地平整程度对其价格的影响是显而易见的。熟地的价格要高于生地的价格；“七通一平”土地的价格要高于“五通一平”土地的价格，“五通一平”土地的价格要高于“三通一平”土地的价格。

2. 建筑物实物因素

（1）外观

建筑物外观包括建筑式样、风格、色调、可视性等，对房地产价格有较大的影响。如果建筑物外观新颖、优美，可给人以舒适的感觉，则价格会高；反之，建筑物外观单调、呆板，甚至令人感到压抑，则价格会低。

（2）建筑规模

建筑物的面积、体积、开间、进深、层高、室内净高、层数及高度等规模因素，关系到建筑物的形象、使用性等，对房地产价格有所影响。总体而言，规模过小或过大都会降低其单价。但要注意不同用途、不同地区对建筑规模的要求是不同的。如住宅，在住宅单价较高的情况下，因小面积的住宅总价低，买得起的人较多，单价通常高于大面积的单价。

（3）建筑结构

对建筑物最重要、最基本的要求是安全。不同结构的建筑物的稳固性和耐久性不同，因此其价值会有所不同，特别是在地震多发地区。如钢筋混凝土结构、砖混结构、砖木结构的建筑物，价值一般是从高到低。不同结构的建筑物的造价一般不同，这通常也会反映在其价值上。

（4）空间布局

空间布局关系到建筑物的使用，对房地产价值有较大的影响。不同用途的建筑物，如住宅、商场、写字楼等，对空间布局的要求不尽相同。一般来说，平面布置合理、交通联系方便、有利于使用的建筑物，价值就高；反之，价值就低。尤其是住宅，平面设计中功能分区是否合理、使用是否方便是决定其价值高低的重要因素之一。

（5）装饰装修

房屋按照装饰装修状况，可分为精装修房、粗装修房和毛坯房三大类，其价格一般是从高到低。当然，装饰装修是否适合人们的需要，其品位、质量等如何，是非常重要的因素，有些装饰装修不仅不能提高房地产价值，还会降低房地产价值。

（6）设施设备

随着经济发展和生活水平的提高，要求建筑物内安装完善的设施设备，因此建筑物的设施设备是否齐全、完好，例如是否有电梯、中央空调、集中供热和宽带等，对房地产价值有很大的影响。当然，不同用途和档次的建筑物，对设施设备的要求有所不同。一般来说，设施设备齐全、完好的，价值会高；反之，价值会低。

（7）新旧程度

建筑物的新旧程度是一个综合性因素，包括建筑物的年龄、维护情况、完损状况和工程质量等。总的来说，建筑物越新的，价值越高；反之，价值就越低。

（8）建筑功能

建筑物应满足防水、保温、隔热、隔声、通风、采光和日照等要求。对建筑物防水的基本要求是，屋顶或楼板不漏水，外墙不渗雨。对建筑物保温、隔热的基本要求是，冬季能保温，夏季能隔热、防热。对建筑物隔声的基本要求是，为了防止噪声和保护私密性，能阻隔声音在室内与室外之间、上下楼层之间、左右隔壁之间、室内各房间之间传递。对建筑物通风的基本要求是，能够使室内与室外空气之间流通，保持室内空气新鲜。对建筑物采光、日照的基本要求是，白天室内明亮，室内有一定的空间能够获得一定时间的太阳光照射。上述诸方面是否良好，对房地产价格有较大影响。

（二）房地产权益因素

拥有一宗房地产，实际上就是拥有了一定范围内的空间。但拥有者在该空间范围内并不能随心所欲地利用，而要受到许多限制。这些限制除了来自建筑技术（包括建筑施工技术、建筑材料性能）及拥有者的经济实力，还有一些其他限制（以下均是指这类限制）。一宗房地产利用所受限制的种类和程度，对其价值有很大的影响。进行房地产估价时，应调查房地产利用所受的各种限制及其内容和程度，只有这样才能评估出正确的价值。对房地产利用的限制可以归纳为以下三个方面。

1. 房地产权利及其行使的限制

拥有的房地产权利是所有权还是使用权、地役权、抵押权及租赁权，以及这些权利是否完整、清晰等，价值会有很大的差异。以地役权为例，对供役地而言，是他人在该土地上享有的一种有限的使用权，字面上的意思是该土地为他人服役。供役地在给他人方便时，土地所有权人或土地使用权人有可能要遭受某些损失，在这种情况下，地役权的存在会降低供役地的价值。

此外，权利所对应的实质内容对价值也有很大的影响。例如，地下矿藏、埋藏物等是否自动地归属于土地拥有者，各个国家和地区的规定不一。在中国，虽然境内外的公司、企业、其他组织和个人，除法律另有规定者外，均可以通过政府出让方式取得土地使用权，进行土地开发、利用、经营，但取得的土地使用权不包含地下资源、埋藏物和市政公用设施。

2. 房地产使用管制

世界上几乎所有的国家和地区都对房地产利用特别是土地利用有或多或少的限制。对房地产估价来说，有意义的使用管制主要是农用地转为建设用地，以及对土地用途、容积率、建筑密度、绿地率和建筑高度等的规定。

就规定用途来看，居住、商业、办公和工业等不同用途对土地位置等的要求不同；反过来，在土地位置等一定的情况下，规定用途（例如，是用于商业、办公、居住，还是工业或绿化）对地价有着很大的影响。此外，容积率的高低对地价也有很大的影响，在估价时必须搞清楚容积率的确切内涵。在城市规划中，地下建筑面积通常不计容积率。实践中，容积率分为包含地下建筑面积的容积率和不包含地下建筑面积的容积率。在补缴出让金等费用方面，有的地方政府规定地下建筑面积不补缴或者只按照地上建筑面积的出让金等费用水平的一定比例补缴。这些规定对地价有很大的影响。

3. 相邻关系的限制

相邻关系是指房地产的相邻权利人依照法律法规规定或者按照当地习惯，相互之间应当提供必要的便利或者接受必要的限制而产生的权利和义务关系。特别是从义务方面来看，相邻关系是对房地产所有权、使用权的一种限制，因此，相邻关系的存在对房地产价格有一定的影响。

一方面，相邻关系要求房地产权利人应当为相邻权利人提供必要的便利，包括：①应当为相邻权利人用水、排水提供必要的便利；②对相邻权利人因通行等必须利用其土地的，应当提供必要的便利；③对相邻权利人因建造、修缮建筑物以及铺设电线、电缆、水管、暖气和燃气管线等必须利用其土地、建筑物的，应当提供必要的便利。

另一方面，相邻关系要求房地产权利人在自己的房地产内从事工业、农业、商业等活动及行使其他权利时，不得损害相邻房地产和相邻权利人的利益，包括：①在自己的土地上建造建筑物，不得违反国家有关工程建设标准，妨碍相邻建筑物的通风、采光、日照；②不得违反国家规定弃置固体废物，排放大气污染物、水污染物、噪声、光及电磁波辐射等有害物质；③挖掘土地、建造建筑物、铺设管线以及安装设备等，不得危及相邻房地产的安全。

（三）房地产区位因素

各种生产、生活活动都需要房地产，并对其区位有一定的要求。房地产区位的优劣直接关系到房地产所有者或使用者的经济收益、生活便利或社会影响。因此，房地产的区位不同，例如，是坐落在城市还是乡村，是位于城市中心还是边缘地带，是临街还是不临街，价格会有很大的差异。尤其是城市土地，其价格高低几乎全为区位优劣所左右。

房地产区位因素是一个综合性因素，可分解为位置、交通、外部配套设施、周围环境等因素。

1. 位置

(1) 方位

分析一宗房地产的方位，首先是看该房地产在某个较大区域（如城市）中的位置。由于风向、水流等原因，该房地产是位于城市的上风、上游地区，还是下风、下游地区。其次是看该房地产在某个较小区域中的位置。例如，位于十字路口拐角处的房地产，是位于十字路口的哪个角。中国由于处在北半球的地理位置，对位于十字路口拐角处的房地产来说，如果不考虑周围的情况，其位置优劣及价格高低依次为西北角、东北角、西南角、东南角。类似的还有位于街道、水流或山坡某侧的房地产，位于不同侧的价格会有所不同。

（2）朝向

朝向是决定室内采光、通风、温度的主要因素，是影响人们对居住环境判断好坏及是否适应的重要因素，是决定房屋的使用效益以及价格的重要因素。中国处在北半球，南向是阳光最充足的方位，一般认为"南方为上，东方次之，西又次之，北不良"，因此，住宅最好是坐北朝南。在实际估价中，对住宅的朝向应尽量细化，以后再予以分析。

（3）楼层

楼层影响到通达性、通风、采光、日照、视野、景观、空气质量、安宁程度、安全和室内温度，以及顶层是否可独享屋面使用权，底层是否可独享室外一定面积空地的使用权等。住宅楼层的优劣通常按总层数和有无电梯来区分。一般来说，没有电梯的传统多层住宅的中间楼层较优，顶层和底层较劣；有电梯的中高层住宅、高层住宅，城市一年四季空气中悬浮层以上的楼层较优，三层以下较劣。

对商业用房来说，楼层是十分重要的位置因素。例如，商业用房的地下一层、地上一层、二层、三层等之间的价格或租金水平差异很大。一般来说，地上一层的价格或租金最高，其他层的价格或租金较低，一般不到地上一层价格或租金的60%。

（4）临街状况

临街状况对房地产价格的影响程度随着房地产类型的不同而不同。相比于其他类型的房地产，商业房地产对土地的临街状况更为敏感。一般来说，不临街住宅的位置要好于临街住宅，而商业用途的房地产则相反。商业用途房地产的临街状况主要有：一面临街、前后两面临街或者为街角地；长方形土地是长的一边临街还是短的一边临街；梯形土地是宽的一边临街还是窄的一边临街；三角形土地是一边临街还是一顶点临街等。商业用途房地产的临街状况不同，价值会有所不同，甚至有很大差异。

（5）与相关场所的距离

距离是衡量房地产区位优劣最常见、最简单的指标。由于生活的需要，人们通常希望居住地与工作地近些，同时还要便于购物、子女就学、就医和健身等。办公、商业、工业及农业等活动都有相应的要求，因此，一宗房地产与其相关场所的距离对其价格有较大的影响。一般来说，距离较近的房地产价值较高。

2. 交通

交通出行的便捷、时耗、成本等因素直接影响着房地产价格。交通可分为道路状况、出入可利用的交通工具、交通管制情况、停车方便程度以及交通收费情况等。开辟新的交通线路，如新建道路、通公共汽车、建地铁或轻轨，可以改善沿线地区特别是站点周边地区的交通条件，一般会使这些地区的房地产升值。某些房地产所处的位置看起来交通方便，而实际上并不方便，这可能是受到交通出入口、立交桥、高架路和交通管制等的影响。

3. 外部配套设施

外部配套设施包括城镇基础设施和公共服务设施（简称"两个设施"），城镇基础设施主要包括城镇道路及照明、绿化、排洪防涝、抗震、公共交通、有轨交通、排水管网、供气管网、环境卫生处理、制水、燃气制储、热力生产、污水处理及城镇废弃物收集和清运等设施，公共服务设施主要包括义务教育、公共卫生、公共文化、大众体育、民政设施、居民服务、普通非义务教育、非营利性医疗服务、妇幼保健、体育场馆、教育培训、营利性医院、特殊保健及商业文化与体育等设施。对于房地产开发用地，城镇基础设施完备状况是特别重要的，而对于已建成的房屋特别是住宅，公共服务设施的完备状况是特别重要的。一般来说，外部配套设施完备，特别是周边有教育质量高的中小学、医疗水平高的医院以及购物中心、休闲娱乐场所的住宅，其价格就高；反之，其价格就低。

4. 周围环境

影响房地产价格的周围环境因素是指对房地产价格有影响的房地产周围的物理性因素和人文状况因素，主要有大气环境、水文环境、声觉环境、视觉环境和人文环境等。

(1) 大气环境

大气就是空气，是人类赖以生存、片刻也不可缺少的物质，空气质量的好坏关系到人体健康。因此，房地产所处地区的空气中是否有难闻的气味、有毒有害物质和粉尘等，对房地产价格有很大的影响。公共厕所、垃圾站、化工厂及钢铁厂等都可能造成空气污染，凡是接近这些地方的房地产，价格通常较低。

(2) 水文环境

地下水、沟渠、河流、江湖和海洋等的污染程度，对其附近的房地产价格也有很大的影响。

(3) 声觉环境

交通运输工具(如汽车、火车、飞机)、社会人群活动(如农贸市场、中小学、游乐场和展览馆)、工厂等，都可能产生噪声，会干扰人们休息、工作和学习。对住宅、办公、旅馆、学校和科研等类房地产来说，噪声大的地方，房地产价格较低；噪声小、安静的地方，房地产价格通常较高。

(4) 视觉环境

房地产周围安放的东西是否杂乱以及清洁卫生状况，如电线杆、广告牌、标识牌等的竖立状态和设计是否美观，建筑物之间是否协调，公园、绿化等形成的景观是否赏心悦目，都会对房地产价格有影响。

(5) 人文环境

人文环境包括该房地产所在地区的声誉、居民特征、治安状况和相邻房地产的利用状况等。声誉好、居民素质高、生命财产均安全地区的房地产价格必然高于其他地区的房地产价格。

二、房地产外部因素

(一) 人口因素

房地产特别是住宅的需求主体是人，人口是决定住宅、商业等房地产需求量或市场规模大小的基础因素，人口数量、结构、素质等状况对房地产价格有很大的影响。

1. 人口数量

房地产价格与人口数量的关系非常密切。某一地区(如某个城镇)的人口数量增加时，对其房地产的需求就会增加，房地产价格就会上涨;反之，房地产价格就会下降。

可将人口数量分为常住人口、暂住人口和流动人口，以及日间人口和夜间人口等数量，用来分析它们对不同类型房地产价格的影响。另外，反映人口数量的相对指标是人口密度。人口密度从两方面影响房地产价格:一方面，人口高密度地区对房地产的求多于供，供给相对缺乏，因而价格趋高，人口密度增加还有可能刺激商业、服务业等行业的发展，提高房地产的价格;另一方面，人口密度过高，特别是在大量低收入者涌入某一地区的情况下，会导致生活环境恶化，从而有可能降低房地产价格。

2. 人口结构

人口结构是指一定时期内人口按照性别、年龄、家庭、职业、文化和民族等因素的构成状况。其中，人口年龄构成是指一定时间人口按照年龄的自然顺序排列的数列所反映的年龄状况，以年龄的基本特征划分的各年龄组人数占总人数的比例表示。人口家庭构成反映了家庭人口数量等情况，它对住宅类型的选择有重要参考价值。家庭人口规模(每个家庭平均人口数)发生变化，即使人口总量不变，也将使居住单位数发生变化，从而引起所需要的住宅数量的变动，随之导致住宅需求的变化而影响住宅价格。例如，随着家庭的小型化(每个家庭平均人口数的下降)，即使人口总量不增加，所需要的住宅总量也会增加，住宅价格有上涨趋势。中国城市家庭存在从传统的复合大家庭向简单的小家庭发展的趋势。

3. 人口素质

居民的文化教育水平、生活质量和文明程度可以导致房地产价格的变化。人类社会随着文明发达、文化进步，公共服务设施必然日益完善和普遍，同时对居住环境也必然力求宽敞舒适，这些都对房地产的品质提出更高要求，从而导致房地产价格升高。如果一个地区居民的素质低、构成复杂、社会秩序欠佳，则该地区的房地产价格必然低落。

(二) 制度政策因素

1. 房地产制度政策

房地产制度政策对房地产价格的影响也许是最大的。

目前，中国房地产所有制是土地所有权属于国有或农民集体，不能买卖。因此，土地没有所有权价格，所谓的土地价格，均是某种土地使用权价格。另外，土地使用权通常是有期限的，因此，土地及房地产价格的高低与土地使用期限的长短有关。一般情况下，土地使用期限越长，土地及房地产的价格就越高;反之，就越低。国有建设用地是由政府供应的，土地供应政策(包括供应量、供应结构和供应方式等)的变化也会引起土地及房地产价格的变动。

房地产价格政策是指政府对房地产价格高低和涨落的态度及相应采取的干预或管制方式和措施等，包括是实行市场调节价还是实行政府指导价、政府定价。政府对房地产价格的干预或管制方式，可能是直接定价或制定最高限价、最低限价，也可能是通过其他措施和手段来调节价格。

2. 金融制度政策

房地产由于价值较大,其开发、投资、消费都需要大量资金,因此与金融密切相关。金融制度政策特别是货币政策和房地产信贷政策,对房地产价格有很大影响。

货币政策有从紧、适度从紧、稳健、适度宽松、宽松5个档次,其中"稳健"是中间值。例如,采用由紧到松的货币政策,会导致房地产价格上涨;相反,会导致房地产价格下降。

房地产信贷政策包括:增加或缩小房地产信贷规模,放松或收紧房地产贷款,调整房地产信贷投向(例如,是投向土地储备贷款、房地产开发贷款,还是投向购房贷款),提高或降低购房最低首付款比例,上调或下调贷款利率,提高或降低房地产抵押贷款成数上限,延长或缩短购房最长贷款期限等。

3. 税收制度政策

新开征或恢复征收、暂停征收、取消某个与房地产有关的税种(以下简称房地产税收),提高或降低房地产税收的税率或税额标准等,会对房地产价格有影响。但不同种类的房地产税收及其征收范围、纳税人、计税依据、征收方式方法及减免税规定等的不同,会导致房地产价格变动的方向、程度和速度不尽相同。分析房地产税收对房地产价格的影响,首先应区分它们的征收环节。房地产税收可分为房地产开发环节、交易环节和保有环节的税收。

房地产开发环节的税收相当于商品生产环节的税收,如耕地占用税。一般来说,增加房地产开发环节的税收,会增加房地产开发成本,从而推动房地产价格上涨;反之,则会使房地产价格下降。

房地产交易环节的税收也称为房地产流转环节的税收,相当于商品流通环节的税收。考察房地产交易环节的税收对房地产价格的影响,首先需要把它们区分为是向卖方征收的税收还是向买方征收的税收。例如,土地增值税、营业税、城市维护建设税、教育费附加、企业所得税和个人所得税是向卖方征收的税收,契税是向买方征收的税收,印花税是向买卖双方征收的税收。一般来说,增加卖方的税收,如开征土地增值税,会使房地产价格上涨;反之,减少卖方的税收,如减免营业税,会使房地产价格下降。增加买方的税收,如提高契税税率,会抑制房地产需求,从而使房地产价格下降;反之,会使房地产价格上涨。

房地产保有环节的税收也称为房地产持有环节的税收,相当于商品使用环节的税收,如房产税、城镇土地使用税。增加房地产保有环节的税收,如开征房地产税,实际上是增加了持有房地产的成本,会使自用需求者倾向于购买较小面积的房地产,并抑制房地产投资和投机,从而减少房地产需求,进而使房地产价格下降。对收益性房地产来说,房地产税会减少房地产净收益,从而直接导致房地产价格下降。反之,减免房地产保有环节的税收,会使房地产价格上涨。

4. 有关规划和计划

政府的规划和计划是重要的公共政策。国民经济和社会发展规划、城乡规划、土地利用规划和住房建设规划等的编制、调整和修订,对房地产价格有较大的影响。

(1) 国民经济和社会发展规划

国民经济和社会发展规划是国家加强和改善宏观调控的重要手段,也是政府履行经济调节、市场监管、社会管理和公共服务职责的重要依据。国民经济和社会发展规划对房地产价格有很大影响。例如,《中华人民共和国国民经济和社会发展第十一个五年规划纲要》提出“调整住房供应结构,重点发展普通商品住房和经济适用住房,严格控制大户型高档商品房”。从供求分析来看,它的实施会抑制普通商品住房价格上涨,而使大户型高档商品住房价格上涨。

(2) 城乡规划

城乡规划是以促进城乡经济社会全面协调可持续发展为根本任务,促进土地科学使用为基础,促进人居环境根本改善为目的,涵盖城乡居民点的空间布局规划。城乡规划包括城镇体系规划、城市规划、镇规划、乡规划和村庄规划,这里简要介绍城市规划对房地产价格的影响。

城市规划主要有城市总体规划、控制性详细规划和修建性详细规划。城市总体规划是一定时期内城市发展目标、发展规模、土地利用、空间布局以及各项建设的综合部署和实施措施,是引导和调控城市建设,保护和管理城市空间资源的重要依据和手段。城市总体规划的内容有:城市职能、性质和发展目标,市域各城镇人口规模、职能分工、空间布局和建设标准,禁建区、限建区、适建区、已建区及空间管制措施,建设用地的空间布局、土地使用强度管制区划和相应的控制指标(容积率、建筑密度、建筑高度和人口容量等),城市各类绿地的布局,城市基础设施和公共服务设施的布局等。城市控制性详细规划确定了规划地区各类用地的界线和适用范围,提出了容积率、建筑密度、绿地率和建筑高度等控制指标,规定了各类用地内适建、不适建、有条件可建的建筑类型,规定了交通出入口方位、停车泊位、建筑后退红线距离、建筑间距等要求,提出了各地块的建筑体量、体型、色彩等规划引导性要求,确定了各级道路的红线位置、断面、控制点坐标和标高,确定了工程管线的走向、管径和工程设施的用地界线,确定了公共设施的位置、规模和布局,制定了相应的土地使用与建筑管理细则。城市控制性详细规划是城乡规划主管部门做出建设项目规划许可的依据。城市修建性详细规划对所在地块的建设提出了具体的安排和设计。因此,城市规划对房地产价格的影响很大,例如,如果城市规划将某个地区列为重点发展区域,则这个地区的房地产价格一般会上涨。

(3) 土地相关规划和计划

对房地产价格有影响的土地相关规划和计划主要有土地利用总体规划、土地利用年度计划、土地供应计划。上述计划中确定的建设用地总量、农用地转用量以及国有建设用地供应数量、用途结构、空间布局等,决定了房地产开发用地的供应状况,从而对房地产开发用地以及商品房的价格有很大的影响。当房地产开发用地的供应量减少时,房地产开发用地以及商品房的价格会上涨,反之则会下降。

(4) 住房相关规划和计划

对房地产价格有影响的住房相关规划和计划主要有住房建设规划和年度计划、住房保障发展规划和年度计划。住房建设规划是引导和调控城市近期住房建设的专项规划,其确定的住房建设目标、建设总量、结构比例(如新建住房套型构比例要求)及建设时序和空间布局等,特别是普通商品住房、经济适用住房、廉租住房的建设规模或在住房建设总量中的比重，对商品住房价格有较大的影响。住房建设总量增加，特别是限价商品住房、经济适用住房、廉租住房的建设规模增加或在住房建设总量中的比重提高，商品住房的价格一般会下降；反之则会上涨。

5. 有关特殊政策

中共中央、国务院相继作出鼓励东部地区率先发展、实施西部大开发、振兴东北地区等老工业基地和促进中部地区崛起等重大决策，以及设立沿海开放城市、建立经济特区、设立开发区（包括经济技术开发区、保税区、边境经济合作区、出口加工区、高新技术产业开发区和旅游度假区，又分为国家级开发区和省级开发区），相应地实行特殊的政策、特殊的体制机制、特殊的对外开放措施和国家给予必要的支持等，意味着会吸引投资、经济较快发展、对房地产的需求相应会增加，从而提高这些地区的房地产价格。

（三）经济因素

1. 经济发展

经济增长、繁荣或衰退等发展状况，影响着就业、收入和市场信心等，对房地产价格有很大的影响。反映经济发展的一个重要指标是国内生产总值（GDP）的增长。GDP 是对一个国家或一个地区在一定时期内国民经济生产活动总成果的计量，从总体上反映了一个国家或一个地区经济活动的总规模、综合实力和人民生活水平的高低。GDP 增长说明社会总需求增加。社会总需求增加预示着投资、生产活动活跃，会带动对厂房、写字楼、商店、住宅和各种娱乐设施等的需求增加，由此引起房地产价格上涨，尤其是地价上涨。

2. 居民收入

居民收入水平及其增长对房地产价格特别是住宅价格有很大的影响。通常，居民收入的真正增加意味着人们的生活水平将随之提高，其居住与活动所需要的空间会扩大，从而增加对房地产的需求，导致房地产价格上涨。至于对房地产价格的影响程度，要看现有的收入水平及边际消费倾向的大小。所谓边际消费倾向，是指收入每增加一个单位所引起的消费变化，即新增加消费占新增加收入的比例。

如果是低收入者的收入增加，虽然其边际消费倾向较大，但其增加的收入大部分甚至全部会首先用于衣食等基本生活的改善，这对房地产价格的影响不大。

如果是中等收入者的收入增加，因为其边际消费倾向较大，且衣食等基本生活已有了较好的基础，其所增加的收入此时依照消费顺序会大部分甚至全部用于提高居住水平，这就会增加对居住房地产的需求，从而导致居住房地产价格的上涨。

如果是高收入者的收入增加，因为其生活上的需要几乎达到了应有尽有的程度，边际消费倾向较小，所以其增加的收入可能大部分甚至全部用于储蓄或投资，这对房地产价格的影响就不大。但是，如果他们利用剩余的收入从事房地产置业投资或投机，如购买房地产用于出租或转让或将持有房地产当作保值增值的手段，则会影响房地产的价格。

3. 物价

房地产价格是物价的一种，但与一般物价不同，在此把它们区分开来，对它们之间的关系做以下分析。

反映一般物价变动的指标主要有居民消费价格指数和生产资料价格指数。居民消费价格指数(CPI)是反映一定时期居民消费价格变动趋势和变动程度的相对数。该指数是综合了城市居民消费价格指数和农民消费价格指数计算取得。生产资料价格指数(PPI)也称为生产者价格指数、工业品出厂价格指数,是反映一定时期生产资料价格变动趋势和变动程度的相对数。中国目前统计口径中,房地产价格变动没有纳入居民消费价格指数和生产资料价格指数核算,房地产是被列入固定资产投资。因此,居民消费价格指数和生产资料价格指数的变动并不直接反映房地产价格的变动,只是间接影响房地产的价格。房地产价格与一般物价的互动关系非常复杂。通常情况下,物价的普遍波动表明货币购买力的变动,即币值发生变动。此时物价变动,房地产价格也随之变动,如果其他条件不变,那么物价变动的百分比就相当于房地产价格变动的百分比,而且二者的动向也应一致,则表示房地产价格与一般物价之间的实质关系未变。

不论一般物价总水平是否变动,其中某些物价的变动也可能引起房地产价格的变动,特别是诸如建筑材料、建筑构配件、建筑设备及建筑人工费等房地产投入要素的价格上涨,会增加房地产开发建设成本,从而可能推动房地产价格上涨。

国内外统计资料表明,从较长时期来看,房地产价格的上涨率要高于一般物价的上涨率。但在房地产价格中,土地价格、新建商品房价格、存量房价格和房屋租赁价格,或者不同用途房地产的价格,其变动幅度不是完全同步的,有时甚至是不同方向的。

4. 利率

利率的升降对房地产价格有一定的影响。从房地产供给的角度来看,利率上升或下降会增加或降低房地产开发的融资成本(或者说财务费用、投资利息),从而使房地产价格上涨或下降。从房地产需求的角度来看,由于购买房地产特别是购买住宅普遍需要贷款,所以利率的上升或下降会加重或减轻房地产购买者的贷款偿还负担,从而减少或增加房地产需求,进而导致房地产价格下降或上涨。从房地产投资的角度来看,利率水平的高低影响到社会上投资收益水平的高低。当利率较低时,社会投资意欲较强,对收益率的要求也降低,投资者愿意支付更高的价格去购买产生同样效益的房地产,导致房地产价格的上升。

5. 汇率

汇率是指一种货币折算成另一种货币的比率,或者说,一种货币以另一种货币表示的价格。在国际房地产投资中,汇率波动会影响房地产的投资收益。例如,一个外国投资者以一定价格购买了一宗房地产,此后出售房地产时,相对于当地市场,房地产可能升值了,但如果该房地产所在国的货币发生了贬值,那么,相对于国际交易,其房地产升值可能与货币贬值相互抵消,从而导致房地产投资失败。相反,如果该房地产所在国的货币发生了升值,那么,即使相对于当地市场房地产没有升值,但相对于国际交易也会获得较好的房地产投资收益。因此,当预期某国的货币会升值时,就会吸引国外资金购买该国房地产,从而导致其房地产价格上涨;相反,则会导致其房地产价格下降。

(四) 社会因素

1. 政治安定状况

政治安定状况是指有不同政治观点的党派、团体的冲突情况,以及现行政权的稳固程度等。一般来说,政治不安定,意味着社会可能动荡,这会影响人们投资、置业的信心,从而导致房地产价格低落。

2. 社会治安状况

社会治安状况是指偷窃、抢劫、强奸、绑架及杀人等刑事犯罪发生的情况。房地产所处地区如果经常发生此类犯罪案件，则意味着人们的生命财产缺乏保障，因此会导致该地区房地产价格低落。

3. 城市化水平

城市化也称为城镇化，是指人类生产和生活方式由乡村型向城市型转化的过程，具体表现为人口由乡村向城镇转移以及城镇不断发展和完善等。城市化是 18 世纪产业革命以后经济社会发展的世界性现象，世界各国先后开始从以农业为主的乡村社会，转向以工业和服务业为主的城市社会。通常采用一国或一地区内城镇人口占总人口比重这个指标来测度城市化水平。该指标称为城市化率或城镇化率。一般来说，城市化意味着城镇人口不断增长，从而对城镇房地产的需求不断增加，进而带动城镇房地产价格上涨。

4. 房地产投机行为

房地产投机是指不是为了使用或出租，而是为了再出售（或再购买）而暂时购买（或出售）房地产，利用房地产价格的涨落变化，以期从价差中获利的行为。房地产投机是建立在对未来房地产价格预期的基础上的。

关于房地产投机对房地产价格的影响，普遍认为它会引起房地产价格上涨。显然，房地产投机有许多危害，但这种认识是不够全面的。一般来说，房地产投机对房地产价格的影响可能出现三种情况：①引起房地产价格上涨，②引起房地产价格下跌，③起着稳定房地产价格的作用。至于房地产投机具体会导致怎样的结果，要看当时的多种条件，包括投机者的素质和心理等。

当房地产价格不断上涨时，那些预计房地产价格还会上涨的投机者纷纷购买，哄抬价格，造成一种虚假需求，无疑会促使房地产价格进一步上涨。而当情况相反时，那些预计房地产价格还会下跌的投机者纷纷抛售房地产，则会促使房地产价格进一步下跌。另外，当投机者判断失误，或者被过度热烈（乐观）或恐慌（悲观）的气氛或心理驱使时，也可能造成房地产价格的剧烈波动。但在某些情况下，房地产投机行为也有可能起着稳定房地产价格的作用。房地产价格低落到一定程度，投机者怀有日后房地产价格会上涨的心理购置房地产，导致房地产需求增加；而在房地产价格上涨到一定程度时，投机者抛售房地产，增加房地产供给，从而平抑房地产价格。

（五）国际因素

现代社会国际交往越来越频繁，特别是经济上越来越相互依赖，国际游资也在不同国家和地区之间寻找获利机会，某个国家和地区的政治、经济、文化等通常会影响其他国家和地区。世界经济、国际竞争、政治对立及军事冲突等状况对房地产价格也会有影响。

1. 世界经济状况

世界经济状况特别是经济联系紧密以及周边国家和地区的经济状况，对房地产价格有很大的影响。如果世界经济发展良好，一般有利于房地产价格上涨。反之，如 1997 年爆发的亚洲金融危机、2008 年爆发的国际金融危机，都曾带来周边国家和地区乃至全球房地产价格的明显波动。

2. 国际竞争状况

房地产是不可移动的，不能在国与国之间进行进出口贸易，开展竞争，从而在价格上相互影响。这里所说的国际竞争，主要是指国与国之间为吸引外来投资而展开的竞争。当这种竞争激烈时，为吸引投资者，通常会采取相对低的房地产价格政策，从而使房地产价格低落；但如果在其他方面采取优惠政策，吸引了大量外来投资者进入，则房地产的需求会增加，从而导致房地产价格上涨。

3. 政治对立状况

如果国与国之间发生政治对立，则难免会出现经济制裁或经济封锁、冻结贷款、终止往来等情况，这些情况一般会导致房地产价格下跌。

4. 军事冲突状况

一旦发生战争，则战争地区的房地产价格会陡然下跌，而那些受到战争威胁或影响的地区，房地产价格也会有所下降。

（六）其他因素

1. 心理因素

心理因素对房地产价格的影响有时是不可忽视的。影响房地产价格的心理因素主要有购买或出售时的心态、欣赏趣味（偏好）、时尚风气和讲究风水等。例如，房地产需求者到处寻找合意的房地产，当相中了某宗房地产时，如果其拥有者惜售，则房地产需求者只有出高价才可能改变其惜售态度，因此，如果达成交易，成交价格通常会明显高于正常的市场价格。同样，房地产拥有者偶然发生资金调度困难，急需资金周转，无奈只有出售房地产时，这时的成交价格通常会明显低于正常市场价格。

2. 行政隶属变更

行政隶属变更显然会影响房地产价格。例如，将较落后地区管辖的某个地方划归相对较发达地区管辖，通常会使这个地方的房地产价格上涨；相反，则会使这个地方的房地产价格下降。将某个非建制镇升为建制镇，建制镇升为市；市由较低级别升为较高级别，如县级市升为地级市、省辖市升为直辖市，通常也会使这些地区的房地产价格上涨。

复习思考题

1. 什么是房地产价格？它具有哪些特点？
2. 房地产价格形成的条件及理论基础有哪些？
3. 房地产价格的类型主要有哪些？各自的含义是什么？
4. 影响房地产价格的实物因素有哪些？
5. 影响房地产价格的权益因素有哪些？
6. 影响房地产价格的区位因素有哪些？
7. 影响房地产价格的外部因素有哪些？每种因素对房地产价格产生什么影响？

第三章　房地产估价的原则与程序

房地产价格虽然受许多复杂多变的因素的影响，但观察其形成和变动过程，仍然有一些基本规律。因此，房地产估价师要评估出正确的房地产价值或价格，必须遵循房地产价格形成和变动的客观规律，通过对这些规律的认识和掌握，采用科学的估价方法，把客观存在的房地产价值或价格揭示、表达出来。同时，房地产估价师还需要遵循一套科学严谨的房地产估价程序，规范估价行为、保证估价质量、提高估价效率、防范估价风险。

第一节　房地产估价的原则

人们在房地产估价的理论探索和反复实践中，逐渐认识了房地产价格形成和变动的客观规律，并在此基础上总结出了一些简明扼要的进行房地产估价活动所依据的法则或标准。这些法则或标准就是房地产估价原则。

房地产估价原则是房地产估价理论的重要组成部分，是对房地产价格形成及其变化规律的客观认识和科学总结，它使不同的估价师对估价的基本前提具有认识上的一致性，使同一估价对象在同一估价目的、同一价值时点的评估价值趋于相同或近似。房地产估价师应熟知并正确理解房地产估价原则，并以此作为行动指南。

一、独立客观公正原则

独立客观公正原则要求站在中立的立场上，实事求是、公平正直地评估出对各方估价利害关系人均公平合理的价值或价格。

所谓“独立”，就是要求估价师和估价机构与估价委托人及估价利害关系人没有利害关系，在估价中不受包括估价委托人在内的任何单位和个人的影响，应凭自己的专业知识、实践经验和职业道德进行估价。所谓“客观”，就是要求估价师和估价机构在估价中不掺杂个人主观情感、好恶和偏见，应按照事物的本来面目实事求是地进行估价。所谓“公正”，就是要求估价师和估价机构在估价中不偏袒估价利害关系人中的任何一方，应坚持原则、公平正直地进行估价。

房地产估价之所以要遵循独立客观公正原则，是因为评估出的价值或价格如果不公平合理，就会损害估价利害关系人中某一方的利益，也有损于估价师、估价机构乃至整个估价行业的公信力和声誉。例如，在房地产抵押估价中，如果评估出的房地产价值比合理的价值高，则借款人受益，贷款人的风险增加，甚至影响金融安全。在房屋征收评估中，如果评估出的被征收房屋的价值比合理的价值低，则被征收人受损，甚至影响社会稳定；反之，则被征收人得利，公共利益受损。在房地产司法拍卖估价中，如果评估出的拍卖房地产价值比合理的价值低，则可能导致被执行人的房地产被低价房拍卖，使被执行人受损；反之，可能导致流拍，使申请执行人的债权不能实现，合法权益得不到保障。在房地产税收估价中，如果估价结果导致纳税人少缴税，则造成税款流失；而无论估价结果导致纳税人多缴税还是少缴税，都会造成税负不公平。

为了保障估价机构和估价师独立、客观、公正地估价，一是要求估价机构是一个不依附于他人、不受他人束缚的具有独立法人地位的机构；二是要求估价机构和估价师应与委托人及估价利害关系人没有利害关系，与估价对象没有利益关系；三是要求任何单位和个人不得干预估价过程和结果。

二、合法原则

合法原则要求评估价值是在依法判定的估价对象状况下的价值或价格。所谓"依法"，是指不仅要依据有关法律、行政法规、最高人民法院和最高人民检察院发布的有关司法解释，还要依据估价对象所在地的有关地方性法规，国务院所属部门颁发的有关部门规章和政策，估价对象所在地人民政府颁发的有关地方政府规章和政策，以及估价对象的不动产登记簿、权属证书、有关批文和合同等。

房地产估价之所以要遵循合法原则，是因为房地产状况不同，特别是实物状况、区位状况相同的房地产，如果权益状况不同，评估价值会有所不同。估价对象状况不是委托人或估价师可以随意假定的，也不是根据估价对象的实际情况确定的，而应依法判定。需要指出的是，依法判定的估价对象状况通常是估价对象的实际状况，但也可能不是实际状况，而是有关合同、招标文件等设定或约定的状况，或者根据估价目的的需要而设定的状况。另外，遵循合法原则并不意味着只有合法的房地产才能作为估价对象，而是指依法判定估价对象是哪种状况的房地产，就应将其作为那种房地产来估价。例如，在建设用地使用权招标出让估价中，拟招标出让的土地实际状况为地上物尚未拆除的毛地或"三通一平"的土地，但招标人在招标文件中承诺将向中标人提供"六通一平"的土地，这种情况下的估价对象状况应为"六通一平"的土地。

此外，还可以将合法原则拓展到对采用的估价标准和估价主体资格的要求上。具体来说，房地产估价应采用国家和估价对象所在地的有关估价标准，估价单位应具有房地产估价资质，估价人员应是注册房地产估价师。

三、价值时点原则

价值时点原则要求评估价值是根据估价目的确定的某一特定时间的价值或价格。

房地产估价之所以要遵循价值时点原则，是因为影响房地产价格的因素是不断变化的，房地产市场是不断变化的，因此房地产价格和价值也是不断变化的。价值与时间密不可分，同一房地产在不同的时间通常会有不同的价值，如果没有了时间这个前提，价值评估将无从下手。这就要求在估价时必须先确定某个时间，但这个时间既不是委托人也不是估价师可以随意假定的，而应根据估价目的来确定。价值时点除了说明评估价值对应的时间，还是评估估价对象价值的时间界限。例如，有关房地产的法规、政策和估价标准等的发布、修订、废止和实施日期等均有可能影响估价对象的价值，因此估价时究竟是采用发布、修订、废止和实施日期之前还是之后的相关规定，应根据价值时点来确定。

实践中，多数估价项目是评估现在的价值，一般将估价作业期间特别是实地查勘估价对象期间的某个日期（如完成估价对象实地查勘之日）确定为价值时点。但价值时点并非总是在此期间，也可因特殊需要，将过去或未来的某个时间确定为价值时点。在具体的估价项目中，价值时点究竟是现在还是过去或将来，是由估价目的决定的，并且所对应的估价对象状况和房地产市场状况也会有所不同。各种情形举例说明如下：

（1）价值时点为现在，估价对象状况为现在状况的估价。此种情形是最常见的，如房地产抵押估价、房屋征收评估、司法拍卖估价。

（2）价值时点为现在，估价对象状况为过去状况的估价。此种情形大多出现在房地产损害赔偿和保险理赔案件中。例如，投保了火灾险的建筑物被烧毁后，评估其价值损失或损失程度时，通常是估计将损毁后的状况恢复到损毁前的状况，在现行的国家财税制度和市场价格体系下的必要费用。房屋征收评估有时也会出现这种情况。例如，在实施房屋征收之前的旧城较繁华地段的某个门面房，租金或收益较高，在实施房屋征收后，随着周围门面房被逐渐拆除，该地段变得不繁华了。此时如果为房屋征收目的评估该门面房的价值，则应评估它在原较繁华环境下的价值，而不是评估它在现在不繁华环境下的价值。

（3）价值时点为现在，估价对象状况为未来状况的估价。此种情形如评估期房的价值。在房屋征收中，补偿方式为房屋产权调换且用于产权调换的房屋为期房的，为计算被征收房屋价值与用于产权调换房屋价值的差价而评估用于产权调换房屋的价值就属于这种情形。

（4）价值时点为过去，估价对象状况为过去状况的估价。此种情形大多出现在房地产纠纷案件中，特别是对估价结果有异议而引起的估价鉴定或复核估价、重新估价中。

（5）价值时点为将来，估价对象状况为未来状况的估价。此种情形大多出现在房地产市场预测、为房地产投资分析提供价值参考依据的情况下，特别是预测房地产在未来开发完成后的价值。在假设开发法中，预测估价对象开发完成后的价值就属于这种情形。

四、替代原则

替代原则要求评估价值与估价对象类似的房地产在同等条件下的价值或价格偏差在合理范围内。

房地产估价之所以要遵循替代原则，是因为根据经济学原理，在同一个市场上相同的商品有相同的价格。房地产商品也遵循这一原理，在同一个房地产市场上，相似的房地产会有相近的价格。因为在现实的房地产交易中，任何理性的买者和卖者都会将其拟买或拟卖的房地产与市场上相似的房地产进行比较，从而任何理性的买者都不会接受比市场上相似的房地产的正常价格过高的价格，任何理性的卖者也不会接受比市场上相似的房地产的正常价格过低的价格。这种相似的房地产之间价格相互牵制的结果，是使它们的价格相互接近。

替代原则对具体的房地产估价工作，指明了下列两点：

(1) 如果存在一定数量与估价对象相似的房地产并已知它们的价格时，则可以通过这些相似的房地产的价格推算出估价对象的价格。通常情况下，由于房地产独一无二的特性，估价师难以找到各方面状况均与估价对象相同的房地产，他实际上是寻找那些与估价对象具有一定替代性的相似的房地产，然后将它们与估价对象比较，根据它们与估价对象之间的差异对其价格进行适当的修正或调整。

(2) 不能孤立地思考估价对象的价值和价格，应考虑相似的房地产的价格牵掣，特别是同一个估价机构在同一个城市、同一个时期，为了同一种估价目的对不同区位、不同档次的房地产的评估价值应有合理的“价差”，尤其是较好的房地产的评估价值不应低于较差的。

需要指出的是，不论采用何种估价方法进行估价，最后都应把评估价值放到市场中去衡量，只有当评估价值没有不合理偏离与估价对象相似的房地产在同等条件下的正常价格时，评估价值才可以说是合理的。

五、最高最佳利用原则

最高最佳利用原则要求评估价值是在估价对象最高最佳利用状况下的价值或价格。所谓最高最佳利用，是指房地产在法律上允许、技术上可能、财务上可行并使价值最大的合理、可能的利用，包括最佳的用途、规模、档次等。

除现状价值评估外，房地产估价之所以要遵循最高最佳利用原则，是因为在现实的房地产利用中，每个房地产拥有者都试图采取最高最佳利用方式充分发挥其房地产的潜力，以获取最大的经济利益。

最高最佳利用状况的确定方法，是先尽可能地设想出估价对象的各种潜在的利用，然后从以下四个方面依次筛选。

(1) 法律上允许。对于每种潜在的利用，首先检查它是否为法律法规、城市规划和出让合同等所允许。如果是不允许的，则应被淘汰。

(2) 技术上可能。对于法律上允许的每种利用，要检查它在技术上是否能够实现，包括建筑材料性能、施工技术手段等能否满足要求。如果是不能实现的，则应被淘汰。

(3) 财务上可行。对于法律上允许且技术上可能的每种利用，还要进行经济可行性检验。经济可行性检验的一般做法是针对每种利用，首先预测它未来的收入和支出流量，然后将未来的收入和支出流量用现值表示，再将这二者进行比较。只有收入现值大于或等于支出现值的利用，才具有经济可行性，否则应被淘汰。具体的经济可行性评价指标有财务净现值、财务内部收益率、投资回收期等。

(4) 价值最大化。在所有具有经济可行性的利用中，能够使估价对象的价值达到最大的利用，便是最高最佳利用。

六、谨慎原则

谨慎原则是房地产抵押价值和抵押净值评估应遵循的一项原则。该原则要求在影响估价对象价值或价格的因素存在不确定性的情况下对其做出判断时，应充分考虑其导致估价对象价值或价格偏低的一面，慎重考虑其导致估价对象价值或价格偏高的一面。

《房地产抵押估价指导意见》针对不同的估价方法，提出了遵循谨慎原则的下列要求：

(1) 在运用比较法估价时，不应选取成交价格明显高于市场价格的交易实例作为可比实例，并应对可比实例进行必要的实地查勘。

(2) 在运用收益法估价时，不应高估收入或者低估运营费用，选取的报酬率或资本化率不应偏低。

(3) 在运用成本法估价时，不应高估土地取得成本、建设成本、有关费税和利润，不应低估折旧。

(4) 在运用假设开发法估价时，不应高估未来开发完成后的价值，不应低估后续开发的必要支出及应得利润。

第二节　房地产估价的程序

房地产估价程序简称估价程序，是指完成估价项目所需做的各项工作进行的先后次序，通俗地说，就是又好又快地完成一个估价项目从头到尾需要做哪些工作，应该先做什么，后做什么。在实际估价中，估价目的和估价对象不同，具体的估价程序可能有所不同，如被征收房屋价值评估，根据《国有土地上房屋征收评估办法》，还需要公示分户的初步评估结果，并在公示期间要对分户的初步评估结果进行现场说明与解释。此外，估价程序中的一些工作步骤之间不是绝对分隔开的，可以有某些交叉，有时甚至需要一定的反复，但不得随意简化和省略。

按照科学、严谨、完整的估价程序按部就班地开展估价工作，可以使估价工作具有计划性且规范化、精细化，避免顾此失彼、疏忽遗漏或重复浪费，从而保证估价工作的质量，提高估价工作效率。概括起来主要有以四个方面的作用：①规范估价行为，②保证估价质量，③提高估价效率，④防范估价风险。

下面针对房地产估价的具体程序进行介绍。

一、受理估价委托

(一) 估价业务的获取

从事房地产估价活动，首先要有房地产估价业务。从估价机构和估价师的主动性来看，可将房地产估价业务的获取分为以下两种方式。

1. 被动接受

被动接受是估价委托方委托估价机构和估价师对指定的房地产进行估价。估价委托方可能是企事业单位、政府有关部门或其他组织，也可以是个人；可以是房屋所有权人、土地使用权人，也可以是房屋所有权人、土地使用权人以外的债权人、投资者、受让人等。例如，房屋所有权人、土地使用权人将其房地产抵押贷款，贷款人委托其信任的估价机构对该房地产进行估价；征收国有土地上单位、个人的房屋，房屋征收部门委托估价机构对被征收房屋价值进行评估；人民法院要处理有关房地产案件，如司法拍卖、分家析产、损害赔偿和定罪量刑等，需要委托估价机构对涉案房地产进行估价等。

2. 主动争取

在估价机构多、竞争激烈的情况下，主动争取通常是估价业务的主要来源。如积极向潜在的估价需求者宣传房地产估价的必要性和作用，将其潜在的估价需要变为现实的估价需求；密切关注商业银行、人民法院、房屋征收部门等发布的遴选入围估价机构、估价项目招标、委托评估等信息，积极申请加入入围估价机构名单，参加估价项目投标，报名参加委托评估等。需要指出的是，主动争取估价业务应通过提高估价技术水平和服务质量，提升估价机构的知名度和品牌，做恰当的宣传等方式进行，而不得迎合委托人的高估或低估等不合理要求。

（二）估价业务的接洽与受理

估价委托应由估价机构统一受理，估价师不得以个人名义承揽估价业务。房地产估价机构在接受估价委托时，应要求估价委托人向房地产估价机构出具估价委托书，估价委托书一般应载明估价委托人的名称或姓名，委托估价机构的名称，估价委托人的估价目的、估价对象、估价要求及委托日期等内容。委托估价事项属于重新估价的，应在估价委托书中注明。估价委托书将作为重要的估价依据放入估价报告的附件中。

房地产估价机构决定受理估价委托的，应与估价委托人签订书面估价委托合同。估价委托合同的内容一般包括：①估价委托人和估价机构的基本情况，如委托人的名称或者姓名、住所，估价机构的名称、资质等级和住所。②负责本估价项目的估价师，包括估价师的姓名和注册号。③估价目的和估价对象。④委托人应提供估价所需的资料，包括资料的目录和数量，如委托人应向估价机构提供估价对象的权属证明、历史成交价格、运营收益、开发建设成本以及有关会计报表等资料。⑤估价过程中双方的权利和义务，如估价机构和估价师应保守在估价活动中知悉的委托人的商业秘密，不得泄露委托人的个人隐私；委托人保证所提供的资料是合法、真实、准确和完整的，没有隐匿或虚报的情况，应协助估价师对估价对象进行实地查勘，搜集估价所需资料。⑥估价费用及其支付的方式、期限。⑦估价报告及其交付，包括交付的估价报告类型、份数以及估价报告的交付期限、方式等。⑧违约责任。⑨解决争议的方法。⑩其他需要约定的事项。此外，在估价委托合同中还应注明估价委托合同签订日期。

二、确定估价基本事项

房地产估价的核心内容是为了特定目的，对特定房地产在特定时间的特定价值或价格进行分析、测算和判断。因此,在分析、测算和判断特定价值或价格之前,必须弄清估价目的、估价对象、价值时点和价值类型,即称为确定估价基本事项。

1. 明确估价目的

估价目的应根据估价委托人真实、具体的估价需要及估价报告的预期用途或预期使用者确定,对其表述应具体、准确、简洁,即明确估价活动是为了购买,还是为了销售、入股、征用、抵押和典当等而进行。在实际估价中,房地产估价师应在与估价委托人充分沟通的基础上依法确定估价基本事项。

2. 明确价值时点

价值时点应根据估价目的而确定,采用公历表示,精确到日。在实际估价中,价值时点应是估价师根据估价目的并经委托人认可后确定的。价值时点为现在的,一般以估价作业期间特别是实地查勘估价对象期间的某个日期为价值时点,一般不得早于受理估价委托之日,不得晚于出具估价报告之日。价值时点为过去的,确定的价值时点应早于受理估价委托之日。价值时点为将来的,确定的价值时点应晚于出具估价报告之日。

3. 明确估价对象

估价对象应在估价委托人指定及提供有关情况和资料的基础上,根据估价目的依法而定,并应明确其财产范围和空间范围,不得遗漏或虚构。法律、法规规定不得买卖、租赁、抵押、作为出资或进行其他活动的房地产,不应作为相应估价目的的估价对象。对作为估价对象的,还要进一步明确估价对象的状况,包括实物状况、权益状况和区位状况。

4. 明确价值类型

价值类型与价值时点一样,在本质上既不是由委托人决定的,也不是由估价师决定的,而是由估价目的决定的。确定价值类型是确定将要评估的是哪种具体价值或价格,包括其名称、定义或内涵。如果价值类型不确定,则无法进行估价。多数估价项目是评估市场价值,但在某些情况下需要评估的可能是投资价值、现状价值、谨慎价值、快速变现价值及残余价值等。

三、编制估价作业方案

编制估价作业方案,以为了保质、按时、高效地完成估价项目,它应在对估价项目进行分析的基础上编制。方案一经确定,一般要按计划逐步展开估价工作,主要包括以下三个方面。

1. 估价工作的主要内容及质量要求

估价工作的主要内容包括拟采用的估价方法和估价技术路线,拟搜集的资料及其来源渠道等。

确定估价基本事项后,应初步选择估价方法和估价技术路线。初步选择估价方法的目的,是使后面搜集估价所需资料和实地查勘估价对象等工作有的放矢,因为不同的估价方法所需要的资料有所不同。估价技术路线是评估估价对象价值或价格所遵循的基本途径和指导整个估价过程的技术思路,其中包含估价方法如何具体运用。

2. 估价工作的具体步骤及时间进度

房地产估价机构在制订估价作业时，为了保证估价任务能按照既定的时间完成，必须提出阶段性的要求和努力方向，明确阶段性工作的中心任务。

估价工作步骤和时间进度主要是对往后需要开展的各项工作以及所需的时间等做出具体安排，以便控制进度及协同合作，特别是对于大型、复杂的估价项目最好附以流程图、进度表等。

3. 估价工作的人员安排

根据估价基本事项、估价报告交付期限、估价工作的具体步骤及时间进度等，便可知估价项目的大小、难易和缓急，从而可以确定参与估价的人选。由于某些房地产估价师擅长某种估价目的的估价，或者擅长某种类型房地产的估价，或者擅长运用某种估价方法进行估价，因此，在估价目的、估价对象等已确定，初步选择了估价方法的情况下，即可确定房地产估价师的合适人选。

随着估价目的越来越多，估价对象越来越复杂，以及对估价精度的要求越来越高，房地产估价师应按照估价目的或估价对象进行适当的分工。有时根据估价项目的具体需要，还应当聘请其他领域的专家，如建筑师、城市规划师、设备工程师、造价工程师、注册会计师和律师等提供专业帮助，将他们的专业工作成果作为估价报告附件，并在注册房地产估价师声明的"重要专业帮助"中予以说明。

四、搜集估价所需资料

搜集估价所需资料是应用估价方法、得出估价结论及撰写估价报告的前提和依据，可以说估价资料的质量决定了估价工作的质量。估价所需资料主要包括以下三类。

(1) 反映估价对象状况的资料。此类资料可分解为基本状况、实物状况、权益状况和区位状况四个部分。为了直观、简明，可用表格形式(表 3-1)摘要说明。除了搜集上述资料，通常还应搜集位置图、宗地图、房产平面图以及内部状况、外部状况和周围环境状况的照片等辅助资料。

(2) 估价对象及其同类房地产的交易、收益、成本等资料。此类资料能及时反映当前的供求状况及市场行情等，是极其重要的参考资料。估价师应当具备敏锐的观察力，随时掌握市场交易情况。

(3) 对估价对象所在地区的房地产价值和价格有影响的资料以及对房地产价值和价格有普遍影响的资料。详见第二章相关内容。

除了上述资料以外，不同的估价方法，所需要搜集的资料的侧重点是不同的。对比较法而言，主要是搜集交易实例资料；对收益法而言，主要是搜集收益实例资料；对成本法和假设开发法而言，主要是搜集成本实例资料。

五、实地查勘估价对象

实地查勘是指估价师亲自到估价对象现场，观察、检查、记录估价对象状况的活动。房地产具有独一无二性，且其价值与区位密切相关，只有身临其境才能真正了解和认识它，因此，实地查勘估价对象是做好房地产估价不可省略的工作步骤。

表 3-1　估价对象房地产状况摘要

<table>
<tr><td rowspan="11">基本状况</td><td>名称</td><td colspan="9"></td></tr>
<tr><td>坐落</td><td colspan="9"></td></tr>
<tr><td>范围</td><td colspan="9"></td></tr>
<tr><td>规模</td><td colspan="2">土地面积</td><td colspan="2"></td><td>建筑面积</td><td></td><td>其他</td><td colspan="2"></td></tr>
<tr><td rowspan="2">用途</td><td colspan="2">规划用途</td><td colspan="2"></td><td colspan="2">设计用途</td><td colspan="3"></td></tr>
<tr><td colspan="2">登记用途</td><td colspan="2"></td><td colspan="2">实际用途</td><td colspan="3"></td></tr>
<tr><td rowspan="5">权属</td><td colspan="2">土地所有权</td><td>国有土地</td><td></td><td>集体土地</td><td></td><td></td><td></td><td></td></tr>
<tr><td rowspan="3">土地使用权</td><td rowspan="2">权利种类</td><td rowspan="2">建设用地使用权</td><td>划拨</td><td></td><td>出让</td><td>租赁</td><td>宅基地使用权</td><td></td></tr>
<tr><td>作价出资入股</td><td></td><td>授权经营</td><td></td><td>土地承包经营权</td><td></td></tr>
<tr><td>权利人</td><td colspan="6"></td><td></td></tr>
<tr><td colspan="2">房屋所有权人</td><td colspan="6"></td><td></td></tr>
<tr><td rowspan="2">实物状况</td><td colspan="3">土地实物状况</td><td colspan="7"></td></tr>
<tr><td colspan="3">建筑物实物状况</td><td colspan="7"></td></tr>
<tr><td rowspan="2">权益状况</td><td colspan="3">土地权益状况</td><td colspan="7"></td></tr>
<tr><td colspan="3">建筑物权益状况</td><td colspan="7"></td></tr>
<tr><td rowspan="4">区位状况</td><td colspan="3">位置</td><td colspan="7"></td></tr>
<tr><td colspan="3">交通</td><td colspan="7"></td></tr>
<tr><td colspan="3">外部配套设施</td><td colspan="7"></td></tr>
<tr><td colspan="3">周围环境</td><td colspan="7"></td></tr>
</table>

实地查勘有利于估价师加深对估价对象的认知，形成一个直观、具体的印象，获取文字、图纸、照片等资料无法或难以反映的细节。另外，对于伪造房地产权属证书或虚构估价对象的情况，只要通过认真的实地查勘，与被查勘房地产内的有关人员和四邻交谈，是可以发现的。对估价对象为已经灭失的房地产，虽然不能进行完全意义上的实地查勘，但也应去估价对象原址进行必要的调查。

1. 实地查勘的工作内容

实地查勘的工作内容包括：①感受估价对象的区位优劣；②核对之前搜集的估价对象的坐落、四至、面积和用途等情况；③观察估价对象的内外部状况，如土地形状、建筑结构、设施设备、装饰装修、空间布局、建筑功能及维修养护等；④拍摄反映估价对象内外部状况以及周围环境或临路状况的照片等影像资料；⑤调查估价对象的历史使用状况、周边以及当地同类房地产的市场行情;⑥补充搜集估价所需要的其他资料。

2. 实地查勘的实施和记录

在实地查勘时,一般需要委托人和被查勘房地产业主等当事人到场,估价师要认真听取他们关于估价对象的情况介绍,详细询问估价需要明确的问题,并将有关情况和数据记录下来,形成“实地查勘记录”。

为避免实地查勘时遗漏应调查的内容,提高实地查勘工作效率,应事先针对不同类型的房地产和估价目的制作相应的实地查勘记录表,在实地查勘时再按照该表进行调查并填写查勘结果。实地查勘记录应包括查勘对象、查勘内容、查勘结果、查勘人员(包括估价师)以及查勘日期等。执行实地查勘的估价师可以用照片等方式证明自己进行了实地查勘,并应在实地查勘记录上签字。另外,还应尽量要求委托人和被查勘房地产业主等当事人在实地查勘记录上签字或盖章确认。其中,房屋征收评估应按有关要求,由房屋征收部门、被征收人和实地查勘的注册房地产估价师在实地查勘记录上签字或盖章确认。如果被征收人拒绝在实地查勘记录上签字或盖章的,应有房屋征收部门、房地产估价机构和无利害关系的第三人见证,有关情况应在估价报告中说明。

六、选用估价方法进行测算

在编制估价作业方案时已根据估价对象初步选择了估价方法的基础上,在此再根据搜集到的估价所需资料的数量和质量等情况,正式确定采用的估价方法。

估价对象的同类房地产有较多交易的,应选用比较法;估价对象或其同类房地产通常有租金等经济收入的,应选用收益法;估价对象可假定为独立的开发建设项目进行重新开发建设的,宜选用成本法;当估价对象的同类房地产没有交易或交易很少,且估价对象或其同类房地产没有租金等经济收入时,应选用成本法;估价对象具有开发或再开发潜力且开发完成后的价值可采用除成本法以外的方法测算的,应选用假设开发法。

当估价对象仅适用一种估价方法进行估价时,可只选用一种估价方法进行估价。当估价对象适用两种或两种以上估价方法进行估价时,宜同时选用所有适用的估价方法进行估价,不得随意取舍;必须取舍时,应在估价报告中说明并陈述理由。因此,不是必须选用两种估价方法进行估价,而是适用几种估价方法估价的,就应选用几种估价方法估价。还需要说明的是,对同一估价对象选用了两种以上估价方法进行估价,是指该两种以上估价方法均是用于直接得出估价对象的价值或价格,而不包括估价方法之间的引用。例如,某在建工程采用假设开发法估价,其中开发完成后的价值采用比较法或收益法评估,则该在建工程实际上只采用了假设开发法一种方法估价,而不是采用了比较法、假设开发法或者收益法、假设开发法两种或三种方法估价。

估价方法选定之后就是进行有关测算。如何运用各种估价方法测算估价对象的价值和价格,详见后续各章节。

七、确定估价结果

估价结果包括评估价值和相关专业意见。在此主要介绍评估价值的确定。确定评估价值可分为以下三个步骤。

1. 对测算结果进行校核

在确定评估价值之前，应对所选用的估价方法的测算结果进行校核。同时选用两种或两种以上估价方法进行估价的，还应对不同估价方法的测算结果进行比较分析。当不同估价方法的测算结果之间有较大差异时，应查找造成较大差异的原因，并消除不合理的差异。

2. 得出综合测算结果

对于选用一种估价方法进行测算的，在确认测算结果无差错后，将其作为综合测算结果。对于同时选用两种或两种以上估价方法进行测算的，在确认各个测算结果无差错及其之间差异的合理性后，根据估价目的及不同估价方法的适用程度、数据可靠程度、测算结果之间的差异程度等情况，选用简单算术平均、加权算术平均等方法得出一个综合测算结果。当选用加权算术平均方法时，通常是对最适用于估价对象、占有资料全面准确的估价方法的测算结果给予较大权重；反之，给予较小权重。不得通过随意调整权重来调整结果。

当各种估价方法的测算结果无误，但因房地产市场为特殊状况导致不同的估价方法的测算结果差异较大时，不能简单地采取平均的方法综合为一个测算结果，而应根据具体情况特别是根据估价目的，先排除不合适的估价方法的测算结果，然后将余下的估价方法的测算结果综合为一个测算结果。

3. 确定最终的评估价值

在得出一个综合测算结果的基础上，还应考虑一些不可量化的价值影响因素（由于房地产价值影响因素众多，不能拘泥于某些数学公式的测算结果，还应根据经验及对房地产市场行情的深入了解来把握评估价值），同时可听取有关专家的意见，对该结果进行适当的调整，或者取整，或者认定该结果，从而确定最终的评估价值。当有调整时，应在估价报告中充分说明调整的理由。

八、撰写估价报告

1. 估价报告的含义

估价报告是估价机构和估价师向估价委托人所做的关于估价情况和结果的正式陈述，是估价机构履行估价委托合同、给予估价委托人关于估价对象价值或价格及相关问题的正式答复，也是关于估价对象价值或价格及相关问题的专业意见和研究报告。估价报告可以说是估价机构和估价师的“产品”或“作品”。

2. 估价报告的质量

估价报告质量包括内在质量和外在质量两个方面。内在质量包括估价程序的完整性和合法性，估价结果的合理性和准确性，估价方法选用的正确性和全面性，估价基础数据的正确性，估价参数选取的合理性和准确性等；外在质量包括文字表述水平、文本格式和印刷质量等。

3. 估价报告的形式

估价报告应采取书面形式，书面估价报告按照格式，分为叙述式估价报告和表格式估价报告。表格式估价报告可以比叙述式估价报告简明扼要一些，但并非是简单或省略的估价报告，其内容应包含叙述式估价报告应有的内容，二者的差别主要是表现形式上的不同。当为成套住宅抵押估价或基于同一估价目的的大量相似的房地产批量估价时，估价报告可采取表格形式。住宅房屋征收分户估价报告也可以采取表格形式。

4. 估价报告的组成

一份完整的叙述式估价报告通常由八个部分组成：封面、致估价委托人函、目录、估价师声明、估价假设与限制条件、估价结果报告、估价技术报告及附件。

九、审核估价报告

估价机构按房地产估价相关要求和内部审核制度对估价报告进行审核，类似于对生产出的产品在出厂前进行质量检验，是保证估价报告质量和防范估价风险的最后一道防线。为了保证出具的每份估价报告都是合格的，估价机构应建立并不断完善估价报告内部审核制度，由本机构业务水平高、为人正直、责任心强的房地产估价师或外聘的房地产估价专家担任审核人员，按照合格的估价报告要求，对已撰写完成而尚未向委托人出具的估价报告，从内容到形式等方面进行全面、认真、细致的审查核定，确认估价结果是否正确合理，提出审核意见和结论。

为了使估价报告内部审核工作规范化、标准化及便于审核，可在总结以往估价报告内部审核经验的基础上制作估价报告内部审核表，并不断予以改进。审核人员按照该表对估价报告进行审核，可以统一审核内容和标准，避免审核上的疏忽遗漏，保证审核工作质量，提高审核工作效率。审核完成后，审核人员应提出审核意见和结论，并在审核表上签名及注明审核日期，形成估价报告内部审核记录。

审核意见应具体指出估价报告存在的问题，审核结论可为下列之一：①可以出具，②适当修改后出具，③应重新撰写，④应重新估价。对审核认为需要修改的估价报告，应进行修改；对审核认为不合格的估价报告，应重新撰写，甚至需要重新估价。经修改、重新撰写和重新估价后的估价报告，还应再次进行审核。只有经审核合格的估价报告才可交付委托人。估价机构还可以将内部审核意见作为考核估价师执业水平的重要依据。

十、交付估价报告

估价报告经审核合格并完成有关签字、盖章等手续后，估价机构应按照有关规定和估价委托合同约定的方式，及时将估价报告交付委托人。在交付估价报告时，为避免交接不清引起的麻烦，可由委托人或其指定的接收人在“估价报告交接单”上签收。在交付估价报告时，估价师可主动对估价报告中的某些问题特别是估价报告使用建议做口头说明。委托人对估价过程或估价报告提出询问的，估价师应给予解释和说明。

当事人对估价结果有异议的，可以在收到估价报告书之日起 15 日内，向原估价机构申请复核。对复核结果仍有异议的，可以向当地房地产仲裁机构申请仲裁，也可以向人民法院起诉。委托估价发生纠纷时，双方应协商解决。协商不成时，当事人可以向当地房地产仲裁机构申请仲裁，也可以向人民法院起诉。对于涉及国家税费、国有资产权益的房地产估价业务，其估价报告书应提交政府有关主管部门审核或确认。

委托估价方收到估价报告书后如无异议，则表示完成了估价服务。估价机构应将估价报告书副本存档备查，并可向委托方收取估价服务费余款。

十一、保存估价资料

估价报告交付委托人后，估价师和估价档案管理人员应按照有关规定及时收集、整理估价报告及其他在估价活动中获得和形成的文字、图表、声像等形式的资料，对其中具有保存价值的资料进行分类并予以妥善保存。估价机构应建立估价资料的立卷、归档、保管、查阅和销毁等估价资料管理制度，保证估价资料妥善保管、有序存放、方便查阅，不得擅自改动、更换、删除或销毁。估价师和相关工作人员不得将估价资料据为己有或拒不归档。

保存的估价资料应全面、完整，一般包括：①估价报告，②估价委托书和估价委托合同，③估价所依据的估价委托人提供的资料，④估价项目来源和沟通情况记录，⑤估价对象实地查勘记录，⑥估价报告内部审核记录，⑦估价中的不同意见记录，⑧外部专业帮助的专业意见。

估价资料保存期限自估价报告出具之日起计算，应不少于10年。估价资料保存已超过10年而估价服务的行为尚未结束的，估价资料应保存到估价服务的行为结束。例如，某个住房抵押贷款估价项目，如果该笔住房抵押贷款期限为20年，则为该笔住房抵押贷款服务的估价资料应保存20年以上。保存期限届满的估价资料需要销毁的，应按照有关规定编造清册后销毁。对未正式出具估价报告的估价项目的相关资料，应参照上述要求保存，保存期限至少1年。

因各种原因需要更换估价档案管理人员或管理部门的，应按照有关规定办理估价档案交接手续。估价机构分立、合并、终止（如撤销、解散、破产）等，估价档案管理人员应会同有关人员和单位编制估价档案移交清册，将估价档案移交指定的单位，并按照有关规定办理估价档案交接手续。其中，估价机构终止的，其估价报告及相关资料应移交当地建设（房地产）行政主管部门或其指定的机构。

具备条件的估价机构可建立估价报告评价制度，对估价报告中涉及的有关估价参数、评估价值等数据进行统计分析，对其中偏离度高的数据应探究其原因，以实现估价报告质量的持续改进，增强估价机构的核心竞争力。

复习思考题

1. 简述房地产估价的原则。
2. 简述房地产估价的程序。

第四章　比　较　法

随着中国房地产业的发展，房地产市场日趋活跃，交易日益频繁，为比较法的运用奠定了基础。比较法是房地产估价中最常见、最重要、应用最多的方法之一，它的本质是以房地产的市场成交价格为导向（简称市场导向）来求取房地产的价值或价格。是一种最直接、较直观且有说服力的估价方法，其估价结果也最容易被人们理解、认可和接受。

第一节　比较法概述

一、比较法的基本概念

比较法就是选取一定数量的可比实例，将它们与估价对象进行比较，根据其间的差异对可比实例的成交价格进行处理后得到估价对象价值或价格的方法［见《房地产估价规范》（GB/T 50291—2015）］。

比较法的关键是选取与估价对象相似的房地产，也称为估价对象的类似房地产，简称类似房地产，是指与估价对象的区位、用途、权利性质、档次、规模、建筑结构和新旧程度等相同或相近的房地产。可比实例就是类似房地产中真实成交且符合一定条件的交易实例，其中，符合一定条件具体是指交易方式适合估价目的、成交日期接近价值时点、成交价格为正常价格或可修正为正常价格的类似房地产等财产或相关权益。

二、比较法的理论依据

比较法的理论依据是经济学中的替代原理。在一个完全竞争的市场上，两个或两个以上具有替代关系的商品同时存在时，商品的价格就会由于替代关系而相互竞争，最终促使商品的价格趋于一致。

替代原理作用于房地产市场，表现为效用条件相似的房地产有相近的价格。因此，在评估某一房地产的价格时，可以用类似房地产的已知交易价格，比较求得估价对象房地产的未知价格。当然，由于房地产市场的不完全性以及房地产商品的独一无二性，交易实例房地产与估价对象之间总是存在一定的差异，这些差异将会导致它们之间的价格差异。所以，采用比较法进行房地产估价时，必须认真分析二者之间的差异性，并定量估测由此而产生的价格差异，进而求得估价对象的市场价值。

三、比较法的应用条件

运用比较法的前提条件是：需要有一个比较成熟的房地产交易市场；可以找到与估价对象相似的交易实例，并且交易实例的交易价格确知，交易情况和交易时间与估价对象相近，技术参数、功能等与估价对象具有可比性。具体来说，需要具备以下条件。

1. 交易实例丰富

比较法适用于房地产市场发育程度较好、有较多交易实例发生的地区或房地产类型。普通商品住宅、高档公寓、写字楼和商铺等交易频繁的房地产，适合采用比较法。而某些交易实例极少、类型特殊的房地产，如教堂、寺庙、学校、古建筑和园林等，则不宜采用比较法进行估价。

一般认为估价者掌握的初始交易实例应有10个以上，其中有3～5个最终可以选定为可比实例。

2. 交易时间接近

比较法是建立在替代原理基础上的，因此，要求所选取的交易实例必须是近期发生的，否则就难以满足替代原理存在的条件。房地产交易的时间越近越好，对于多年前的房地产交易不仅要考虑通货膨胀的影响，还要考虑当时社会和经济状况，尤其在房地产市场不稳定的情况下，短期内房地产价格就会发生很大变化。

3. 交易情况正常

交易实例必须是正常市场交易情况下的交易，而不是非正常情况下的交易，如破产拍卖、协议出让等。另外，房地产交易中容易受一些特殊因素的影响，如利害关系人之间的交易、对市场行情缺乏了解、交易对象有特殊偏好及相邻房地产合并的交易等，这些情况都会导致成交价格偏离正常价格。

4. 交易实例具有可比性

运用比较法时，所选取的交易实例必须与估价对象具有相似性，如房地产所处的区位条件、建筑结构、房地产类型、用途等相同或相近。另外要注意，交易实例与估价对象的规划条件也应基本相似，如城市规划中的土地用途、容积率限制、建筑物高度限制等。

四、比较法的估价步骤

运用比较法进行估价时，需要按照一定的程序进行，一般分为4个步骤：①搜集交易实例，②选取可比实例，③成交价格处理，④计算比较价值。

根据处理内涵的不同，成交价格处理又分为价格换算、价格修正和价格调整三种情况。价格换算主要是对可比实例成交价格进行标准化处理，使各个可比实例的成交价格之间口径一致、相互可比，这种处理称为建立比较基础。价格修正是把可比实例可能是不正常的成交价格处理成正常价格，是对可比实例成交价格进行“改正”，这种处理称为交易情况修正。价格调整是对价格“参考系”的调整，“参考系”有市场状况和房地产状况两种，这两种处理分别称为市场状况调整和房地产状况调整。

第二节　搜集交易与选取可比实例

运用比较法估价需要拥有大量的交易实例。只有拥有了估价对象所在地大量的房地产交易实例，才能把握估价对象所在地正常的房地产市场价格行情，保障评估出的估价对象价值或价格在一个合理的范围内；才能选出符合一定数量和质量要求的可比实例，保障评估出的估价对象价值或价格更加准确。所以，估价机构和估价人员必须通过市场调查尽可能搜集已发生的交易实例。

一、搜集交易实例

搜集交易实例是一个不断积累的过程。经过长期的搜集和保存，估价机构可以建立房地产交易实例库，在从事房地产估价及相关咨询业务时可有效地提高工作效率。

（一）搜集途径

在估价实践中，交易实例的搜集途径有很多，归纳起来主要有以下五种。

1. 查阅政府有关部门的房地产交易登记资料

房地产交易中心作为政府部门，建有房地产交易情况资料数据库，估价人员可通过政府官网查询，获取房地产交易相关资料；如果没有数据库，也可查阅相关交易登记资料，获取相应信息。

2. 查阅房地产中介机构的房地产交易资料

房地产中介机构、房地产投资咨询机构等往往掌握着很多房地产交易资料，这些资料基本可反映当地的房地产市场行情，真实度较高。估价人员可查阅这些机构所提供的交易价格资料。

3. 深入现场进行市场调查

直接调查交易当事人、房地产公司、销售代理商，或参加房地产交易会，了解各类房地产信息，获取价格资料。

4. 查阅网站、报刊上有关房地产交易的信息

各种房地产网站、房地产报刊都会发布大量的房地产出租、出售信息，虽然获取的要价、挂牌价等都不是成交价格，不能作为交易实例，但它们与成交价格有一定的关系，在一定程度上可以作为了解当地房地产市场行情的参考。

5. 其他途径

如通过银行贷款记录查询房地产原始的交易价格，访问相关律师了解房地产交易信息。另外，同行之间也可以建立协作关系，相互交流房地产案例资料。

（二）搜集内容

在搜集交易实例时应尽量搜集较多的信息，一般包括以下内容。

1. 交易对象基本情况

如名称、坐落、范围、规模（如面积）、用途、权属以及土地形状、土地使用期限、建筑物竣

工日期(或建成年月、建成年份、建成年代)、建筑结构和周围环境等。

2. 交易双方基本情况

如卖方和买方的名称及之间的关系等。

3. 交易方式

如买卖、互换、租赁,其中,买卖中又如招标、拍卖、挂牌和协议等。

4. 成交日期

搜集交易实例的成交日期,以确定交易实例的可比性,进行日期修正。

5. 成交价格

包括总价、单价及计价方式(是按建筑面积计价,还是按套内建筑面积、使用面积计价)。

6. 付款方式

例如是一次性付款,还是分期付款(包括付款期限、每期付款额或付款比例)。

7. 融资条件

如首付款比例、贷款利率、贷款期限等。

8. 交易税费负担

如买卖双方是按照规定或按照当地习惯各自缴纳税费,还是全部税费由买方承担或卖方承担等。

9. 交易目的

如卖方为何而卖,买方为何而买,以及是否有急卖或急买等特殊交易情况。

为了保证所搜集的交易实例内容完整、统一,估价人员可编制交易实例调查表,搜集时按表填写。需要注意的是,不同类型的房地产,如土地、住宅、写字楼等的表格内容会有所差异,表4-1为住宅交易实例调查表。

表4-1 住宅交易实例调查表

编号:

交易对象基本情况	名称	
	坐落	
	规划限制	
	权属状况	
	用途	
	建筑面积	
交易情况	卖方	
	买方	
	成交日期	
	成交价格	
	交易方式	
	付款方式	

（续表）

区位状况	位置		楼层	
	交通状况		朝向	
	公共服务设施			
	居住环境			
实物状况	建筑层数		层高	
	建筑结构		建筑年代	
	建筑功能		空间布局	
	内墙		装饰装修	
	外观		设备设施	
权益状况	容积率		限制权力情况	
	土地使用期限		权属清晰情况	
	共有情况			
	租赁或占用情况			
	拖欠税费情况			
位置示意图				

查勘人：　　　　　　　　　　　　　　　　　　　　　　查勘日期：　　年　　月　　日

二、选取可比实例

搜集到的大量交易实例可以作为估价的基础资料，但针对特定估价对象、估价目的和价值时点来说，这些交易实例并不一定适用，需要从中选取符合一定条件的交易实例作为可比实例。交易实例中交易方式适合估价目的、成交日期接近价值时点、成交价格为正常价格或可修正为正常价格的估价对象的类似房地产等财产或相关权益，称为可比实例。可比实例选取是否恰当，直接关系到估价结果是否合理，因此应当特别慎重。选取可比实例时应尽量满足以下要求。

1. 与估价对象的区位相近

可比实例与估价对象应在同一地区或同一供求范围内的相似地区。所谓同一供求范围，也称为同一供求圈、同一市场，是指与估价对象有一定的替代关系，价格会相互影响的房地产区域范围。

2. 与估价对象的用途相同

这里主要是指房地产的具体利用方式，可按大类和小类划分。大类用途如居住、商业、办公、旅馆、工业和农业等。小类是在大类用途的基础上再细分，如住宅可细分为普通住宅、高档公寓、别墅等。

3. 与估价对象的建筑结构相同

这里主要是指大类建筑结构，一般分为钢结构、钢筋混凝土结构、砖混结构、砖木结构和简易结构等。如果能做到小类建筑结构也相同则更好，如同为砖木结构中的砖木一等结构。

4. 与估价对象的权利性质相同

如果交易实例与估价对象的权力性质不相同时，一般不能作为可比实例。例如，国有土地和集体土地的权力性质不同；出让国有建设用地使用权与划拨国有建设用地使用权的权力性质不同；商品住房与房改所购住房、经济适用房的权力性质不同。

5. 与估价对象的档次相当

档次是指按照一定标准分成的不同等级。例如，宾馆划分为五星级、四星级等；写字楼划分为甲级、乙级等。这里的档次相当主要是指在设施设备（如电梯、空调、智能化等）的齐全方面、装饰装修的优劣程度、周围环境好坏等方面应与估价对象相当。

6. 与估价对象的规模相当

例如，估价对象为一宗土地，则选取的可比实例的土地面积与该土地的面积大小差不多，既不能过大也不能过小。选取的可比实例规模一般应在估价对象规模的 0.5～2.0 倍。

7. 成交日期接近价值时点

可比实例的交易日期距价值时点越近，市场状况调整的结果就越准确。因此，最好选择交易时间离价值时点近的房地产作为可比实例。若房地产市场变化较快，间隔时间就应缩短，若房地产市场相对比较稳定，可适当延长间隔时间，一般不宜超过一年。

8. 交易方式适合估价目的

房地产交易有买卖、租赁等方式，其中又可分为协议、招标、拍卖和挂牌等。如果是为买卖目的的估价，则应选取买卖实例为可比实例；如果是为租赁目的的估价，则应选取租赁实例为可比实例。在实际估价中，包括为抵押、折价、变卖和房屋征收补偿等目的的估价，多数是要求选取买卖实例为可比实例，而且一般应选取协议出让方式的买卖实例。但当选取建设用地使用权出让实例为可比实例时，目前一般不宜选取协议方式的出让实例。

9. 成交价格尽量为正常价格

这是要求可比实例的成交价格为正常价格或可修正、调整为正常价格。

第三节　成交价格处理

选取了可比实例后，要根据可比实例和估价对象两者的各项差异对其价格进行处理。通常需要进行建立比较基础、交易情况修正、市场状况调整和房地产状况调整等活动，从而由可比实例价格得到估价对象的价格。

一、建立比较基础

《房地产估价规范》(GB/T 50291—2015)规定:“选取可比实例后,应建立比较基础,对可比实例的成交价格进行标准化处理。”因为已选取的若干可比实例之间以及可比实例与估价对象之间,可能在财产范围、付款方式、税费负担和计价单位等诸多方面存在差异,无法直接进行比较,因此需要进行统一换算处理,为后续的各项修正和调整建立共同的基础。标准化处理主要包括以下四项工作。

(一)统一财产范围

统一财产范围是对可比实例和估价对象的财产范围进行比较,进而消除因财产范围不同造成的价格差异。财产范围不同主要有下列三种情况。

1. 房地产实物范围不同

例如,估价对象为土地,而可比实例是含有类似土地的房地产交易实例;估价对象是一套不带车位的住宅,而可比实例是一套带车位的住宅交易实例等。在这种情况下,需要对可比实例的成交价格进行加价或减价处理,补充可比实例缺少的实物范围,扣除可比实例多出的实物范围。

2. 带有债权债务的房地产

例如,估价对象是“干净”的房地产,而可比实例是设立了抵押权的,有拖欠建设工程价款,或由买方代付卖方应缴纳的房产税的交易实例。在这种情况下,一般是统一到不带债权债务的房地产范围。如果估价对象是带有债权债务的,则一般是在比较法最后步骤中加上债权减去债务,就可得到估价对象的价值。

3. 含有非房地产成分

例如,估价对象是“纯粹”的房地产,而可比实例是有附赠家具、家电,附带入学指标及特许经营权等的交易实例。在这种情况下,一般是统一到“纯粹”的房地产范围。如果估价对象是含有非房地产成分的,则一般是在比较法最后步骤中加上非房地产成分的价值,就可得到估价对象的价值。

(二)统一付款方式

房地产的价值量大,交易时经常采取分期付款的方式,资金的时间价值会导致实际价格有所不同,为了便于比较,估价中通常将分期付款的可比实例成交价格折算为在其成交日期一次付清的金额。具体方法是通过折现计算。

(三)统一税费负担

房地产交易中需要缴纳一系列税费,根据税法及中央和地方政府的有关规定,有的税费应由卖方缴纳,如营业税、城市维护建设税、教育费附件、所得税和土地增值税;有的税费应由买方缴纳,如契税、补缴出让金;有的税费是买卖双方都要缴纳,如印花税;有的税费则各自负担,如交易手续费。统一税费负担就是将成交价格调整为依照税法及中央和地方政府的有关规定,买卖双方各自缴纳自己应缴纳的交易税费后的价格,即正常成交价格。

如果应由卖方承担的税费由买方承担,则修正公式为:

$$正常成交价格 = 卖方实际得到的价格 + 卖方应缴纳的税费，$$
$$卖方应缴纳的税费 = 正常成交价格 \times 卖方税费比例，$$
$$正常成交价格 = \frac{卖方实际得到的价格}{1 - 卖方税费比例}。$$

如果应由买方承担的税费由卖方承担，则修正公式为：

$$正常成交价格 = 买方实际付出的价格 - 买方应缴纳的税费，$$
$$买方应缴纳的税费 = 正常成交价格 \times 买方税费比例，$$
$$正常成交价格 = \frac{买方实际付出的价格}{1 + 买方税费比例}。$$

【例4-1】 某二手房交易，买卖双方在合同中写明，买方按8 000元/平方米的价格付款给卖方，买卖中涉及的税费均由买方负担。据悉，该地区二手房交易中应由卖方缴纳的税费为正常成交价格的5%，应由买方缴纳的税费为正常成交价格的3%。试求该房地产的正常成交价格。

【解】 已知卖方实际得到的价格为8 000元/平方米，则该房地产正常成交价格计算如下：

$$正常成交价格 = \frac{卖方实际得到的价格}{1 - 卖方税费比例} = \frac{8\,000}{1 - 5\%} = 8\,421.05(元/平方米)。$$

(四) 统一计价单位

1. 统一价格表示单位

价格表示单位可以是总价，也可以是单价，一般采用单价。统一采用单价时，通常是单位面积的价格。例如，房地产及建筑物通常为单位建筑面积或单位套内建筑面积、单位使用面积的价格；土地除了单位土地面积的价格，还可为单位建筑面积的价格，即楼面地价。根据估价对象的具体情况，还可以有其他的价格表示单位，例如，仓库通常以单位体积的价格为单位，宾馆通常以一间客房或一个床位的价格为单位，停车场通常以一个车位的价格为单位等。

2. 统一币种和货币单位

在统一币种时，不同币种之间的换算应按照中国人民银行公布的市场汇率中间价计算，一般是采用成交日期的汇率。但如果先按照原币种的价格进行了市场状况调整，则调整后的价格应采用价值时点的汇率进行换算。在统一货币单位方面，按照使用习惯，通常都换算成人民币“元”。

3. 统一面积内涵和计量单位

在现实的房地产交易中，有按建筑面积计价的，也有按使用面积计价的，需要通过换算来统一面积内涵。在面积计量单位方面，有平方米、公顷、亩、平方英尺和坪，它们之间的换算关系为：

1公顷＝10 000平方米；
1亩＝666.67平方米；

1 平方英尺＝0.092 9 平方米；
1 坪＝3.305 8 平方米。

【例 4-2】 有甲、乙两宗交易实例，已知甲的建筑面积为 180 平方米，成交总价为 80 万元人民币，分三期付款，首付 30 万元人民币，一年后付 30 万元人民币，余款 20 万元人民币于两年后付清。乙的使用面积为 2 500 平方英尺，成交总价为 20 万美元，于成交时一次付清。如果选取此两宗交易实例为可比实例，则在有关的修正和调整之前应先做何种处理？

【解】 对甲、乙两个交易实例的成交价格进行“建立比较基础”的处理，具体如下：

(1) 统一付款方式

如果以在成交日期一次付清为基准，假设当时人民币的年利率为 8%，则：

$$\text{甲总价} = 30 + \frac{30}{1+8\%} + \frac{20}{(1+8\%)^2} = 74.92(\text{万元人民币}),$$

$$\text{乙总价} = 15(\text{万美元})。$$

(2) 统一价格表示单位

$$\text{甲单价} = \frac{749\ 200}{180} = 4\ 162.22(\text{元人民币/平方米建筑面积}),$$

$$\text{乙单价} = \frac{200\ 000}{2\ 500} = 80(\text{美元/平方英尺使用面积})。$$

(3) 统一币种

如果以人民币为基准，则需要将乙交易实例的美元换算为人民币。已知乙交易实例成交当时人民币与美元的市场汇率为 1 美等于 6.8 元人民币，则：

$$\text{甲单价} = 4\ 162.22(\text{元人民币/平方米建筑面积}),$$

$$\text{乙单价} = 80 \times 6.8 = 544(\text{元人民币/平方英尺使用面积})。$$

(4) 统一面积内涵

如果以建筑面积为基准，已知乙交易实例的建筑面积与使用面积的关系为 1 平方英尺建筑面积等于 0.75 平方英尺使用面积，则：

$$\text{甲单价} = 4\ 162.22(\text{元人民币/平方米建筑面积}),$$

$$\text{乙单价} = 544 \times 0.75 = 408(\text{元人民币/平方英尺建筑面积})。$$

(5) 统一面积单位

如果以平方米为基准，由于 1 平方英尺＝0.092 9 平方米，则：

$$\text{甲单价} = 4\ 162.22(\text{元人民币/平方米建筑面积}),$$

$$\text{乙单价} = 408 \div 0.092\ 9 = 4\ 391.82(\text{元人民币/平方米建筑面积})。$$

二、交易情况修正

可比实例的成交价格是实际发生的，它们可能是正常的，也可能是不正常的。由于要求评估的估价对象的价值或价格是客观合理的，所以，如果可比实例的成交价格是不正常的，则需要把它们修正为正常的价格，这种修正称为交易情况修正。

（一）交易情况修正的原因

1. 利害关系人之间的交易

例如，亲属之间、母子公司之间、公司与其员工之间的房地产交易，成交价格往往低于正常的市场价格。

2. 对交易对象或市场行情缺乏了解的交易

如果买方不了解交易对象或市场行情，盲目购买，成交价格往往偏高。相反，如果卖方不了解交易对象或市场行情，盲目出售，则成交价格往往偏低。

3. 被迫出售或被迫购买的交易

这些交易包括急于出售、急于购买的交易，如因还债、移民等而急于出售的房地产；被迫出售、被迫购买的交易，如司法拍卖。被迫出售的成交价格通常偏低，被迫购买的价格通常偏高。

4. 人为哄抬价格的交易

形成房地产正常成交价格的交易方式，应是买卖双方根据市场供求状况，经过充分讨价还价的协议方式。拍卖、招标等方式容易受诸如现场气氛、情绪，竞买人之间的争强好胜，甚至购买房地产看中的不是房地产本身的价值而是购买房地产这种行为所带来的广告宣传效应等因素的影响，从而使成交价格失常。

5. 对交易对象有特殊偏好的交易

例如，买方或卖方对所买卖的房地产有特别的爱好、感情，尤其是对买方有特殊的意义或价值，从而买方执意购买或卖方惜售，在这种情况下，成交价格往往偏高。

6. 相邻房地产合并的交易

购买相邻房地产，由于合并后会增加原有房地产的效用，所以购买价格有时要高于单独存在时的正常价格。高出部分的合理要价是将合并后的土地增值额按合并前各地块的总价进行分配，也可以按各地块的面积、容积率、对增值额的贡献程度等进行分配。例如，甲宗地价值为 70 万元，乙宗地价值为 50 万元，合并后的房地产价值为 150 万元。若乙宗地土地权利人欲购买甲宗地，则其合理要价为 $70+30\times70/120=87.5$ 万元。

7. 受迷信影响的交易

某些房地产交易会受迷信的影响，导致价格失常。

有上述特殊情况的交易实例一般不宜选为可比实例，但当可供选择的交易实例较少而不得不选用时，则应对其进行交易情况修正。

（二）交易情况修正的方法

交易情况修正通常采用百分比修正，其一般公式为：

$$\text{可比实例正常价格}=\text{可比实例价格}\times\text{交易情况修正系数}。$$

$$\text{交易情况修正系数}=\frac{\text{正常交易情况指数}}{\text{可比实例交易情况指数}}=\frac{100}{(\quad)}。$$

在百分比修正中，交易情况修正系数应以正常价格为基准。假设可比实例的成交价格比其正常价格高或低的百分率为 $\pm S\%$（当可比实例的成交价格比其正常价格高时，为 $+S\%$；低时，则为 $-S\%$），则有：

$$交易情况修正系数 = \frac{1}{1 \pm S\%}。$$

【例 4-3】 有一可比实例，交易价格为 8 500 元/平方米，在估价调查中得知业主因移民而急于出售，经分析确定此交易价格比正常的市场价格低 5%左右，请进行交易情况修正。

【解】 采用交易情况修正系数进行交易情况修正，计算如下：

$$可比实例正常价格 = 8\ 500 \times \frac{1}{(1-5\%)} = 8\ 947.37（元/平方米）。$$

三、市场状况调整

（一）市场状况调整的含义

市场状况调整实际上是对交易日期的修正，不同时间，市场状况可能是不同的。可比实例的价格是其成交日期的价格，而估价对象需要评估的是价值时点的价格，二者存在时间差。在这段时间内，房地产市场价格可能会发生变化，因此应将可比实例在成交日期的价格调整为价值时点上的价格，这种对可比实例成交价格进行的调整，称为市场状况调整，也称为交易日期调整。经过市场状况调整后，就将可比实例在其成交日期的价格变成了在价值时点的价格。

（二）市场状况调整的方法

市场状况调整通常采用百分比调整，其一般公式为：

$$价值时点的价格 = 可比实例价格 \times 市场状况调整系数。$$

$$市场状况调整系数 = \frac{价值时点的价格指数}{成交日期的价格指数} = \frac{(\quad)}{100}。$$

在百分比调整中，市场状况调整系数应以成交日期的价格为基准。假设从成交日期到价值时点，可比实例的市场价格上涨或下跌的百分率为 $\pm T\%$（从成交日期到价值时点，当可比实例的市场价格上涨时，为 $+T\%$；下跌时，则为 $-T\%$），则有：

$$市场状况调整系数 = 1 \pm T\%。$$

市场状况调整的关键是要把握房地产价格随时间的变动规律，这就需要调查和分析变动的具体情况，通常可根据价格指数和价格变动率进行调整。

1. 价格指数法

价格指数有定基价格指数和环比价格指数两种。在价格指数编制时，需要选择某个时期作为基期，如果是以某个固定时期作为基期的，称为定基价格指数；如果是以上一个时期作为基期的，称为环比价格指数。目前，中国已有几种房地产价格指数，如中房价格指数、国房价格指数、典型住宅价格指数和地价指数等，为市场状况调整提供了参考依据。

(1) 定基价格指数法

采用定基价格指数进行市场状况调整的公式为：

$$价值时点的价格=可比实例价格\times\frac{价值时点的定基价格指数}{成交日期的定基价格指数}。$$

【例 4-4】 某城市某类住宅 2016 年 1 月至 10 月的价格变动情况如表 4-2 所示。

表 4-2　2016 年 1 月至 10 月的住宅价格指数

月份	1	2	3	4	5	6	7	8	9	10
价格指数	100	100.5	99.5	101.8	102.3	101.5	102.6	103.2	103.5	104.6

注：表中的价格指数以 1 月份为基准。

可比实例为 2016 年 2 月 20 日发生交易的，当时成交价格为 8 500 元/平方米，请计算该住宅 2016 年 10 月 20 日的价格。

【解】 采用定基价格指数法进行市场状况调整，该住宅在 2016 年 10 月 20 日的价格 V 为：

$$V=8\ 500\times\frac{104.6}{100.5}=8\ 846.77(元/平方米)。$$

(2) 环比价格指数法

采用环比价格指数法进行市场状况调整的公式为：

价值时点的价格=可比实例价格×成交日期下一期的环比价格指数×成交日期再下一期的环比价格指数×…×价值时点的环比价格指数。

【例 4-5】 某房地产在 2017 年 10 月的价格为 8 800 元/平方米，试将其修正为 2018 年 2 月的价格。已知所在地区同类房地产 2017 年 10 月至 2018 年 2 月的价格指数分别为 99.6，98.7，101.5，102.8，102.5(均以上个月为 100)。

【解】 采用环比价格指数进行市场状况调整，该房地产在 2018 年 2 月的价格 V 为：

$$V=8\ 800\times\frac{98.7}{100}\times\frac{101.5}{100}\times\frac{102.8}{100}\times\frac{102.5}{100}=9\ 289.30(元/平方米)。$$

2. 价格变动率法

价格变动率有逐期递增或递减的价格变动率和期内平均上升或下降的价格变动率两种。

(1) 逐期递增或递减的价格变动率法

采用逐期递增或递减的价格变动率进行市场状况调整的公式为：

$$价值时点的价格=可比实例价格\times(1\pm价格变动率)^{期数}。$$

【例 4-6】 现评估某住宅 2018 年 7 月 15 日的市场价值，选取的可比实例中有一个可比实例是在 2018 年 1 月 15 日成交的，成交价格为 8 500 元/平方米。获知该类住宅的市场价格在 2017 年 11 月 15 日至 2018 年 4 月 15 日每月比上月上涨 1%，2018 年 4 月 15 日至 2018 年 7 月 15 日每月比上月下降 0.2%。请对可比实例的价格进行市场状况调整。

【解】 采用逐期递增或递减的价格变动率法进行市场状况调整，该可比实例在价值时点的价格 V 为：

$$V = 8\,500 \times (1 + 1\%)^3 \times (1 - 0.2\%)^3 = 8\,705.12(\text{元/平方米})。$$

(2) 期内平均上升或下降的价格变动率法

采用期内平均上升或下降的价格变动率进行市场状况调整的公式为：

$$\text{价值时点的价格} = \text{可比实例价格} \times (1 \pm \text{价格变动率} \times \text{期数})。$$

【例 4-7】 现评估某住宅 2018 年 7 月 15 日的市场价值，选取的可比实例中有一个可比实例是在 2018 年 1 月 15 日成交的，成交价格为 8 500 元/平方米。获知该类住宅的市场价格在 2018 年间平均每月上涨 0.6%。请对可比实例的价格进行市场状况调整。

【解】 采用期内平均上升或下降的价格变动率法进行市场状况调整，该可比实例在价值时点的价格 V 为：

$$V = 8\,500 \times (1 + 0.6\% \times 6) = 8\,806(\text{元/平方米})。$$

四、房地产状况调整

(一) 房地产状况调整的含义

运用比较法估价时，需要将可比实例状况与估价对象状况进行比较，如果二者有所不同，则需要对可比实例的成交价格进行房地产状况调整，因为房地产的价值和价格也取决于其自身状况的好坏。进行房地产状况调整，是把可比实例在其自身状况下的价格调整为在估价对象状况下的价格。经过房地产状况调整后，就将可比实例在其自身状况下的价格变成了在估价对象状况下的价格。

(二) 房地产状况调整的内容

房地产状况调整可分为区位状况调整、实物状况调整和权益状况调整。在这三种调整中，又可进一步分解为若干因素的调整。房地产状况调整是比较法中的一个难点和关键，为了降低调整难度，在实际估价中应尽量选取与估价对象相同之处较多的房地产为可比实例。

1. 区位状况调整的内容

区位状况是对房地产价格有影响的房地产区位因素的状况。区位状况调整是将可比实例在其自身区位状况下的价格，调整为在估价对象区位状况下的价格。

区位状况比较、调整的内容主要有位置(包括所处的方位、朝向、楼层、临街状况和与相关场所的距离等)、交通(包括进出的方便程度等)、外部配套设施(包括城镇基础设施和公共服务设施)及周围环境(包括自然环境、人文环境等)等影响房地产价格的因素。

2. 实物状况调整的内容

实物状况是对房地产价格有影响的房地产实物因素的状况。实物状况调整是将可比实例在其自身实物状况下的价格，调整为在估价对象实物状况下的价格。

实物状况比较、调整的内容大致可以分为土地和建筑物两大方面。土地实物状况调整的内容包括土地的面积、形状、地形、地势、地质、土壤和开发程度等影响房地产价格的因素；建筑物实物状况调整的内容包括建筑规模、建筑结构、设施设备、装饰装修、空间布局、建筑功能、外观和新旧程度等影响房地产价格的因素。

3. 权益状况调整的内容

权益状况是对房地产价格有影响的房地产权益因素的状况。权益状况调整是将可比实例在其自身权益状况下的价格，调整为在估价对象权益状况下的价格。

由于在选取可比实例时，要求可比实例的权利性质与估价对象的权利性质相同，所以权益状况比较、调整的内容主要有规划条件（如容积率）、土地使用期限、共有情况、用益物权设立情况、担保物权设立情况、租赁或占用情况、拖欠税费情况、查封等形式限制权利情况和权属清晰情况等影响房地产价格的因素。在实际估价中，遇到最多的是土地使用期限的调整。

（三）房地产状况调整的步骤

房地产状况调整的一般步骤如下：

(1) 确定对估价对象这类房地产的价格有影响的各种房地产自身因素，包括区位因素、实物因素和权益因素。但是，不同使用性质的房地产，影响其价格的房地产自身因素是不尽相同的。因此，应根据估价对象这类房地产的使用性质，确定对其价格有影响的各种房地产自身因素。

(2) 将可比实例与估价对象在这些因素方面的状况逐一进行比较，找出它们之间的差异程度。

(3) 将可比实例与估价对象状况之间的差异程度转换为价格差异程度，即找出房地产状况差异程度所造成的价格差异，如房龄差价、楼层差价、朝向差价等。

(4) 根据价格差异程度对可比实例的成交价格进行调整。需要注意的是，对于同一使用性质的房地产，各种影响因素的权重有可能不同；对于不同使用性质的房地产来说，同一影响因素影响的权重也是有所不同。

（四）房地产状况调整的方法

1. 直接比较调整

直接比较调整以估价对象状况为基准，将可比实例状况与估价对象进行比较，根据其间的差异对可比实例成交价格进行的调整。通常将基准分值设定为100，若可比实例的房地产状况优于估价对象时，则得分高于100；若可比实例的房地产状况劣于估价对象时，则得分低于100。直接比较调整的一般公式为：

$$\begin{matrix}\text{可比实例在估价}\\\text{对象状况下的价格}\end{matrix}=\begin{matrix}\text{可比实例在其自身}\\\text{状况下的价格}\end{matrix}\times\begin{matrix}\text{房地产状况}\\\text{调整系数}\end{matrix},$$

$$房地产状况调整系数=\frac{估价对象状况分值}{可比实例状况分值}=\frac{100}{(\quad)}。$$

在百分比调整中，房地产状况调整系数应以估价对象状况为基准。假设可比实例在其自身状况下的价格比在估价对象状况下的价格高或低的百分率为$\pm R\%$（当可比实例在其自身状况下的价格高时，为$+R\%$；低时，则为$-R\%$），则有：

$$房地产状况调整系数=\frac{1}{1\pm R\%}。$$

2. 间接比较调整

间接比较调整一般是设定某种标准房地产，以该标准房地产状况为基准，将估价对象状况和可比实例状况分别与其进行比较，根据两者的差异对可比实例的成交价格进行调整。基准分仍设定为100，当估价对象与可比实例的房地产状况优于该标准时，则得分高于100；反之，则得分低于100。间接比较调整的一般公式为：

$$\begin{matrix}可比实例在估价\\对象状况下的价格\end{matrix}=\begin{matrix}可比实例在其\\自身状况下的价格\end{matrix}\times\frac{标准房地产状况指数}{可比实例状况指数}\times\frac{估价对象状况指数}{标准房地产状况指数}。$$

【例4-8】 有一可比实例，成交价格为8 500元/平方米，该可比实例的实物状况综合起来考虑要优于某标准房地产的实物状况，经分析确定需要调整2%，而估价对象的实物状况综合起来考虑要劣于某标准房地产的实物状况，经分析确定需要调整−5%。请测算经实物状况调整后的可比实例价格。

【解】 采用间接比较调整公式进行实物状况调整，该可比实例在估价对象状况下的价格V为：

$$V=8\,500\times\frac{1}{1+2\%}\times\frac{1-5\%}{1}=7\,916.67(元/平方米)。$$

3. 乘法调整和加法调整

由于房地产状况本身包含多个次一级因素，在估价过程中，首先需要分析确定可比实例状况相对于估价对象状况的各因素的相应分值，然后综合求出房地产状况调整系数。具体方法有以下两种。

(1) 乘法调整

$$K=\prod_{i=1}^{m}\frac{100}{k_i}。$$

(2) 加法调整

$$K=\frac{\sum_{i=1}^{m}100}{\sum_{i=1}^{m}k_i}。$$

以上两式中，K 为可比实例房地产状况的综合调整系数；m 为选择比较的因素个数；k_i 为可比实例房地产第 i 个因素的分值，100 为估价对象房地产第 i 个因素的分值（设为标准）。

【例 4-9】 在区位状况调整过程中，进行比较调整的区位因素有四个，即繁华程度、交通条件、基础设施和区域环境，将可比实例房地产与估价对象房地产的相应因素进行比较，确定的分值分别为 110，120，90，85。试用乘法调整法和加法调整法确定区位状况的综合调整系数。

【解】 假设四个区位因素的权重相同，则乘法调整和加法调整如下：

（1）乘法调整

$$K=\prod_{i=1}^{4}\frac{100}{k_i}=\frac{100}{110}\times\frac{100}{120}\times\frac{100}{90}\times\frac{100}{85}=99.03\%。$$

（2）加法调整

$$K=\frac{\sum_{i=1}^{4}100}{\sum_{i=1}^{4}k_i}=\frac{100+100+100+100}{110+120+90+85}=98.77\%。$$

两种方法的计算结果并不相同，只要在估价允许的误差范围内都可以使用。

4. 关于权益状况调整的几点补充

（1）容积率的调整

容积率是影响土地价格的重要因素之一，对同一宗土地而言，不同的容积率会产生较大的地价差异。具体来说，容积率对地价的影响有以下特点：地价是一定容积率下的地价，同一地块在不同容积率下的地价不同；在一定开发强度内，地价与容积率成正比；容积率对地价的影响遵循报酬递减规律，只有适当的容积率才是最佳容积率，只有在最佳容积率下的地价才是最高地价；不同土地用途下容积率对地价的影响也不同；容积率对地价的影响具有区域性规律，不同区域容积率对地价影响程度存在显著差异；不同的城市规模，容积率对地价的作用程度不同。

所谓容积率调整就是消除因容积率的不同而造成的地价水平的差异。在估价实务中，通常应进行容积率与地价水平的相关分析，确定容积率与地价的相互关系，采用调整系数来调整地价。容积率调整的一般公式为：

$$\text{容积率调整后的可比实例价格}=\text{可比实例价格}\times\frac{\text{估价对象容积率调整系数}}{\text{可比实例容积率调整系数}}。$$

【例 4-10】 某城市容积率调整系数如表 4-3 所示。如果可比实例的宗地地价为 3 000 元/平方米，容积率为 2.5，估价对象的宗地规划容积率为 2.0。试对可比实例的宗地地价进行容积率调整。

表 4-3　容积率调整系数表

容积率	0.1	0.4	0.7	1.0	1.3	1.7	2.0	2.1	2.5
调整系数	0.5	0.6	0.8	1.0	1.3	1.7	1.8	1.9	2.0

【解】 经容积率调整后的可比实例的宗地地价 V 为：

$$V=3\ 000\times\frac{1.8}{2.0}=2\ 700(\text{元/平方米})。$$

（2）土地使用期限的调整

土地使用期限是指土地交易中契约约定的土地使用年限，土地使用年限的长短直接影响到土地收益的多少。目前，中国实行有限年期的土地使用权有偿使用制度，在土地的年收益一定的条件下，土地使用期限越长，土地的总收益就越多，土地价格也就越高。

所谓土地使用期限调整就是消除由于土地使用期限不同而对房地产价格造成的影响。土地使用期限调整的一般公式为：

$$\text{土地使用期限调整后的可比实例价格}=\text{可比实例价格}\times K,$$

$$K=\frac{1-\frac{1}{(1+r)^m}}{1-\frac{1}{(1+r)^n}}。$$

式中，K 为使用期限调整系数；r 为报酬率；m 为估价对象房地产的使用期限；n 为可比实例的使用期限。

【例 4-11】 某可比实例的宗地地价是 2 000 元/平方米，使用期限是 40 年，估价对象的宗地使用年限为 30 年，土地报酬率为 8%，则经过土地使用期限调整后的可比实例价格为多少？

【解】 经土地使用期限调整后的可比实例的宗地地价为：

$$V=2\ 000\times\frac{1-\frac{1}{(1+8\%)^{30}}}{1-\frac{1}{(1+8\%)^{40}}}=1\ 888.16(\text{元/平方米})。$$

第四节　计算比较价值

通过上述交易情况修正、市场状况调整、房地产状况调整等各项修正和调整，就把可比实例房地产的实际成交价格转变成估价对象房地产的价格。如果把各项修正和调整综合起来，就可得到比较法的计算公式。

一、修正和调整公式

（一）比较法的修正和调整公式

估价对象价格＝可比实例价格×交易情况修正系数×市场状况调整系数×房地产状况调整系数。

当采用百分比修正和调整时，其一般公式为：

$$\text{估价对象价格}=\text{可比实例价格}\times\frac{1}{1\pm S\%}\times(1\pm T\%)\times\frac{1}{1\pm R\%}。$$

式中，$\pm S\%$为交易情况修正中可比实例价格比其正常价格高或低的百分率；$\pm T\%$为市场状况调整中从成交日期到价值时点可比实例的市场价格上涨或下跌的百分率；$\pm R\%$为房地产状况调整中可比实例在其自身状况下的价格比在估价对象状况下的价格高或低的百分率。

（二）直接和间接比较修正和调整公式

由于房地产状况调整可采用直接比较法和间接比较法，因此修正和调整公式又可转化为直接比较修正和调整公式、间接比较修正和调整公式两类。

1. 直接比较修正和调整公式

$$\begin{aligned}\text{估价对象价格}&=\text{可比实例价格}\times\frac{\text{正常交易情况指数}}{\text{可比实例交易情况指数}}\times\frac{\text{价值时点的价格指数}}{\text{成交日期的价格指数}}\times\frac{\text{估价对象状况分值}}{\text{可比实例状况分值}}\\&=\text{可比实例价格}\times\frac{100}{(\quad)}\times\frac{(\quad)}{100}\times\frac{100}{(\quad)}。\end{aligned}$$

2. 间接比较修正和调整公式

$$\begin{aligned}\text{估价对象价格}&=\text{可比实例价格}\times\frac{\text{正常交易情况指数}}{\text{可比实例交易情况指数}}\times\frac{\text{价值时点的价格指数}}{\text{成交日期的价格指数}}\times\frac{\text{标准房地产状况指数}}{\text{可比实例状况指数}}\times\frac{\text{估价对象状况指数}}{\text{标准房地产状况指数}}\\&=\text{可比实例价格}\times\frac{100}{(\quad)}\times\frac{(\quad)}{100}\times\frac{100}{(\quad)}\times\frac{(\quad)}{100}。\end{aligned}$$

二、确定比较价值

每个可比实例按照上述公式计算可得到一个价格，估价过程中会选用多个可比实例，经修正和调整后的房地产价格也相应有多个，最后需要综合求出一个价格作为估价对象的比较价值。

从理论上讲，综合的方法主要有算术平均法、加权平均法、中位数法和众数法。

1. 算术平均法

将多个修正和调整后的价格的算术平均值作为综合结果，即为比较价值。当各可比实例与估价对象之间的相似程度比较接近时采用。其计算公式为：

$$V=\frac{1}{n}\sum_{i=1}^{n}V_i。$$

式中，V 为综合后的比较价值；V_i 为各可比实例的修正和调整后的价格；n 为选择的可比实例个数。

2. 加权平均法

如果选择的可比实例与估价对象的相似程度有较明显的差异，则需赋予各修正和调整价格不同的权重，然后加权平均，计算比较价值。其计算公式为：

$$V=\sum_{i=1}^{n}V_i\omega_i。$$

式中，V,V_i,n 同上；ω_i 为各修正和调整价格的权重，其中 $\sum_{i=1}^{n}\omega_i=1$。

3. 中位数法

中位数是将多个可比实例修正和调整后的价格按大小顺序排列，当项数为奇数时，位于正中间的那个价格为最终的比较价值；当项数为偶数时，位于正中间的那两个价格的简单算术平均数为最终的比较价值。

4. 众数法

众数法是选择一组修正和调整价格中出现频率最高的数据作为最终的比较价值。当可比实例较多时可采用此方法。

第五节　比较法总结与应用

一、比较法总结

比较法，就是通过类似房地产的成交价格来求取估价对象的价值或价格，其核心内容是各项因素的修正和调整。

应用比较法进行估价，首先要从现实的房地产市场中搜集大量的交易实例，建立交易实例库。其次，针对特定的估价对象、估价目的和价值时点，从搜集的交易实例中选取一定数量符合一定条件的交易实例，即选取一定数量的可比实例。然后对这些可比实例的成交价格依次进行换算、修正和调整（即建立比较基础、交易情况修正、市场状况调整和房地产状况调整）。最后，采用平均数、中位数、众数等方法，综合得出一个比较价值，即估价对象的价值或价格。

比较法的估价流程如图 4-1 所示，估价测算过程如表 4-4 所示。

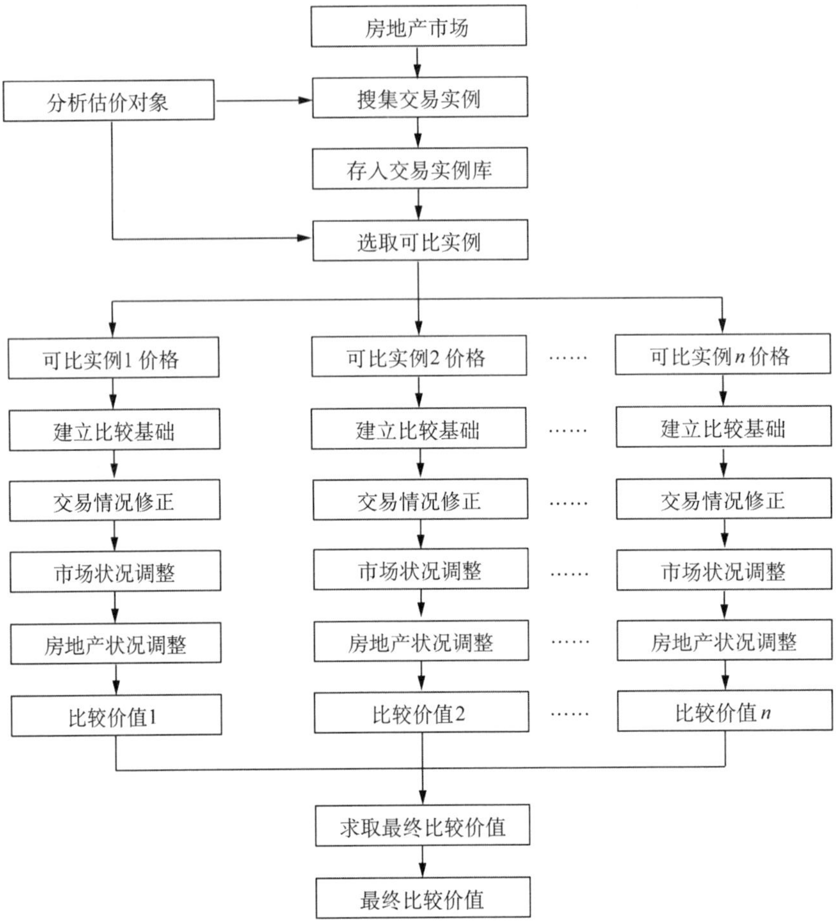

图 4-1　比较法的步骤和内容

表 4-4　比较法估价测算汇总

比较法估价测算内容		可比实例 1	可比实例 2	可比实例……
1. 成交价格	总价			
	单价			
2. 成交日期				
3. 建立比较基础后的价格				
3.1 统一财产范围后的价格				
3.2 统一付款方式后的价格				
3.3 统一税费负担后的价格				
3.4 统一计价单位后的价格				
4. 交易情况修正后的价格				

（续表）

比较法估价测算内容		可比实例 1	可比实例 2	可比实例……
4.1 交易情况修正系数				
5. 市场状况调整后的价格				
5.1 市场状况调整系数				
6. 房地产状况调整后的价格				
6.1 区位状况调整系数				
6.1.1 ××区位因素调整率				
6.1.2 ××区位因素调整率				
…… ××区位因素调整率				
6.2 实物状况调整系数				
6.2.1 ××土地实物状况系数				
6.2.1.1 ××土地实物状况调整率				
6.2.1.2 ××土地实物状况调整率				
…… ××土地实物状况调整率				
6.2.2 ××建筑物实物状况系数				
6.2.2.1 ××建筑物实物状况调整率				
6.2.2.2 ××建筑物实物状况调整率				
…… ××建筑物实物状况调整率				
6.3 权益状况调整系数				
6.3.1 土地权益状况系数				
6.3.2 建筑物权益状况系数				
7. 单个可比实例比较价值				
8. 比较价值	总价			
	单价			

二、比较法应用

【例 4-12】 为评估某写字楼 2016 年 5 月 1 日的市场价值，在该写字楼附近选取了 3 个与其相似的写字楼的交易实例为可比实例，成交价格、成交日期及相关修正和调整情况见表 4-5。人民币汇率中间价，2016 年 3 月 1 日为 1 美元对人民币 6.545 2，2016 年 5 月 1 日为 1 美元对人民币 6.458 9。该写字楼以人民币为基准的市场价格 2016 年 1 月 1 日至 2016 年 3 月 1 日平均每月比上月上涨 1%，2016 年 3 月 1 日至 2016 年 5 月 1 日平均每月比上月下降 0.5%。请利用上述资料评估该写字楼 2016 年 5 月 1 日的市场价值。

表 4-5 可比实例价格修正和调整

	可比实例 1	可比实例 2	可比实例 3
成交价格	8 000 元人民币/平方米	1 300 美元/平方米	8 800 元人民币/平方米
成交日期	2016 年 1 月 1 日	2016 年 3 月 1 日	2016 年 4 月 1 日
交易情况	+2%	+3%	−3%
房地产状况	−8%	−5%	+6%

【解】 该写字楼 2016 年 5 月 1 日的市场价值测算如下。

(1) 比较法测算公式：

估价对象价格＝可比实例价格×交易情况修正系数×市场状况调整系数×房地产状况调整系数。

(2) 求取比较价值：

$$V_1 = 8\,000 \times \frac{1}{1+2\%} \times (1+1\%)^2 \times (1-0.5\%)^2 \times \frac{1}{1-8\%}$$
$$= 8\,609.76(\text{元人民币/平方米})。$$

$$V_2 = 1\,300 \times 6.5452 \times \frac{1}{1+3\%} \times (1-0.5\%)^2 \times \frac{1}{1-5\%}$$
$$= 8\,608.98(\text{元人民币/平方米})。$$

$$V_3 = 8\,800 \times \frac{1}{1-3\%} \times (1-0.5\%) \times \frac{1}{1+6\%}$$
$$= 8\,515.85(\text{元人民币/平方米})。$$

(3) 将上述三个比较价值的简单算术平均数作为比较法测算的结果，则该写字楼 2016 年 5 月 1 日的市场价值为：

$$V = (8\,609.76 + 8\,608.98 + 8\,515.85) \div 3 = 8\,578.20(\text{元人民币/平方米})。$$

【例 4-13】 为评估某套住宅 2016 年 8 月 15 日的市场价值，在该住宅附近选取了 3 个与其相似的住宅交易实例为可比实例，有关资料如下。

(1) 可比实例的成交价格及成交日期见表 4-6。

表 4-6 可比实例成交价格及成交日期

	可比实例 1	可比实例 2	可比实例 3
成交价格	7 700 元/平方米	8 200 元/平方米	8 500 元/平方米
成交日期	2016 年 3 月 15 日	2016 年 6 月 15 日	2016 年 7 月 15 日

(2) 交易情况的分析判断结果见表 4-7。表 4-7 中交易情况的分析判断是以正常价格

为基准，正值表示可比实例成交价格高于其正常价格的幅度，负值表示可比实例成交价格低于其正常价格的幅度。

表 4-7　可比实例交易情况分析判断结果

	可比实例 1	可比实例 2	可比实例 3
交易情况	−2%	0	+5%

（3）该类住宅 2016 年 2 月至 8 月的价格指数见表 4-8。表 4-8 中的价格指数为定基价格指数。

表 4-8　同类房地产价格变动情况

月份	2	3	4	5	6	7	8
价格指数	100	92.4	98.3	98.6	100.3	109.0	106.8

（4）房地产状况的比较判断结果见表 4-9。

表 4-9　房地产状况比较判断结果

房地产状况	权重	估价对象	可比实例 1	可比实例 2	可比实例 3
区位状况	0.3	100	100	110	120
实物状况	0.2	100	120	100	100
权益状况	0.5	100	105	100	85

请利用上述资料测算该住宅 2016 年 8 月 15 日的市场价值。

【解】　该住宅 2016 年 8 月 15 日的市场价值测算如下。

（1）比较法测算公式：

估价对象价格＝可比实例价格×交易情况修正系数×市场状况调整系数×房地产状况调整系数。

（2）交易情况修正

可比实例 1 的交易情况修正系数：$\frac{1}{1-2\%}$。

可比实例 2 的交易情况修正系数：$\frac{1}{1-0}$。

可比实例 3 的交易情况修正系数：$\frac{1}{1+5\%}$。

（3）市场状况调整

可比实例 1 的市场状况调整系数：$\frac{106.8}{92.4}$。

可比实例 2 的市场状况调整系数：$\frac{106.8}{100.3}$。

可比实例 3 的市场状况调整系数：$\frac{106.8}{109.0}$。

(4) 房地产状况调整

可比实例 1 的房地产状况调整系数：$\frac{100}{100\times0.3+120\times0.2+105\times0.5}=\frac{100}{106.5}$。

可比实例 2 的房地产状况调整系数：$\frac{100}{110\times0.3+100\times0.2+100\times0.5}=\frac{100}{103.0}$。

可比实例 3 的房地产状况调整系数：$\frac{100}{120\times0.3+100\times0.2+85\times0.5}=\frac{100}{98.5}$。

(5) 求取比较价值：

$$V_1=7\,700\times\frac{1}{1-2\%}\times\frac{106.8}{92.4}\times\frac{100}{106.5}=8\,527.36\text{(元/平方米)}。$$

$$V_2=8\,200\times\frac{1}{1-0}\times\frac{106.8}{100.3}\times\frac{100}{103.0}=8\,477.09\text{(元/平方米)}。$$

$$V_3=8\,500\times\frac{1}{1+5\%}\times\frac{106.8}{109.0}\times\frac{100}{98.5}=8\,052.64\text{(元/平方米)}。$$

(6) 将上述三个比较价值的简单算术平均数作为比较法测算的结果，则该住宅 2016 年 8 月 15 日的市场价值为：

$$V=(8\,527.36+8\,477.09+8\,052.64)\div3=8\,352.36\text{(元/平方米)}。$$

【例 4-14】 估价对象为一商业用途土地，面积为 60 000 平方米，要求估算其 2018 年 5 月的公平市场交易价格。估价人员通过搜集有关数据资料，选出三个交易实例作为可比实例，有关情况见表 4-10。

表 4-10 估价对象与可比实例资料

项目		估价对象	可比实例 1	可比实例 2	可比实例 3
坐落		略	略	略	略
所处地区		繁华区	繁华区	非繁华区	非繁华区
用地性质		商业	商业	商业	商业
土地类型		空地	空地	空地	空地
价格	总价(万元)		46 500	45 080	45 500
	单价(元/平方米)		15 500	12 250	13 000
交易日期		2018 年 5 月	2017 年 10 月	2017 年 12 月	2018 年 1 月
面积(平方米)		60 000	30 000	36 800	35 000
形状		长方形	长方形	长方形	长方形
地势		平坦	平坦	平坦	平坦

（续表）

项目	估价对象	可比实例 1	可比实例 2	可比实例 3
地质	普通	普通	普通	普通
基础设施	较好	较好	较好	较好
交通通信状况	很好	很好	较好	较好
剩余使用年限(年)	30	35	30	35

已知可比实例交易情况均属正常；2017 年 10 月以来，土地市场平均每月上涨 1%；折现率为 8%；可比实例面积因素对价格的影响较估价对象低 3%。

可比实例 1 与估价对象处于同一地区，可比实例 2、实例 3 的区位因素修正系数情况参照表 4-11 进行判断。

表 4-11　区位因素分值

项目	可比实例 2	分值	可比实例 3	分值
自然条件	相同	10	相同	10
社会环境	相同	10	相同	10
街道条件	稍差	8	相同	10
繁华程度	稍差	7	稍差	7
交通便捷度	稍差	8	稍差	8
规划限制	相同	10	相同	10
交通管制	相同	10	相同	10
离公交车站	稍远	7	相同	10
交通流量	稍少	8	稍少	8
周围环境	较差	8	相同	10

注：比较标准以估价对象区位因素为标准，即估价对象的区位因素分值为 100。

【解】　该商业用地 2018 年 5 月的公平市场交易价格测算如下。

(1) 比较法测算公式

估价对象价格＝可比实例价格×交易情况修正系数×市场状况调整系数×房地产状况调整系数。

(2) 交易情况修正

从估价人员的调查中发现可比实例的交易没有特殊情况，均为正常交易，故无须修正。

(3) 市场状况调整

可比实例 1 的市场状况调整系数：1＋1%×7＝1.07。

可比实例 2 的市场状况调整系数：1＋1%×5＝1.05。

可比实例 3 的市场状况调整系数：$1+1\%\times 4=1.04$。

（4）房地产状况调整

① 区位状况调整（此处只涉及区位因素调整）

可比实例 1 与估价对象处于同一地区，故无须作区位因素调整。

可比实例 2 的区位因素调整系数：$\frac{100}{10+10+8+7+8+10+10+7+8+8}=\frac{100}{86}$。

可比实例 3 的区位因素调整系数：$\frac{100}{10+10+10+7+8+10+10+10+8+10}=\frac{100}{93}$。

② 实物状况调整

主要为面积因素调整，由于估价对象的面积大于三个可比实例地块，就商业用地而言，面积较大，便于充分利用。本例中，可比实例面积因素对价格的影响较估价对象低 3%，故三个可比实例的面积因素调整系数为 $\frac{1}{1-3\%}$。

③ 权益状况调整

主要为土地使用期限因素调整。可比实例 2 与估价对象的剩余使用年限相同，故无须调整。可比实例 1，3 的土地使用期限调整系数计算如下：

$$\frac{1-\frac{1}{(1+8\%)^{30}}}{1-\frac{1}{(1+8\%)^{35}}}=0.966\ 0。$$

（5）求取比较价值（单价）：

$$V_1=15\ 500\times 1\times 1.07\times 1\times\frac{1}{1-3\%}\times 0.966\ 0=16\ 516.61(元/平方米)。$$

$$V_2=12\ 250\times 1\times 1.05\times\frac{100}{86}\times\frac{1}{1-3\%}\times 1=15\ 418.96(元/平方米)。$$

$$V_3=13\ 000\times 1\times 1.04\times\frac{100}{93}\times\frac{1}{1-3\%}\times 0.966\ 0=14\ 477.69(元/平方米)。$$

（6）将上述三个比较价值的简单算术平均数作为比较法测算的结果，则该商业用地 2018 年 5 月的市场价格为：

V(单价)$=(16\ 516.61+15\ 418.96+14\ 477.69)\div 3=15\ 471.09$(元/平方米)。

V(总价)$=15\ 471.09\times 60\ 000=928\ 265\ 400$(元)。

复习思考题

一、名词解释

1. 比较法　　2. 可比实例　　3. 交易情况修正　　4. 市场状况调整
5. 区位状况调整　　6. 实物状况调整　　7. 权益状况调整

二、简答题

1. 比较法的理论依据是什么?

2. 比较法的适用条件是什么?

3. 运用比较法进行估价的具体操作步骤是什么?

4. 在比较法应用过程中,搜集交易实例的途径主要有哪些?

5. 在比较法应用过程中,选取可比实例一般应满足哪些要求?

三、判断题

1. 丰富的交易案例资料是应用比较法的基础,否则比较法就成为无源之水。 (　　)

2. 可比实例的交易日期距价值时点越近,房地产市场状况调整的结果就越准确。(　　)

3. 房地产的价值量大,交易时经常采取分期付款的方式,估价中为了便于比较,通常将分期付款的可比实例成交价格折算为在其成交日期一次付清的数额。 (　　)

4. 房地产市场状况调整实际上是交易日期的修正,不同时间市场状况可能是不同的。 (　　)

5. 区位状况对价格影响程度的判定比较困难,往往依赖于估价师的经验和判断。(　　)

6. 建立比较基础时,应将可比实例的装修价值扣除。 (　　)

四、单选题

1. 运用比较法评估,首先要搜集大量的交易实例,针对估价对象的实际情况,从中选取至少(　　)个符合条件的可比实例。

A. 2　　B. 3　　C. 4　　D. 5

2. 在比较法选择可比实例的过程中,可比实例的规模应与估价对象的规模相当。选取的可比实例规模一般应在估价对象规模的(　　)范围之内。

A. 0.5～1.0 倍　　B. 0.5～1.5 倍　　C. 0.5～2.0 倍　　D. 0.5～2.5 倍

3. 在统一币种方面,不同币种的价格之间的换算,在通常情况下,是采用(　　)时的汇率。

A. 成交日期　　B. 价值时点　　C. 估价作业日期　　D. 估价委托日

4. 判定某可比实例的成交价格比正常价格低 6%,则交易情况修正系数为(　　)。

A. 0.060　　B. 0.940　　C. 1.050　　D. 1.064

5. 某类房地产 2015 年 1 月的市场价格为 8 500 元/平方米,2015 年 10 月的市场价格为 9 600 元/平方米。根据上述数据,2015 年 1 月至 10 月,该类房地产市场价格的平均环比月上涨率为(　　)。

A. 1.07%　　B. 1.11%　　C. 1.22%　　D. 1.36%

6. 估价对象为一沿街店铺,建筑面积为 300 平方米,已知其中家电和汽车价值为 60 万元。估价中选取甲、乙、丙三个可比实例,建筑面积分别为 300 平方米、280 平方米和 340 平方米,总价分别为 420 万元、448 万元和 595 万元,其中可比实例丙的总价中含有价值 30 万元的家具。根据上述条件,利用简单算术平均法求取的估价对象包含家电和汽车的市场价格为(　　)万元。

A. 466　　B. 526　　C. 535　　D. 545

7. 某宗房地产2017年2月25日的价格为1 200美元/平方米。汇率为1美元=6.82元人民币,该类房地产以美元为基准的价格变动平均每月比上月递增0.5%,则其2017年10月25日的价格为(　　)元人民币。2017年10月25日的汇率为1美元=6.67元人民币。

A. 8 376　　B. 8 408　　C. 8 330　　D. 8 552

8. 某宗房地产交易的成交价格为300万元人民币,其中首期支付30%,余款在一年后一次性付清。该房地产公摊面积为建筑面积的15%,套内建筑面积为100平方米,假定折现率为6%,则该房地产按照建筑面积计算的实际单价为(　　)元/平方米。

A. 25 930　　B. 32 980　　C. 24 490　　D. 29 980

9. 为评估某估价对象2015年10月15日的市场价格,选取的可比实例价格情况是:交易日期为2015年4月15日,按买卖双方约定,买方付给卖方9 000元/平方米,交易中涉及的税费全部由卖方支付。该地区买方和卖方应缴纳的税费分别为正常交易价格的3%和5%。最近1年来该地区该类房地产价格每月环比增长0.5%,则该可比实例经修正、调整后的价格是(　　)元/平方米。

A. 9 000　　B. 9 003　　C. 9 436　　D. 9 670

10. 某房地产在2018年3月的价格为8 000元/平方米,已知类似房地产在2018年3月至9月的价格指数分别为:99.40,94.80,96.60,105.10,109.30,112.70,118.30(均以上个月为基数)。该房地产2018年9月的价格为(　　)元/平方米。

A. 8 485　　B. 10 098　　C. 11 220　　D. 11 198

11. 某宗工业用地最高出让年限为40年,实际转让年限为36年,若还原利率为8%,则年限修正系数为(　　)。

A. 0.992　　B. 0.983　　C. 0.981　　D. 0.930

12. 房地产状况修正中的间接比较修正评分办法,是以(　　)状况为基准进行的。

A. 可比实例　　B. 估价对象　　C. 标准房地产　　D. 类似房地产

13. 按间接比较的判定,某可比实例的房地产状况劣于标准房地产状况,价格低2%;而估价对象的房地产状况优于标准房地产状况,价格高5%。则下列有关该宗房地产状况的表述,正确的是(　　)。

A. 估价对象的房地产状况优于可比实例的房地产状况,价格高3%

B. 可比实例的房地产状况劣于估价对象的房地产状况,价格低7%

C. 可比实例价格的房地产状况调整系数为1.071

D. 可比实例价格的房地产状况调整系数为0.933

14. 为评估某住宅2016年10月1日的正常市场价格,在其附近收集的某可比实例的有关资料如下:成交价格为8 000元/平方米,成交日期为2016年5月1日,成交价格比正常价格低2%,房地产状况调整系数为1.087,已知从2016年5月1日到12月1日该类住宅价格平均每月比上月上涨1%,则对该可比实例成交价格进行校正,调整得到的价格最接近于(　　)。

A. 9 326元/平方米　　B. 9 514元/平方米

C. 9 658元/平方米　　D. 9 663元/平方米

15. 评估某底层商铺价格时，估价师选取的可比实例甲和乙均为底层商铺，丙为二层商铺(其成交价格经调整后为底层商铺价格)，求取最终价格时，对甲、乙、丙三个可比实例比较价格依次选取的权重，最合适的是(　　)。

A. 0.4,0.4,0.2　　B. 0.3,0.4,0.3

C. 0.4,0.2,0.4　　D. 0.4,0.3,0.3

五、多选题

1. 运用比较法进行估价，有一些前提条件，具体来说，需要的条件包括(　　)。

A. 交易资料丰富　　B. 交易时间接近

C. 交易情况正常　　D. 交易实例具有可比性

2. 下列房地产中，一般情况下适用比较法估价的有(　　)。

A. 标准厂房　　B. 写字楼　　C. 行政办公楼　　D. 在建工程

3. 与估价对象相似的房地产是指与估计对象的(　　)等相同或相近的房地产。

A. 用途　　B. 区位　　C. 总价　　D. 权利性质

4. 比较法的房地产状况调整中包括(　　)。

A. 权益状况调整　　B. 区位状况调整

C. 市场状况调整　　D. 实物状况调整

5. 比较法中区位状况调整需考虑的因素有(　　)。

A. 繁华程度　　B. 交通状况　　C. 基础设施状况　　D. 环境质量

6. 用比较法估价，通常求取比较价值的方法有(　　)。

A. 算术平均法　　B. 加权平均法　　C. 中位数法　　D. 众数法

7. 在比较法中选取可比实例是非常重要的，选取出的实例应尽量满足(　　)。

A. 与估价对象所处的区位相近

B. 与估价对象的规模、档次相当

C. 与估价对象的价值时点相近

D. 与估价对象用途、建筑结构及权利性质相同

8. 估价对象为一宗熟地，对其可比实例权益状况进行调整时，应包括的内容有(　　)。

A. 建筑密度　　B. 土地使用期限

C. 容积率　　D. 周边道路管制状况

9. 评估某套住宅价格时，进行区位状况调整的内容包括(　　)。

A. 离市中心的距离　　B. 朝向　　C. 地势　　D. 环境景观

10. 运用比较法时，估价人员根据基本要求选取可比实例后，需要建立价格比较基础，主要包括(　　)。

A. 统一采用单价　　B. 统一面积内涵和单位

C. 统一付款方式　　　　D. 统一币种和货币单位

11. 比较法中实物状况调整的内容包括(　　)。

A. 建筑结构　　　　B. 外部配套设施

C. 装饰装修　　　　D. 内部基础设施

12. 在考虑房地产交易税费的不同负担状况时,房地产正常成交价格等于(　　)。

A. 卖方实际得到的价格/(1－应由卖方缴纳的税费比率)

B. 买方实际付出的价格/(1＋应由买方缴纳的税费比率)

C. 卖方实际得到的价格＋卖方应缴纳的税费

D. 买方实际付出的价格－买方应缴纳的税费

六、计算题

1. 有甲、乙两宗交易实例,甲的建筑面积为300平方米,成交总价200万元人民币,分三期付清,首付100万元人民币,一年后付60万元人民币,剩余40万元人民币于2年后付清(当时人民币的年利率为8%)。乙的使用面积为4 000平方英尺,成交总价为50万美元(当时汇率:1美元＝6.4元人民币),于成交时一次付清。如果选取此两宗交易实例为可比实例,请对这两宗可比实例进行有关修正、调整之前的处理(1平方英尺＝0.0929平方米;1平方米建筑面积＝0.75平方米使用面积)。

2. 受委托人委托,需要评估某商品住宅2018年5月1日的市场价格,为此在该住宅附近调查选取A,B,C三宗类似住宅的交易实例作为可比实例,有关资料如表4-12所示。

表4-12　可比实例情况表

	可比实例A	可比实例B	可比实例C
成交价格	8 800元人民币/平方米	1 420美元/平方米	8 300元人民币/平方米
成交日期	2018年1月1日	2018年3月1日	2018年4月1日
交易情况	＋2%	0	－2%
房地产状况	＋5%	＋6%	－3%

说明:表4-12中,交易情况正(负)值表示可比实例成交价格高(低)于其正常市场价格的幅度,房地产状况正(负)值表示可比实例房地产状况优(劣)于估价对象房地产状况导致的价格差异幅度。另假设人民币与美元的市场汇率2018年3月1日为1∶6.33,2018年5月1日为1∶6.42,该类商品住宅以人民币为基准的市场价格2018年1月1日至价值时点每月比上月上涨1%。试用上述资料测算该商品住宅2018年5月1日的正常市场单价(如需计算平均值,请采用简单算术平均法)。

3. 估价对象为某城市CBD待开发土地,用地面积为20公顷。根据规划要求,将按文化传媒、商业两个功能区进行开发建设,规划容积率为2.5。某开发商拟转让该宗地的土地使用权,试用比较法估价该宗地2018年2月的市场价值。土地使用权剩余年限为38年。

该地区文化商业用地稀缺,自2017年以来,地价呈明显上升态势,假设每月地价上涨1%。土地的还原利率为7%。

经过市场调查,搜集了数个相似地块的交易实例,其中选取了A,B,C三个交易实例作为可比实例,具体情况如表4-13所示。请根据表中内容,进行各项修正和调整,求出估价对象宗地价格(容积率调整系数参照表 4-3)。

表 4-13　可比实例情况表

项目	估价对象	可比实例 A	可比实例 B	可比实例 C
坐落	略	略	略	略
所处地区	CBD	相近	相近	相同
用途	文化、商业	商业	商业	商业
面积(公顷)	20	18	22	19.6
成交价格		8 300 元/平方米	8 600 元/平方米	8 500 元/平方米
成交日期	2018 年 2 月	2017 年 6 月	2017 年 12 月	2017 年 8 月
使用期限(年)	38	30	40	40
地形地势	平坦	平坦、略高	平坦、略低	平坦
地质条件	较好	较差	较差	一般
繁华程度	一般	一般	较好	较劣
交通条件	方便	较方便	方便	较方便
基础设施状况	五通一平	三通一平	五通一平	五通一平
容积率	2.5	2.0	2.5	2.1
备注	可比实例的交易没有特殊情况,均为正常交易			

七、实训题

4～5 名同学组成一组,选择一处房地产项目,运用比较法评估出该房地产的市场价值。

要求:

1. 各组进行实地调研,选择 10 个交易案例;
2. 在分析的基础上,选择 3～5 个可比实例;
3. 结合本章学过的理论知识,评估该房地产价格;
4. 每组撰写一份估计报告;
5. 各组学生进行互评,最后任课教师点评。

第五章 收 益 法

收益法是重要的房地产估价方法之一,广泛应用于具有实际收益或潜在收益的房地产估价实践中,它是预测房地产的未来收益并将其转化为价值的方法。从本质上说,它是建立在资金具有时间价值的观念之上,它以房地产的预期收益能力为导向求取估价对象的价值,基本思路是预期收益资本化。

第一节 收益法概述

一、收益法的基本概念

收益法是预测估价对象的未来收益,利用报酬率或资本化率、收益乘数将未来收益转换为价值以得到估价对象价值或价格的方法。

根据将未来收益转换为价值的方式不同,或者说资本化的类型不同,收益法可分为报酬资本化法和直接资本化法。报酬资本化法是预测估价对象未来各年的净收益,利用报酬率将其折现到价值时点后相加得到估价对象价值或价格的方法,它实质上是一种现金流量折现法,即房地产的价值或价格等于其未来各年净收益的现值之和。直接资本化法是预测估价对象未来第一年的收益,将其除以资本化率或乘以收益乘数得到估价对象价值或价格的方法。其中,将未来第一年的收益乘以收益乘数得到估价对象价值或价格的方法,称为收益乘数法。

由于直接资本化法(含收益乘数法)的应用需要成熟的市场条件,在目前条件下我国应用较少,所以本章将重点介绍较为常用的报酬资本化法。

二、收益法的理论依据

收益法的理论依据是经济学中的预期原理。预期原理揭示,决定房地产当前价值的因素,主要是未来的因素而不是过去的因素,即房地产当前的价值通常不是基于其过去的价格、开发成本、收益或市场状况,而是基于市场参与者对其未来所能产生的收益或能够获得的满足、乐趣等的预期。由于房地产的使用寿命比较长,对于购买房地产的投资者而言,其目的是为了获得该房地产较长时间内所带来的收益。因此,基本原理可以表述为:将价值时点视为现在，那么现在购买一宗有一定收益年限的房地产，就预示着在其未来的收益期限内可以源源不断地获取净收益，如果现在有一笔资金可以与这未来一系列净收益的现值之和等值，则这笔资金就是该房地产的价格。

一宗房地产过去的收益虽然与其当前的价值无关，但也不意味着过去的收益毫无用处。过去的收益往往是预测未来收益的基础和参考，除非外部条件发生了变化使过去的趋势不再延续。因此，为防止实际估价中随意脱离估价对象的实际收益而预测其未来收益，应调查了解估价对象至少近 3 年的实际收益，并在此基础上结合当前类似房地产的收益水平，合理预测估价对象的未来收益。

三、收益法的适用范围

收益法的适用范围通常是有租金等经济收入的收益性房地产，包括住宅、写字楼、商店、餐馆、酒店、游乐场、影剧院、停车场、汽车加油站、标准厂房、仓库和农地等。收益法一般不适用于行政办公楼、学校、公园等公用、公益性房地产的估价。

需要指出的是，收益法中的收益是一种“预期收益”，估价对象不限于其本身目前是否有收益，只要其类似房地产有收益即可。例如，估价对象目前为自用或空置的住宅，虽然目前没有收益，但因类似住宅以出租方式获取收益的情形很多，所以可将该住宅设想为出租的情况下来运用收益法估价。即先根据有租赁收益的类似住宅的有关资料，采用比较法求取该住宅的租金水平、空置率和运营费用等，再利用收益法进行估价。

四、收益法的估价步骤

运用收益法估价一般分为 5 个步骤：①选择具体估价方法，即选择报酬资本化法还是选择直接资本化法，②测算收益期或持有期，③测算未来收益，④确定报酬率或资本化率、收益乘数，⑤计算收益价值。

第二节　报酬资本化法

根据收益法的基本原理，下面介绍报酬资本化法的各种公式。

一、基本公式

报酬资本化法的基本公式为：

$$V=\sum_{i=1}^{n}\frac{A_i}{\prod_{j=1}^{i}(1+r_j)},$$

式中，V 为估价对象在价值时点的收益价值，即房地产价值；A_i 为估价对象未来各期的净运营收益，简称净收益；r_j 为估价对象未来各期的报酬率，也称为折现率；n 为估价对象的收益期或持有期。

由于该公式中的净收益和报酬率每年不同，在现实中难以操作，往往只用于理论分析，在估价实务中需要对基本公式进行简化，通常的做法是认为每年的报酬率固定不变，然后根据净收益的变化情况将公式简化。

二、简化公式

（一）净收益每年相同的公式

（1）收益期为有限年

$$V=\frac{A}{r}\left[1-\frac{1}{(1+r)^{n}}\right]。$$

（2）收益期为无限年

$$V=\frac{A}{r}。$$

（二）净收益若干年后保持不变的公式

净收益在未来 t 年（含第 t 年）有变化，在第 t 年以后无变化，可分为有限年和无限年两种公式。

（1）收益期为有限年

$$V=\sum_{i=1}^{t}\frac{A_{i}}{(1+r)^{i}}+\frac{A}{r(1+r)^{t}}\left[1-\frac{1}{(1+r)^{n-t}}\right]。$$

（2）收益期为无限年

$$V=\sum_{i=1}^{t}\frac{A_{i}}{(1+r)^{i}}+\frac{A}{r(1+r)^{t}}。$$

（三）净收益按等差级数变化的公式

1. 净收益按等差级数递增

净收益按一定数额 b 递增，可分为有限年和无限年两种公式。

（1）收益期为有限年

$$V=\left(\frac{A}{r}+\frac{b}{r^{2}}\right)\left[1-\frac{1}{(1+r)^{n}}\right]-\frac{b}{r}\cdot\frac{n}{(1+r)^{n}}。$$

（2）收益期为无限年

$$V=\frac{A}{r}+\frac{b}{r^{2}}。$$

2. 净收益按等差级数递减

净收益按一定数额 b 递减，此时只有有限年公式一种。因为当净收益为负值时，该房地产将不再被经营下去。所以，只有当第 n 年净收益 $A-(n-1)b>0$），即 $n<\frac{A}{b}+1$ 时，该房地产才会被经营下去。有限年计算公式为：

$$V=\left(\frac{A}{r}-\frac{b}{r^2}\right)\left[1-\frac{1}{(1+r)^n}\right]+\frac{b}{r}\cdot\frac{n}{(1+r)^n}。$$

（四）净收益按等比级数变化的公式

1. 净收益按等比级数递增

净收益按一定比率 s 递增，可分为有限年和无限年两种公式。

（1）收益期为有限年

$$V=\frac{A}{r-s}\left[1-\left(\frac{1+s}{1+r}\right)^n\right]。$$

（2）收益期为无限年

$$V=\frac{A}{r-s}。$$

2. 净收益按等比级数递减

净收益按一定比率 s 递减，可分为有限年和无限年两种公式。

（1）收益期为有限年

$$V=\frac{A}{r+s}\left[1-\left(\frac{1-s}{1+r}\right)^n\right]。$$

（2）收益期为无限年

$$V=\frac{A}{r+s}。$$

（五）预知未来若干年后房地产价格的公式

预知房地产未来 t 年的净收益，在第 t 年末的价格为 V_t，则现在的价格为：

$$V=\sum_{i=1}^{t}\frac{A_i}{(1+r)^i}+\frac{V_t}{(1+r)^t}。$$

第三节　收益期和持有期的测算

收益期是指预计在正常市场和运营状况下估价对象未来可获取净收益的时间，即自价值时点起至估价对象未来不能获取净收益时止的时间。收益期一般根据建设用地使用权剩余期限和建筑物剩余经济寿命来估计。建设用地使用权剩余期限是指自价值时点起至建设用地使用权使用期限结束时止的时间。建筑物剩余经济寿命是指自价值时点起至建筑物经济寿命结束时止的时间。

建筑物经济寿命是指建筑物对房地产价值有贡献的时间,具体是指建筑物自竣工时起至其对房地产价值不再有贡献时止的时间。对收益性房地产来说,就是净收益大于零所持有的时间。

建筑物剩余经济寿命与建设用地使用权剩余期限可能同时结束,也可能不同时结束,归纳起来有下列三种情形。

1. 建筑物剩余经济寿命与建设用地使用权剩余期限同时结束

在这种情形下,收益期为建设用地使用权剩余期限或建筑物剩余经济寿命。

2. 建筑物剩余经济寿命早于建设用地使用权剩余期限结束

在这种情形下,房地产的价值等于以建筑物剩余经济寿命为收益期计算的价值,加上自收益期结束时起计算的剩余期限建设用地使用权在价值时点的价值。

自收益期结束时起计算的剩余期限建设用地使用权在价值时点的价值,等于自价值时点起计算的剩余期限建设用地使用权在价值时点的价值,减去以收益期为使用期限的建设用地使用权在价值时点的价值。

【例 5-1】 建设用地使用权出让期限为 70 年,土地出让后开始建设,建设周期为 3 年,所建建筑物经济寿命为 50 年。价值时点为建筑物建成之日。

【分析】 如图 5-1 所示,至价值时点,建设用地使用权出让期限已经过去 3 年,故建设用地使用权剩余期限还有 67 年;而建筑物剩余经济寿命为 50 年。由于建筑物剩余经济寿命早于建设用地使用权剩余期限结束,所以该房地产的收益期以建筑物剩余经济寿命为准,即为 50 年。建筑物经济寿命结束后,建设用地使用权剩余期限还有 17 年,故应考虑将剩余 17 年的土地使用权价值折现为现值。

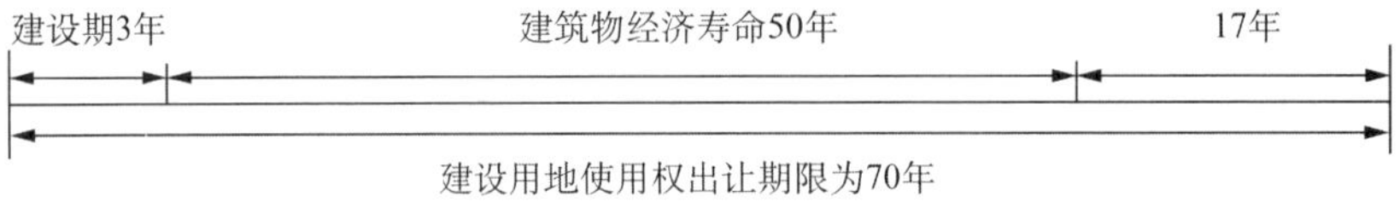

图 5-1 收益期的判定示意图

【例 5-2】 建筑物经济寿命为 40 年,建筑物建成 10 年后出让所占用的土地,建设用地使用权出让期限为 50 年。价值时点为土地出让之日。

【分析】 如图 5-2 所示,至价值时点,建筑物已经建成并使用了 10 年,故建筑物剩余经济寿命为 30 年;而建设用地使用权剩余期限为 50 年。由于建筑物剩余经济寿命早于建设用地使用权剩余期限结束,所以该房地产的收益期以建筑物剩余经济寿命为准,即为 30 年。建筑物经济寿命结束后,建设用地使用权剩余期限还有 20 年,故应考虑将剩余 20 年的土地使用权价值折现为现值。

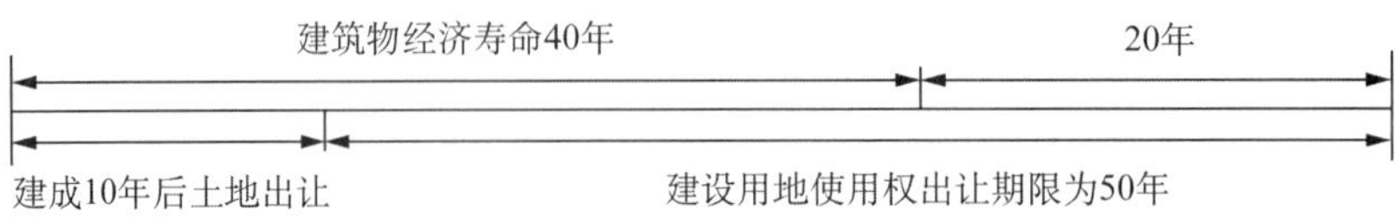

图 5-2 收益期的判定示意图

3. 建筑物剩余经济寿命晚于建设用地使用权剩余期限结束

在这种情形下，分为两种情况：

（1）出让合同约定建设用地使用权期限届满需要无偿收回建设用地使用权时，建筑物也无偿收回的，房地产的价值等于以建设用地使用权剩余期限为收益期计算的价值。

（2）出让合同约定建设用地使用权期限届满需要无偿收回建设用地使用权时，根据收回时建筑物的残余价值给予土地使用者相应补偿的，房地产的价值等于以建设用地使用权剩余期限为收益期计算的价值，加上建筑物在收益期结束时的价值折算到价值时点的价值。

【例 5-3】 建设用地使用权出让期限为 50 年，土地出让后开始建设，建设周期为 3 年，所建建筑物为钢筋混凝土结构，经济寿命为 60 年。合同约定土地使用权到期后无偿收回土地使用权及地上建筑物。价值时点为建筑物建成之日。

【分析】 如图 5-3 所示，至价值时点，建设用地使用权出让期限已经过去 3 年，故建设用地使用权剩余期限还有 47 年；而建筑物剩余经济寿命为 60 年。由于建筑物剩余经济寿命晚于建设用地使用权剩余期限结束，所以该房地产的收益期以建设用地使用权剩余期限为准，即为 47 年。根据合同约定，土地使用权到期后地上建筑物的剩余经济寿命(13 年)无须补偿。

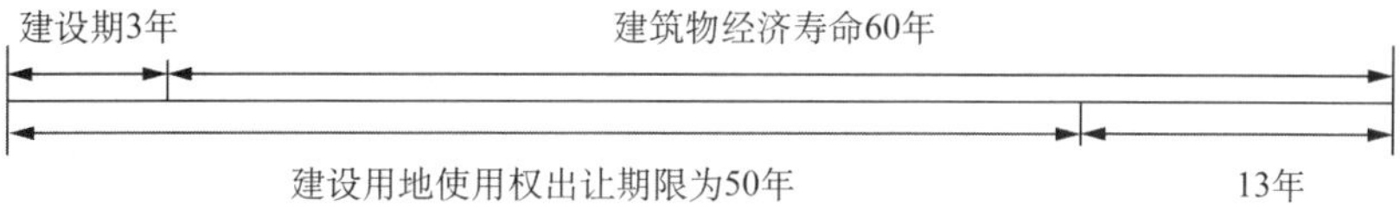

图 5-3　收益期的判定示意图

【例 5-4】 建筑物经济寿命为 60 年，建筑物建成 6 年后出让所占用的土地，建设用地使用权出让期限为 50 年。出让合同约定土地使用权到期后无偿收回土地使用权，并对建筑物给予适当补偿。价值时点为土地出让之日。

【分析】 如图 5-4 所示，至价值时点，建筑物已经建成并使用了 6 年，故建筑物剩余经济寿命为 54 年；而建设用地使用权剩余期限为 50 年。由于建筑物剩余经济寿命晚于建设用地使用权剩余期限结束，所以该房地产的收益期以建设用地使用权剩余期限为准，即为 50 年。根据合同约定，土地使用权到期后地上建筑物的剩余经济寿命(4 年)需要进行补偿，故房地产价值为 50 年的收益价值加上 4 年建筑物价值折现到价值时点的价值。

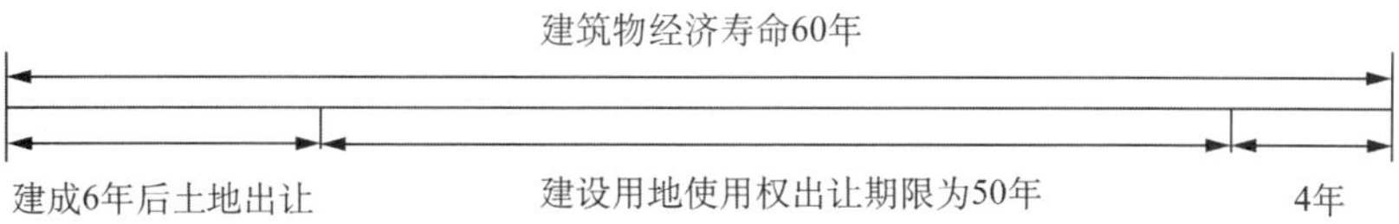

图 5-4　收益期的判定示意图

综上所述，收益期一般根据建设用地使用权剩余期限和建筑物剩余经济寿命进行测算。当建设用地使用权剩余期限和建筑物剩余经济寿命同时结束时，收益期应为建设用地使用权剩余期限或建筑物剩余经济寿命。当建设用地使用权剩余期限和建筑物剩余经济寿命不同时结束时，应选取其中较短者为收益期限；对超出收益期的土地使用价值，应将其累计到收益价值中；对超出收益期的建筑物价值，应按出让合同的约定决定是否将其累计到收益价值中。

第四节　净收益的测算

从收益法的各种公式中可以看出，净收益是决定房地产价格的一个重要因素，因此，在估价实践中必须全面了解有关收益性房地产的各种收益和费用，科学、合理地确定净收益，才能准确评估房地产的价格。

一、净收益的含义

净收益是指归属于房地产的除去各种费用后的收益，一般以年为单位。

1. 总收益

房地产收益可分为实际收益和客观收益。

实际收益是指估价对象实际获得的收益。由于受不同的人或企业的经营能力以及外在不确定因素的影响，经营同样的房地产会有各不相同的实际收益，若以实际收益为基础进行资本化，会得到不一样的结果，因此，不能以实际收益来计算净收益。例如，城市商业中心有一待开发空地，无当前收益，同时还必须缴纳有关税费，净收益为负值，我们不能因此而否认其价格的存在。再如，某企业占用一块交通便利的地块，但由于经营管理不善，其净收益也可能为负数，这也不意味着这块土地没有价格。

客观收益是估价对象在正常市场条件下所能获得的收益，或是实际收益中排除了特殊的、偶然的要素后所能得到的一般正常收益。只有客观收益才能作为评估的依据。

2. 总费用

总费用是指取得该收益所必需的各项支出，即为创造总收益所必需的正常支出。在估价时总费用也应该是客观费用。总费用所应包含的项目随估价对象的状态不同而有区别。例如，土地租赁中的总费用包括土地税、管理费、维护费等，房地租赁中的总费用包括管理费、维修费、保险费和税金等。若租赁契约规定某些费用由承租方负担，则承租方负担部分就不应作为费用扣除。折旧费、融资及利息支出、与经营无关的特殊成本等，一般不作为费用扣除。

3. 净收益

净收益等于总收益减去总费用。在估算净收益时，根据净收益在过去、现在、未来的变动情况，以及估价对象可获得的收益年限，确定未来（价值时点以后）的净收益流量。估价对象的未来净收益流量可能是每年基本固定不变的，也可能是每年按某个固定数额（或比率）递增或递减，还可能按其他方式变化。

二、净收益的测算

估价对象的收益类型不同，净收益的测算也有所不同，可以归纳为以下 4 种情况：①出租的房地产，②自营的房地产，③自用或尚未使用的房地产，④混合收益的房地产。

（一）出租房地产的净收益测算

出租房地产是收益法估价的典型对象，其净收益通常为租赁收入扣除由出租人负担的运营费用后的余额，基本公式为：

净收益＝潜在毛租金收入　空置和收租损失＋其他收入－运营费用
　　　＝有效毛收入－运营费用。

1. 净收益

净收益是净运营收益（Net Operating Income，NOI）的简称，是从有效毛收入中扣除运营费用以后得到的归因于房地产的收入。

2. 潜在毛收入

潜在毛收入（Potential Gross Income，PGI），是房地产在充分利用、没有空置和收租损失情况下所能获得的归因于房地产的总收入。住宅、写字楼、商铺等出租型房地产的潜在毛收入为潜在毛租金收入加上各种其他收入。潜在毛租金收入等于全部可出租面积与最可能的租金水平的乘积。各种其他收入是租赁保证金或押金的利息收入，以及自动售货机、投币电话、洗衣房等的收入。

3. 有效毛收入

有效毛收入（Effective Gross Income，EGI），是从潜在毛收入中扣除空置和收租损失以后得到的归因于房地产的收入。空置的面积没有收入。收租损失是指因承租人拖欠租金等造成的收入损失，包括延迟支付租金、少付租金、不付租金及免租期造成的收入损失。空置和收租损失通常按照潜在毛租金收入的一定比例估算。

4. 运营费用

运营费用（Operating Expense），是指维持房地产正常使用或营业的必要支出，包括房地产税、房屋保险费、物业服务费、管理费用、维修费和水电费等。与会计上的成本费用有所不同，这里的运营费用不包含房地产抵押贷款还本付息额、房地产折旧额、房地产改扩建费用和所得税。对于已抵押的房地产，如果在扣除运营费用后得到的净收益再扣除抵押贷款还本付息额，则得到的收益称为税前现金流量（Pre-Tax Cash Flow，PTCF）。税后现金流量（After-Tax Cash Flow，ATCF）则是扣除所得税后的收益。

5. 运营费用率

运营费用与有效毛收入的百分比，称为运营费用率（Operating Expense Ratio，OER）。某些类型的房地产，其运营费用率有一个相对固定的范围，因此可以找出市场上不同类型房地产的运营费用率，以供测算估价对象的运营费用或净收益时作参考。

6. 净收益率

净收益与有效毛收入的百分比，称为净收益率（Net Income Ratio，NIR）。因为净收益等于有效毛收入减去运营费用，所以净收益率是运营费用率的补集。

净收益、潜在毛收入、有效毛收入及运营费用等，通常以年计，并假设在年末发生。

（二）自营房地产的净收益测算

自营房地产是指房地产产权人同时也是经营者。自营房地产的净收益测算与出租房地产的净收益测算主要有两个不同：一是潜在毛收入或有效毛收入变成了经营收入，二是要扣除归属于其他资本或经营的收益，如商业、餐饮、工业、农业等经营者的正常利润。例如，某餐馆正常经营的年收入为100万元，费用为36万元，经营者利润为24万元，则基于营业收入测算的房地产年净收益为100－36－24＝40(万元)。

1. 商业经营型房地产

根据经营资料测算净收益，净收益为经营收入扣除经营成本、经营费用、经营税金及附加、管理费用、财务费用以及应归属于商业经营者的利润。

2. 工业生产型房地产

根据产品市场价格以及原材料、人工费用等资料测算净收益，净收益为产品销售收入扣除生产成本、销售费用、销售税金及附加、管理费用、财务费用以及应归属于生产者的利润。

3. 农地净收益的测算

由农地年产值(全年农产品的产量乘以单价)扣除种苗费、肥料费、农药费、水电费、人工费、畜工费、机工费、运输费、农具折旧费、农舍折旧费、投资利息、农业税和农业利润等。

（三）自用或尚未使用房地产的净收益测算

自用或尚未使用的房地产是指目前为业主自用或暂时空置的房地产，而不是指写字楼、宾馆的大堂、管理用房等所必要的“空置”或自用部分。写字楼、宾馆的大堂、管理用房等的价值是通过其他用房的收益体现出来的，因此其净收益不应再单独计算。自用或尚未使用的房地产的净收益，可以比照有收益的类似房地产的有关资料按上述相应的方式测算。

（四）混合收益房地产的净收益测算

现实中包含上述多种收益类型的房地产，如宾馆一般有客房、会议室、餐厅、商场、商务中心和娱乐中心等，其净收益视具体情况采用下列三种方式之一求取。

1. 先减去变动费用再减去固定费用

把费用分为固定费用和变动费用，将测算出的各种类型的收入分别减去相应的变动费用，予以加总后再减去总的固定费用。

2. 总收入减去总费用

首先测算各种类型的收入，然后测算各种类型的费用，再将总收入减去总费用。

3. 净收益加总

把混合收益的房地产看成各种单一收益类型房地产的简单组合，先分别求取各自的净收益，然后予以加总。

三、净收益测算应注意的问题

（1）房地产收益包括有形收益和无形收益。有形收益是由房地产带来的直接货币收益。无形收益是指房地产带来的间接利益，如安全感、自豪感、提高个人声誉和信用、增强企业融资能力和获得一定避税能力等。

（2）房地产有租约限制的，必须考虑租约对房地产价格的影响。租约期内的租金宜采用租赁合同约定的租金，租约期限外的租金应采用正常客观的市场租金。

（3）预测未来净收益，为了避免高估或低估估价对象，应要求估价人员同时给出未来净收益的三种估计值，即较乐观的估计值、较保守的估计值和最可能的估计值。除评估房地产抵押价值因遵循谨慎原则应选用较保守的估计值、评估投资价值因投资者的原因可能选用较乐观的估计值或较保守的估计值外，其他目的的估价一般应选用最可能的估计值。

（4）重置提拨款是建筑物经济寿命期内，更换经济寿命较短的构件的费用，或在未来持有期结束前需要更换构件的费用，属于运营费用，需从每年的净收益中扣除。重置提拨款通常利用偿债基金系数计算求得。

第五节　报酬率的确定

报酬率是决定房地产评估价格最关键的因素。这是因为评估价格对报酬率最为敏感，报酬率的微小变动，都会使评估价格发生显著改变。因此，估价人员必须慎重对待收益法中的报酬率。

一、报酬率的实质

报酬率是将房地产的净收益还原成房地产价格的利率或比率，其实质是一种资本投资的期望回报率，我们可以将它看作估价对象投资的机会成本，或者说是资本成本，正确的报酬率是投资者能够从一项“相似的”投资中得到的回报率。

与报酬率相类似的有获利率、回报率、利润率、盈利率、国债利率和银行利率等，它们依据不同的投资形式而有所不同。不同的投资形式存在不同的风险，风险越高，报酬率就越高。银行存款这种投资形式风险最低，其利率也最小；而股票投资往往要冒很大风险，其回报率也往往较高；房地产投资风险则属于居中水平。报酬率与投资风险的关系如图 5-5 所示。

同等风险的投资应具有同样的投资报酬率，因此，在确定房地产的报酬率时，应取与房地产投资具有相等风险的资本投资的报酬率。需要指出的是，房地产投资在不同地区、不同时期、不同性质与不同用途上的投资风险是各不相同的，因此，房地产投资的报酬率是一个变量，随市场状况的变化而变化，不存在一个统一不变的报酬率。另外，在通货膨胀的情况下，投资者往往也会提高期望投资报酬率（名义报酬率）以抵消通货膨胀的影响。实际报

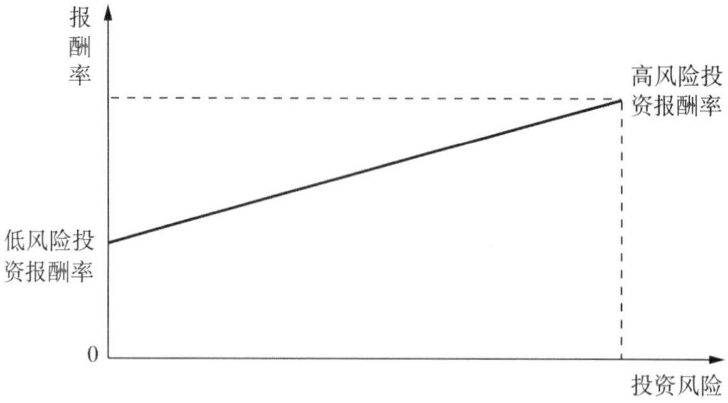

图 5-5　报酬率与投资风险关系示意图

酬率、名义报酬率和通货膨胀率之间的关系式为：

(1+名义报酬率)=(1+实际报酬率)×(1+通货膨胀率)。

二、报酬率的求取

了解了报酬率的实质后，下面介绍求取报酬率的三种主要方法。

(一) 市场提取法

市场提取法是通过在市场上收集多个(一般为 3 个以上)相同或类似房地产的净收益、价格等资料，选用相应的公式，反算出报酬率。通常，为了避免偶然性，往往选取多个案例的报酬率的平均值，具体可以根据实际情况，求其简单算术平均值或加权算术平均值。这种方法要求市场发育比较充分、交易案例比较多。估价人员必须拥有充裕的资料，并尽可能地将与估价对象房地产情况接近的资料作为参照。

【例 5-5】　选择近期发生的，且种类、等级都与估价对象房地产相似的 6 个交易实例，如表 5-1 所示。试求取估价对象房地产的报酬率。

表 5-1　可比实例及相关资料

可比实例	净收益(万元/年)	价格(万元)	报酬率
1	12	102	11.8%
2	23	190	12.1%
3	10	88	11.4%
4	65	542	12.0%
5	90	720	12.5%
6	32	250	12.8%

注：假设收益期为无限年，表中使用的公式为 报酬率=净收益/价格。当收益期为有限年时，需要根据本章第二节的公式做适当调整。

【解】　将其报酬率进行简单算术平均，即可得到估价对象房地产的报酬率：

$$r=\frac{11.8\%+12.1\%+11.4\%+12.0\%+12.5\%+12.8\%}{6}=12.1\%。$$

（二）累加法

该方法是以安全利率加风险调整值作为报酬率的方法。安全利率是指没有风险的或极小风险的投资报酬率，通常可选用同一时期的一年期国债利率或银行的一年定期存款利率。风险调整值是承担额外风险所要求的补偿，即超过安全利率以上部分的报酬率，应根据估价对象及其所在地区、行业、市场等存在的风险来确定。通常，在一定的时间和地域范围内，商业零售用房、写字楼、住宅和工业用房的投资风险依次降低，风险调整值也相应下降。

累加法的细化公式为：

报酬率＝安全利率＋投资风险补偿率＋管理负担补偿率＋
缺乏流动性补偿率－投资带来的优惠率。

其中，投资风险补偿率，是指当投资者投资于收益不确定、具有一定风险性的房地产时，他必然会要求对所承担的额外风险有所补偿，否则就不会投资。管理负担补偿率，是指一项投资所要求的操劳越多，其吸引力就越小，从而投资者必然会要求对所承担的额外管理有所补偿。房地产要求的管理工作超过存款和证券。缺乏流动性补偿率，是指投资者对所投入的资金由于缺乏流动性所要求的补偿。房地产与股票、债券、黄金相比，买卖要困难，变现能力弱。投资带来的优惠率，是指由于投资房地产可能获得某些额外的好处，如易于获得融资（如可以抵押贷款），从而投资者会降低所要求的报酬率。

累加法的应用举例见表 5-2。

表 5-2　累加法应用举例

项目	数值
安全利率	5.0%
投资风险补偿率	2.0%
管理负担补偿率	0.1%
缺乏流动性补偿率	1.5%
投资带来的优惠率	−1.0%
报酬率	7.6%

需要注意的是，上述安全利率和风险性报酬率一般是指名义报酬率，即已经包含了通货膨胀的影响。因为在收益法估价中，广泛使用的是名义净收益，所以报酬率也应使用与之相对应的名义报酬率。

（三）排序插入法

由于具有同等风险的各种投资的收益率应是相近的，所以可通过与获取估价对象净收益具有同等风险的投资的收益率来求取估价对象的报酬率。具体步骤如下：

(1) 调查、搜集估价对象所在地区的房地产投资、其他相关投资的收益率和风险程度的资料，如银行存款、政府债券、公司债券、保险、股票和基金等有关领域的投资收益率。

(2) 将所搜集的不同类型投资按风险大小排序(或根据收益率从低到高的顺序排列)，制成图表，如图 5-6 所示。

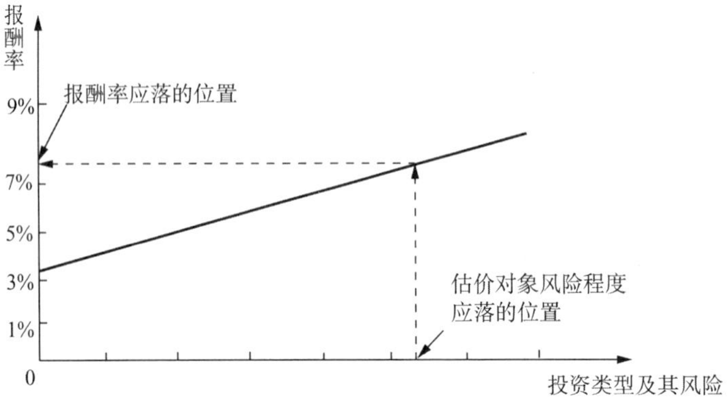

图 5-6　投资收益率排序插入法示意图

(3) 将估价对象与这些投资的风险程度进行比较分析，考虑管理的难易、投资的流动性以及作为资产的安全性等，判断同等风险的投资，确定估价对象风险程度应在的位置。

(4) 根据估价对象风险程度所在的位置，在图表上找出对应的收益率，从而求出估价对象的报酬率。

以上介绍的三种求取报酬率的方法都有一定的主观性，需要估价人员根据报酬率的理论，结合实际估价经验以及对当地的投资及房地产市场的充分了解，才能作出相应的判断。因此，报酬率的确定同整个房地产估价活动一样，也是科学与艺术的结合。

三、报酬率的种类

运用收益法评估房地产价值时，估价对象可以是整个房地产，也可以是其中的某一部分，如土地或建筑物。估价对象不同，所选用的报酬率也不同。

(1) 综合报酬率，是求取房地产价值时所采用的报酬率，此时对应的净收益是建筑物及其占用范围内的土地共同产生的净收益。

(2) 土地报酬率，是求取土地价值时所采用的报酬率，此时对应的净收益是土地产生的净收益，不包含建筑物带来的净收益。

(3) 建筑物报酬率，是求取建筑物价值时所采用的报酬率，此时对应的净收益是建筑物产生的净收益，不包含土地带来的净收益。

综合报酬率、土地报酬率、建筑物报酬率三者虽有所不同，但又是相互联系的。如果能从可比实例中求出其中两种报酬率，便可利用以下公式求出另外一种报酬率：

$$r=\frac{r_L V_L + r_B V_B}{V_L + V_B} \text{ 或 } r = r_L \cdot L + r_B \cdot B\text{。}$$

式中，r 为综合报酬率；r_L 为土地报酬率；r_B 为建筑物报酬率；V_L 为土地价格；V_B 为建筑物价格；L 为土地价值占房地产价值的比率；B 为建筑物价值占房地产价值的比率。

第六节　直接资本化法

一、直接资本化法概述

（一）资本化率公式

资本化率是房地产未来第一年的净收益与其价值或价格的百分比。利用资本化率将未来收益转换为价值的直接资本化法公式为：

$$\text{房地产价值}=\frac{\text{净收益}}{\text{资本化率}}。$$

（二）收益乘数公式

收益乘数是房地产价值或价格与其未来第一年的收益的比值，利用收益乘数将未来收益转换为价值的直接资本化法公式为：

$$\text{房地产价值}=\text{年收益}\times\text{收益乘数}。$$

对应着不同种类的年收益，收益乘数具体有潜在毛收入乘数（Potential Gross Income Multiplier，PGIM）、有效毛收入乘数（Effective Gross Income Multiplier，EGIM）和净收益乘数（Net Income Multiplier，NIM）。与之相应，收益乘数法有潜在毛收入乘数法、有效毛收入乘数法和净收益乘数法。

1. 潜在毛收入乘数法

潜在毛收入乘数法是将估价对象未来第一年的潜在毛收入乘以潜在毛收入乘数来求取估价对象价值的方法。潜在毛收入乘数法没有考虑房地产空置率和运营费用的差异，因此，如果估价对象与可比实例的空置率差异不大，并且在运营费用率相似的情况下，使用该方法是一种简单可行的方法。但总的来说，该方法比较粗糙，适用于估价对象资料不充分或精度要求不高的估价。

2. 有效毛收入乘数

有效毛收入乘数法是将估价对象未来第一年的有效毛收入乘以有效毛收入乘数来求取估价对象价值的方法。有效毛收入乘数法考虑了房地产的空置和收租损失情况，但是没有考虑运营费用的差异，因此也只适用于做粗略的估价。

3. 净收益乘数

净收益乘数法是将估价对象未来第一年的净收益乘以净收益乘数来求取估价对象价值的方法。净收益乘数法能提供更可靠的价值测算。由于净收益乘数与资本化率互为倒数关系，通常很少直接采用此方法，而是采用资本化率将净收益转换为价值的形式。

资本化率和收益乘数都可以采用市场提取法，通过市场上近期交易的与估价对象的净收益流模式（包括净收益的变化、收益期的长短）等相同的许多类似房地产的有关资料（年收益和价格）求取。

二、资本化率与报酬率的区别

资本化率和报酬率都是将房地产的预期收益转换为价值的比率，但二者有很大的区别。资本化率是在直接资本化法中采用的，是将房地产的年净收益转换为价值的比率；报酬率是在报酬资本化法中采用的，是通过折现的方式将房地产的年净收益转换为价值的比率。资本化率是房地产的年净收益（通常是未来第一年的净收益）与其价值或价格的比率，仅表示从收益到价值的比率，并不明确地表示获利能力；报酬率是用其除未来各期净收益以求取现值之和的比率。

三、直接资本化法与报酬资本化法的比较

1. 直接资本化法的优缺点

直接资本化法的优点是：①不需要预测未来许多年的净收益，通常只需要测算未来第一年的收益；②资本化率或收益乘数直接源于市场上所显示的收益与价值的关系，能较好地反映市场的实际情况；③计算过程较简单。

但由于直接资本化法利用的是未来第一年的收益来资本化，所以要求有较多与估价对象的净收益流模式相同的房地产来求取资本化率或收益乘数，对可比实例的依赖很强。例如，要求选取的房地产的收益变化与估价对象的收益变化相同，否则估价结果会有误。假设估价对象的净收益每年上涨2%，而选取的房地产的净收益每年上涨3%，如果以该房地产的资本化率8%将估价对象的净收益转换为价值，则会高估估价对象的价值。

2. 报酬资本化法的优缺点

报酬资本化法的优点是：①指明了房地产的价值是其未来各期净收益的现值之和，这既是预期原理最为形象的表述，又考虑到了资金的时间价值，逻辑严密，有很强的理论基础；②每期的净收益或现金流量都是明确的，直观并容易理解；③由于具有同等风险的任何投资的报酬率应是相近的，所以不必直接依靠与估价对象的净收益流模式相同的房地产来求取报酬率，而通过其他具有同等风险的投资的收益率也可以求取报酬率。

但由于报酬资本化法需要预测未来各期的净收益，从而较多地依赖于估价师的主观判断，并且各种简化的净收益流模式不一定符合实际情况。

当相似的预期收益存在大量的可比市场信息时，直接资本化法会是相当可靠的。当市场的可比信息缺乏时，报酬资本化法则能提供一个相对可靠的评估价值，因为估价师可以通过投资者在具有同等风险的投资上所要求的收益率来确定估价对象的报酬率。

四、直接资本化法的应用

随着房地产金融市场的发展，购买房地产的资金通常由两部分组成：一是自有资金（或称权益资金），二是抵押贷款。因此，房地产的报酬率必须同时满足这两部分资金对报酬的

要求，即贷款人(如贷款银行)要求得到与其贷款所冒风险相当的贷款报酬和自有资金投资者要求得到与其投资所冒风险相当的投资报酬。由于抵押贷款通常是分期偿还的，所以抵押贷款与自有资金的组合一般不是利用抵押贷款利率和自有资金报酬率来求取综合报酬率，而是利用抵押贷款资本化率和自有资金资本化率来求取综合资本化率，具体是将购买的房地产的抵押贷款资本化率与自有资金资本化率的加权平均数作为综合资本化率。其计算公式为：

$$r = M \cdot r_M + (1 - M) \cdot r_E。$$

式中，r 为综合资本化率；M 为抵押贷款价值比率；r_M 为抵押贷款资本化率(也称抵押贷款常数)；r_E 为自有资金资本化率。

上述公式中，抵押贷款常数一般采用年抵押贷款常数，它是年偿还额与抵押贷款金额的比率。如果抵押贷款是按月偿还的，则年抵押贷款常数是将每月的还款额乘以 12，然后除以抵押贷款金额；或者将月抵押贷款常数(每月的还款额与抵押贷款金额的比率)乘以 12。在分期等额还本付息偿还贷款的情况下，等额还款额的计算公式为：

$$A_M = \frac{V_M \times r_m}{1 - \dfrac{1}{(1 + r_m)^n}}。$$

式中，A_M 为等额还本付息金额；V_M 为抵押贷款金额；r_m 为抵押贷款报酬率，即抵押贷款利率。则抵押贷款常数的计算公式为：

$$\begin{aligned} r_M &= \frac{A_M}{V_M} \\ &= \frac{r_m}{1 - \dfrac{1}{(1 + r_m)^n}} \\ &= r_m + \frac{r_m}{(1 + r_m)^n - 1}。\end{aligned}$$

自有资金资本化率是税前现金流量(从净收益中扣除抵押贷款还本付息额后的余额)与自有资金的比率，通常为第一年的税前现金流量与自有资金的比率，可以通过市场提取法由可比实例相关资料获得。

【例 5-6】 某人现有资金 50 万元，欲竞买一个建筑面积为 120 平方米，收益期为 10 年的店铺用于出租，其期望的自有资金资本化率为 10%。店铺正常月租金为 120 元/平方米，运营费用为租金收入的 35%，银行可提供最高六成、10 年期、年利率 8%的抵押贷款。该投资者所能接受的最高竞买价格为多少？

【解】

(1) 计算抵押贷款常数

$$r_M = r_m + \frac{r_m}{(1 + r_m)^n - 1} = 8\% + \frac{8\%}{(1 + 8\%)^{10} - 1} = 14.90\%。$$

(2) 计算抵押贷款金额

$$V_M=\frac{A_M}{r_M}=\frac{120\times120\times(1-35\%)\times12\div10\ 000-50\times10\%}{14.90\%}=41.83(\text{万元})。$$

(3) 计算最高竞买价格

$$41.83+50=91.83(\text{万元})。$$

由此可见,如果投资者愿意投在房地产上的自有资金数额已经确定,并且投资者需要从房地产中得到特定的自有资金资本化率也已确定,则抵押贷款金额取决于可用于抵押贷款还本付息的剩余现金流量(抵押贷款偿还能力)和抵押贷款常数。其公式如下:

最高竞买价格=自有资金+抵押贷款金额,

抵押贷款金额=抵押贷款偿还能力/抵押贷款常数

=(年净收益-自有资金税前现金流量)/抵押贷款常数。

正常情况下,这种方法不适用于对已设立其他抵押的房地产进行估价,因为这时剩余的现金流量不完全归属于自有资金投资者,它还必须先偿还原有的抵押贷款债务。

第七节　收益法总结与应用

收益法是评估收益性房地产的一种重要方法,它是通过预测估价对象未来的正常净收益,确定适当的报酬率,选用合适的公式进行估价的一种方法,但由于净收益和报酬率是受多种因素影响的,因此该方法又是估价实践中难度较大的一种方法,为了更好地掌握上述内容,本节从估价实践的角度,对内容进行概括总结,并给出具体的应用实例。

一、收益法总结

在估价实践中,利用收益法评估房地产价格时,可能会遇到下列五种情况。下面假设土地使用期限为无限年,给出各种公式,土地使用期限为有限年根据这种思路也同样可以得到。

1. 依据土地净收益求取土地价值

土地价值=土地净收益/土地报酬率。

2. 依据建筑物净收益求取建筑物价值

建筑物价值=建筑物净收益/建筑物报酬率。

3. 依据房地净收益求取房地产价值

房地产价值=房地产净收益/综合报酬率。

4. 依据房地净收益求取土地价值

土地及其上的建筑物共同产生收益，如果依据收益法以外的方法求得建筑物价值，则可利用收益法公式得到建筑物的净收益，然后从房地产的总收益中扣除属于建筑物的收益，得到土地的净收益，再以土地的报酬率还原，即可得到土地价值。

土地价值=(房地产净收益－建筑物净收益)/土地报酬率。

5. 依据房地净收益求取建筑物价值

土地及其上的建筑物共同产生收益，如果依据收益法以外的方法求得土地价值，则可利用收益法公式得到土地的净收益，然后从房地产的总收益中扣除属于土地的收益，得到建筑物的净收益，再以建筑物的报酬率还原，即可得到建筑物价值。

建筑物价值=(房地产净收益－土地净收益)/建筑物报酬率。

【例 5-7】 某房地产的年净收益为 50 万元，用其他方法估价得到建筑物的价值为 200 万元，建筑物报酬率为 8%，土地报酬率为 6%，收益期为 50 年。试求该宗房地产的价值。

【解】 已知建筑物的价值和报酬率，由公式

$$V_B = \frac{A_B}{r}\left[1-\frac{1}{(1+r)^n}\right]$$

可得到建筑物的价值公式

$$200 = \frac{A_B}{8\%}\left[1-\frac{1}{(1+8\%)^{50}}\right]。$$

由此求得建筑物净收益 A_B =16.35 万元，进而求得土地的净收益

$$A_L = 50-16.35 = 33.65(万元)。$$

根据土地的价值公式可得

$$V_L = \frac{A_L}{r}\left[1-\frac{1}{(1+r)^n}\right] = \frac{33.65}{6\%}\left[1-\frac{1}{(1+6\%)^{50}}\right] = 530.39(万元)。$$

由此可得，房地产价值为

$$V = V_L + V_B = 530.39+200 = 730.39(万元)。$$

二、收益法应用

【例 5-8】 有一占地面积 150 平方米、建筑面积 100 平方米的房屋，建设用地使用权出让期限为 60 年，从 2006 年 5 月 20 日起算。2007 年 5 月 20 日，该房屋建成并投入使用，经济寿命为 60 年。建筑物原值 1 000 元/平方米，残值率为 0。此房屋出租每月租金为 3 000 元，押金为 10 000 元，押金运用收益率为 8%，综合报酬率为 10%，租金损失按 1 个月收入计提。税费包括房产税、营业税、城市维护建设税和教育费附加，四项合计为年租金收入的 17.5%。管理费按年租金收入的 5%计提，维修费和保险费均按建筑物原值的 2%计提。试

根据上述资料，评估该房屋在 2018 年 5 月 20 日的价格。

【解】

(1) 计算潜在毛收入：3 000×12+10 000×8%=36 800(元)。

(2) 计算有效毛收入：36 800−3 000=33 800(元)。

(3) 计算运营费用：

税费=33 800×17.5%=5 915(元)；

管理费=33 800×5%=1 690(元)；

维修费和保险费=1 000×100×2%×2=4 000(元)。

(4) 计算净收益：33 800−5 914−1 690−4 000=22 195(元)。

(5) 计算房屋的收益价值：

$$V=\frac{A}{r}\left[1-\frac{1}{(1+r)^{n}}\right]=\frac{22\ 195}{10\%}\times\left[1-\frac{1}{(1+10\%)^{60-12}}\right]=21.97(\text{万元})。$$

【例 5-9】 2001 年 1 月，甲公司提供一宗 40 年使用权的出让土地与乙公司合作建设一栋办公楼，总建筑面积 3 000 平方米，于 2003 年 1 月建成并投入使用。甲、乙双方在当时合同中约定，建成投入使用后，其中的 1 000 平方米建筑面积归甲方，2 000 平方米建筑面积由乙方使用 15 年，期满后无偿归还甲方。2007 年 1 月，乙方欲购买该办公楼的全部，甲方也愿意将其产权转让给乙方。

据市场调查得知，现时该类办公楼每平方米建筑面积的月租金平均为 80 元，出租率为 85%，年运营费用约占租赁有效毛收入的 35%，报酬率为 10%。

试估算乙方购买的合理价格。

【解】

(1) 计算办公楼现值

办公楼年净收益 =80 × 3 000 × 85% × (1 − 35%) × 12 =159.12(万元)，

办公楼收益年限 =40 − 6 =34(年)。

办公楼现值为：

$$V=\frac{A}{r}\left[1-\frac{1}{(1+r)^{n}}\right]=\frac{159.12}{10\%}\times\left[1-\frac{1}{(1+10\%)^{34}}\right]=1\ 528.92(\text{万元})。$$

(2) 计算乙方的使用权价格

乙方使用权年净收益=80×2 000×85%×(1−35%)×12=106.08(万元)，

乙方使用权剩余收益年限=15−4=11(年)。

乙方使用权剩余收益年限的价格为：

$$V_{乙}=\frac{A}{r}\left[1-\frac{1}{(1+r)^{n}}\right]=\frac{106.08}{10\%}\times\left[1-\frac{1}{(1+10\%)^{11}}\right]=689.00(\text{万元})。$$

(3) 甲方权益价格=办公楼现值−乙方使用权价格=1 528.92−689.00=839.92(万元)。

【例 5-10】 一处尚可使用 55 年的房地产，预计其未来第一年的有效毛收入为 25 万元，此后各年的有效毛收入会在上一年的基础上增长 2.5%；未来每一年的运营费用平均为 18 万元。该类房地产的报酬率为 9%，则该房地产的价格为多少？

【解】

(1) 计算有效毛收入

$$V_1=\frac{A}{r-s}\left[1-\left(\frac{1+s}{1+r}\right)^n\right]=\frac{25}{9\%-2.5\%}\times\left[1-\left(\frac{1+2.5\%}{1+9\%}\right)^{55}\right]=275.22(\text{万元})。$$

(2) 计算运营费用

$$V_2=\frac{A}{r}\left[1-\frac{1}{(1+r)^n}\right]=\frac{18}{9\%}\times\left[1-\frac{1}{(1+9\%)^{55}}\right]=198.25(\text{万元})。$$

(3) 计算房地产的收益价格

$$V=V_1-V_2=275.22-198.25=76.97(\text{万元})。$$

【例 5-11】 某房地产公司于 2011 年 11 月以有偿出让方式取得一块土地 50 年使用权，并于 2013 年 11 月在此地块上建成一座砖混结构的写字楼，当时造价为每平方米 2 000 元，经济耐用年限为 55 年，残值率为 2%。建筑物在土地使用年限届满时一并无偿收回。2015 年，该类建筑重置价格为每平方米 2 500 元。该建筑物占地面积为 500 平方米，建筑面积为 900 平方米。在出租期间，每月平均实收租金为 3 万元。另据调查，当地同类写字楼出租租金一般为每月每建筑平方米为 50 元，空置率为 10%，每年需支付的管理费、维修费、土地使用税及房产税、保险费等出租费用为 73 260 元，土地报酬率为 7%，建筑物报酬率为 8%。试根据以上资料评估该宗地在 2015 年 11 月的土地使用权价格。

【解】

(1) 计算房地产净收益

$$\begin{aligned}\text{房地产年净收益}&=\text{年总收益}-\text{年总费用}\\&=50\times12\times900\times(1-10\%)-73\ 260\\&=412\ 740(\text{元})。\end{aligned}$$

注：总收益应为客观收益而不是实际收益。

(2) 计算房屋净收益

① 计算房屋现值。由于土地使用年限小于房屋耐用年限，而房屋的重置价必须在可使用年限内全部收回，本例房地产可使用的年限为 50－2＝48 年。

$$\begin{aligned}\text{房屋现值}&=\text{房屋重置价}-\text{年折旧额}\times\text{已使用年数}\\&=2\ 500\times900-[2\ 500\times900\times(1-2\%)]\div48\times2\\&=2\ 158\ 125(\text{元})。\end{aligned}$$

② 计算房屋净收益。房屋从 2015 年 11 月起尚有 50－4＝46 年收益期，根据收益期为有限年的计算公式：

$$V=\frac{A}{r}\left[1-\frac{1}{(1+r)^n}\right]$$

可得到房屋净收益，即

$$2\ 158\ 125=\frac{A_B}{8\%}\times\left[1-\frac{1}{(1+8\%)^{46}}\right],$$

求得

房屋净收益=177 807.72(元)。

(3) 计算土地净收益

土地净收益=房地产净收益−房屋净收益
=412 740−177 807.72
=234 932.28(元)。

(4) 计算土地使用权价格

土地使用权在2015年11月的剩余使用年期为50−4=46年，故

$$V_L=\frac{A_L}{r}\left[1-\frac{1}{(1+r)^n}\right]=\frac{234\ 932.28}{7\%}\times\left[1-\frac{1}{(1+7\%)^{46}}\right]$$
$$=3\ 206\ 830.36(\text{元}),$$

可得

土地单价=3 206 830.36÷500=6 413.66(元/平方米)，
楼面地价=3 206 830.36÷900=3 563.15(元/平方米)。

复习思考题

一、名词解释

1. 收益法　2. 收益期　3. 客观收益　4. 实际收益
5. 净收益　6. 报酬率

二、简答题

1. 收益法的理论依据是什么？
2. 收益法的适用范围和估价步骤分别是什么？
3. 如何求取净收益？应注意什么？
4. 报酬率的本质是什么？求取报酬率的基本方法有哪些？
5. 收益期如何确定？

三、判断题

1. 在计算净收益时，潜在毛收入、有效毛收入、运营费用和净收益等通常以年计，并假

设在年末发生。（　　）

2. 运营费用是指维持房地产正常使用或营业的必要支出，包括房地产税、房屋保险费、物业服务费、管理费用、维修费、水电费、房地产折旧额和所得税。（　　）

3. 在确定收益期时，如果建筑物剩余经济寿命早于建设用地使用权剩余期限结束的，应选取建筑物剩余经济寿命为收益期限。（　　）

4. 收益法中采用的报酬率，从理论上讲，应等于与获取净收益具有同等风险的资本的获利率。（　　）

5. 房地产的客观收益是指在现状条件下实际取得的收益。（　　）

6. 房地产投资的报酬率是一个变量，随市场状况的变化而变化，不存在一个统一不变的报酬率。（　　）

四、单选题

1. 用收益法评估房地产价格时，除有租约限制的以外，应选取（　　）净收益作为估价依据。

A. 类似房地产的客观　　B. 类似房地产的实际

C. 类似房地产的最高　　D. 类似房地产的最低

2. 已知某房地产 40 年收益价值为 150 万元，该房地产报酬率为 10%，那么该宗房地产 30 年收益价值为（　　）万元。

A. 132.4　　B. 144.6　　C. 155.6　　D. 150

3. 某宗房地产，净收益每年 50 万元，建筑物价值 200 万元，建筑物报酬率为 12%，土地报酬率为 10%，则该宗房地产的总价值为（　　）万元（收益视为无限年）。

A. 300　　B. 500　　C. 460　　D. 450

4. 判定一宗房地产是否为收益性房地产，关键是看该房地产（　　）。

A. 目前是否有经济收入　　B. 过去是否带来了经济收益

C. 是否具有产生经济收益的能力　　D. 目前收入是否大于运营费用

5. 采用安全利率加风险调整值法确定报酬率的基本公式为（　　）。

A. 报酬率＝安全利率＋投资风险补偿率－投资带来的优惠率

B. 报酬率＝安全利率＋投资风险补偿率＋管理负担补偿率－投资带来的优惠率

C. 报酬率＝安全利率＋投资风险补偿率＋管理负担补偿率＋通货膨胀补偿率－投资带来的优惠率

D. 报酬率＝安全利率＋投资风险补偿率＋管理负担补偿率＋缺乏流动性补偿率－投资带来的优惠率

6. 已知有一年期国债利率为 3.31%，贷款利率为 5.43%，投资风险补偿为 2.23%，管理负担补偿为 1.32%，缺乏流动性补偿为 1.42%，所得税抵扣的好处为 0.5%，则报酬率为（　　）。

A. 7.78%　　B. 8.28%　　C. 13.21%　　D. 14.21%

7. 根据房地产合同租金与市场租金差额的现值之和求出的价值是（　　）。

A. 有租约限制下的价值　　B. 无租约限制下的价值

C. 共有房地产的价值　　D. 承租人权益的价值

8. 某估价报告中采用收益法评估估价对象价值，估价结果偏高，其原因可能是（　　）。

A. 空置率偏小　　B. 运营费用偏大　　C. 收益期偏短　　D. 报酬率偏高

9. 关于有租约限制的房地产估价，说法错误的是(　　)。

A. 因估价目的的不同，评估有租约限制的房地产价值时可不考虑租约限制

B. 承租人权益价值可能为负值

C. 出租人权益价值与合同租金及市场租金有关

D. 承租人权益价值等于房地产剩余经济寿命期间合同租金与市场租金差额的现值之和

10. 有效毛收入乘数没有考虑估价对象与类似房地产在(　　)方面的差异。

A. 房地产租金以外的收入　　B. 运营费用

C. 空置率　　D. 可出租面积的比率

11. 资本化率是(　　)的倒数。

A. 毛租金乘数　　B. 潜在毛收入乘数

C. 有效毛收入乘数　　D. 净收益乘数

12. 某人年初以 3 000 万元购买一间商铺，年末将该商铺出售，收回资金 3 800 万元，当年通货膨胀率 5%，该商铺的实际增值额为(　　)万元。

A. 610.00　　B. 619.05　　C. 650.00　　D. 761.90

13. 某宗房地产收益期限为 35 年，判断其未来每年的净收益基本上固定不变，通过预测得知其未来 4 年的净收益分别为 15.1 万元、16.3 万元、15.5 万元、17.2 万元，报酬率为 9%，该房地产的价格为(　　)万元。

A. 159.56　　B. 168.75　　C. 169.39　　D. 277.70

14. 某商业用途房地产未来第一年的净收益为 30 万元，此后每年的净收益在上一年的基础上减少 2.4 万元，该房地产的合理经营期限为(　)年。

A. 10.0　　B. 12.0　　C. 13.5　　D. 40.0

15. 某房地产的收益期限为 8 年，未来第一年的有效毛收入为 80 万元，运营费用为 45 万元，此后每年的有效毛收入和运营费用在上一年的基础上分别递增 4% 和 3%，报酬率为 6%，该房地产的收益价格为(　　)万元。

A. 183.78　　B. 307.82　　C. 565.37　　D. 257.55

16. 有一砖混结构两层楼房，宅基地面积为 300 平方米，房屋每层月租金为 2 500 元，各种费用占租金收入的 40%，土地报酬率为 8%，建筑物报酬率为 10%，估价人员另用比较法求得土地使用权价格为每平方米 1 000 元，建筑物的年净收益为(　　)元(收益视为无限年)。

A. 10 000　　B. 11 000　　C. 12 000　　D. 2 000

17. 某房地产的土地使用年限为 50 年，至今已使用 8 年，预计该房地产年有效毛收入为 80 万元，运营费用率为 40%，安全利率假定为 6%，风险补偿率为安全利率的 40%，该房地产的收益价格为(　　)万元。

A. 521　　B. 552　　C. 561　　D. 920

18. 某写字楼年出租净收益为 300 万元，预计未来 3 年内仍然维持该水平，3 年后该写字楼价格为现在写字楼的 1.2 倍，该类房地产的报酬率为 10%，则该写字楼现在的价格为

(   )万元。

A. 4 580　　B. 5 580　　C. 6 580　　D. 7 580

19. 现有待开发项目建筑面积为385平方米,从当前开始开发期为2年。根据市场调查分析,该项目建成时可出售50%,半年和一年后分别出售其余的30%和20%,出售的平均单价为28 507元/平方米,若折现率为15%,则该项目开发完成后的总价值的当前现值为(   )万元。

A. 766　　B. 791　　C. 913　　D. 1 046

20. 某商品住宅总价为98万元,首付款为30%,其余为抵押贷款,贷款期限为15年,按月等额还本付息,贷款年利率为7.5%,自有资金资本化率为8%。则其综合资本化率为(   )。

A. 7.65%　　B. 8.75%　　C. 10.33%　　D. 10.19%

五、多选题

1. 关于资本化率的应用及内涵,说法正确的有(   )。

A. 资本化率应用在直接资本化法中

B. 资本化率是有效毛收入乘数的倒数

C. 资本化率明确表示房地产的获利能力

D. 资本化率通常用未来第一年的净收益除以价格来计算

2. 收益法中求取净收益时,通常不作为运营费用扣除的有(   )。

A. 电梯折旧费　　B. 租赁保证金利息

C. 房地产税　　D. 企业所得税

3. 根据房地产获取收益的方式不同,收益法中的净收益测算包括(   )。

A. 基于租赁收益的测算　　B. 基于自用房地产的测算

C. 基于营业收益的测算　　D. 基于混合收益的测算

4. 根据净收益求取方法的不同,收益法可分为(   )。

A. 报酬资本化法　　B. 直接资本化法

C. 利润法　　D. 收益乘数法

5. 就收益法而言,为合理选用或确定其净收益并客观评价其价值,往往要求估价人员对其净收益同时给出(   )。

A. 较乐观估计值　　B. 较保守估计值

C. 最可能估计值　　D. 平均估计值

6. 关于收益法中求取房地产未来净收益估计值的说法,正确的是(   )。

A. 评估投资价值可选用较乐观的估计值

B. 评估抵押价值应选用较保守的估计值

C. 评估期房市场价格应选用较乐观的估计值

D. 评估保险价值时应选用较保守的估计值

7. 收益性房地产包括(   )。

A. 农地　　B. 加油站

C. 学校　　D. 未出租的厂房

8. 收益性房地产的价值主要取决于(　　)。

A. 已经获得净收益的大小　　B. 未来获得净收益的大小

C. 未来获得净收益的风险　　D. 未来获得净收益期限的长短

六、计算题

1. 房地产的总使用面积为10 000平方米,月租金为7元/平方米。预计年房租损失费为年预期租金总收入的5%,房产税为年预期租金总收入的12%,管理费、修缮费为年预期租金总收入的6%,房屋财产保险费为3 000元/年。预计该房地产尚可使用10年,折现率为12%。请计算:

(1) 该房地产的年租金总收入;

(2) 该房地产的年出租费用;

(3) 该房地产的年净收益;

(4) 该房地产的评估值。

2. 某处房地产总用地面积为3 978.09平方米,厂房分摊土地面积为2 443.35平方米,办公楼分摊土地面积为1 534.74平方米。总建筑面积的情况为:厂房建筑面积为1 097.56平方米,办公楼建筑面积为689.41平方米。1987年8月建成,厂房生产用房经济寿命为50年,办公楼经济寿命为60年,厂房和办公楼均为钢筋混凝土结构。该土地在2014年8月出让,出让期限为50年,试评估该房地产出让时的价格。

现根据市场调查结果,确定估价对象的月租金为:厂房为13元/平方米,办公楼为20元/平方米,有效出租面积比率为80%,出租率为80%。

各项费用构成如下:①管理费按房地产年总收益的3%收取。②维修费按建筑物重置价的2%计收。根据当地建设安装定额和取费标准,参考类似工程的造价,确定本例中厂房和办公楼的重置价为880元/平方米。③保险费按房屋现值的0.2%计算。④房产税按房地产年总收益的12%计算。⑤营业税、城市维护建设税及教育费附加:营业税按房地产年总收益的5.5%计算,城市维护建设税及教育费附加分别按营业税的7%和3%计算。

土地报酬率为6%,建筑物报酬率为8%,综合报酬率为7%。根据当地基准地价资料查得该宗地所在级别的工业用地基准地价为400元/平方米(50年),办公用地参照工业用地价格测算。

七、实训题

4～5名同学组成一组,选择一处收益性物业,运用收益法求出该物业的收益价格。

要求:

1. 各组选择一处收益性物业,实地调研其收益和费用情况;

2. 确定所需的报酬率;

3. 结合本章学过的理论知识,评估该物业价格;

4. 每组撰写一份估价报告;

5. 各组学生进行互评,最后任课教师点评。

第六章　成　本　法

成本法的本质是以房地产的重新开发建设成本为导向，求取估价对象价值或价格的方法。成本法对缺乏市场性又无收益的房地产是一种有效的方法，最常用于对旧建筑物的估价。

第一节　成本法概述

一、成本法的基本概念

成本法是根据估价对象的重置成本或重建成本来求取估价对象价值或价格的方法；具体地说，就是测算估价对象在价值时点的重置成本或重建成本和折旧，将重置成本或重建成本减去折旧得到估计对象价值或价格的方法。重置成本和重建成本有所不同，详见本章第三节。为了叙述简便，本书将重置成本和重建成本合称为重新构建价格，是指假设在价值时点重新取得全新状况的估价对象的必要支出，或者重新开发建设全新状况的估价对象的必要支出及应得利润。折旧是指各种原因造成的估价对象价值减损，其金额为估价对象在价值时点的重新构建价格与在价值时点的市场价值之差。

成本法也可以说是以房地产价格各个组成部分之和为基础来求取房地产的价值或价格，即先把房地产价格分解为它的各个组成部分，然后分别求取，再将其相加。由此可知，成本法中的“成本”和普通意义上“成本”的含义并不完全相同，它包含利润和税金，确切地说，应是价格。

由于任何房地产都可以用成本及费用来进行估算，因此成本法既适用于新开发房地产的估价，又适用于旧的房地产的估价。

二、成本法的理论依据

成本法的理论依据是生产费用价值论——商品的价格依据其生产所必要的费用而决定。具体可从卖方和买方两个角度来看。

从卖方的角度来看，房地产价格是基于其过去的“生产费用”，重在过去的投入，即卖方所能接受的最低价格不能低于他为开发建设该房地产已花费的代价。如果低于该代价，卖方就要亏本。进一步来看，当一种房地产的市场价格低于它的开发建设成本时，它就不会被开发建设，除非它的市场价格升高了；而如果一种房地产的市场价格远高于它的开发建设成本，则它将会很快进入市场，直到其市场价格降下来。

从买方的角度来看，房地产价格是基于其社会上的“生产费用”，类似于“替代原理”，即买方所能接受的最高价格不能高于他预计的重新开发建设该房地产的必要支出及应得利润。如果高于这个价格，则还不如自己开发建设（或者委托他人开发建设）。例如，当房地产为土地与建筑物的综合体时，买方在确定其购买价格时通常会这样考虑：如果自己购买一块相似的土地的现时价格是多少，然后在该土地上建造相同或相似的建筑物的现时费用又是多少，此两者之和（含应得利润）便是自己愿意支付的最高价格。当然，如果该房地产中的建筑物是旧的或者质量、性能上有缺陷，或者建筑物以外还有一些不利因素，则买方在确定其愿意支付的最高价格时还会考虑折旧。

由此可见，一个是不低于开发建设已花费的代价（含应得利润），一个是不高于预计重新开发建设的必要支出及应得利润，买卖双方可以接受的共同点是正常的开发建设代价（包含开发建设的必要支出及应得利润）。因此，估价对象的价值便可以根据重新开发建设估价对象的必要支出及应得利润来求取。

三、成本法的适用范围

现有的房地产、新开发建设的房地产、在建工程和计划开发建设的房地产，都可以采用成本法估价。对于很少发生交易而限制了比较法运用，又没有经济收益或没有潜在经济收益而限制了收益法运用的房地产，如学校、医院、图书馆、体育场馆、公园、行政办公楼和军队营房等以公益、公用为目的的房地产，则适用成本法估价。化工厂、钢铁厂、发电厂、油田、码头和机场之类有独特设计或者只针对特定使用者的特殊需要而开发建设的房地产，通常也是采用成本法估价。单独的建筑物或者其装饰装修部分，如在房地产保险和房地产损害赔偿中，当建筑物全部或局部损毁时，有时也需要采用成本法估价。

成本法一般适用于评估可独立开发建设的整体房地产的价值。当采用成本法评估局部房地产价值时，如评估某幢住宅楼中某套住宅的价值，通常是先评估该整幢住宅楼的平均价值，然后在此基础上进行楼层、朝向、装饰装修等因素调整后才可得到该套住宅的价值。采用成本法评估开发区中某宗土地的价值时，通常也与此类似。

如果一个建筑物已经很破旧，基本上没有使用价值，这时就不宜采用成本法估价。在这种情况下，对于建筑物，一般是根据拆除后的残余价值来估价；对于整个房地产，一般是采用假设开发法，根据其未来开发建设完成后的价值减去开发建设的必要支出及应得利润来估价。因此，成本法主要适用于评估建筑物是新的或者比较新的房地产价值。

四、成本法的应用条件

运用成本法估价需要注意的是，现实中的房地产价格，特别是一宗具体房地产的价格，直接取决于其效用而非花费的成本，成本的增加一定要对效用的增加有作用才能构成价格，也就是说，房地产成本的增加不一定能增加其价值，花费的成本不多也不一定说明其价值不高。同时，房地产的价格受市场供求的影响也很明显，当供不应求时，房地产价格可能会大大高于开发成本；当供过于求时，房地产价格可能低于开发成本。因此，房地产开发成本高，并不意味着房地产价格就必定高；反之亦然。正是由于房地产价格与房地产开发建设成本不是始终成正比，才出现了房地产开发投资有赚钱与赔钱的问题。

鉴于以上原因，要求在运用成本法估价时尽量注意"逼近"。其中特别要注意下列三个问题：

(1) 应采用客观成本而不是实际成本。实际成本也称为个别成本，是购置估价对象的实际支出，或开发建设估价对象的实际支出及应得利润。客观成本也称为正常成本，是购置估价对象的必要支出，或开发建设估价对象的必要支出及应得利润，或实际成本经剔除特殊的、偶然的因素后的成本。

(2) 应在客观成本的基础上结合选址、规划设计等分析进行调整。现实中有一些选址不当或者规划设计不合理等造成不符合市场需求的房地产，在实际估价过程中就需要进行减价调整。如在人流量很小的地方建造的商场，虽然无论谁来建造该商场客观上都需要花费较大的成本，但该商场也不会有那么高的价值。

(3) 应在客观成本的基础上结合市场供求分析进行调整。当房地产市场供大于求时，应在客观成本的基础上调低评估价值；当房地产市场供不应求时，应在客观成本的基础上调高评估价值。

成本法估价房地产比较费时费力，测算重新构建价格和折旧也有一定的难度，必须要对建筑物进行实地勘察。同时要求估价人员具有丰富的估价经验，并具有良好的建筑工程、建筑材料、建筑设备、装饰装修、技术经济和工程造价等方面的专业知识。

成本法测算出的价值一般是完全产权价值，在中国可视为房屋所有权和在价值时点剩余期限的土地使用权的价值。因此，利用成本法评估权利有限制或有瑕疵的房地产的价值或价格时，还应进行相关调整。

五、成本法的估价步骤

运用成本法估价一般分为以下 4 个步骤：①选择具体估价路径，②测算重置成本或重建成本，③测算折旧，④计算成本价值。

第二节　新开发建设房地产的成本法

一、基本公式

新开发建设的房地产可分为新开发的房地、新开发的土地和新建成的建筑物三种情况。在实际运用成本法评估时，一般是模拟房地产开发建设过程，在上述房地产价格构成的基础上，根据估价对象及当地实际情况进行价值测算。

1. 新开发的房地的基本公式

在新开发的房地(如新建的商品房)的情况下,基本公式为:

新开发的房地产价值=土地取得成本+建设成本+管理费用+销售费用+投资利息+销售税费+开发利润。

根据房地产价格构成,先分别求取各个构成部分,然后将它们相加。其中,土地是从熟地开始还是从生地、毛地开始,要根据估价对象在价值时点取得土地的具体情况来考虑。

2. 新开发的土地的基本公式

新开发的土地包括征收集体土地并进行“三通一平”“五通一平”等基础设施建设和场地平整后的土地,征收国有土地上房屋并进行基础设施改造和场地平整后的土地,填海造地、开山造地等,基本公式为:

新开发的土地价值=待开发土地取得成本+土地开发成本+管理费用+销售费用+投资利息+销售税费+开发利润。

上述适用于新开发的土地的基本公式,在具体情况下还会有具体形式。例如,一个新建开发区需要配套建设配电、污水处理、道路及停车场等必要的基础设施和公共服务设施,这些设施为整个开发区服务,不能单独出售。开发区整体开发完成后将土地分块转让,可出售的土地面积也只是总面积的一部分,其平均售价应当是整个开发区的总开发成本在可售土地面积上的平均值。具体到某地块,由于所处的区位及用途的不同,其售价应在平均售价的基础上进行用途和区位因素修正,公式为:

新开发区某宗土地的单价=(取得开发区用地的总成本+土地开发总成本+总管理费用+总销售费用+总投资利息+总销售税费+总开发利润)÷(开发区用地总面积×开发完成后可转让土地面积的比率)×用途、区位等因素调整系数。

新开发土地的“分宗估价”,成本法是一种有效的方法,因为新开发区在初期,土地市场和房地产市场一般还未形成,土地收益也还没有获得。

3. 新建成的建筑物的基本公式

新建成的建筑物价值为建筑物建设成本及与该建设成本相应的管理费用、销售费用、投资利息、销售税费和开发利润,不包含土地取得成本、土地开发成本以及与土地取得成本、土地开发成本相应的管理费用、销售费用、投资利息、销售税费和开发利润。因此,测算新建成的建筑物价值的基本公式为:

新建成的建筑物价值=建筑物建设成本+管理费用+销售费用+投资利息+销售税费+开发利润。

对于同一房地产,为了某种目的的需要,可以用以上三个公式分别求取房地产价值、土地的价值和建筑物的价值,但三个公式中的管理费用、销售费用、投资利息、销售税费和开发利润的数值都是不同的，公式中的具体项可根据估价对象的实际情况确定。

二、价格构成

运用成本法估价的一项基础工作，是搞清楚估价对象的价格构成。以房地产开发企业取得房地产开发用地进行商品房建设，然后销售所建成的商品房这种典型的房地产开发经营方式为例，房地产价格构成可分为土地取得成本、建设成本、管理费用、销售费用、投资利息、销售税费和开发利润七大项。其中，土地取得成本和建设成本之和，称为直接成本；土地取得成本、建设成本、管理费用、销售费用、投资利息和销售税费之和，称为开发成本。

（一）土地取得成本

土地取得成本简称土地成本或土地费用，是指购置土地的必要支出，或开发土地的必要支出及应得利润。

土地取得成本的具体构成因取得土地的途径不同而有所不同。目前，取得土地的途径主要有 3 个：①市场购买，②征收集体土地，③征收国有土地上的房屋。在实际估价中，应根据估价对象中的土地在价值时点取得的主要途径，选取上述三个途径之一来求取。

1. 市场购买的土地取得成本

在完善、成熟的土地市场中，土地取得成本一般由购买土地的价款、应由买方（如房地产开发企业）缴纳的税费和可直接归属于该土地的其他支出构成。目前主要是购买政府招标、拍卖、挂牌出让的土地，或者其他房地产开发企业转让的已完成土地房屋征收补偿的建设用地使用权。在这种情况下，土地取得成本一般包括以下两项。

（1）建设用地使用权价格。主要采用比较法求取，也可采用基准地价修正法、成本法求取。

（2）土地取得税费。包括契税、印花税、交易手续费等。通常是根据税法及中央和地方政府的有关规定，按照建设用地使用权价格的一定比例来测算。

2. 征收集体土地的土地取得成本

征收集体土地的土地取得成本一般包括土地征收补偿费用、相关税费、地上物拆除费、渣土清运费、场地平整费以及城市基础设施建设费、建设用地使用权出让金等。

（1）土地征收补偿费用

土地征收补偿费用一般由下列四项费用组成。

① 土地补偿费。征收耕地的土地补偿费，为该耕地被征收前 3 年的平均产值的 6～10 倍。征收其他土地的土地补偿费标准，由省、自治区、直辖市参照征收耕地的土地补偿费的标准规定。

② 安置补助费。征收耕地的安置补助费，按照需要安置的农业人口数计算。需要安置的农业人口数，按照被征收的耕地数量除以征地前被征收单位人均占有耕地的数量计算。每一个需要安置的农业人口的安置补助费标准，为该耕地被征收前 3 年平均年产值的 4～6 倍。但是，每公顷被征收耕地的安置补助费，最高不得超过被征收前 3 年平均年产值的 15 倍。征收其他土地的安置补助费标准，由省、自治区、直辖市参照征收耕地的安置补助费的标准规定。

依照规定支付土地补偿费和安置助费，尚不能使需要安置的农民保持原有生活水平的，经省、自治区、直辖市人民政府批准，可以增加安置补助费。但是，土地补偿费和安置补助费的总和不得超过土地被征收前3年平均年产值的30倍。

③ 地上附着物和青苗的补偿费。地上附着物补偿费是对被征收土地上诸如房屋及其他建筑物(含构筑物)、树木、鱼塘、农田水利设施、蔬菜大棚等给予的补偿费。青苗补偿费是对被征收土地上尚未成熟、不能收获的诸如水稻、小麦、蔬菜、水果等给予的补偿费。可以移植的苗木、花草以及多年生经济林木等，一般是支付移植费；不能移植的，给予合理补偿或作价收购。地上附着物和青苗的补偿标准由省、自治区、直辖市规定。

④ 安排被征地农民的社会保障费用。社会保障费用包含养老保险、医疗保险、失业保险和最低生活保障。所需资金，原则上由农民个人、农村集体、当地政府共同承担，具体比例、数额结合当地实际确定。

(2) 相关税费

相关税费一般包括以下费用和税金。

① 新菜地开发建设基金(征收城市郊区菜地的)。征收城市郊区的菜地，用地单位应当按照国家有关规定缴纳新菜地开发建设基金。新菜地开发建设基金的缴纳标准，由省、自治区、直辖市规定。

② 耕地开垦费(占用耕地的)。国家实行占用耕地补偿制度。非农业建设经批准占用耕地的，按照“占多少，垦多少”的原则，由占用耕地的单位负责开垦与所占用耕地的数量和质量相当的耕地；没有条件开垦或者开垦的耕地不符合要求的，应当按照省、自治区、直辖市的规定缴纳耕地开垦费，专款用于开垦新的耕地。

③ 耕地占用税(占用耕地的)。根据《中华人民共和国耕地占用税暂行条例》(以下简称《耕地占用税暂行条例》)的规定，占用耕地建房或者从事其他非农业建设的单位和个人，为耕地占用税的纳税人，应当按照规定缴纳耕地占用税。耕地占用税以纳税人实际占用的耕地面积为计税依据，按照规定的适用税额一次性征收。占用林地、牧草地、农田水利用地、养殖水面以及渔业水域滩涂等其他农用地建房或者从事非农业建设的，比照《耕地占用税暂行条例》的规定征收耕地占用税。

④ 征地管理费。该项费用是指县级以上人民政府土地管理部门受用地单位委托，采用包干方式统一负责、组织、办理各类建设项目征收土地的有关事宜，由用地单位按照征地费总额的一定比例支付的管理费用。包干方式有全包方式、半包方式和单包方式三种。

⑤ 政府规定的其他有关费用。部分省、自治区、直辖市还规定收取防洪费、南水北调费等。具体费用项目和收取标准，应根据国家和当地政府的有关规定执行。

(3) 基础设施建设费和建设用地使用权出让金

城市基础设施建设费和建设用地使用权出让金一般是按照规定的标准或者采用比较法求取。

3. 征收国有土地上房屋的土地取得成本

征收国有土地上房屋的土地取得成本一般包括房屋征收补偿费用、相关费用、地上物拆除费、渣土清运费、场地平整费以及城市基础设施建设费、建设用地使用权出让金等。

（1）房屋征收补偿费用

房屋征收补偿费用一般由下列5项费用组成。

① 被房屋征收补偿费。是对被征收房屋价值的补偿。被征收房屋价值包括被征收房屋及其占用范围内的土地使用权和其他不动产的价值，具体由房地产估价机构根据被征收房屋的区位、用途、建筑结构、建筑面积、新旧程度和装修水平等因素评估确定。

② 搬迁费。根据需要搬迁的家具、电器、机器设备等动产的拆卸、搬运和重新安装费用给予补助。对征收后不可重复利用的动产，根据其残余价值给予相应补偿。

③ 临时安置费。根据被征收房屋的区位、用途、建筑面积等因素，按类似房地产的市场租金结合过渡期限确定。

④ 停产停业损失补偿费。因征收房屋造成停产停业的，根据房屋被征收前的效益、停产停业期限等因素确定。

⑤补助和奖励。主要用于鼓励被拆迁房屋住户积极协助房屋拆迁，由当地人民政府根据本地的实际情况和国家有关法律政策加以确定，拆建单位必须严格执行，不得任意更改。

（2）相关费用

① 房屋征收评估费。该项费用是承担房屋征收评估的房地产估价机构向房屋征收部门收取的费用。

② 房屋征收服务费。该项费用是房屋征收实施单位承担房屋征收与补偿的具体工作向房屋征收部门收取的费用。

③ 政府规定的其他费用。这些费用一般是依照规定的标准或者采用比较法求取。

（二）建设成本

建设成本是指在取得的土地上进行基础设施建设、房屋建设所必要的直接费用、税金等，主要包括下列6项。

（1）前期费用，如市场调研、可行性研究、项目策划、工程勘察、环境影响评价、交通影响评价、规划及建筑设计、建设工程招标，以及施工通水、通电、通路、场地平整和临时用房等房地产开发项目前期工作的必要支出。要注意场地平整费等费用与前述土地取得成本的衔接。如果土地取得成本中包含了地上物拆除、渣土清运和场地平整的费用或者取得的房地产开发用地是“七通一平”等状况的熟地，则在此就只有部分或者没有场地平整费等费用。

（2）建筑安装工程费，包括建造商品房及附属工程所发生的土建工程费、安装工程费、装饰装修工程费等费用。附属工程是指房屋周围的围墙、水池、建筑小品和绿化等。要注意避免与下面的基础设施建设费、公共配套设施建设费重复。

（3）基础设施建设费，包括城市规划要求配套的道路、给水、排水、电力、通信、燃气及供热等设施的建设费用。如果取得的房地产开发用地是熟地，则其基础设施建设费已部分或全部包含在土地取得成本中，在此就只有部分或者没有基础设施建设费。

（4）公共配套设施建设费，包括城市规划要求配套的教育（如幼儿园）、医疗卫生（如医院）、文化体育（如文化活动中心）、社区服务（如居委会）和市政公用（如公共厕所）等非营业性设施的建设费用。

(5) 其他工程费，包括工程监理费、竣工验收费等。

(6) 开发期间税费，包括有关税收和地方政府或其有关部门收取的费用，如绿化建设费、人防工程费等。

有时需要将上述建设成本划分为土地开发成本和建筑物建设成本。在这种情况下，一般可将基础设施建设费归入土地开发成本；公共配套设施建设费视土地市场成熟度、房地产开发用地大小等情况，归入土地开发成本或建筑物建设成本中，或者在两者之间合理分配；其他费用一般归入建筑物建设成本中。

(三) 管理费用

管理费用是指房地产开发企业为组织和管理房地产开发经营活动的必要支出，包括房地产开发企业的人员工资及福利费、办公费、差旅费等，可总结为土地取得成本与建设成本之和的一定比例，如4%。因此，管理费用通常按照土地取得成本与建设成本之和的一定比例来测算。

(四) 销售费用

销售费用也称为销售成本，是指预售或销售开发完成后的房地产的必要支出，包括广告费、销售资料制作费、售楼处建设费、样板房或样板间建设费、销售人员费用或者销售代理费等。销售费用通常按照开发完成后的房地产价值的一定比例来测算，如为开发完成后的房地产价值的3%。

(五) 投资利息

1. 投资利息的含义

投资利息与财务费用不完全相同，是指在房地产开发完成或者实现销售之前发生的所有必要费用应计算的利息，而不仅是借款部分的利息和手续费。因此，土地取得成本、建设成本、管理费用和销售费用，无论它们来自借贷资金还是自有资金，都应计算利息。因为借贷资金要支付贷款利息，自有资金要放弃可得的存款利息，即基于资金的机会成本的考虑。此外，从估价的角度看，为了使评估出的价值客观合理，也要把房地产开发商的自有资金应获得的利息与利润分开，不能算作开发利润。

2. 投资利息的相关说明

计算投资利息需要把握下列五个方面。

(1) 应计息项目

应计息项目包括土地取得成本、建设成本、管理费用和销售费用。销售税费一般不计算利息。

(2) 计息周期

计息周期是指计算利息的单位时间。它可以是年、半年、季和月等，通常为年。

(3) 计息期

计息期也称为计息周期数。为确定每项费用的计息期，首先要估算整个房地产开发项目的建设期。建设期也称开发期，在成本法中，其起点一般是取得房地产开发用地的日期，终点是达到全新状况的估价对象的日期，而且因为一般是假设在价值时点达到全新状况的估价对象，所以建设期的终点一般是价值时点。估价对象为现房的，一般是假设估价对象在价值时点竣工验收完成。

建设期又分为前期和建造期。前期是从取得房地产开发用地之日起至动工开发之日止的时间;建造期是从动工开发之日起至房屋竣工之日止的时间。一项费用的计息期的起点是该项费用发生的时点,终点通常是建设期的终点,一般不考虑预售和延迟销售的情况。另外需要说明的是,有些费用通常不是集中在一个时点发生,而是分散在一段时间内不断发生,但计息时通常将其假设为在所发生的时间段内均匀发生,并视为集中发生在该时间段的期中。

(4) 计息方式

计息方式有单利和复利两种。单利是指每期均按原始本金计算利息,即只有本金计算利息,本金所产生的利息不计算利息。在单利计息下,每期的利息是个常数。在房地产估价中,利息一般按复利计算,公式为:

$$I = P[(1+i)^n - 1]。$$

式中,I 为利息额;P 为资金额;i 为利率;n 为计息期。

(5) 利率

利率是用百分比表示的单位时间内增加的利息与原金额之比。利率分类有单利利率和复利利率、存款利率和贷款利率、名义利率和实际利率等。投资利息计算中一般采用价值时点的房地产开发贷款的平均利率。

3. 投资利息的计算

(1) 土地取得成本的利息

按照我国现有土地使用制度的规定,一般土地取得费用在取得土地时付清,因此,可以直接采用复利计算公式计算土地取得费用的利息。

(2) 建设成本的利息

建设成本一般在开发过程中分期投入,投入方式不一样,在计算利息时应分别处理。

① 建设成本在整个开发期内均匀投入

为了计算处理的方便,将全部建设投资的投入时间确定为开发期的中间时点,即计息期为开发期的一半,而不是将投资分散在开发期的各个时点分别计算。

【例6-1】 建设总投资为2 000万元,开发期为2年,投资在2年内均匀投入,同期银行贷款的年利率为5.6%。求开发费用的利息。

【解】 因为投资在2年内均匀投入,因此计息期从开发活动开始1年的时点开始,至开发完成为止,计息期为1年。开发费用的利息为:

$$I = 2\,000 \times [(1+5.6\%)^1 - 1] = 112(万元)。$$

② 建设成本在整个开发期内分期投入

各期投入的资金分别计算利息,要特别注意各期投入的时间点和计息期的处理。

【例6-2】 建设总投资为2 000万元,开发期为2年,分期投入。第一年投入总投资额的60%,第二年投入剩下的40%,在各年内均匀投入。同期银行贷款的年利率为5.6%。求开发费用的利息。

【解】 因为投资在2年内分期投入，因此第一期的投资可以看成在开发活动开始半年时一次性投入，计息期为1.5年；第二期投资可看成在开发一年半时一次性投入，计息期为0.5年。开发费用的利息为：

$$I=2\,000\times60\%\times[(1+5.6\%)^{1.5}-1]+2\,000\times40\%\times[(1+5.6\%)^{0.5}-1]$$
$$=124.29(\text{万元})。$$

【例6-3】 建设总投资为2 000万元，开发期为2年，分期投入。第一年年初投入总投资额的60%，第二年年初投入剩下的40%。同期银行贷款的年利率为5.6%。求开发费用的利息。

【解】 因为投资在每年年初投入，因此第一期投资的计息期为2年；第二期投资的计息期为1年。开发费用的利息为：

$$I=2\,000\times60\%\times[(1+5.6\%)^{2}-1]+2\,000\times40\%\times[(1+5.6\%)^{1}-1]$$
$$=182.96(\text{万元})。$$

(3) 管理费用的利息

管理费用一般在整个开发期内均匀投入，因此其利息计算方法等同于建设成本在整个开发期内均匀投入的情况。

(4) 销售费用的利息

为便于投资利息的测算，销售费用应区分为销售之前发生的费用和与销售同时发生的费用。广告费、销售资料制作费、售楼处建设费、样板房或样板间建设费一般是在销售之前发生的，销售代理费一般是与销售同时发生的。在实际情况下，根据销售费用发生的具体时间确定计息期的长短。

(六) 销售税费

销售税费是指预售或销售开发完成后的房地产应由卖方(在此为房地产开发企业)缴纳的税费，可分为下列两类。

(1) 销售税金及附加，包括增值税、城市维护建设税和教育费附加(通常简称“两税一费”)。

(2) 其他销售费用，包括印花税、交易手续费等。

销售税费一般是按照售价的一定比例收取，如“两税一费”一般为售价的5.5%。因此，销售税费通常按照开发完成后的房地产价值的一定比例来测算。

需要指出的是，这里的销售税费不包括应由买方缴纳的契税等税费，因为评估价值是建立在买卖双方各自缴纳交易税费情况下的价值。同时，销售税费也不包括应由卖方缴纳的土地增值税、企业所得税，这是为了便于实际估价中正常开发利润率的调查、估计。因为土地增值税是以纳税人转让房地产取得的增值额为计税依据的，每笔转让房地产取得的增值额都可能不同，从而应缴纳的土地增值税会有所不同。企业所得税是以企业为对象征收的，一个企业可能同时有多种业务或者多个房地产开发项目，有的业务或项目可能盈利较多，有的业务或项目可能盈利较少，有的业务或项目甚至亏损，因此不同的企业缴纳的企业所得税会有所不同。

（七）开发利润

开发利润是指房地产开发企业（或业主、建设单位）的利润，而不是建筑施工企业的利润。建筑施工企业的利润已包含在建筑安装工程费等费用中。现实中的开发利润是一种结果，是由销售收入减去各项成本、费用和税金后的余额。而在成本法中，“售价”是未知的，是需要求取的，开发利润则是典型的房地产开发企业进行特定的房地产开发所期望获得的利润（平均利润），是需要事先估算的。因此，运用成本法估价需要先估算出开发利润。

估算开发利润应掌握以下 3 点。

(1) 开发利润是税前利润。为了与销售税费中不包含土地增值税、企业所得税的口径一致，并得到相对客观合理的开发利润，开发利润是未扣除土地增值税和企业所得税的，简称税前利润，即：

$$\text{开发利润}=\text{开发完成后的房地产价值}-\text{土地取得成本}-\text{建设成本}-\text{管理费用}-\text{销售费用}-\text{投资利息}-\text{销售税费}。$$

(2) 开发利润是平均利润。开发利润是该类房地产开发项目在正常条件下房地产开发企业所能获得的平均利润，而不是个别房地产开发企业最终实际获得的利润，也不是个别房地产开发企业期望获得的利润。

(3) 开发利润是按一定基数乘以同一市场上类似房地产开发项目所要求的平均利润率来计算。通常有以下几种算法：

$$\text{开发利润}=(\text{土地取得成本}+\text{建设成本})\times\text{直接成本利润率};$$

$$\text{开发利润}=(\text{土地取得成本}+\text{建设成本}+\text{管理费用}+\text{销售费用})\times\text{投资利润率};$$

$$\text{开发利润}=(\text{土地取得成本}+\text{建设成本}+\text{管理费用}+\text{销售费用}+\text{投资利息})\times\text{成本利润率};$$

$$\text{开发利润}=\text{开发完成后的房地产价值}\times\text{销售利润率}。$$

在销售利润率的情况下，由于

$$\begin{aligned}\text{开发利润}&=\text{开发完成后的房地产价值}\times\text{销售利润率}\\&=(\text{土地取得成本}+\text{建设成本}+\text{管理费用}+\text{销售费用}+\\&\quad\text{投资利息}+\text{销售税费}+\text{开发利润})\times\text{销售利润率},\end{aligned}$$

所以

$$\text{开发利润}=\frac{(\text{土地取得成本}+\text{建设成本}+\text{管理费用}+\text{销售费用}+\text{投资利息}+\text{销售税费})\times\text{销售利润率}}{1-\text{销售利润率}}。$$

利润率是通过调查了解同一市场上大量类似房地产开发项目的利润得到的，选用不同的利润率，应采用相应的计算基数。

三、新开发建设房地产的估价实例

【例 6-4】 某新开发房地产，土地面积 20 000 平方米，建筑面积 50 000 平方米。熟地的重新取得价格为 4 000 元/平方米，建筑安装成本为 2 200 元/平方米，管理费用为建筑安装成本的 3%，售楼处建设的销售费用为房地产价格的 3%。该房地产开发周期为 2.5 年，其中半年准备期,2 年建设期,土地取得费和销售费用在准备期内均匀投入,建筑安装成本及管理费用在建设期内第一年均匀投入 40%,第二年均匀投入 60%,年利率为 6%。销售税费为房地产价格的 7%,投资利润率为 20%。试评估该房地产的总价和单价。

【解】

(1) 新开发建设房地产的成本法公式:

新开发的房地产价值=土地取得成本+建设成本+管理费用+销售费用+投资利息+销售税费+开发利润。

根据上式,依次求取各项,设房地产总价为 V。

(2) 土地取得成本:4 000×20 000=8 000(万元)。

(3) 建设成本:2 200×50 000=11 000(万元)。

(4) 管理费用:11 000×3%=330(万元)。

(5) 销售费用:$V\times3\%=0.03V$(万元)。

(6) 投资利息:$(8\,000+0.03V)\times[(1+6\%)^{2.25}-1]+(11\,000+330)\times40\%\times[(1+6\%)^{1.5}-1]+(11\,000+330)\times60\%\times[(1+6\%)^{0.5}-1]=0.0042V+1\,731.82$(万元)。

(7) 销售税费:$V\times7\%=0.07V$(万元)。

(8) 开发利润:$(8\,000+11\,000+330+0.03V)\times20\%=0.006V+3\,866$(万元)。

(9) 房地产价格:

$$V=8\,000+11\,000+330+0.03V+0.004\,2V+1\,731.82+0.07V+0.006V+3\,866$$

$V=28\,015.08$(万元)。

房地产单价$=28\,015.08\times10^4/50\,000=5\,603.02$(元/平方米)。

第三节 旧房地产的成本法

成本法的典型估价对象是旧的房地产。旧房地产的成本法是求取估价对象在价值时点的重新购建价格,而后扣除折旧,求取估价对象在一定时点、一定状态下的客观合理价值或价格的方法。重新购建价格和折旧的确定是旧房地产估价的关键所在。

一、基本公式

旧房地产可分为旧房地和旧建筑物两种情况。

在旧房地的情况下,有“房地合估”和“房地分估”两种路径,基本公式为:

旧的房地产价值=房地重新购建价格-建筑物折旧

=土地重新购建价格+建筑物重新购建价格-建筑物折旧。

在旧建筑物的情况下,基本公式为:

旧建筑物价值＝建筑物重新购建价格－建筑物折旧。

二、重新购建价格

（一）重新购建价格的含义

重新购建价格也称为重新购建成本，是假设在价值时点重新购买或重新开发、重新建造全新状况的估价对象房地产所需的各项必要成本费用和应纳税金、正常利润之和。

正确理解重新购建价格的含义，应注意以下三点。

（1）重新购建价格是价值时点的价格。价值时点并非总是现在，也可能是过去或将来，如房地产保险理赔或房地产纠纷案件通常是以过去的某个时点为价值时点。

（2）重新购建价格是客观合理的价格。它不是个别单位或个人的实际支出和实际利润，而是必须付出的成本、费用、税金和应当获得的利润，并且为相似的房地产开发活动的平均水平，即为客观成本。如果实际支出超出了平均水平，则超出的部分不仅不能构成价格，而且是一种浪费；反之，实际支出低于平均水平的部分，不会降低价格，只会形成个别单位或个人的超额利润。

（3）建筑物的重新购建价格是全新状况下的建筑物价格，土地的重新购建价格是价值时点状况下的土地价格。也就是说，建筑物的重新购建价格中未扣除折旧，而土地的重新购建价格中却考虑了减价和增价因素。例如，估价对象中的土地是10年前取得的商业用途法定最高年限40年的建设用地使用权，求取其重新购建价格，不是求取目前40年建设用地使用权的价格，而是求取目前剩余30年建设用地使用权的价格。再如，如果该土地目前的交通条件比起10年前有了很大改善，求取其重新购建价格，不是求取其在10年前交通条件下的价格，而是求取其在目前交通条件下的价格。

（二）重新购建价格的分类

土地的重新购建价格分为重新购置价格和重新开发成本。建筑物的重新购建价格分为重置价格和重建价格。

重置价格又称重置成本，是指采用价值时点的建筑材料、建筑构配件、建筑设备和建筑技术及工艺等，在价值时点的国家财税制度和市场价格体系下，重新建造与估价对象中的建筑物具有相同效用的全新建筑物的必要支出及应得利润。

重建价格又称重建成本，是指采用与估价对象中的建筑物相同的建筑材料、建筑构配件、建筑设备和建筑技术及工艺等，在价值时点的国家财税制度和市场价格体系下，重新建造与估价对象中的建筑物完全相同的全新建筑物的必要支出及应得利润。这种重新建造方式可形象地称为"复制"。

重置价格适用于一般建筑物以及因年代久远、缺乏与旧建筑相同的建筑材料，或因建筑技术及工艺改变使复制有困难的建筑物估价；而重建价格适用于有历史或美学价值的建筑物的估价。重置价格通常低于重建价格。

（三）重新购建价格的求取

在实际估价中，求取房地产的重新购建价格通常有两种方法：一是采用房地合估路径，类似于新开发建设房地产的成本法；二是采用房地分估路径，即先求取土地的重新取得价格或重新开发成本，再求取建筑物的重新购建价格，然后相加。

1. 土地重新购建价格的求取

土地重新购建价格的求取可采用成本法、比较法、基准地价修正法等方法。成本法可参照本章第二节中“新开发的土地价值”的相关内容和方法。比较法主要适用于城市建成区的建筑物基地，假设其地上没有建筑物，求取其裸地价格作为该土地的重新购建价格。建立了城市基准地价体系的地区，可采用基准地价修正法，由基准地价修正得到该土地的重新购建价格，可参照第十章第二节的相关内容和方法。

2. 建筑物重新购建价格的求取

建筑物的重新购建价格相当于在价值时点新建成的建筑物价值，其公式为：

建筑物重新购建价格＝建筑安装工程费＋专业费用＋管理费用＋销售费用＋投资利息＋销售税费＋开发利润。

其中，求取建筑安装工程费的方法有单位比较法、分部分项法、工料测量法和指数调整法。

(1) 单位比较法

单位比较法是以建筑物为整体，选取与该类建筑物的建筑安装工程费密切相关的某种计量单位(如单位建筑面积、单位体积、延长米等)为比较单位，调查在价值时点的近期建成的类似建筑物的单位建筑安装工程费，对其进行适当处理后得到估价对象建筑物建筑安装工程费的方法。

单位比较法实质上是一种比较法。其中的处理包括：①把可比实例建筑物实际而可能是不正常的单位建筑安装工程费，修正为正常的单位建筑安装工程费；②把可比实例建筑物在其建造时的建筑安装工程费，调整为在价值时点的建筑安装工程费；③根据可比实例建筑物与估价对象建筑物在对单位建筑安装工程费有影响的建筑规模、建筑设备、装饰装修等方面的差异，对单位建筑安装工程费进行调整，即可得到估价对象建筑物的单位建筑安装工程费。单位比较法较为简单、实用，因此经常被采用，但这种方法比较粗略。单位比较法主要有单位面积法和单位体积法两种。

单位面积法是调查在价值时点的近期建成的相同或相似建筑物的单位建筑面积建筑安装工程费，然后对其进行适当处理后来求取估价对象建筑物建筑安装工程费的方法。这种方法主要适用于同一类型建筑物的单位建筑面积建筑安装工程费基本相同的建筑物，如住宅、办公楼等。

单位体积法与单位面积法相似，是调查在价值时点的近期建成的相同或相似建筑物的单位体积建筑安装工程费，然后对其进行适当处理来求取估价对象建筑物建筑安装工程费的方法。这种方法主要适用于同一类型建筑物的单位体积建筑安装工程费基本相同的建筑物，如储油罐、地下油库等。

(2) 分部分项法

分部分项法是把建筑物分解为各个分部工程或分项工程，测算每个分部工程或分项工程的数量，调查各个分部工程或分项工程在价值时点的单位价格或成本，将各个分部工程或分项工程的数量乘以相应的单位价格或成本后相加得到建筑物安装工程费的方法。

在运用分部分项法测算建筑物的重新购建价格时，需要注意两点：①应结合各个构件或分部分项的特点使用计量单位，如有的要用面积，有的用体积，有的用长度，有的用容量；②不要漏项或重复计算，以免造成测算不准。

（3）工料测量法

工料测量法是把建筑物还原为建筑材料、建筑构配件和建筑设备，并测算重新建造该建筑物所需的建筑材料、建筑构配件、建筑设备的种类、数量和人工时数，调查在价值时点相应的单价和人工费标准，将各种建筑材料、建筑构配件、建筑设备的数量和人工时数乘以相应的单价和人工费标准后相加，并计取相应的措施项目费、规费和税金等得到建筑物建筑安装工程费的方法。

工料测量法的优点是详细、准确，缺点是比较费时、费力并需要其他专家（如建筑师、造价工程师）的帮助，它主要用于求取具有历史价值的建筑物的重新购建价格。

（4）指数调整法

指数调整法也称为成本指数趋势法，是利用建筑安装工程费的有关指数或变动率，将估价对象建筑物的历史建筑安装工程费调整到价值时点的建筑安装工程费来求取估价对象建筑物建筑安装工程费的方法。这种方法计算简单，可靠性和准确性都比较高，主要用于检验其他方法的测算结果。

将历史建筑安装工程费调整到价值时点的建筑安装工程费的方法，与比较法中市场状况的调整方法相同。

三、建筑物折旧

（一）建筑物折旧的含义

建筑物折旧是指估价上的折旧，是由于物质因素、功能因素或经济因素等原因造成的价值减损，其数额为建筑物在价值时点的重新构建价格与在价值时点的市场价值之间的差额。即：

$$建筑物折旧=建筑物重新构建价格-建筑物市场价值。$$

建筑物重新构建价格表示建筑物在全新状况下的价值，建筑物市场价值是建筑物在价值时点状况下的价值。将建筑物重新购建价格减去建筑物折旧，相当于把建筑物在全新状况下的价值调整为在价值时点状况下的价值，即建筑物的市场价值。

（二）建筑物折旧的分类

根据建筑物折旧的原因，可将建筑物的折旧分为物质折旧、功能折旧和外部折旧三大类。

1. 物质折旧

物质折旧也称物质损耗、有形损耗，是指因自然力作用或使用导致建筑物老化、磨损或损坏造成的建筑物价值减损。主要归纳为以下四个方面。

（1）自然经过的老化，主要是随着时间的流逝由自然力作用引起的，如风吹、日晒、雨淋等引起的建筑物腐朽、生锈、风化和基础沉降等，它与建筑物的实际经过年龄（建筑物自竣工之日起至价值时点止的年数）正相关。

（2）正常使用的磨损，主要是由人工使用引起的，它与建筑物的使用性质、使用强度、使用时间正相关。例如，居住用途建筑物的磨损一般要小于工业用途的建筑物的磨损。

（3）意外破坏的损毁，主要是由突发性的天灾人祸引起的，包括自然方面的，如地震、水灾、风灾；人为方面的，如失火、碰撞等。

（4）延迟维修的损坏残存，主要是因为没有适时地采取预防、养护措施或修理不够及时引起的，它造成建筑物不应有的损坏或提前损坏，或已有的损坏仍然存在，如门窗有破损、墙体或地面有裂缝等。

2. 功能折旧

功能折旧也称无形损耗，是指由于消费观念变更、规划设计更新、技术进步等原因导致建筑物功能不足或过剩造成的建筑物价值减损。例如，某建筑式样过时，内部布局过时，设备陈旧落后，缺乏现代人认为的必要设施、设备，从而导致该建筑物价值的下降，就是功能折旧。

3. 外部折旧

外部折旧也称为经济折旧，是指因建筑物以外的各种不利因素造成的建筑物价值减损。这些因素可能是经济因素（如市场供给过量或需求不足）、区位因素（如周围环境改变），也可能是其他因素（如政府政策变化）。如在一个居民区附近修建了一座工厂，该居民区的环境受到污染，导致建筑物的价值降低，这就是一种外部折旧，而且这种外部折旧一般是永久性的。再如，在经济不景气时期以及高税率、高失业率等情况下，房地产的价值下降，这也是一种外部折旧，但这种外部折旧不会永久存在，会随着经济复苏而消失。

（三）建筑物折旧的求取

1. 年限法

年限法是根据建筑物的有效年龄和预期经济寿命或预期剩余经济寿命来测算建筑物折旧的方法。建筑物的有效年龄是指根据价值时点的建筑物状况判断的建筑物年龄，一般是根据建筑物的施工、使用、维护和更新改造等状况，在实际年龄的基础上进行适当的加减调整得出的。建筑物的有效年龄可能等于也可能小于或大于其实际年龄。建筑物的经济寿命及其确定已经在第五章第三节“收益期和持有期的测算”中做了介绍，在此不再重复。建筑物的剩余经济寿命是其经济寿命减去有效年龄后的寿命。建筑物的有效年龄是从价值时点向过去推算的时间，剩余经济寿命是从价值时点起至建筑物经济寿命结束的时间，两者之和等于建筑物的经济寿命。利用年限法求取建筑物折旧时，建筑物的年龄应采用有效年龄，寿命应采用预期经济寿命，或者剩余寿命应采用预期剩余经济寿命。

（1）直线法

年限法中最主要的是直线法。直线法是最简单的一种测算折旧的方法，它假设在建筑物的经济寿命期间每年的折旧额相等。直线法的年折旧额的计算公式为：

$$D_i = D = \frac{C-S}{N} = \frac{C(1-R)}{N}。$$

式中，D_i 为第 i 年的折旧额；D 为直线法下的年折旧额，是一个常数；C 为建筑物的重新购建价格；S 为建筑物的净残值，是建筑物达到经济寿命不宜继续使用时，经拆除后的旧料价值减去清理费用后的余额；R 为建筑物的净残值率，是建筑物的净残值与其重新购建价格的比率；N 为建筑物的经济寿命；$C-S$ 为折旧基数。

年折旧率 d 可以用下式表示：

$$d = \frac{D}{C} \times 100\%。$$

经过 n 年的累计折旧额 D_n 和建筑物现值 V 分别为：

$$D_n = C(1-R)\frac{n}{N},$$

$$V = C - D_n = C\left[1-(1-R)\frac{n}{N}\right]。$$

式中，n 为有效年龄。

【例 6-5】 某建筑物的建筑面积为 1 000 平方米，重置价格为 6 000 元/平方米，耐用年限为 60 年，到价值时点已经用了 10 年，但估计其有效使用年数为 8 年，残值率为 2%，用直线法求其年折旧额及其现值。

【解】

(1) 计算建筑物重新购建价格：

$$C - 6\,000 \times 1\,000 - 600(万元)。$$

(2) 计算年折旧额：

$$D = \frac{C(1-R)}{N} = \frac{600 \times (1-2\%)}{60} = 9.8(万元)。$$

(3) 计算到价值时点的折旧总额，按有效年数 8 年计算：

$$D_8 = C(1-R)\frac{n}{N} = 9.8 \times 8 = 78.4(万元)。$$

(4) 计算建筑物现值：

$$V = C - D_n = 600 - 78.4 = 521.6(万元)。$$

对于不同类型的建筑物，其耐用年限、残值率是不同的，表 6-1 为《房地产单位会计制度——会计科目和会计报表》中对不同房屋结构类型、等级及耐用年限和残值率的详细规定。

表 6-1　房屋结构、等级及耐用年限和残值率

结构类型及等级	等级标准	耐用年限	残值率
钢结构	全部或承重部分为钢结构的房屋	生产用房 70 年，腐蚀性生产用房 50 年，非生产用房 80 年	0
钢筋混凝土结构	全部或承重部分为混凝土结构，包括框架大板和框架轻板结构等房屋。一般装修良好，设备比较齐全	生产用房 50 年，腐蚀性生产用房 35 年，非生产用房 60 年	0
砖混结构一等	部分钢筋混凝土，主要是砖墙承重的结构。外墙部分砌砖、水刷石、水泥抹面或涂料粉刷，并没有阳台，内部设备齐全的单元式住宅或非住宅房屋	生产用房 40 年，腐蚀性生产用房 30 年，非生产用房 50 年	2%
砖混结构二等	部分钢筋混凝土，主要是砖墙承重的结构。外墙是清水墙，没有阳台，内外设备不齐全的非单元式住宅或其他房屋	生产用房 40 年，腐蚀性生产用房 30 年，非生产用房 50 年	2%
砖木结构一等	材料上等、标准较高的砖木（石料）结构。一般外部经装修处理，室内设备完善的庭院式或花园洋房等高级房屋	生产用房 30 年，腐蚀性生产用房 20 年，非生产用房 40 年	6%
砖木结构二等	结构正规、材料较好，一般外部未经装修处理，室内有专用的上、下水等设备的普通砖木结构房屋	生产用房 30 年，腐蚀性生产用房 20 年，非生产用房 40 年	4%
砖木结构三等	结构简单、材料较差，室内没有专用上、下水等设备，较低级的砖木结构房屋	生产用房 30 年，腐蚀性生产用房 20 年，非生产用房 40 年	3%
简易结构	如简易楼、平房、木板房、砖坯房、土草房及竹木捆绑房等	一般为 10 年	0

（2）成新折扣法

早期采用成本法求取建筑物现值时，习惯于根据建筑物的建成年代或新旧程度、完损状况等，判定建筑物的成新率，或者用建筑物的年龄、寿命计算出建筑物的成新率，然后将建筑物的重新购建价格乘以该成新率来直接求取建筑物的现值。这种方法称为成新折扣法。如果利用建筑物的有效年龄、经济寿命或剩余经济寿命来求取建筑物的成新率，则成新折扣法就成了年限法的另一种表现形式。用直线法计算成新率的公式为：

$$q=\left[1-(1-R)\frac{n}{N}\right]\times 100\%,$$

式中，q 为成新率。

当 $R=0$ 时，

$$q=\left(1-\frac{n}{N}\right)\times 100\%。$$

【例 6-6】 某幢 10 年前建成交付使用的房屋，在此 10 年间维护状况正常，房地产估价师经实地查勘判定其剩余经济寿命为 30 年，残值率为零。请用直线法计算该房屋的成新率。

【解】 已知：$n=10$ 年，$N=10+30=40$ 年，$R=0$；该房屋的成新率 q 计算如下：

$$q=\left(1-\frac{n}{N}\right)\times 100\%=\left(1-\frac{10}{40}\right)\times 100\%=\frac{30}{40}\times 100\%=75\%。$$

2. 市场提取法

市场提取法是通过含有与估价对象中的建筑物具有类似折旧状况的建筑物的房地可比实例，求取估价对象中的建筑物折旧的方法。类似折旧状况是指可比实例的建筑物的折旧类型和折旧程度与估价对象中的建筑物的折旧类型和折旧程度相同或相当。

市场提取法是基于先知道旧的房地产价值，然后利用适用于旧的房地成本法公式反求出建筑物折旧。旧的房地产成本法公式为：

旧的房地产价值＝土地重新购建价格＋建筑物重新购建价格－建筑物折旧。

所以，如果知道了旧的房地产价值、土地重新购建价格和建筑物重新购建价格，便可求出建筑物折旧，即：

建筑物折旧＝土地重新购建价格＋建筑物重新购建价格－旧的房地产
　　　　　＝建筑物重新购建价格－(旧的房地产价值－土地重新购建价格)
　　　　　＝建筑物重新购建价格－建筑物折旧后价值。

【例 6-7】 某宗房地产的土地面积 5 000 平方米，建筑面积 12 500 平方米，现行市场价格 4 700 元/平方米，土地重置价格(楼面地价)2 300 元/平方米，建筑物重置价格 3 000 元/平方米，建筑物年龄 10 年，请计算建筑物折旧总额。

【解】 建筑物折旧总额计算如下：

建筑物折旧＝土地重新购建价格＋建筑物重新购建价格－旧的房地产价值
　　　　　＝(2 300＋3 000－4 700)×1.25
　　　　　＝750(万元)。

3. 分解法

分解法是把建筑物折旧分成物质折旧、功能折旧、外部折旧等各个组成部分，分别测算出各个组成部分后相加得到建筑物折旧的方法。分解法是求取建筑物折旧最详细、最复杂的一种方法。

分解法认为，建筑物折旧首先可分成物质折旧、功能折旧和外部折旧三大组成部分，而物质折旧、功能折旧和外部折旧又可分成若干个组成部分，然后根据各个组成部分的特点分别采用适当的方法来求取。

分解法求取建筑物折旧的步骤是：①求取物质折旧。先把物质折旧分解为各个项目，然后分别采用适当的方法求取其折旧后再相加。②求取功能折旧。先把功能折旧分解为各个项目，然后分别采用适当的方法求取其折旧后再相加。③求取外部折旧。先把外部折旧分为不同情况，然后分别采用适当的方法求取其折旧后再相加。④求取建筑物的折旧总额。把上述求取的物质折旧、功能折旧和外部折旧后再相加得到建筑物的折旧总额。

（1）物质折旧的求取

物质折旧的求取过程和方法如下。

① 将物质折旧项目分为可修复项目和不可修复项目两类。修复是指恢复到新的或者相当于新的状况，有的是修理，有的是更换。预计采用最合理的修复方案（技术上、经济上、法律上均可行）予以修复的必要支出及应得利润小于或者等于修复所能带来的房地产价值增值额的，是可修复的，即：

修复成本≤修复后的房地产价值－修复前的房地产价值；

反之，是不可修复的。

② 对于可修复项目，估算其在价值时点的修复成本作为折旧额。

③ 对于不可修复项目，根据其在价值时点的剩余使用寿命是否短于整体建筑物的剩余经济寿命，将其分为短寿命项目和长寿命项目两类。短寿命项目是剩余使用寿命短于整体建筑物剩余经济寿命的部件、设备、设施等，它们在建筑物剩余经济寿命期间迟早需要更换，甚至需要更换多次。长寿命项目是剩余使用寿命等于或者长于整体建筑物剩余经济寿命的部件、设备、设施等，它们在建筑物剩余经济寿命期间是不需要更换的。在实际中，短寿命项目与长寿命项目的划分一般是在其寿命是否短于建筑物经济寿命的基础上作出的，例如，基础、墙体、梁柱、屋顶、门窗、管道、电梯、空调、卫生设备及装饰装修等的寿命是不同的。

短寿命项目分别根据各自的重新购建价格（通常为市场价格、运输费用、安装费用等之和）、年龄、寿命或剩余寿命，利用年限法计算其折旧额。

长寿命项目是合在一起，根据建筑物重新购建价格减去可修复项目的修复成本和短寿命项目的重新购建价格后的余额、建筑物的有效年龄、经济寿命或剩余经济寿命，采用年限法计算其折旧额。

④ 把可修复项目的修复成本、短寿命项目的折旧额、长寿命项目的折旧额相加，即为物质折旧额。

【例6-8】 某建筑物的建筑面积为500平方米，重置价格为3 600元/平方米，有效年龄为10年，预期经济寿命为50年。其中，门窗等破损的修复成本为2万元；装饰装修的重置价格为600元/平方米，年龄为3年，平均寿命为5年；设备的重置价格为60万元，年龄为10年，平均寿命为15年。残值率假设均为零。请计算该建筑物的物质折旧额。

【解】 该建筑物的物质折旧额计算如下：

建筑物的物质折旧额＝可修复项目的修复成本＋短寿命项目的折旧额＋长寿命项目的折旧额

$$=20\,000+600\times500\div5\times3+600\,000\div15\times10+(3\,600\times500-20\,000-600\times500-600\,000)\div50\times10$$

$$=77.6（万元）。$$

（2）功能折旧的求取

功能折旧的求取过程和方法如下。

① 把功能折旧分成功能缺乏、功能落后和功能过剩引起的折旧三类，可分别简称为功能缺乏折旧、功能落后折旧和功能过剩折旧。

a. 功能缺乏折旧的求取。功能缺乏折旧分成可修复的功能缺乏折旧和不可修复的功能缺乏折旧。

对于可修复的功能缺乏折旧，在采用缺乏该功能的“建筑物重建价格”下的求取方法是：(a)估算在估价值时点在估价对象建筑物上单独增加该功能的必要费用(以下简称单独增加功能费用)；(b)估算在价值时点重置估价对象建筑物时随同增加该功能的必要费用(以下简称随同增加功能费用)；(c)将单独增加功能费用减去随同增加功能费用，即单独增加功能的超额费用为可修复的功能缺乏折旧额。如果是采用具有该功能的“建筑物重置价格”，则单独增加功能费用即为可修复的功能缺乏折旧额。

对于不可修复的功能缺乏折旧，可以采用下列方法来求取：(a)利用“收益损失资本化法”求取因缺乏该功能导致的未来每年损失的净收益的现值之和；(b)估算随同增加功能费用；(c)将未来每年损失的净收益的现值之和，减去随同增加功能费用，即得到不可修复的功能缺乏折旧额。

【例 6-9】 某幢应有电梯而没有电梯的办公楼，重建价格为 2 000 万元，现单独增设电梯需要 120 万元，而重置该办公楼时随同安装电梯只需要 100 万元。请计算该办公楼因没有电梯引起的折旧额。

【解】 该办公楼因没有电梯引起的功能缺乏折旧额计算如下：

$$\begin{aligned}\text{功能缺乏折旧额}&=\text{单独增加功能费用}-\text{随同增加功能费用}\\&=120-100=20(\text{万元})。\end{aligned}$$

【例 6-10】 某幢没有电梯的旧写字楼建筑面积 3 000 平方米，租金 1.8 元/(平方米·天)，空置率为 15%。有电梯的同类写字楼的租金为 2 元/(平方米·天)，空置率为 10%。现单独增加电梯的必要费用为 400 万元，而重置该写字楼时随同增加电梯的必要费用为 200 万元。该写字楼的预期剩余寿命为 30 年，报酬率为 8%。请回答：该功能缺乏是否可修复？该功能缺乏折旧额是多少？

【解】 (1) 计算增加电梯所能带来的房地产价值增加额：

$$\begin{aligned}V&=\frac{A}{r}\left[1-\frac{1}{(1+r)^n}\right]\\&=\frac{[2\times(1-10\%)-1.8\times(1-15\%)]\times 3\,000\times 365}{8\%}\times\left[1-\frac{1}{(1+8\%)^{30}}\right]\\&=332.84(\text{万元})。\end{aligned}$$

(2) 通过比较修复成本与房地产价值增加额的大小，判断是否可修复。因为修复成本为 400 万元，大于房地产价值增加额 332.84 万元，所以该功能是不可修复的。

(3) 计算不可修复情况下的功能缺乏折旧额：

$$\begin{aligned}\text{功能缺乏折旧额}&=\text{房地产价值增加额}-\text{随同增加功能费用}\\&=332.84-200=132.84(\text{万元})。\end{aligned}$$

b. 功能落后折旧的求取。功能落后折旧分成可修复的功能落后折旧和不可修复的功能落后折旧。

对于可修复的功能落后折旧，在采用该落后功能的“建筑物重建价格”下，折旧额为在价值时点该落后功能重置价格，减去该落后功能已提折旧，加上拆除该落后功能的必要费用(以下简称拆除落后功能费用)，减去该落后功能拆除后的残余价值(以下简称落后功能残余价值)，加上单独增加先进功能的必要费用(以下简称单独增加先进功能费用)，减去重置建筑物时随同增加先进功能的必要费用(以下简称随同增加先进功能费用)。其公式表述如下：

功能落后折旧额＝落后功能重置价格－落后功能已提折旧＋拆除落后功能费用－
　　落后功能残余价值＋单独增加先进功能费用－随同增加先进功能费用。

如果是采用具有先进功能的“建筑物重置价格”，则功能落后折旧额为落后功能重置价格，减去落后功能已提折旧，加上拆除落后功能费用，减去落后功能残余价值，加上单独增加先进功能费用。

与可修复的功能缺乏折旧额相比，可修复的功能落后折旧额多了落后功能尚未折旧的价值(即落后功能的重置价格减去已提折旧，因为该尚未折旧的部分未发挥作用就报废了)，少了落后功能的净残值(即可挽回的损失，等于落后功能的残余价值减去拆除费用)，即多了落后功能的服务期未满而提前报废的损失。

对于不可修复的功能落后折旧，其折旧额是在上述可修复的功能落后折旧额计算中，将单独增加先进功能费用替换为利用“收益损失资本化法”求取的功能落后导致的未来每年损失的净收益的现值之和。

【例 6-11】 某幢旧办公楼的电梯已落后，如果将该电梯更换为功能先进的新电梯，估计需要拆除费用 2 万元，可回收残值 3 万元，安装新电梯需要 120 万元(包括购买价款、运输费、安装费等)，比在建造同类办公楼时随同安装多花费 20 万元。估计该旧办公楼的重建价格为 2 050 万元，该旧电梯的重置价格为 50 万元，已提折旧 40 万元。请计算该办公楼因电梯落后引起的折旧额。

【解】 因采用的是重建价格，所以该办公楼因电梯落后引起的功能落后折旧：

功能落后折旧＝落后功能重置价格－落后功能已提折旧＋拆除落后功能费用－
　　落后功能残余价值＋单独增加先进功能费用－随同增加先进功能费用
　　＝50－40＋2－3＋20＝29(万元)。

c. 功能过剩折旧的求取。功能过剩一般是不可修复的。功能过剩折旧包括功能过剩造成的“无效成本”和“超额持有成本”。如果采用建筑物重置价格则可消除无效成本；如果采用建筑物重建价格则无效成本不能消除。例如，层高过高的厂房，其重置价格是依据 5 米层高来估算，而重建价格则是依据 6 米层高来估算的。关于“超额持有成本”可采用“超额运营费用资本化法”来求取，即通过计算功能过剩导致未来每年超额运营费用的现值之和来求取。因此，当采用建筑物重置价格时，其功能折旧额为超额持有成本；当采用建筑物重建价格时，其功能折旧额为无效成本与超额持有成本之和。

【例 6-12】 某房地产的重建价格为 2 000 万元，已知在建造期间中央空调系统因功率过大较正常情况多投入 150 万元，投入使用后每年多耗电费 0.8 万元。假定该空调系统使用寿命为 15 年，估价对象的报酬率为 9%。请计算该房地产中央空调功率过大引起的折旧。

【解】 因采用的是重建价格，所以因空调系统功率过大引起的功能过剩折旧为：

$$\begin{aligned}\text{功能过剩折旧} &= \text{无效成本} + \text{超额持有成本}\\ &= 150 + \frac{0.8}{9\%} \times \left[1 - \frac{1}{(1+9\%)^{15}}\right] = 156.45(\text{万元})。\end{aligned}$$

② 把功能缺乏折旧、功能落后折旧和功能过剩折旧相加，即为功能折旧。

(3) 外部折旧的求取

外部折旧通常是不可修复的，但它可能是暂时的，如供给过度的市场；也可能是永久的，如周围环境发生了不可逆的改变。因此，求取外部折旧首先应分清它是暂时性的还是永久性的，然后根据收益损失期限的不同，利用"收益损失资本法"求取建筑物以外的各种不利因素导致的未来每年损失的净收益的现值之和，即为外部折旧。

(四) 求取建筑物折旧应注意的问题

1. 估价上的折旧与会计上的折旧的本质区别

估价上的折旧注重的是资产市场价值的真实减损，科学地说不是"折旧"，而是"减价调整"；会计上的折旧注重的是资产原始价值的分摊、补偿或回收。以直线法折旧下的公式

$$V = C\left[1 - (1-R)\frac{n}{N}\right]。$$

为例，公式中的 C 在会计上为资产的原始价值，是当初购置时的价值，不随着时间的流逝而变化；在估价上则为资产的重新购建价格，是价值时点的价值，价值时点不同，其值可能不同。此外，会计上把资产的原始价值 C 与累计折旧额 $C(1-R)\frac{n}{N}$ 之差，称为资产的账面价值，它无须与资产的市场价值一致；估价上把资产的重新购建价格 C 与折旧总额 $C(1-R)\frac{n}{N}$ 之差视为资产的实际价值，它必须与资产的市场价值一致。例如，有些房地产，尽管在会计账目上折旧早已提足或者快要提足，但估价结果却显示其仍然有较大的现时价值，如保存完好的旧建筑物；而有些房地产，尽管在会计账目上折旧尚未提足甚至远未提足，但估价结果却显示其现时价值已所剩无几，如存在严重工程质量问题的新建房屋。

2. 土地使用期限对建筑物经济寿命的影响

在求取建筑物折旧时应注意土地使用期限对建筑物经济寿命的影响。计算建筑物折旧所采用的建筑物经济寿命遇到下列情况的处理如下：

(1) 住宅不论其经济寿命是早于还是晚于土地使用期限而结束，均按照其经济寿命计算折旧。《物权法》第一百四十九条规定："住宅建设用地使用权期间届满的，自动续期。"

(2) 非住宅建筑物经济寿命早于土地使用期限而结束的，应按照建筑物经济寿命计算建筑物折旧。

(3) 非住宅建筑物经济寿命晚于土地使用期限而结束的，分两种情况：①出让合同约定建设用地使用权期间届满需要无偿收回建设用地使用权，且需对地上建筑物的残余价值予以补偿的，应按照建筑物经济寿命计算建筑物折旧。②出让合同约定建设用地使用权期间届满需要无偿收回建设用地使用权，且地上建筑物也无偿收回的，应按照建筑物经济寿命减去其晚于土地使用期限的那部分寿命后的寿命计算建筑物折旧。

四、旧房地产的估价实例

【例 6-13】 某商业用途停工待建房屋的建筑面积为 18 378.544 平方米，该房屋所使用的土地在价值时点的重置成本为 325.05 万元。根据房屋现状和该市有关规定，相关建设成本如下：勘察设计和前期工程费为 160 元/平方米，建安工程费见表 6-2，基础设施建设费为建安工程费的 6%，公共设施配套费为 32 元/平方米，开发期间税费为 5 元/平方米，其他工程费按 3 元/平方米计算。管理费按建设成本的 2%计取，销售费用按售价的 1%计算且均在销售时发生，利率按一年期国家贷款利率 5.31%，该类建筑的平均建设期为 1.5 年，建至估价对象现状约需 1 年时间，同类物业社会客观平均直接成本利润率为 45%，“两税一费”按售价的 5.5%计算，交易手续费按 2 元/平方米计取。另知，房屋的经济寿命为 60 年，有效年龄为 10 年，在价值时点土地使用权年限按商业用地考虑为 40 年，合同到期后约定不可续期且对收回的建筑物不予补偿，功能折旧为 10%，外部折旧率为 15%。请计算该估价对象的市场价值总额。

表 6-2 房屋已完工工程造价估算表

项　目	单方造价(元/平方米)
桩基础工程	90
钢筋混凝土工程	270
砖石工程	50
脚手架工程	40
门窗工程	40
楼地面工程	22
装饰工程	150
其他	18
水电安装	20

【解】

(1) 采用成本法公式。

旧的房地产价值＝土地重新购建价格＋建筑物重新购建价格－建筑物折旧；

建筑物重新购建价格＝建设成本＋管理费用＋销售费用＋投资利息＋销售税费＋开发利润－建筑物折旧；

建设成本＝前期费用＋建筑安装工程费＋基础设施建设费＋公共配套设施建设费＋其他工程费＋开发期间税费；

建筑物折旧＝物质折旧＋功能折旧＋外部折旧。

(2) 建设成本计算如下。

① 勘察设计和前期工程费：18 378.544×160＝294.06(万元)；

② 建筑安装工程费：18 378.544×(90＋270＋50＋40＋40＋22＋150＋18＋20)＝1 286.50(万元)；

③ 基础设施建设费：1 286.50×6％＝77.19(万元)；

④ 公共配套设施建设费：18 378.544×32＝58.81(万元)；

⑤ 其他工程费：18 378.544×3＝5.51(万元)；

⑥ 开发期间税费：18 378.544×5＝9.19(万元)；

⑦ 建设成本：294.06＋1 286.50＋77.19＋58.81＋5.51＋9.19＝1 731.26(万元)。

(3) 设估价对象的市场价值为V，建筑物重新购建价格计算如下。

① 建设成本：1 731.26(万元)；

② 管理费用：1 731.26×2％＝34.63(万元)；

③ 销售费用：V×1％＝0.01V(万元)；

④ 投资利息：(1 731.26＋34.63)×[$(1+5.31\%)^{0.5}$－1]＝46.28(万元)；

⑤ 销售税费：V×5.5％＋18 378.544×2/10 000＝0.055V＋3.68(万元)；

⑥ 开发利润：1 731.26×45％＝779.07(万元)；

⑦ 建筑物重新购建价格：1 731.26＋34.63＋0.01V＋46.28＋0.055V＋3.68＋779.07＝2 594.92＋0.065V(万元)。

(4) 建筑物折旧计算如下：

① 物质折旧：(2 594.92＋0.065V)×10/[60－(50－40)]＝518.98＋0.013V(万元)；

② 功能折旧：(2 594.92＋0.065V)×10％＝259.49＋0.0065V(万元)；

③ 外部折旧：(2 594.92＋0.065V)×15％＝389.24＋0.00975V(万元)；

④ 建筑物折旧：518.98＋0.013V＋259.49＋0.0065V＋389.24＋0.00975V＝1 167.71＋0.02925V(万元)。

(5) 估价对象的市场价值计算如下：

V＝325.05＋(2 594.92＋0.065V)－(1 167.71＋0.029 25V)，V＝1 817.23(万元)。

第四节 成本法总结与应用

一、成本法总结

成本法的典型估价对象是旧的房地产，其价值等于房地产重新购建价格减去建筑物折旧,或者土地重新购建价格加上建筑物重新购建价格减去折旧。其中,房地产重新购建价格一般是模拟房地产开发建设过程,根据房地产价格构成,采用成本法求取,即采用“房地合估”的路径进行估价;也可以先分别求取土地重新购建价格和建筑物重新购建价格,然后将两者相加来求取,即采用“房地分估”的路径进行估价。土地重新购建价格分为重新购置价格和重新开发成本。土地重新购置价格一般是采用比较法求取,也可以采用基准地价修正法求取;土地重新开发成本一般是采用成本法求取。建筑物重新购建价格分为重置价格和重建价格,一般的建筑物适用重置价格,有保护价值的建筑物则适用重建价格。求取建筑物重新购建价格中的建筑安装工程费,采用的方法主要有单位比较法、分部分项法、工料测量法和指数调整法。建筑物折旧分为物质折旧、功能折旧和外部折旧,求取的方法主要有年限法、市场提取法和分解法。对成本法内容的归纳总结如图 6-1 所示。

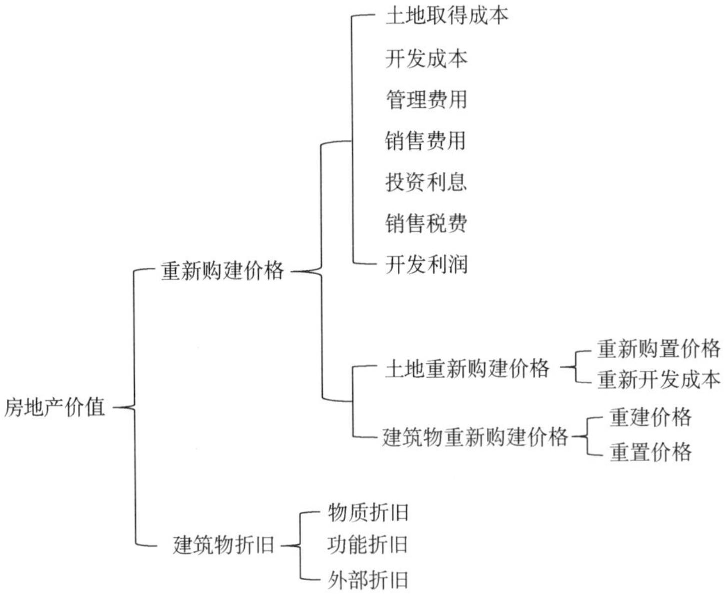

图 6-1　成本法总结

二、成本法应用

【例 6-14】 估价对象为某学校教学楼,坐落在市中心,占地面积为 800 平方米,建筑总面积为 2 400 平方米;建筑物建于 1993 年 7 月,为钢筋混凝土结构。试估价该房地产 2017 年 7 月的市场价格。

【解】 估价过程如下:

(1) 选择估价方法

该估价对象为学校教学楼,既无经济收益,也很少有交易实例,所以采用成本法进行估价。

(2) 选择计算公式

该估价对象为旧房地产,需要评估的价值应是土地和建筑物的总价值,所以选择的公式为：

旧的房地产价值＝土地重新购建价格＋建筑物重新购建价格－建筑物折旧。

（3）求取土地重新购置价格

本例中土地的重新购置价格采用比较法求取，搜集了多宗与待估对象相类似的土地，从中选择了A，B，C三宗作为可比实例，具体情况和修正过程如表6-3所示。

表6-3　可比实例修正情况表

项　目	可比实例A	可比实例B	可比实例C
交易价格(元/平方米)	6 000	7 000	6 500
交易情况修正	100/100	98/100	100/100
交易日期修正	110/100	105/100	101/100
区域因素修正	100/95	100/100	95/100
个别因素修正	105/100	95/100	100/90
修正后价格(元/平方米)	7 295	6 843	6 930

土地单价＝(7 295＋6 843＋6 930)/3＝7 023(元/平方米)，
土地总价＝7 023×800＝562(万元)。

（4）求取建筑物重置价格

通过调查，在价值时点2017年7月，与估价对象类似的建筑物不包括土地价格在内的重置价格为3 500元/平方米。所以估价对象的重置价格为：

估价对象的重置价格＝3 500×2 400＝840(万元)。

（5）求取建筑物折旧

采用直线法求取折旧。根据有关规定，钢筋混凝土结构的非生产性用房的耐用年限为60年，残值率为零。土地取得方式为行政划拨，无使用年限的限制，所以房屋耐用年限不受土地使用年限的限制。根据评估人员到现场观察判断，该建筑物的有效年龄为20年，剩余经济寿命为40年，因此该建筑物的折旧总额为：

估价对象的折旧总额＝840×20/60＝280(万元)。

（6）房地产价格

待估房地产价格＝562＋840－280＝1 122(万元)，
待估房地产单价＝1 122×10 000/2 400＝4 675(元/平方米)。

因此，该学校教学楼在2017年7月的市场价格为1 122万元，单位建筑面积价格为4 675元/平方米。

复习思考题

一、名词解释

1. 成本法； 2. 重置价格； 3. 重建价格； 4. 建筑物折旧；
5. 物质折旧； 6. 功能折旧； 7. 外部折旧； 8. 有效年龄；
9. 经济寿命。

二、简答题

1. 成本法的基本理论及适用范围是什么？
2. 成本法的应用条件有哪些？
3. 成本法估价新开发土地成本的程序有哪些？
4. 求取建筑物重新购建价格的思路是什么？
5. 建筑物折旧额的求取方法有哪些？

三、判断题

1. 在运用成本法估价时，房地产价格直接取决于其花费成本，成本增加则房地产价格相应也高。 （ ）

2. 从理论上讲，同一个房地产开发项目的开发利润，采用不同的计算基数及与其相对应的利润率来估算，所得的结果不同。 （ ）

3. 物质折旧中，可修复项目是指经过修理后可恢复其原有功能的项目；反之，则为不可修复。 （ ）

4. 就建筑物的重新购建价格而言，一般情况下，重建价值高于重置价格。 （ ）

5. 建筑物重新购建价格是全新状况的建筑物的建安工程费、专业费用、管理费用、投资利息及开发利润之和。 （ ）

6. 如果建筑物的有效年龄小于实际年龄，就相当于建筑物比其实际竣工之日晚建成，此时，建筑物的经济寿命可视为从这个晚建成之日开始到建筑物对房地产价值不再有贡献为止的时间。 （ ）

四、单选题

1. 从卖方的角度看，成本法的理论依据是（ ）。

A. 销售状况价值论 B. 市场供求价值论
C. 生产费用价值论 D. 经济花费价值论

2. 土地取得成本是取得（ ）所需的费用、税金等。

A. 土地所有权 B. 土地转让权
C. 土地经营权 D. 开发土地使用权

3. 建筑物的年龄有实际年龄和有效年龄，它们之间的关系为（ ）。

A. 有效年龄一定等于实际年龄 B. 有效年龄一定短于实际年龄
C. 有效年龄一定长于实际年龄 D. 有效年龄可能长于或短于实际年龄

4. 估价上的折旧是各种原因所造成的价值损失，是建筑物在价值时点的(　　)，扣除折旧即是减价修正。

A. 重建价格与重置价格之差　　B. 重新购建价格与总额价格之差

C. 市场价值与总额价格之差　　D. 重新购建价格与市场价值之差

5. 运用成本法评估房地产抵押价值时，按照谨慎原则要求，应采用(　　)的估计值。

A. 正常　　B. 较低　　C. 平均　　D. 较高

6. 关于成本法估价中土地取得费用、建设成本、管理费用及销售费用估算的说法，正确的是(　　)。

A. 应按它们在过去实际发生时点的实际水平来估算

B. 应按它们在过去实际发生时点的正常水平来估算

C. 应按它们在未来预计发生时点的正常水平来估算

D. 应按它们在价值时点的正常水平来估算

7. 某建筑物 8 年前建成交付使用，建筑面积是 120 平方米，单位建筑面积的重置价格为 800 元/平方米，建筑残值率为 6%，年折旧率为 2.2%，该建筑物的计算现值是(　　)。

A. 76 880　　B. 77 952　　C. 79 104　　D. 81 562

8. 某建筑物建成于 2010 年 1 月，为一等砖混结构，耐用年限为 50 年，残值率为 2%。该建筑物 2018 年 1 月的重置成本为 500 万元，则 2018 年 1 月的评估值接近(　　)万元。

A. 400　　B. 392　　C. 402　　D. 422

9. 某建筑物实际使用年数为 10 年，经估价人员现场观察该建筑物剩余经济寿命为 48 年。已知该建筑物经济寿命为 50 年，残值率为 2%，则用直线法计算该建筑物的成新率为(　　)。

A. 80%　　B. 82%　　C. 92%　　D. 96%

10. 某建筑物有效年龄为 10 年，预计尚可使用 40 年，残值率为 4%，该建筑物的成新率为(　　)。

A. 75%　　B. 79%　　C. 81%　　D. 84%

11. 某估价对象为一旧厂房改造的超级市场，建设期为 2 年，该厂房建成 5 年后补办了土地使用权出让手续，土地使用期限为 40 年，土地使用权出让合同约定土地使用期限届满不可续期且地上建筑物无偿收回。建筑物经济寿命为 50 年。假设残值率为零，采用直线法计算建筑物折旧时年折旧率为(　　)。

A. 2.00%　　B. 2.13%　　C. 2.22%　　D. 2.50%

12. 某宗土地的土地取得成本为 500 万元，土地开发费为 1 000 万元，土地开发期为 1 年，银行一年期贷款利率为 8%。该土地投资利息为(　　)。

A. 79 万元　　B. 120 万元　　C. 60 万元　　D. 100 万元

13. 下列各类房地产中，特别适用于成本法估价的是(　　)。

A. 标准厂房　　B. 发电厂　　C. 待出让土地　　D. 写字楼

14. 某综合办公楼建设期为 3 年，过去有效年数为 10 年，现补办了土地使用权出让手续，土地使用权出让年限为 50 年，建筑物剩余经济寿命为 35 年，则计算该建筑物折旧时采用的经济寿命应为(　　)年。

A. 35　　B. 45　　C. 50　　D. 48

15. 对于收益性房地产来说,建筑物的经济寿命是(　　)。

A. 建筑物竣工之日起到不能保证其安全使用之日的时间

B. 在正常市场和运营状态下净收益大于零的持续时间

C. 由建筑结构、工程质量、用途与维护状况等决定的时间

D. 剩余经济寿命与实际年龄之和的时间

16. 某房地产的重建价格为2 000万元,已知在建造期间中央空调系统因功率大较正常情况多投入150万元,投入使用后每年多耗电费0.8万元。假定该空调系统使用寿命为15年,估价对象房地产的报酬率为12%,则该房地产扣除该项功能折旧后的价值为(　　)万元。

A. 1 838.00　　B. 1 844.55　　C. 1 845.87　　D. 1 850.00

17. 某房地产重新开发建设的直接成本、管理费用、投资利息分别为4 000万元、180万元和350万元,销售费用、销售税费分别为销售价格的3.5%和5.5%,投资利润率为20%。该房地产的重置价格为(　　)万元。

A. 5 890　　B. 5 976　　C. 5 942　　D. 6 135

18. 某房地产的土地面积为500平方米,土地价格为2 000元/平方米;建筑面积为1 000平方米,成本法估算的建筑物重置价格为1 600元/平方米;市场上同类房地产的正常房地产价格为2 500元/平方米,则该房地产中建筑物的实际价值比重置价格低(　　)元/平方米。

A. 200　　B. 300　　C. 500　　D. 100

19. 下列关于建筑物寿命和经过年数的说法中,正确的是(　　)。

A. 建筑物的经济寿命短于自然寿命,有效经过年数也短于实际经过年数

B. 建筑物的经济寿命长于自然寿命,有效经过年数也长于实际经过年数

C. 建筑物的经济寿命与自然寿命相等,有效经过年数与实际经过年数也相等

D. 建筑物的经济寿命短于自然寿命,有效经过年数可能短于也可能长于实际经过年数

20. 某出租房地产的年租金收入为10万元,年出租总费用为1万元。建筑物重置价格为100万元,成新率为85%。已知土地资本化率为6%,建筑物资本化率7%。假设该房地产的土地使用年限为无限年,则该宗房地产的现值为(　)万元。

A. 43　　B. 112.5　　C. 123.3　　D. 135.83

五、多选题

1. 对于一宗房地产的价格,通常由(　　)所构成。

A. 土地取得成本　　B. 建设成本

C. 管理费、销售费用　　D. 投资利息、销售税费、开发利润

2. 在成本法中,直接成本利润率的计算基数包括(　　)。

A. 土地取得成本　　B. 建设成本
C. 管理费用　　D. 销售费用

3. 建筑物的物质折旧包括(　　)。
A. 功能衰退　　B. 正常使用磨损
C. 环境恶化造成的老化　　D. 意外的破坏损毁

4. 求取建筑物重新购建价格的具体方法有(　　)。
A. 单位比较法　　B. 分部分项法
C. 工料测量法　　D. 指数调整法

5. 成本法中,在计算投资利息时,应计息项目包括(　　)万元。
A. 土地取得成本　　B. 建设成本
C. 管理费用　　D. 销售费用
E. 销售税费

6. 征收集体土地下的土地取得成本中,土地征收补偿费用包括(　　)。
A. 土地补偿费　　B. 安置补助费
C. 地上附着物和青苗的补偿费　　D. 土地使用权出让金等土地有偿使用费用
E. 安排被征地农民的社会保障费用

7. 功能折旧是指建筑物在功能上的相对缺乏、落后或过剩所造成的建筑物价值的损失。造成建筑物功能折旧的主要原因有(　　)等。
A. 意外破坏的损毁　　B. 市场供给的过量
C. 建筑设计的缺陷　　D. 人们消费观念的改变
E. 周围环境条件恶化

8. 房地产价格构成中的开发成本包括(　　)。
A. 取得土地使用权时的出让金或转让金
B. 基础设施建设费
C. 公共配套设施建设费
D. 勘察设计和前期工程费
E. 管理费

9. 成本法中的"开发利润"是指(　　)。
A. 开发商所期望获得的利润　　B. 开发商所能获得的最终利润
C. 开发商所能获得的平均利润　　D. 开发商所能获得的税后利润
E. 开发商所能获得的税前利润

10. 在运用成本法时特别要注意的是(　　)。
A. 区分计划成本和实际成本　　B. 区分实际成本和客观成本
C. 结合选址、规划设计进行调整　　D. 结合实际开发利润来确定评估价值
E. 结合市场供求分析进行调整

11. 成本法中房地产价格构成中的销售税费不包括(　　)。
A. 营业税

B. 应由买方缴纳的契税等税费

C. 应由卖方缴纳的土地增值税、企业所得税

D. 城市维护建设税

E. 教育费附加

12. 开发利润率通常按照一定基数乘以相应的利润率来估算的,相应的利润率包括(　　)。

A. 直接成本利润率　　B. 全部成本利润率

C. 成本利润率　　D. 投资利润率

E. 销售利润率

13. 下列关于重新购建价格的说法中,正确的有(　　)。

A. 重新购建价格是指重新开发建设全新状况的估价对象所必需的支出

B. 重新购建价格是在价值时点的价格

C. 重新购建价格是客观的价格

D. 建筑物的重新购建价格是全新状况下的价格

E. 土地的重新购建价格是法定最高出让年限状况下的价格

14. 在计算土地的重新购建价格时,通常是假设该土地上的建筑物不存在,除此之外的状况均维持不变,再采用(　　)等计算该土地的重新购置价格。

A. 比较法　　B. 成本法

C. 路线价法　　D. 基准地价修正法

E. 收益法

六、计算题

1. 某幢房屋的建筑面积为300平方米,该类用途、建筑结构和档次的房屋的建筑安装工程费为1 200元/平方米,专业费用为建筑安装工程费的8%,管理费用为建筑安装工程费与专业费用之和的3%,销售费用为重新购建价格的4%,建设期为6个月,所有费用可视为在建设期内均匀投入,年利率为6%,房地产投资利润率为15%,销售税费为重新购建价格的6%。请计算该房屋的重新购建价格。

2. 某商业用途停工待建房屋的建筑面积为18 378.544平方米,该房屋所使用的土地在价值时点的重置成本为325.05万元。根据房屋现状和市有关规定,相关建设成本如下:勘察设计和前期工程费为160元/平方米,建安工程费如表6-4所示,基础设施建设费为建安工程费的6%,公共设施配套费为32元/平方米,开发期间税费为5元/平方米,其他工程费按3元/平方米计算。管理费按建设成本的2%计取,销售费用按售价的1%计算且均在销售时发生,利率按一年期国家贷款利率5.31%,该类建筑的平均建设期为1.5年,建至估价对象现状约需1年时间,同类物业社会客观平均直接成本利润率为45%,“两税一费”按售价的5.5%计算,交易手续费按2元/平方米计取。另,房屋的经济寿命为60年,有效年龄为10年,在价值时点土地使用权年限按商业用地考虑为40年,合同到期后约定不可续期且对收回的建筑物不予补偿,功能折旧为10%,经济折旧率为15%。请计算该估价对象的市场价值总额。

表 6-4　房屋已完工工程造价估算表

项　　目	单方造价(元/平方米)
桩基础工程	90
钢筋混凝土工程	270
砖石工程	50
脚手架工程	40
门窗工程	40
楼地面工程	22
装饰工程	150
其他	18
水电安装	20
合　计	700

七、实训题

4～5位同学组成一组，选择一处新开发房地产或旧的房地产，运用成本法求出该房地产价格。要求：

1. 各组选择一处新开发房地产或旧的房地产，测算其重新购建价格及折旧；
2. 结合本章学过的理论知识，评估该房地产价格；
3. 每组撰写一份估价报告；
4. 各组学生进行互评，最后任课教师点评。

第七章　假设开发法

假设开发法是与前面所讲的三种估价方法既有联系又有差异的一种方法，其本质与收益法相同，是以房地产的预期剩余开发价值为导向来求取房地产价值或价格，在形式上是成本法的倒算法，同时，在某种程度上又是比较法原理和成本法原理的综合应用。假设开发法是具有潜在开发价值的房地产唯一实用的估价方法，它不仅被大量用于房地产价格评估，而且也是房地产开发投资分析常用的方法。

第一节　假设开发法概述

一、假设开发法的含义

简要地说，假设开发法是根据估价对象的预期剩余开发价值来求取估价对象价值或价格的方法。具体地说，它是求得估价对象后续开发的必要支出及折现率或后续开发的必要支出及应得利润和开发完成后的价值，将开发完成后的价值和后续开发的必要支出折现到价值时点后相减，或将开发完成后的价值减去后续开发的必要支出及应得利润得到估价对象价值或价格的方法。其中，将开发完成后的价值和后续开发的必要支出折现到价值时点后相减得到估价对象价值或价格的方法，称为动态分析法；将开发完成后的价值减去后续开发的必要支出及应得利润得到估价对象价值或价格的方法，称为静态分析法。

二、假设开发法的基本思路

假设开发法的基本思路可以通过房地产开发商为取得待开发土地使用权而确定拍卖或投标价格的思路来理解。

假设有一块房地产开发用地要出让或转让，某房地产开发企业有意参加竞标，则该房地产开发企业可以通过以下思路来考虑能接受的最高价格。

首先，通过深入调查、分析该块土地的内、外部状况和当地的房地产市场状况，如该块土地的位置、四至、面积（包括规划总用地面积、建设用地面积和代征地面积）、形状、地形、地势、地质、开发程度、交通、外部配套设施、周围环境、规划条件（如土地用途、容积率，以及配套建设保障性住房、公共服务设施等要求）和将拥有的土地权利等。

其次，根据调查、分析得到的该块土地的内、外部状况和当地的房地产市场状况，研究、判断该块土地的最高最佳利用，即在规划允许的范围内最适宜建造何种用途、多大规模、什么档次的房屋。例如，是建住宅还是建写字楼或商场、酒店；如果建住宅，是建普通住宅还是建高档公寓或别墅。

最后，预测未来预售或销售时的房地产价格；预计开发建造过程中的各项支出，包括土地取得税费、建设成本、管理费用、销售费用、投资利息和销售税费。此外，还要预计开发利润，在确定期望利润时，既不能过高也不能过低，一般为社会同类开发项目的正常利润（社会平均利润）。因为过高会导致出价较低，从而在竞标中失去机会；过低则不如将有关资金、时间和精力投到其他方面，这是基于机会成本的考虑。

作出上述预测后，房地产开发企业便可得出愿意为该开发用地支付的最高价格，即等于预测的开发完成后的房地产价格，减去各项支出和应获得的开发利润后的余额。用公式表示为：

土地购买价格＝新建房地产价格－土地取得税费－建设成本－管理费用－销售费用－投资利息－销售税费－开发利润。

由上可以看出，假设开发法在形式上是评估新开发建设的房地产价值的成本法的倒算法。两者的主要区别是：成本法中的土地价值为已知，需要求取的是开发完成后的房地产价值；而在假设开发法中，开发完成后的房地产价值已事先通过预测得到，需要求取的是土地价值。

三、假设开发法的理论依据

假设开发法的理论依据与收益法相同，是预期原理。其更深层的理论依据源于古典经济学的地租剩余理论，根据马克思的土地价格理论，"一切地租都是剩余价值，是剩余劳动的产物"。具体地看，地租由土地产品的价格所决定，是扣除了其他生产费用的余额。这里的地租是每年的租金剩余，而假设开发法测算的通常是一次性的价格剩余。

四、假设开发法的适用范围

假设开发法适用的估价对象不仅是上述房地产开发用地，凡是具有开发或再开发潜力且开发完成后的价值可采用比较法、收益法等成本法以外的方法测算的房地产，都适用假设开发法估价，主要有以下几个方面：①可供开发建设的土地（包括生地、毛地、熟地，典型的是各种房地产开发用地）；②在建工程（或者称为房地产开发项目）；③可重新开发、更新改造或改变用途的房地产（包括改建、扩建、重新装饰装修等，如果是重建，则属于毛地的范畴）。这类房地产统称为"待开发房地产"。

对于有规划条件但规划条件尚未确定的待开发房地产，难以采用假设开发法估价。因为在该房地产的法定开发利用前提尚未确定的情况下，其价值也不能确定。如果在这种情况下仍然需要估价，则可以通过咨询城乡规划主管部门或者有关专业机构、专家的意见，或者参照周边土地的规划条件等方式，推测其最可能的规划条件，然后据此估价。但必须将该推测的最可能的规划条件作为估价假设，并在估价报告中作出特别提示，说明它是如何推测出的（即进行可靠性分析），以及它对估价结果的影响或者估价结果对它的依赖性（即敏感性分析）。

假设开发法除了适用于房地产估价，还适用于房地产开发项目分析，是房地产开发项目投资分析的常用方法之一。假设开发法用于房地产估价与用于房地产开发项目投资分析的不同之处是：在选取有关参数和测算有关数值时，房地产估价是站在一个典型的投资者的立场上，而房地产开发项目投资分析是站在某个特定的投资者的立场上。房地产开发项目投资分析的目的，是为了给房地产投资者的投资决策提供参考依据。假设开发法具体可为房地产投资者提供下列三种数值：①测算待开发房地产的最高价格。如果房地产投资者有兴趣取得某一待开发房地产，他必须事先测算出自己能够接受的最高价格，他的实际购置价格应低于或等于此价格，否则就不值得取得该待开发房地产。②测算房地产开发项目的预期利润。在测算房地产开发项目的预期利润时，是假定待开发房地产已经按照某个价格购置，即待开发房地产的取得成本被视为已知。预计可取得的总收入减去待开发房地产的取得成本以及建设成本、费用、税金后的余额，为该房地产开发项目所能产生的利润。此利润或利润率如果高于房地产投资者期望的利润或利润率，则认为该房地产开发项目可行；否则，应推迟开发，甚至取消投资。③测算房地产开发中可能出现的最高费用。在确定最高费用时，待开发房地产的取得成本也被视为已知。测算最高费用的目的是使开发利润保持在一个合理的范围内，同时使开发成本等费税在开发过程的各个阶段得到有效的控制，不至于在开发过程中出现成本失控。

五、假设开发法的测算效果

在实际估价中，假设开发法测算结果的可靠程度关键取决于以下两个预测：①是否根据房地产估价的合法原则和最高最佳使用原则，正确判断了房地产的最佳开发利用方式（包括用途、建筑规模、档次等）；②是否根据当地房地产市场状况，正确预测了估价对象开发完成后的价值。由于这两个预测包含着较多的不确定因素，假设开发法有时被指责为较粗糙。这一点也可以从建设用地使用权招标、拍卖、挂牌出让中，同样是采用假设开发法测算其报价或出价，但不同的竞买者所愿意支付的最高价格彼此悬殊中反映出来。当然，各个竞买者在测算其报价或出价时所依据的自身条件以及对未来房地产市场的预期可能不同，因为其测算结果本质上是投资价值而不是市场价值。另外，准确地预测后续开发的必要支出及应得利润也有较大的难度。不过，当估价对象具有潜在的开发价值时，假设开发法几乎是最主要且实用的一种估价方法。

运用假设开发法估价的效果如何，除了取决于对假设开发法本身掌握得如何，还要求有一个良好的社会经济环境，包括：①要有统一、严谨及健全的房地产法规；②要有稳定的房地产政策，包括有一个长远、公开的土地供应计划；③要有全面、连续及开放的房地产信息资料库，包括有清晰、全面的有关房地产开发和交易的税费清单或目录。如果这些条件不完全具备，在运用假设开发法估价时会使本来就难以预测的房地产市场，人为地掺入了更多的不确定因素，使未来的房地产市场变得更加不可捉摸，从而对开发完成后的价值以及后续开发的必要支出的预测也会更加困难。

六、假设开发法的估价步骤

运用假设开发法估价一般分为以下八个步骤：①选择具体估价方法，②选择估价前提，③选择最佳开发经营方式，④测算后续开发经营期，⑤预测后续开发的必要支出，⑥预测开发完成后的价值，⑦确定折现率或测算后续开发的应得利润，⑧计算开发价值。

第二节　假设开发法的计算公式

在假设开发法的基本思路中，已经给出了这种方法的基本计算公式。在实际估价中，具体扣减项目应根据估价对象的实际情况确定，即扣除所有未来将要发生的正常的、合理的费用，价值时点之前已经投入的费用已经包含在估价对象的价值内，不应作为扣除项目。

假设开发法估价的情形主要有以下七种，根据估价对象的不同类型，采用不同的估价公式。

（1）生地开发为熟地

生地价值＝开发完成后的熟地价值－生地取得税费－由生地开发成熟地的成本－管理费用－销售费用－投资利息－销售税费－开发利润。

（2）生地开发成熟地再进行房屋建设

生地价值＝开发完成后的价值－生地取得税费－由生地建成房屋的成本－管理费用－销售费用　投资利息－销售税费－开发利润。

（3）毛地开发为熟地

毛地价值＝开发完成后的熟地价值－毛地取得税费－由毛地开发成熟地的成本－管理费用－销售费用－投资利息－销售税费－开发利润。

（4）毛地开发成熟地再进行房屋建设

毛地价值＝开发完成后的价值－毛地取得税费－由毛地建成房屋的成本－管理费用－销售费用－投资利息－销售税费－开发利润。

（5）熟地价值（适用于在熟地上进行房屋建设）

熟地价值＝开发完成后的价值－熟地取得税费－由熟地建成房屋的成本－管理费用－销售费用－投资利息－销售税费－开发利润。

（6）在建工程价值（适用于将在建工程续建成房屋的估价）

在建工程价值＝续建完成后的价值－在建工程取得税费－续建成本－
管理费用－销售费用－投资利息－销售税费－开发利润。

（7）旧房价值（适用于将旧房重新改造或改变用途成新房）

旧房价值＝重新改造或改变用途后的价值－旧房取得税费－重新改造或改变用途的成本－
管理费用－销售费用－投资利息－销售税费－开发利润。

上述各式中，未来开发完成后的房地产适宜出售的，其价值采用比较法求取；适宜出租或自营的，其价值采用收益法求取。

第三节　假设开发法测算中各项的求取

一、后续开发经营期

为了预测开发完成后的价值和后续各项必要支出发生的时间及金额，便于进行折现或测算投资利息，首先需要预测后续开发经营期（以下简称开发经营期）。开发经营期的起点是（假设）取得估价对象（待开发房地产）的日期（即价值时点），终点是未来开发完成后的房地产经营结束的日期。开发经营期可分为建设期和经营期。

建设期的起点与开发经营期的起点相同，终点是未来开发完成后的房地产竣工之日。建设期又可分为前期和建造期。

经营期可根据未来开发完成后的房地产的经营方式而具体化。由于未来开发完成后的房地产的经营方式有出售、出租和自营，所以经营期可具体化为销售期（针对出售这种情况）和运营期（针对出租和自营两种情况）。销售期是自开始销售未来开发完成后的房地产之日起至将其售出之日止的时间。在有预售的情况下，销售期与建设期有重叠。在有延迟销售的情况下，销售期与运营期有重叠。运营期的起点是未来开发完成后的房地产竣工之日，终点是未来开发完成后的房地产的一般正常持有期结束之日或者经济寿命结束之日。

在建设期的预测中，前期的预测相对较困难，建造期一般能较准确地预测。在经营期的预测中，则要考虑未来开发完成后的房地产的一般正常持有期或者经济寿命，可采用比较法来估算。

二、后续开发的必要支出

后续开发的必要支出是将待开发房地产状况“变成”未来开发完成后的房地产状况所必须付出的各项成本、费用、税金，具体包括待开发房地产取得税费和后续的建设成本、管理费用、销售费用、投资利息和销售税费。这些都是在假设开发法测算中应当减去的项目，统称为“扣除项目”，它们的估算方法与成本法中的相同（见本书第六章第二节“新开发建设房地产的成本法”），但要注意两点区别：①它们本质上应是预测的扣除项目在未来发生时的值，而不是在价值时点的值（但在静态分析法中，将它们近似为价值时点的值）；②它们是在取得待开发房地产之后到待开发房地产开发完成的必要支出，而不包括在取得待开发房地产之前所发生的支出。

待开发房地产取得税费是假定在价值时点购置待开发房地产，此时应由购置者（买方）缴纳有关税费，如契税、印花税、交易手续费等。该项税费通常是根据税法及中央和地方政府的有关规定，按照待开发房地产价值的一定比例来测算。

后续开发的建设成本、管理费用、销售费用等必要支出的多少，要与未来开发完成后的房地产状况相对应。相同的待开发房地产，未来开发完成后的房地产为毛坯房的后续开发的必要支出，要少于为粗装修房的后续开发的必要支出；粗装修房的后续开发的必要支出，要少于精装修房的后续开发的必要支出。特别是未来开发完成后的房地产为"以房地产为主的整体资产"的，其后续开发的必要支出通常还应包括家具、设备等房地产以外财产的购置费等支出。

投资利息只有在静态分析法中才需要测算。在测算投资利息时要把握应计息项目、计息周期、计息期、计息方式和利率。其中，应计息项目包括待开发房地产的价值及其取得税费，以及后续开发的建设成本、管理费用和销售费用。销售税费一般不计算利息。一项费用的计息期的起点是该项费用发生的时点，终点通常是建设期的终点，一般不考虑预售和延迟销售的情况。另外值得注意的是，待开发房地产价值及其取得税费是假设在价值时点一次性付清，因此其计息的起点是价值时点。后续开发的建设成本、管理费用、销售费用通常不是集中在一个时点发生，而是分散在一段时间内（如开发期间或建造期间）不断发生，但计息时通常将其假设为在所发生的时间段内均匀发生，并具体视为集中发生在该时间段的期中。发生的时间段通常按年来划分，精确的测算要求按半年、季或月来划分。

三、开发完成后的价值

测算开发完成后的价值，需要弄清 3 个问题：①该价值是在哪种开发完成后的房地产状况下的价值；②该价值是在哪个时间的价值；③该价值的预测方法有哪些。

1. 开发完成后的价值对应的房地产状况

开发完成后的价值是指未来开发完成后的房地产状况所对应的价值或价格。因此，在预测开发完成后的价值之前，先要弄清未来开发完成后的房地产状况，然后再预测该状况的房地产价值或价格。以估价对象为商品房在建工程为例，如果预计未来开发完成后的商品房是毛坯房的，则测算的开发完成后的价值应是毛坯房的价值；如果预计未来开发完成后的商品房是粗装修房的，则测算的开发完成后的价值应是粗装修房的价值；如果预计未来开发完成后的商品房是精装修房的，则测算的开发完成后的价值应是精装修房的价值。

需要注意的是，未来开发完成后的房地产状况并不总是纯粹的房地产，还可能包含房地产以外的动产、权利等。特别是未来开发完成后的房地产为宾馆、影剧院、高尔夫球场及汽车加油站等收益性房地产的，其状况通常是"以房地产为主的整体资产"，除了房地产，还包含家具、设备等房地产以外的财产。在这种情况下，测算的开发完成后的价值还应包含家具、设备等房地产以外财产的价值。

2. 开发完成后的价值对应的时间

开发完成后的价值对应的时间可能是未来开发完成之时，也可能是未来开发完成之前或之后的某个时间。因此，在测算开发完成后的价值之前，还要弄清是测算未来开发完成后的房地产状况在哪个时间的价值。在静态分析法中，开发完成后的价值是未来开发完成后的房地产状况在价值时点的房地产市场状况下的价值。但动态分析法中，对于未来开发完成后的房地产适宜出售的，通常是测算它在未来开发完成之时的房地产市场状况下的价值；但当房地产市场较好而适宜预售时，则是测算它在预售时的房地产市场状况下的价值；当房地产市场不好而需要延迟销售时，则是测算它在延迟销售时的房地产市场状况下的价值；或者根据实际情况，预售、现售和延迟销售各占一定比例。

3. 开发完成后的价值的测算方法

在动态分析法中测算开发完成后的价值时，一般不宜将估价时的类似房地产的市场价格直接"平移"过来作为开发完成后的价值，通常是采用比较法并考虑类似房地产市场价格的未来变化趋势，或者采用比较法与长期趋势法相结合(长期趋势法的内容见本书第八章)，即根据类似房地产过去和现在的市场价格及其未来可能的变化趋势来推测。比较的单位一般为单价。例如，假设现在是 2015 年 6 月，有一宗房地产开发用地，用途为商品住宅，预测建设期为 18 个月，如果要测算该商品住宅在 2016 年 12 月建成时的价值，则可通过搜集当地该类商品住宅过去若干年和现在的市场价格资料以及未来可能的变化趋势来推测确定。

对于出租或自营的房地产，如写字楼、商店、宾馆和餐馆等，测算开发完成后的价值，可先测算其租赁或自营的净收益，再采用收益法将该净收益转换为价值。在这种情况下，收益法就不是一种独立的方法，而被包含在假设开发法中，成了假设开发法的一部分。

值得指出的是，运用假设开发法估价，开发完成后的价值不能采用成本法测算，否则表面上是采用假设开发法估价，而本质上是采用成本法估价。有人据此认为同一估价对象不能同时采用成本法和假设开发法估价，这种观点也是不正确的。许多待开发房地产，如住宅、写字楼、商场和宾馆等在建工程，不仅可以而且应当同时采用成本法和假设开发法估价，只是在运用假设开发法估价时，开发完成后的价值不能采用成本法测算。

四、折现率或后续开发的应得利润

折现率是在采用动态分析法时需要确定的一个重要参数，与报酬资本化法中的报酬率的性质和求取方法相同，具体应等同于同一市场上相同或相似的房地产开发项目所要求的平均报酬率，它体现了资金的利率和开发利润率两部分。

后续开发的应得利润只有在静态分析法中才需要测算，它是将待开发房地产状况"变成"未来开发完成后的房地产状况而应当获得的一般正常利润。在测算后续开发的应得利润时要注意利润率的内涵，利润率分为直接成本利润率、投资利润率、成本利润率和销售利润率，它们的内涵和计算基数有所不同，测算时要相互匹配。另外，还要注意利润率是总利润率还是平均利润率。

第四节　假设开发法的估价方法

由于房地产开发周期比较长，其开发费用、管理费用、销售费用、销售税费及开发完成后的房地产价格等资金实际发生的时间不尽相同，特别是大型房地产开发项目。因此，应用假设开发法估价时必须考虑资金的时间价值。计息法和折现法是两种表示时间价值的方法，与此相对应，假设开发法的估价方法就有计息法和折现法，即静态分析法和动态分析法。

一、静态分析法

静态分析法又称计息法或传统方法，主要是以估价时的房地产市场状况为依据，不考虑各项费用发生的时间差异，根据相关公式直接相加减，这种情况下对时间价值的考虑主要表现在计算利息上。计息期通常到开发完成为止，既不考虑预售，也不考虑延迟销售。同时，投资利息和开发利润要单独核算。

静态分析法的计算公式与基本公式的计算项目相同，计算公式如下：

待开发房地产价值＝开发完成后的房地产价值－待开发房地产取得税费－开发成本－管理费用－销售费用－投资利息－销售税费－开发利润。

【例 7-1】 现有一块 3 平方千米的荒地，适宜开发成“五通一平”的熟地分块转让，可转让面积比率为 70%，其余为公共设施用地。某开发企业想取得该土地开发完成后转让，经过充分的市场调查和预测，该土地开发成熟后的转让价为 1 800 元/平方米，开发期为 2 年，开发成本及管理费用、销售费用为 2.6 亿元/平方千米，第一年投资 60%，第二年投入 40%，其贷款年利率为 10%，投资利润率为 15%，该企业获得该土地需要缴纳的税费为该荒地价格的 4%，开发完成转让时要缴纳的税费为转让价格的 3.5%，试估价该荒地的现时总价与可转让土地单价。

【解】 价值时点为购买该荒地之日，假设为现在，并设该荒地的总价为 V。根据题意，可按下式计算荒地价格：

荒地价值＝开发完成后的熟地价值－荒地取得税费－开发成本－管理费用－销售费用－投资利息－销售税费－开发利润。

(1) 开发完成后的熟地价值：1 800×3 000 000×70%＝37.8(亿元)。

(2) 荒地取得税费：$V\times4\%=0.04V$(亿元)。

(3) 开发成本及管理费用、销售费用：2.6×3＝7.8(亿元)。

(4) 投资利息：$(V+0.04V)\times[(1+10\%)^2-1]+7.8\times60\%\times[(1+10\%)^{1.5}-1]+7.8\times40\%\times[(1+10\%)^{0.5}-1]=0.2184V+0.8716$(亿元)。

(5) 销售税费：37.8×3.5%＝1.323(亿元)。

(6) 开发利润：$(V+0.04V+7.8)\times 15\%=0.156V+1.17$(亿元)。

(7) $V=37.8-0.04V-7.8-(0.2184V+0.8716)-1.323-(0.156V+1.17)$，$V=18.83$(亿元)。

故：该荒地总价为 18.83 亿元；

可转让土地单价为 $18.83\div(3\,000\,000\times 70\%)=896.67$(元/平方米)。

二、动态分析法

动态分析法又称折现法或现金流量折现法，是预测所有项目在未来发生的时间及发生的数额，并将它们折算到价值时点后再相加减。

在动态分析法中，投资利息和开发利润都不单独显现出来，而是隐含在折现过程中。因此，动态分析法要求折现率既包含安全收益部分(通常的利率)，又包含风险收益部分(利润率)。之所以这样处理，是为了与投资项目经济评价中的现金流量分析的口径一致，便于比较。

动态分析法的计算公式如下：

待开发房地产价值＝开发完成后的房地产价值－待开发房地产取得税费－开发成本－管理费用－销售费用－销售税费。

【例 7-2】 某宗“七通一平”熟地的面积为 4 000 平方米，土地的容积率为 2.5，土地转让时间为 2018 年 3 月，使用权为 50 年。要将此熟地开发成商品住宅，预计开发期为 2 年，开发成本及管理费预计为 2 500 元/平方米，资金预计分两批投入，第一年均匀投入 70%，第二年均匀投入 30%。根据市场调查分析，预计商品住宅市场售价为 8 000 元/平方米，建成后有 80%可立即售出，剩余 20%在半年后可售出。广告宣传费及销售代理费等销售费用为售价 2%，在开发期内均匀投入；营业税及交易费用等为售价的 5%，取得该熟地要按取得价款的 3%缴纳有关税费，资金报酬率为 15%，试用动态法估价该熟地在 2018 年 3 月的正常投标价格(土地总价、单位地价及楼面地价)。

【解】 价值时点为 2018 年 3 月，设该熟地的总价为 V。根据题意，可按下式计算荒地价格：

熟地价值＝开发完成后的房地产价值－熟地取得税费－开发成本－管理费用－销售费用－销售税费。

(1) 开发完成后的房地产价值：

$$\frac{8\,000\times 4\,000\times 2.5\times 80\%}{(1+15\%)^{2}}+\frac{8\,000\times 4\,000\times 2.5\times 20\%}{(1+15\%)^{2.5}}=5\,967.49\text{(万元)。}$$

(2) 熟地取得税费：$V\times 3\%=0.03V$(万元)。

(3) 开发成本及管理费：

$$\frac{2\,500\times 4\,000\times 2.5\times 70\%}{(1+15\%)^{0.5}}+\frac{8\,000\times 4\,000\times 2.5\times 30\%}{(1+15\%)^{1.5}}=2\,240.04\text{(万元)。}$$

(4) 销售费用：

$$\frac{8\,000\times 4\,000\times 2.5\times 2\%}{(1+15\%)^{1}}=139.13(\text{万元})。$$

(5) 销售税费：5 967.49×5%＝298.37(万元)。

(6) V＝5 967.49－0.03V－2 240.04－139.13－298.37，V＝3 194.13(万元)。

故：该熟地总价为 3 194.13 万元；

单位地价为 3 194.13÷4 000＝7 985.33(元/平方米)；

楼面地价为 3 194.13÷(4 000×2.5)＝3 194.13(元/平方米)。

三、动态分析法和静态分析法的优缺点

从理论上讲，动态分析法测算出的结果比较精确，但测算过程相对复杂；静态分析法测算出的结果比较粗略，但测算过程相对简单。就它们的精确与粗略而言，在现实中也并不完全如此，这是因为动态分析法要求“先知先觉”，具体需要做到以下三点：①准确预测后续开发经营期；②准确预测各项收入、支出发生的时间；③准确预测各项收入、支出发生的金额。由于房地产估价中存在众多未知因素和偶然因素会使预测偏离实际，准确预测是十分困难的。尽管如此，在实际估价中应优先选用动态分析法。在难以采用动态分析法的情况下，可以选用静态分析法。

第五节　假设开发法总结和应用

一、假设开发法总结

假设开发法本质上是一种收益法，形式上是成本法的“倒算法”。假设开发法适用的估价对象是具有开发或再开发潜力并且开发完成后的价值可以采用比较法、收益法等方法求取的房地产，简称为待开发房地产。假设开发法的测算结果为估价对象开发完成后的价值减去后续开发的必要支出及应得利润。

应用假设开发法估价的关键，首先是要把握好两端：一端是待开发房地产状况；另一端是未来开发完成后的房地产状况。然后假设将待开发房地产状况“变成”未来开发完成后的房地产状况，需要做哪些工作，完成这些工作需要多长时间，需要哪些必要支出，相应可获得多少利润。

在实际估价中，待开发房地产状况和未来开发完成后的房地产状况是多种多样的。待开发房地产状况可分为可供开发的土地、在建工程、可重新改造或改变用途的旧房三大类。可供开发的土地又可分为生地、毛地、熟地三类。未来开发完成后的房地产状况，对生地和毛地的估价对象来说，有熟地和新房两类；对熟地、在建工程和旧房的估价对象来说，只有新房一类。新房又可分为毛坯房、粗装修房和精装修房三类。另外，未来开发完

成后的房地产状况不一定是纯粹的房地产，还可能包含着家具、机器设备等动产和特许经营权等权利。

开发完成后的价值可采用比较法或长期趋势法求取，也可采用收益法求取。后续开发的必要支出及应得利润通常分为待开发房地产取得税费、建设成本、管理费用、销售费用、投资利息、销售税费和开发利润。在实际计算中，根据考虑资金时间价值的方式不同，分为静态分析法和动态分析法两种方法。

二、假设开发法应用

（一）待开发土地的估价

1. 估价对象概况

一块待出让的毛地，土地总面积为 10 000 平方米，土地使用权为 70 年，试求该土地在 2015 年 7 月的正常投标价格。

2. 估价过程

(1) 选择具体估价方法

估价对象是待开发的毛地，根据实地勘察并结合邻近地区情况，选取假设开发法作为估价方法，具体选择假设开发法中的动态分析法进行计算。

(2) 选择最佳开发利用方式

根据市场调查，确定该土地的最佳开发利用方式为开发商住楼，容积率为 5，建筑总面积可达 50 000 平方米，其中商业建筑面积占 30%，居住建筑面积为 70%。

(3) 预计开发建设期

预计将毛地开发成熟地需要 1.5 年，将熟地开发成商住楼需要 2.5 年，即 2019 年 7 月建成。

(4) 估计各项费用

估计从毛地开发成商住楼的开发建设费为每平方米建筑面积 2 000 元（含管理费），开发建设费可以分三次投入，第一年投入 30%，第二年投入 60%，第四年投入剩余的 10%，投入时间为每年年初。广告宣传费、销售代理费等销售费用为售价的 2%，营业税、交易费用为售价的 3%，购地税为地价款的 3%，资金报酬率为 10%。

(5) 预计建成后的房地产价格

预计建成后，商业部分可全部售出，均价为 7 500 元/平方米；居住部分的 30% 可在建成时售出，50% 可在半年后售出，剩余的 20% 可在一年后售出，均价为 6 000 元/平方米。

(6) 计算地价

设该毛地正常投标价格为 V。

① 开发完成后的价值：$\frac{7\,500\times 50\,000\times 30\%}{(1+10\%)^4}+6\,000\times 50\,000\times 70\%\times\left[\frac{30\%}{(1+10\%)^4}+\frac{50\%}{(1+10\%)^{4.5}}+\frac{20\%}{(1+10\%)^5}\right]=21\,432.65$（万元）。

② 取得毛地的税费：$V\times 3\%=0.03V$（万元）。

③ 开发和建设成本：

$$2\ 000\times 50\ 000\times\left[30\%+\frac{60\%}{(1+10\%)^{1}}+\frac{10\%}{(1+10\%)^{3}}\right]=9\ 205.86(\text{万元})。$$

④ 广告和代理费：21 432.65×2%＝428.65(万元)。

⑤ 营业税和交易费：21 432.65×3%＝642.98(万元)。

⑥ V＝21 432.65－0.03V－9 205.86－428.65－642.98，V＝10 830.25(万元)。

该毛地在2015年7月的正常投标价格为10 830.25万元。

（二）在建工程的估价

1.估价对象概况

某在建工程共两座楼盘，规划均为6层高，混合结构，于2015年8月10日动工，至2016年8月，一号楼建至5层，二号楼建至3层，外墙未抹灰，门窗未安装，水电暖消防管线正在铺设。土地使用权类型为划拨，用途为经济适用房，土地使用面积为2 939.4平方米，根据“建设工程规划许可证”所载地上建筑面积为4 740.88平方米。

为确定该在建工程的抵押贷款额度提供参考依据，试评估该在建工程在价值时点2016年8月的公开市场价值。

2.估价过程

(1) 选择具体估价方法

估价对象是在建工程，可选取假设开发法作为估价方法，具体选择假设开发法中的动态分析法进行计算。

(2) 选择最佳开发利用方式

估价对象为划拨土地上在建的经济适用房，用途难以改变，且估价对象的设计、基础和主体工程施工都已成规模，其最高最佳使用为住宅小区，在现状基础上继续开发建设使用为最有利。

(3) 预计后续开发期

预计该在建工程续建期约为一年，即2017年8月建成。

(4) 估计各项费用

根据该在建工程的工程资料、投入情况及所在地区的建筑工程概算定额等资料为依据，经综合测算，取续建工程费用为100元/平方米，为年初一次性投入；根据《经济适用房价格管理办法》，管理费用占续建成本的2%；销售费用一般为售价的1%～3%，考虑到项目的特点，本次评估采用续建完成后房地产价值的1%作为销售费用；销售税费包括营业税、城市维护建设税、教育费附加和印花税，一般为售价的5.5%；取得该在建工程应缴纳的契税为其价格的3%；年利率为7.47%。

(5) 预计建成后的房地产价格

根据相关规定，经济适用房应由政府定价，本次评估对象尚未定价，故通过多渠道的市场调查和现场勘察，收集了与估价对象类似的案例，得出房地产单价为5 600元/平方米。

(6) 计算在建工程价值

设该在建工程在2016年8月的市场价值为V。

① 开发完成后的价值：$\frac{5\ 600 \times 4\ 740.88}{(1+7.47\%)^{1}}=2\ 470.36$(万元)。

② 购买该在建工程的税费：$V\times3\%=0.03V$(万元)。

③ 续建成本：100×4 740.88＝47.41(万元)。

④ 管理费用：47.41×2%＝0.95(万元)。

⑤ 销售费用：2 470.36×1%＝24.70(万元)。

⑥ 销售税费：2 470.36×5.5%＝135.87(万元)。

⑦ $V=2\ 470.36-0.03V-47.41-0.95-24.70-135.87$，$V=2\ 195.56$(万元)。

该在建工程在2016年8月的市场价值为2 195.56万元。

（三）旧房地产的估价

1. 估价对象概况

某旧厂房的建筑面积为5 000平方米，根据其位置，适宜改造成商场出售，并获得政府批准，但需补交出让金等费用400元/平方米(按建筑面积计)，同时取得40年的土地使用权。预计购买该旧厂房买方需要缴纳的税费为其价格的4%，装修改造期为1年，改造费用为每平方米建筑面积1 000元；改造完成后即可全部售出，售价为4 000元/平方米；在改造完成前半年开始投入广告宣传等销售费用，该费用预计为售价的2%；销售税费预计为售价的6%。试估算该旧厂房的正常购买价格和单价(折现率为12%)。

2. 估价过程

设价值时点为购买该旧厂房之日，假设为现在，并设该旧厂房的正常购买价格为V。

(1) 改造后的商场价值：$\frac{4\ 000 \times 5\ 000}{(1+12\%)^{1}}=1\ 785.71$(万元)。

(2) 购买该旧厂房的税费：$V\times4\%=0.04V$(万元)。

(3) 补交土地出让金：400×5 000＝200(万元)。

(4) 改造总费用：$\frac{1\ 000 \times 5\ 000}{(1+12\%)^{0.5}}=472.46$(万元)。

(5) 销售费用：$\frac{4\ 000 \times 5\ 000 \times 2\%}{(1+12\%)^{0.75}}=36.74$(万元)。

(6) 销售税费：1 785.71×6%＝107.14(万元)。

(7) $V=1\ 785.71-0.04V-200-472.46-36.74-107.14$，$V=932.09$(万元)。

$932.09\times10^{4}\div5\ 000=1\ 864.18$(元/平方米)。

该旧厂房的正常购买价格为932.09万元，单价为1 864.18元/平方米。

（四）开发企业预测利润

1. 估价对象概况

某宗地为“七通一平”空地，70年土地使用权，面积为2 000平方米，土地价格为900万元，取得土地过程中支付的其他费用为地价的3%，城市规划该地块用途为住宅，最大容积率为4。估算取得该地块的开发商的预期利润。

2. 估价过程

(1) 选择具体估价方法

该宗地为待开发空地，适宜采用假设开发法估价。因为估算的是预期开发利润，所以采用假设开发法中的静态分析法。

(2) 选择最佳开发利用方式

根据规划要求，该宗地的最佳利用方式为修建住宅，容积率按最大值计算。

(3) 预计开发期

根据开发商的市场调查，该项工程在取得土地使用权后半年即可动工建设，建设期为 2 年，建成后即可全部售出。

(4) 估计各项费用

根据目前市场情况，建筑费和专业费预计为 2 000 元/平方米。第一年投入 40%，第二年投入 60%，目前资金贷款年利率为 6%，房地产销售费用为房地产总价的 2%，并在建设期内均匀发生，销售税费为房地产总价的 3.5%。

(5) 预计建成后的房地产价格

根据目前市场情况，预计住宅售价为 5 000 元/平方米。

(6) 利润估算

① 开发完成后的价值：$5\,000\times2\,000\times4=4\,000$(万元)。

② 土地取得成本：$900+900\times3\%=927$(万元)。

③ 建筑费及专业费：$2\,000\times2\,000\times4=1\,600$(万元)

④ 销售费用：$4\,000\times2\%=80$(万元)。

⑤ 投资利息：$927\times[(1+6\%)^{2.5}-1]+1\,600\times40\%\times[(1+6\%)^{1.5}-1]+1\,600\times60\%\times[(1+6\%)^{0.5}-1]+80\times[(1+6\%)^{1}-1]=237.01$(万元)。

⑥ 销售税费：$4\,000\times3.5\%=140$(万元)。

⑦ 开发商利润：$4\,000-927-1\,600-237.01-80-140=1\,015.99$(万元)；

开发商的成本利润率：$1\,015.99/(927+1\,600+80+237.01)\times100\%=35.72\%$。

由上述测算可知，该项目投资回报良好，预期利润可观，项目可行。

复习思考题

一、名词解释

1. 假设开发法　　2. 静态分析法　　3. 动态分析法

二、简答题

1. 假设开发法的理论依据及适用范围是什么？
2. 假设开发法应具备的条件有哪些？
3. 假设开发法的评估步骤有哪些？
4. 假设开发法与成本法的区别是什么？

5. 假设开发法的评估方法有几种？它们之间的区别是什么？

三、判断题

1. 假设开发法是一种科学实用的估价方法，其理论依据与成本法相同，是生产费用价值论。 (　　)

2. 在选择最佳开放利用方式中，最重要的是选择最佳的用途。 (　　)

3. 考虑资金的时间价值方式有采用折现的方式和采用计算利息的方式。 (　　)

4. 假设开发法类似于地租原理，只不过地租是每年的租金剩余，假设开发法通常测算的是一次性的价格剩余。 (　　)

5. 建设期一般能较准确的估算，经营期特别是销售期，通常是难以准确估算的。 (　　)

6. 应有规划条件但规划条件尚不明确的待开放房地产，难以采用假设开发法估价。 (　　)

四、单选题

1. 当估价对象具有潜在的开发价值时，(　　)几乎是唯一实用的估价方法。

A. 成本法　　B. 比较法
C. 收益法　　D. 假设开发法

2. 假设开发法中开发完成后的房地产价值，是指开发完成时的房地产的(　　)。

A. 成交价格　　B. 市场价值
C. 重置价格　　D. 投资价值

3. 在采用假设开发法中的传统方法进行房地产估价时，一般不计息的项目是(　　)。

A. 待开发房地产的价值　　B. 购买待开发房地产应负担的税费
C. 销售费用　　D. 销售税费

4. 运用假设开发法评估某待开发房地产的价值时，若采用动态分析法，则待开发房地产开发经营期的起点应是(　　)。

A. 取得待开发房地产的日期　　B. 待开发房地产建设发包的日期
C. 待开发房地产开工之日　　D. 待开发房地产建成投入使用之日

5. 在假设开发法的动态分析法中，未来开发完成后的房地产适宜出售的，预测其开发完成后的价值对应的时间通常是(　　)。

A. 取得待开发房地产的时间　　B. 开发期间的某个时间
C. 未来开发完成之时　　D. 开发完成之后的某个时间

6. 运用假设开发法估价时，开发完成后的价值不适用(　　)求取。

A. 长期趋势法　　B. 比较法　　C. 收益法　　D. 成本法

7. 关于假设开发法的说法，错误的是(　　)。

A. 运用假设开发法估算开发完成后的价值可以采用收益法求取
B. 测算投资利息和开发利润只有在传统方法中才需要
C. “扣除项目”金额本质上应是预测的扣除项目在未来发生时的值

D. 在预测开发完成后的价值时，应将估价作业时的类似房地产市场价值作为开发完成后的价值

8. 关于假设开发法中静态分析法和动态分析法的说法中，错误的是(　　)。

A. 静态分析法中应根据价值时点的房地产市场状况测算后续建设成本

B. 动态分析法中要进行现金流量预测

C. 静态分析法中投资利息和开发利润都不显现出来，而是隐含在折现过程中

D. 动态分析法中要考虑各项收入、支出发生的时间点

9. 某房地产开发项目建筑面积 3 850 平方米，建设期 2 年，根据市场调查分析，该项目建成时可售出 50%，半年和一年后分别售出 30%和 20%，出售时平均单价为 2 850 元/平方米，折现率为 15%，开发完成后的房地产于建设初期的价值为(　　)万元。

A. 572.21　　B. 765.85　　C. 791.24　　D. 912.62

10. 有一宗 2 000 平方米的空地，预计其最佳利用方式是开发成 4 000 平方米的商业建筑。该建筑建成后售价为 3 000 元/平方米，估计该建筑物的建筑费用为 1 200 元/平方米，专业费用为建筑费用的 6%，利息利润为地价、建筑费用及专业费用之和的 15%，销售费用及有关税费为售价的 10%，该土地的价值接近(　　)元/平方米。

A. 1 728　　B. 1 900　　C. 1 500　　D. 2 152

11. 某房地产开发商开发一幢建筑面积 10 000 平方米的写字楼，开发完成后销售均价为 3 000 元/平方米，已知取得土地时楼面地价为 1 000 元/平方米，开发成本和管理费用为 1 200 元/平方米。开发成本和管理费用在开发期内均匀投入，开发完成后即开始销售，销售费用为销售价格的 2%，销售税费为销售价格的 5.5%，开发期为 1.5 年，年利率为 10%。该幢写字楼的投资利润率为(　　)。

A. 7.9%　　B. 11.08%　　C. 11.83%　　D. 14.71%

12. 某成片荒地面积为 1 平方千米，进行“七通一平”的开发后分块有偿出让，开发成本及管理费用等为 2 亿元，年贷款利率为 7.2%，开发经营期为 1 年。上述费用均匀投入，可转让土地面积比率为 75%，则该地块可转让土地的成本是(　)元/平方米。

A. 210.61　　B. 276.10　　C. 477.87　　D. 494.77

五、多选题

1. 假设开发法适用的对象是具有开发或再开发潜力的房地产，例如(　　)。

A. 在建工程　　B. 待开发土地

C. 尚未销售的房地产　　D. 可装饰装修改造的房屋

2. 待开发房地产在开发后的状况有(　　)。

A. 生地　　B. 毛地　　C. 熟地　　D. 新房

3. 运用假设开发法中的现金流量折现法估价时，无须做的是(　　)。

A. 估算后续开发经营期　　B. 估算后续开发的必要支出

C. 估算后续开发的应得利润　　D. 估算开发期中的投资利息

4. 假设开发法中，按传统方法需要计算利息的项目有(　　)。

A. 购买待开发房地产时应负担的税费　　B. 销售税费
C. 待开发房地产的价值　　D. 开发成本、管理费用及销售费用

5. 下列表述中，正确的有(　　)。
A. 开发经营期可分为建设期和经营期
B. 建设期可分为前期和建造期
C. 经营期可具体化为销售期和运营期
D. 在有预售的情况下，销售期与建设期有重合
E. 建设期的起点与开发经营期的起点相同

6. 假设开发法除了适用于房地产估价，还适用于房地产开发项目投资分析，可为房地产投资者提供(　　)等数据。
A. 测算拟开发场地的最高价格
B. 测算拟开发场地的最低价格
C. 测算拟开发中项目可能出现的最高费用
D. 测算拟开发项目的预期利润

7. 运用假设开发法评估待开发土地价值时，选取最佳的开发利用方式包括选取最佳的(　　)。
A. 区位　　B. 用途　　C. 建筑规模　　D. 档次

8. 某房地产开发企业拟在2016年10月18日取得一宗房地产开发用地，预计该用地取得后2年建成商品房，前期勘察设计约需6个月。建成前半年开始销售，销售期为1年。下列选项中，正确的有(　　)。
A. 利用假设开发法测算土地总价，价值时点为2016年10月18日
B. 利用假设开发法测算土地总价，价值时点为2018年10月18日
C. 开发经营期为2016年10月18日至2018年10月18日
D. 建设期为2016年10月18日至2018年10月18日
E. 销售期为2018年4月18日至2019年4月18日

六、计算题

1. 某块熟地于2015年9月投标转让，使用年限为50年，预计建成居住用地，容积率为3。通过市场调查得知，每平方米建筑面积的开发、管理费用为3 000元，开发经营期为2年。预计未来第一年投资60%，第二年投资40%，开发完成后30%立即售出，50%半年后售出，剩余的20%一年后售出，售价为8 000元/平方米。广告宣传费、代理费等销售费用按销售额的4%计算，营业税、交易手续费用按销售额的5%计算，取得土地后所缴纳的税费为地价款的4%，开发利润为20%，折现率为15%，试分别用静态分析法和动态分析法计算该土地的正常投标价格。

2. 某在建工程的建设用地面积为3 000平方米，规划总建筑面积为12 400平方米，用途为办公，土地使用期限为50年，自2010年3月1日起计算，建设用地使用权出让合同约定不可续期；当时取得土地的花费为楼面地价800元/平方米。该土地上正在建造写字楼，

建筑结构为框架结构，测算正常建设费用为每平方米建筑面积 2 300 元。至 2011 年 9 月 1 日完成了主体结构，相当于投入了 40%的建设费用。预计至建成尚需 18 个月，还需投入 60%的建设费用。建成半年后可出租，可出租面积为建筑面积的 70%，可出租面积的月租金为 60 元/平方米，出租率为 85%，出租的运营费用为有效毛收入的 25%。当地购买在建工程买方需要缴纳的税费为购买价的 3%，同类房地产开发项目的销售费用和销售税费分别为售价的 3%和 6%，在建成前半年开始投入广告宣传等销售费用。请利用上述资料采用假设开发法中的动态分析法测算该在建工程 2011 年 9 月 1 日的正常购买总价和按规划建筑面积折算的单价（报酬率为 9%，折现率为 13%）。

七、实训题

4～5 位同学组成一组，选择一处在建工程，运用假设开发法评估该在建工程的公开市场价格。要求：

1. 各组选择一处在建工程，预计其建成后的价值、后续开发期及各项费用；
2. 结合本章学过的理论知识，运用静态分析法或动态分析法评估该在建工程价格；
4. 每组撰写一份估价报告；
5. 各组学生进行互评，最后任课教师点评。

第八章　长期趋势法

房地产价格通常会上下波动，在短期内难以看出其变动规律和发展趋势，但从长期来看，会显现出一定的变动规律和发展趋势。根据某类房地产价格的历史资料，按照其时间先后进行排序，即可得到这类房地产价格的变化过程、变化方向和变化趋势，据此进行类推和延伸，估算出该类房地产在价值时点的价格。这种方法就是长期趋势法。

第一节　长期趋势法概述

一、长期趋势法的含义

长期趋势法又称外推法、延伸法、趋势法等，它是利用较长时期的房地产价格历史资料，在分析变化趋势的基础上，运用时间序列分析和回归分析的方法，对房地产价格进行推测和判断。简单地说，就是由已知推测未知，由过去推测现在和未来。这种方法是对其他房地产估价方法的有益补充。

二、长期趋势法的理论依据

长期趋势法的理论依据是事物的未来和过去是有联系的，事物的现实是其历史发展的结果，而事物的未来又是其现实的延伸。就房地产价格而言，虽然它是波动的，在短期内通常难以看出其变动规律和发展趋势，但从长期来看则会呈现出一定的变动规律和发展趋势。因此，当需要评估（具体是预测）某宗或某类房地产的未来价格时，可以搜集该宗或该房地产过去和现在较长一段时间的历史价格资料，并按照时间的先后顺序将它们编排成时间序列，找出该宗或该类房地产的价格随着时间的变化而变动的过程、方向、程度和趋势，然后进行外延或类推，这样就可以做出对该宗或该类房地产的未来价格比较肯定的推测和科学的判断，即评估（预测）出了该宗或该类房地产的未来价格。

三、长期趋势法的适用范围

长期趋势法是根据房地产价值、价格在过去和现在较长时期内形成的变动规律做出判断，借助历史统计资料和现实调查资料来推测未来，通过对这些资料的统计和分析得出一定的变动规律，并假定其过去形成的趋势在未来继续存在。因此，长期趋势法适用的估价对象是价值或价格有一定变动规律的房地产。

长期趋势法不仅用于预测房地产未来的价格，还可以用于其他估价方法中。例如，通过对两宗或两宗以上房地产价格发展趋势或潜力的比较，填补某宗房地产历史价格的缺失；在比较法中，借助长期趋势法对可比实例进行市场状况调整；在收益法中，借助长期趋势法对房地产未来净收益进行预测；在假设开发法中，往往还要运用长期趋势法对结果加以验证。

四、长期趋势法的应用条件

长期趋势法估价需要具备的条件是拥有估价对象或类似房地产过去和现在较长时期的历史价值与价格资料，并且要求所拥有的历史价值与价格资料真实。拥有时期越长、越真实的历史价值与价格资料，做出的推测、判断就会越准确、可信，因为长期趋势可以消除房地产价值或价格的短期波动和意外变动等不规则变动。

五、长期趋势法的估价步骤

运用长期趋势法进行房地产价值或价格预测，一般分为以下四个步骤：①搜集估价对象或类似房地产的历史价值或价格资料，并进行检查、鉴别，以保证其真实；②整理上述搜集到的历史价值或价格资料，将其化为同一标准（与比较法中“建立比较基础”的内容和方法相同），并按照时间的先后顺序将它们编排成时间序列，画出时间序列图；③观察、分析这个时间序列，根据其特征选择适当、具体的长期趋势法，找出估价对象的价值或价格随着时间的变化而出现的变动规律，得出一定的模式（或数学模型）；④以此模式推测、判断估价对象在未来某个时间的价值或价格。

长期趋势法主要有数学曲线拟合法、平均增减量法、平均发展速度法、移动平均法和指数修匀法。

第二节　数学曲线拟合法

数学曲线拟合法主要应用的是“最小平方法”（又称最小二乘法），是依据动态数列的观察值和趋势值的离差平方和为最小值的基本要求，拟合一种趋势模型，然后利用多元函数求极值的方法，推导出标准联立方程组，并求其参数，进而测定各期的趋势值，形成一条较为理想的趋势线。根据所形成的趋势线的形状可分为直线趋势法、指数曲线趋势法和二次抛物线趋势法。其中直线趋势法是最常用的一种数学曲线拟合法。

一、直线趋势法的基本原理

运用直线趋势法预测，估价对象或类似房地产的历史价值或价格的时间序列散点图应表现出明显的直线趋势。在这种条件下，如果以 Y 表示各期的房地产价值或价格，X 表示时间，则 X 为自变量，Y 为因变量，Y 依 X 而变。因此，房地产价值或价格与时间的关系可用下列方程式来描述：

$$Y=a+bX。$$

在上式中，a，b 为未知参数，如果确定了它们的值，直线的位置也就确定了。a，b 的值通常采用最小二乘法来确定。根据最小二乘法求得的 a，b 的值如下：

$$a=\frac{\sum Y-b\sum X}{n},$$

$$b=\frac{n\sum XY-\sum X\sum Y}{n\sum X^2-(\sum X)^2}。$$

当 $\sum X=0$ 时，

$$a=\frac{\sum Y}{n},$$

$$b=\frac{\sum XY}{\sum X^2}。$$

在上式中，n 为时间序列的项数；$\sum X$，$\sum X^2$，$\sum Y$，$\sum XY$ 的值可以从时间序列的实际值中求得。为了便于计算，可令 $\sum X=0$。其方法是：当时间序列的项数为奇数时，设中间项的 $X=0$，中间项之前的项依次设为 -1，-2，-3，…，中间项之后的项依次为 1，2，3，…；当时间序列的项数为偶数时，以中间两项相对称，前者依次设为 -1，-3，-5，…，后者依次为 1，3，5，…。

二、直线趋势法的应用举例

【例 8-1】 某类房地产 2007—2015 年的价格如表 8-1 中第 2 列所示。试预测该类房地产 2016 年和 2017 年的价格。

表 8-1　某城镇某类商品住宅 2007—2015 年的价格　（单位：元/平方米）

年份	房地产价格 Y	X	XY	X^2	趋势值($a+bX$)
2007	2 200	1	2 200	1	1 982.22
2008	2 400	2	4 800	4	2 367.22
2009	2 700	3	8 100	9	2 752.22
2010	3 000	4	12 000	16	3 137.22
2011	3 400	5	17 000	25	3 522.22

（续表）

年份	房地产价格 Y	X	XY	X^2	趋势值$(a+bX)$
2012	3 800	6	22 800	36	3 907.22
2013	4 200	7	29 400	49	4 292.22
2014	4 700	8	37 600	64	4 677.22
2015	5 300	9	47 700	81	5 062.22
总计	31 700	45	181 600	285	

【解】

（1）用一般方法计算。

$$b=\frac{n\sum XY-\sum X\sum Y}{n\sum X^2-(\sum X)^2}=\frac{9\times 181\ 600-45\times 31\ 700}{9\times 285-45^2}=385,$$

$$a=\frac{\sum Y-b\sum X}{n}=\frac{31\ 700-385\times 45}{9}=1\ 597.22。$$

因此，描述该类房地产价格变动长期趋势线的方程为：

$$Y=a+bX=1\ 597.22+385X。$$

根据该方程计算的2007—2015年该类房地产价格的趋势值见表8-1第6列。

预测该类房地产2016年的价格为：

$$Y=a+bX=1\ 597.22+385\times 10=5\ 447.22\text{（元/平方米）}。$$

预测该类房地产2017年的价格为：

$$Y=a+bX=1\ 597.22+385\times 11=5\ 832.22\text{（元/平方米）}。$$

（2）用简便方法计算。

令 $\sum X=0$。因为 $n=9$ 为奇数，故设中间项的 $X=0$，则 X 的值见表8-2第3列。

表8-2 某城镇某类商品住宅2007—2015年的价格 （单位：元/平方米）

年份	房地产价格 Y	X	XY	X^2	趋势值$(a+bX)$
2007	2 200	−4	−8 800	16	1 982.22
2008	2 400	−3	−7 200	9	2 367.22
2009	2 700	−2	−5 400	4	2 752.22
2010	3 000	−1	−3 000	1	3 137.22
2011	3 400	0	0	0	3 522.22
2012	3 800	1	3 800	1	3 907.22

(续表)

年份	房地产价格 Y	X	XY	X^2	趋势值$(a+bX)$
2013	4 200	2	8 400	4	4 292.22
2014	4 700	3	14 100	9	4 677.22
2015	5 300	4	21 200	16	5 062.22
总计	31 700	0	23 100	60	

$$a=\frac{\sum Y}{n}=\frac{31\ 700}{9}=3\ 522.22,$$

$$b=\frac{\sum XY}{\sum X^2}=\frac{23\ 100}{60}=385。$$

因此,描述该类房地产价格变动长期趋势线的方程为:

$$Y=a+bX=3\ 522.22+385X。$$

根据该方程计算的2007—2015年该类房地产价格的趋势值见表8-2第6列。

预测该类房地产2016年的价格为:

$$Y=a+bX=3\ 522.22+385\times5=5\ 447.22(\text{元/平方米})。$$

预测该类房地产2017年的价格为:

$$Y=a+bX=1\ 597.22+385\times6=5\ 832.22(\text{元/平方米})。$$

第三节　平均增减量法

当房地产价值或价格时间序列的逐期增减量大致相同时,可以采用简便的平均增减量法预测其未来某一时刻的价值或价格。

一、平均增减量法的计算公式

鉴于房地产价格的时间序列大致可看成一个等差数列,那么平均增减量法的计算公式可表示为:

$$d=\frac{(P_1-P_0)+(P_1-P_0)+\cdots+(P_i-P_{i-1})+\cdots+(P_n-P_{n-1})}{n}$$

$$=\frac{P_n-P_0}{n},$$

$$V_i=P_0+d\times i。$$

式中，P_0 为基期房地产价值或价格的实际值；P_i 为第 i 期房地产价值或价格的实际值；d 为逐期增减量的平均数；V_i 为第 i 期房地产价值或价格的趋势值；i 为时期序数，$i=1, 2, \cdots, n$。

二、平均增减量法的应用举例

【例 8-2】 需要预测某宗房地产 2016 年和 2017 年的价格。通过市场调研获得该类房地产 2011—2015 年的价格及其逐年上涨额分别见表 8-3 第 2,3 列。

表 8-3 某类房地产 2011—2015 年的价格 (单位:元/平方米)

年份	房地产价格的实际值	逐年上涨额	房地产价格的趋势值
2011	6 810	—	—
2012	7 130	320	7 145
2013	7 460	330	7 480
2014	7 810	350	7 815
2015	8 150	340	8 150

【解】 从表 8-3 可知,该类房地产 2011—2015 年的价格的逐年上涨额大致相同,因此可以计算其逐年上涨额的平均数,并用该逐年上涨额的平均数推算各年价格的趋势值。

该类房地产价格逐年上涨额的平均数计算如下：

$$d=\frac{(P_1-P_0)+(P_1-P_0)+\cdots+(P_i-P_{i-1})+\cdots+(P_n-P_{n-1})}{n}$$

$$=\frac{320+330+350+340}{4}$$

$$=335(\text{元/平方米})。$$

据此预测该房地产 2016 年的价格为：

$$V_5=6\ 810+335\times 5=8\ 485(\text{元/平方米})。$$

预测该房地产 2017 年的价格为：

$$V_6=6\ 810+335\times 6=8\ 820(\text{元/平方米})。$$

例 8-2 中采用逐年上涨额的平均数计算的趋势值(见表 8-3 第 4 列)基本上接近于实际值。但需要注意的是,如果逐期上涨额时起时伏,很不均匀,也就是说,时间序列的变动幅度较大,则计算出的趋势值与实际值的偏离也随之增大,这就意味着运用这种方法预测的房地产价格的准确性随之降低。

应用平均增减量法进行预测的条件是,房地产价值或价格的变动过程是持续上升或持续下降的,且各期上升或下降的数额大致相同,否则就不宜采用这种方法。

由于越接近所预测的价值或价格对应的时间的增减量对预测越重要,所以如果能用不同的权重对过去各期的增减量予以加权后再计算其平均增减量，就能使预测的价值或价格更接近或符合实际。至于在预测时究竟采用哪种权重予以加权，一般需要根据房地产价值或价格的变动过程和趋势以及预测者的经验来确定。对于例 8-2 的逐年上涨额，可选用表 8-4 中的几种权重予以加权。表 8-4 中的权重是根据一般惯例进行假设的。

表 8-4　过去各期增减量的权重

年份	第一种权重	第二种权重	第三种权重
2012	0.1	0.1	0.1
2013	0.2	0.2	0.1
2014	0.3	0.2	0.2
2015	0.4	0.5	0.6

例 8-2 中的逐年上涨额如果采用表 8-4 中的第二种权重予以加权，则其逐年上涨额的加权平均数为：

$$d = 320 \times 0.1 + 330 \times 0.2 + 350 \times 0.2 + 340 \times 0.5$$
$$= 338(\text{元/平方米})。$$

采用这个逐年上涨额的加权平均数预测该房地产 2016 年的价格为：

$$V_5 = 6\,810 + 338 \times 5 = 8\,500(\text{元/平方米})。$$

第四节　平均发展速度法

当房地产价值或价格时间序列的逐期发展速度大致相同时，可以采用平均发展速度法预测其未来某一时刻的价值或价格。

一、平均发展速度法的计算公式

平均发展速度法就是运用房地产价格的历史数据计算出平均发展速度，以此作为预测的基础。计算公式为：

$$t = \sqrt{\frac{P_1}{P_0} \times \frac{P_2}{P_1} \times \frac{P_3}{P_2} \times \cdots \times \frac{P_n}{P_n - 1}} = \sqrt[n]{\frac{P_n}{P_0}},$$

$$V_i = P_0 \times t^i。$$

式中，P_0 为基期房地产价值或价格的实际值；P_i 为第 i 期房地产价值或价格的实际值；t 为平均发展速度；V_i 为第 i 期房地产价值或价格的趋势值；i 为时期序数，$i=1, 2, \cdots, n$。

运用平均发展速度法进行预测的条件是，房地产价值或价格的变动过程是持续上升或持续下降的，且各期上升或下降的幅度大致相同，否则就不宜采用这种方法。

二、平均发展速度法的应用举例

【例 8-3】 需要预测某宗房地产 2016 年和 2017 年的价格。通过市场调研，获得该类房地产 2011—2015 年的价格及其逐年上涨速度分别见表 8-5 第 2,3 列。

表 8-5　某类房地产 2011—2015 年的价格　　（单位：元/平方米）

年份	房地产价格的实际值	逐年上涨速度	房地产价格的趋势值
2011	5 600	—	—
2012	6 750	120.5%	6 776
2013	8 200	121.5%	8 199
2014	9 850	120.1%	9 920
2015	12 000	121.8%	12 004

【解】 从表 8-5 可知，该类房地产 2011—2015 年的价格的逐年上涨速度大致相同，因此可以计算其平均上涨速度，并用该平均上涨速度推算各年价格的趋势值。

该类房地产价格平均上涨速度计算如下：

$$t=\sqrt[4]{\frac{12\ 000}{5\ 600}}=1.21,$$

即平均每年上涨 21%。据此预测该房地产 2016 年的价格为：

$$V_5=5\ 600\times1.21^5=14\ 525(\text{元/平方米})。$$

预测该房地产 2017 年的价格为：

$$V_6=5\ 600\times1.21^6=17\ 575(\text{元/平方米})。$$

与平均增减量法类似，平均发展速度法也可对过去各期的发展速度赋予不同的权重，然后再取其加权平均值，使预测结果更加接近实际价格。权重的确定方法也与平均增减量法相似。

第五节　移动平均法

移动平均法是对原有价值或价格按照时间序列进行修匀，即采用逐项递移的方法分别计算一系列移动的时序价值或价格平均数，形成一个新的派生平均价值或价格的时间序列，借以消除价值或价格短期波动的影响，显现出价值或价格变动的基本发展趋势。在运用移动平均法时，一般按照房地产价值或价格变化的周期长度进行移动平均。移动平均法有简单移动平均法和加权移动平均法。

一、简单移动平均法

某类房地产 2015 年 1—12 月的价格见表 8-6 第 2 列。由于各月份的价格受某些不确定因素的影响，时高时低，变动较大，如果不予以分析，则不易显现其发展趋势。如果把若干个月的价格加起来计算其移动平均数，建立一个移动平均数时间序列，就可以从平滑的发展趋势中明显地看出其发展变动的方向和程度，进而可以预测该类房地产的未来价格。

表 8-6　某类房地产 2015 年 1—12 月的价格　　（单位：元/平方米）

月份	房地产价格的实际值	每 5 个月的移动平均数	移动平均数的逐月上涨额
1	6 700		
2	6 800		
3	6 900	6 840	
4	6 800	6 940	100
5	7 000	7 040	100
6	7 200	7 140	100
7	7 300	7 260	120
8	7 400	7 380	120
9	7 400	7 500	120
10	7 600	7 620	120
11	7 800		
12	7 900		

在计算移动平均数时，每次应采用几个月来计算，需要根据时间序列的序数和变动周期来确定。如果序数较多、变动周期较长，则可以采用每 6 个月甚至每 12 个月来计算；反之，则可以采用每 2 个月至每 5 个月来计算。对于上述房地产价格，采用每 5 个月的实际值计算其移动平均数，具体是把 1—5 月的价格相加除以 5 得 6 840 元/平方米，作为 3 月的房地产价格移动平均值；把 2—6 月的价格相加除以 5 得 6 940 元/平方米，作为 4 月的房地产价格移动平均值；把 3—7 月的价格相加除以 5 得 7 040 元/平方米，作为 5 月的房地产价格移动平均值。依此类推，计算结果见表 8-6 第 3 列。然后根据每 5 个月的移动平均数计算其逐月上涨额，计算结果见表 8-6 第 4 列。

如果要预测该类房地产 2016 年 1 月的价格，则计算方法如下：以最后一个移动平均数为基础来确定预测值。由于最后一个移动平均数 7 620 对应的时间是 2015 年 10 月，与 2016 年 1 月相差 3 个月，所以预测该类房地产 2016 年 1 月的价格为：

7 620＋120×3＝7 980(元/平方米)。

二、加权移动平均法

加权移动平均法是在计算移动平均数时,根据越是近期的数据对预测值影响越大这一特点,对较近的数据给予较大权重,对较远的数据给予较小权重,将各期房地产价值或价格的实际值经过加权后,再采用类似于简单移动平均法的方法进行趋势估计。

第六节　长期趋势法的作用

长期趋势法主要用于推测、判断房地产的未来价值和价格,如用于假设开发法中预测开发完成后的价值,此外还有以下作用:①用于收益法中预测未来的租金、经营收入、运营费用、空置率或净收益等;②用于比较法中对可比实例的成交价格进行市场状况调整;③用来比较、分析两宗或两类以上房地产价值或价格的发展趋势或潜力;④用来填补某些房地产历史价值或价格资料的缺乏。

以比较、分析两宗或两类以上房地产价格的发展趋势或潜力为例,利用长期趋势法制作的房地产价格长期趋势图(图 8-1),可用来比较、分析两宗或两类房地产价格上涨(或下降)的强弱程度或发展潜力,为房地产投资决策等提供参考依据。

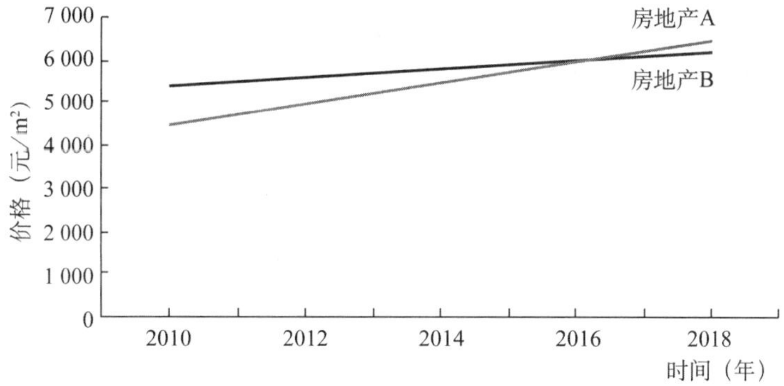

图 8-1　两宗或两类房地产价格发展趋势比较

如果长期趋势线越陡,则表明房地产价格的上涨(或下降)趋势越强;反之,则表明房地产价格的上涨(或下降)趋势越弱。在图 8-1 中,从 2010 年至 2016 年这段时间来看,房地产 B 的价格高于房地产 A 的价格;到 2016 年,两者的价格水平达到一致;2016 年以后,房地产 A 的价格超过了房地产 B 的价格。由此可知,房地产价格上涨(或下降)趋势的强弱与房地产目前的价格高低无关。目前价格高的房地产,其价格上涨趋势可能较缓慢;而价格低的房地产,其价格上涨趋势可能较强劲。例如,城乡接合部的房地产因交通、环境、公共配套设施等的完善,其价格通常比已发展成熟的市中心区的房地产价格上涨得快。但也不排除价格高的房地产可能因外来投资增加等需求的拉动，具有更强劲的上涨趋势。

复习思考题

一、名词解释

1. 长期趋势法　2. 数学曲线拟合法　3. 平均增减量法
4. 平均发展速度法　5. 移动平均法

二、简答题

1. 长期趋势法的理论依据是什么？
2. 长期趋势法的特征主要有哪些？
3. 长期趋势法的适用对象和条件是什么？

三、判断题

1. 运用平均增减量法进行估价的条件是，房地产价值或价格时间序列的逐期增减量大致相同。（　）

2. 运用平均发展速度法进行估价的条件是，房地产价值或价格的变动过程是持续上升或持续下降的，且各期上升或下降的幅度大致相同。（　）

3. 移动平均法是对原有价值或价格按照时间序列进行修匀，即采用逐项递移的方法分别计算一系列移动的时序价值或价格平均数，形成一个新的派生平均价值或价格的时间序列，借以消除价值或价格短期波动的影响，显现出价值或价格变动的基本发展趋势。（　）

4. 加权移动平均法是将各期房地产价值或价格的实际值经过加权后，再采用类似于简单移动平均法的方法进行趋势估计。（　）

5. 长期趋势法适用的估价对象是价值或价格有一定变动规律的房地产，适用的条件是拥有估价对象或类似房地产过去和现在较长时期的历史价值与价格资料，并且所拥有的历史价值与价格资料真实。（　）

6. 运用加权移动平均法计算移动平均数时，根据越是近期的数据对预测值影响越小这一特点，对较近的数据给予较小权重。（　）

四、计算题

1. 某地区某类房地产 2011—2017 年的价格如下表所示。

某地区某类房地产 2011—2017 年价格　（单位：元/平方米）

年份	2011	2012	2013	2014	2015	2016	2017
价格	1 800	2 000	2 100	2 300	2 500	2 800	3 000

请采用直线趋势法预测该地区该类型房地产 2017 年的价格。

2. 某地区商品住宅价格自 2011—2017 年的价格如下表所示。

某地区商品住宅2011—2017年价格 （单位：元/平方米）

年份	2011	2012	2013	2014	2015	2016	2017
价格	1 800	2 000	2 190	2 410	2 620	2 810	3 000

请采用平均增减量法预测该地区商品住宅2018年的价格。计算过程中各年加权采用的权重如下表所示。

各年权重

年份	2011	2012	2013	2014	2015	2016	2017
权重		0.02	0.03	0.05	0.1	0.3	0.5

第九章 路 线 价 法

前面介绍的比较法、收益法、成本法、假设开发法等估价方法，一般只适合单宗土地的估价，如果需要同时、快速地评估出城市街道两侧大量宗地的价值，还需要其他一些独特的地价评估方法，路线价法就是一种适宜的估价方法。

第一节 路线价法概述

城市繁华街道两侧的土地，由于它们的临街深度、宽度、形状和临街状况等不同，其价格也有所不同。临街土地的价格总是比较昂贵，离街道远一些则价格下降，根据这一特点可以估算出街道两侧不同进深的土地价格。

一、路线价法的含义

所谓路线价法，是指在城镇街道上划分路线价区段并设定标准临街深度，在每个路线价区段内选取一定数量的标准临街宗地并测算其平均单价或楼面地价，利用有关调整系数将该平均单价或楼面地价调整为各宗临街土地价值或价格的方法。

临街深度是指宗地离街道的垂直距离。标准宗地是指城市某一区域中沿主要街道的宗地中深度、宽度、形状均标准的宗地。标准深度是指标准宗地的临街深度。路线价则是附设在街道上的若干标准临街宗地的平均价格。

里地线是指标准深度处的连线。里地线与道路之间的区域称为临街地或表地，里地线以外的区域称为里地。

上述相关概念可以根据图 9-1 进行理解。

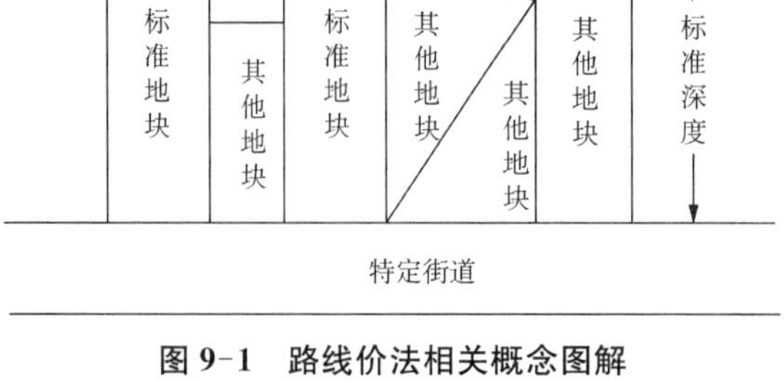

图 9-1 路线价法相关概念图解

二、路线价法的理论依据

路线价法本质上是一种比较法，是比较法的派生方法，其理论依据与比较法相同，是房地产价格形成的替代原理。

在路线价法中，“标准临街宗地”可视为比较法中的“可比实例”。若干标准临街宗地的平均价格（平均单价或楼面地价）称为“路线价”，可视为比较法中经过交易情况修正、市场状况调整，但未进行房地产状况调整的“可比实例价格”。其余临街土地的价值或价格是根据其临街深度、临街宽度、形状（如矩形、三角形、梯形、平行四边形和不规则形）、临街状况等，对路线价进行适当的调整来求取。这些调整，可视为比较法中的“房地产状况调整”。

路线价法与一般的比较法主要有以下三点不同：①利用路线价求取临街土地价值或价格时不进行“交易情况修正”和“市场状况调整”，仅进行“房地产状况调整”。②先对多个“可比实例价格”进行综合，然后再进行“房地产状况调整”，而不是先分别对每个“可比实例价格”进行修正和调整，然后再综合。③利用相同的“可比实例价格”即路线价，同时评估出许多“估价对象”即所有临街土地的价值或价格，而不是仅评估一个估价对象的价值或价格。

在路线价法中，利用路线价求取临街土地价值或价格时不进行“交易情况修正”和“市场状况调整”的原因是：①求得的路线价——若干标准临街宗地的平均价格，已是经过交易情况修正后的正常价格；②求得的路线价所对应的日期，已与要求取的临街土地价值或价格所对应的日期一致，都是价值时点的。可见，在路线价法中，“交易情况修正”和“市场状况调整”已在求取路线价时进行了调整。

三、路线价法的适用范围和条件

路线价法主要适用于城镇临街商业用地的批量估价，尤其适用于征地拆迁、土地重划（城镇土地整理）、房地产税收或其他需要在大范围内同时对大量宗地进行估价的情形。

路线价法的应用是否准确、可靠，需满足一定的前提条件，具体如下：

（1）需要有较多的交易案例，并且房地产市场比较规范，否则计算结果将会存在较大误差。

（2）需要有完善的城市规划、较完整地街道系统和排列整齐的宗地。

（3）需要有一套科学合理的深度指数表和其他各种价格修正率表。

四、路线价法的计算公式

根据上述原理，路线价法的一般公式为：

$$宗地地价=路线价\times深度指数\times宗地面积。$$

如果街道两边的土地另有特殊条件存在，如两面临街、三角形地、梯形地、街角地和不规则地等，则除了上述公式计算地价外，还要进一步修正，这时的公式为：

$$宗地地价=路线价\times深度指数\times宗地面积\pm其他条件价格修正额，$$

或　　　　宗地地价＝路线价×深度指数×宗地面积×其他条件价格修正率。

在实际估价中，由于路线价的表示方法不同，因此根据路线价计算宗地价格时，公式会有所不同，以一面临街矩形土地为例，介绍两种主要的公式。

1. 以标准临街宗地的总价作为路线价

当以标准临街宗地的总价作为路线价时，应采用累计深度价格修正率。如果估价对象土地的临街宽度与标准临街宗地的临街宽度相同，则临街土地价值或价格的计算公式为：

$$宗地总价=路线价\times累计深度修正率。$$

如果估价对象土地的临街宽度与标准临街宗地的临街宽度不相同，则临街土地价值或价格的计算公式为：

$$宗地总价=路线价\times累计深度价格修正率\times\frac{临街宽度}{标准宽度}。$$

2. 以标准临街宗地的单价作为路线价

当以标准临街宗地的单价作为路线价时，应采用平均深度价格修正率，临街土地价值或价格的计算公式为：

$$宗地地价=路线价\times平均深度价格修正率\times宗地面积。$$

运用路线价法计算临街土地的价值或价格，需要弄清楚路线价和临街深度价格修正率的内涵、标准临街宗地的条件，并结合需要计算价值或价格的临街土地的形状和临街状况。就路线价与临街深度价格修正率两者的对应关系来说，路线价的内涵不同，应采用不同类型的临街深度价格修正率。采用不同类型的临街深度价格修正率，路线价法的计算公式也会有所不同。

第二节　路线价法的估价步骤

运用路线价法估价一般分为以下六个步骤：①划分路线价区段，②设定标准临街深度，③选取标准临街宗地，④调查评估路线价，⑤编制价格修正率表，⑥计算临街土地价值或价格。

一、划分路线价区段

路线价区段位于街道两侧，是带状的。一个路线价区段是具有相同路线价的地段。在划分路线价区段时，应将“通达性相当、位置相邻、地价水平相近”的临街土地划为同一个路线价区段。两个路线价区段的分界线原则上是地价水平有明显差异的地点，一般是从十字路或丁字路中心处划分，两个路口之间的地段为一个路线价区段。但较长的繁华街道，有时根据地价水平差异情况，需要将两个路口之间的地段划分为两个以上的路线价区段，分别附设不同的路线价。而某些不繁华的街道，因地价水平差异不大，同一个路线价区段可延长至数个路口。另外，同一条街道两侧的繁华程度、地价水平有明显差异的，应以街道中心为分界线，将该街道两侧视为不同的路线价区段，分别附设不同的路线价。

二、设定标准临街深度

标准临街深度简称标准深度，从理论上讲，是街道对地价影响的转折点，由此点接近街道的方向，地价受街道的影响而逐渐升高；由此点远离街道的方向，地价可视为基本不变，即街道对地价没有影响。但在实际估价中，设定的标准临街深度通常是路线价区段内各宗临街土地的临街深度的众数。例如，某个路线价区段内临街土地的临街深度大多为 18 米，则标准临街深度一般设定为 18 米。

以各宗临街土地的临街深度的众数为标准临街深度，可简化以后各宗临街土地价值或价格的计算。否则，后面根据标准临街深度确定的临街深度价格修正率，将使多数临街土地价值或价格的计算要用该临街深度价格修正率进行调整。这不仅会增加计算的工作量，而且会使所求得的路线价失去代表性。

三、选取标准临街宗地

标准临街宗地简称标准宗地，是路线价区段内具有代表性的宗地，其选取要求是：①一面临街；②土地形状为矩形；③临街深度为标准临街深度；④临街宽度为标准临街宽度（简称标准宽度，可为同一路线价区段内临街各宗土地的临街宽度的众数）；⑤临街宽度与临街深度的比例（简称“宽深比”）适当；⑥用途为所在路线价区段具有代表性的用途；⑦容积率为所在路线价区段具有代表性的容积率（可为同一路线价区段内临街各宗土地的容积率的众数）；⑧其他方面，如土地使用期限、土地开发程度等应具有代表性。

四、调查评估路线价

路线价是附设在街道上的若干标准临街宗地的平均价格。调查评估路线价，通常是在同一路线价区段内选取一定数量的标准临街宗地，运用收益法、比较法等方法分别求取它们的单价或楼面地价，然后计算其平均数或中位数、众数，即得到该路线价区段的路线价。

路线价通常为土地单价，也可为楼面地价；可用货币表示，也可用相对数表示，如用点数表示，将一个城镇中路线价最高的路线价区段以 1 000 点表示，其他路线价区段的点数依此确定。用货币表示的路线价直观性强，较易理解，便于土地交易时参考。用点数表示的路线价便于测算，可以避免因币值变动而引起的麻烦。

五、编制价格修正率表

在路线价已定的情况下，宗地的价格则取决于价格修正率。价格修正率分为临街深度价格修正率和其他价格修正率，其中深度价格修正率是路线价法估价的重点，也是难点。深度价格修正率是随同一区域内各宗地临街深度的变化，地价也随之变化的相对程度。临街深度越大，宗地价格越小；临街深度越小，宗地价格越大。具体编制方法在第三节中详细论述。另外，还要在深度指数修正的基础上，进行宽度、朝向、容积率、临街状况等其他因素的修正。

六、计算各宗地价格

根据前面所得到的路线价、深度价格修正率和其他因素修正率表，按照路线价法公式即可得到同一路线价区段内不同宗地的价格。但由于路线价的表示方法不同、深度修正率表的编制原则不同、各宗地的临街情况和形状等因素的不同等，各宗地计算公式也会有所不同。

第三节　价格修正率表的编制

一、临街深度价格修正

（一）深度价格修正率表的编制原理

临街深度价格修正率表简称深度价格修正率表，也称为深度百分率表、深度指数表，是基于临街深度价格递减率而编制的。

一宗临街土地中各个部分的价值有所不同，通常随着远离街道而有递减现象，因为离街道越远，通达性越差，价值就会越小。假设把一宗临街土地划分为许多与街道平行的细条，由于越接近街道的细条的利用价值越大，越远离街道的细条的利用价值越小，则接近街道的细条的价值大于远离街道的细条的价值。如图 9-2(a)所示，有一宗临街深度为 n 米的矩形土地，假设以某个单位(在此为 1 米)将其划分为许多与街道平行的细条，可知各细条的形状和面积均相同，并且越接近街道的细条的价值越大。如果从临街方向起按顺序以 a_1，a_2，a_3，…，来表示各细条的价值，则有 a_1 大于 a_2，a_2 大于 a_3，…，a_{n-1} 大于 a_n。另外，虽然都为 1 米之差，但 a_1 与 a_2 之差最大，a_2 与 a_3 之差次之，之后逐渐缩小，至 a_{n-1} 与 a_n 之差可视为接近于零。如果把总价转化为单价，因为各细条的面积相同，所以各细条单价的变化

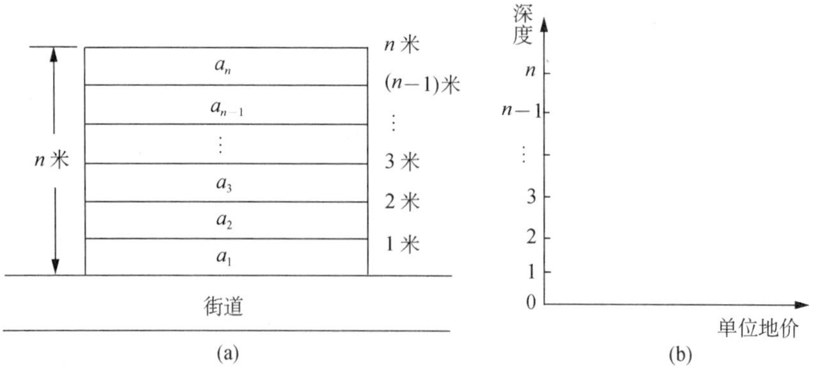

图 9-2　临街深度价格递减率

也遵循相同的规律。但是不同城镇或同一城镇的不同路线价区段，土地价值随临街深度变化的程度是不尽相同的，表现为图 9-2(b)中曲线的位置及弯曲程度不同。弯曲程度越大，表明土地价值对临街深度的变化越敏感。如果将各细条的价值转换为相对数，便可得到临街深度价格递减率。

临街深度价格修正率有单独深度价格修正率(即临街深度价格递减率)、累计深度价格修正率和平均深度价格修正率。在图 9-2(a)中，假设 a_1，a_2，…，a_n 分别表示各细条的价值占整块土地价值的比率，则

单独深度价格修正率的关系为：

$$a_1 > a_2 > a_3 > \cdots > a_{n-1} > a_n。$$

累计深度价格修正率的关系为：

$$a_1 < a_1 + a_2 < a_1 + a_2 + a_3 < \cdots < a_1 + a_2 + a_3 + \cdots + a_{n-1} + a_n。$$

平均深度价格修正率的关系为：

$$a_1 > \frac{a_1 + a_2}{2} > \frac{a_1 + a_2 + a_3}{3} > \cdots > \frac{a_1 + a_2 + a_3 + \cdots + a_{n-1} + a_n}{n}。$$

(二) 深度价格修正率表的制作方法

1. “四三二一法则”

最简单且最容易理解的一种临街深度价格递减率，是“四三二一法则”。它是将临街深度为 100 英尺(1 英尺＝30.48 厘米)的临街土地，划分为与街道平行的四等份，如图 9-3 所示。各等份因离街道的远近不同，价值有所不同。从街道方向算起，第一、第二、第三、第四个 25 英尺等份的价值，分别占整块土地价值的 40%，30%，20%和 10%。例如，一宗临街深度为 100 英尺、临街宽度为 50 英尺的土地，总价为 100 万元，从街道方向算起，该土地四个等份的价值分别为 40 万元、30 万元、20 万元和 10 万元。

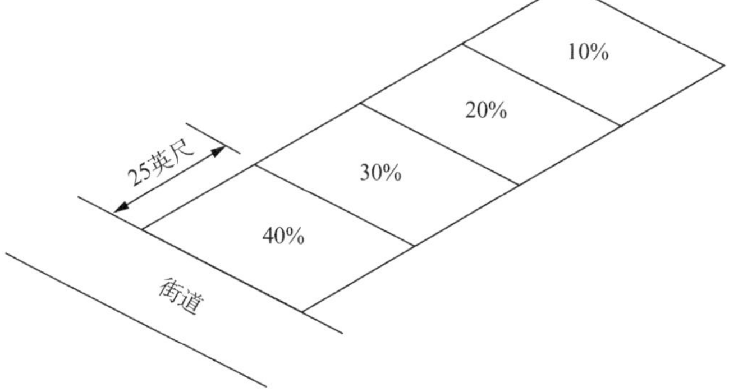

图 9-3 “四三二一法则”

如果超过 100 英尺，则以“九八七六法则”来补充，即超过 100 英尺的第一、第二、第三、第四个 25 英尺等份的价值，分别为临街深度 100 英尺的土地价值的 9%，8%，7%和 6%。

【例 9-1】 某宗临街深度为 30.48 米(即 100 英尺)、临街宽度为 20.00 米的矩形土地，总价为 121.92 万元。请根据“四三二一法则”，计算其相邻的临街深度为 15.24 米(即 50 英尺)、临街宽度为 20.00 米的矩形土地的总价。

【解】 该相邻的临街土地的总价计算如下：

$$121.92\times(40\%+30\%)=85.34(\text{万元})。$$

【例 9-2】 例 9-1 中如果相邻的临街土地的临街深度为 45.72 米(即 150 英尺)，其他条件不变，请计算该相邻的临街土地的总价。

【解】 该相邻的临街土地的总价计算如下：

$$121.92\times(1+9\%+8\%)=142.65(\text{万元})。$$

【例 9-3】 通过标准临街宗地单价(路线价)求得的一宗临街深度为 15.24 米(即 50 英尺)、临街宽度为 20.00 米的土地总价为 85.34 万元。标准临街宗地的临街深度为 30.48 米(即 100 英尺)，临街宽度为 25.00 米。假设临街宽度 20.00 米与临街宽度 25.00 米的差异对土地单价高低的影响不大，可以忽略，请根据“四三二一法则”，反算标准临街宗地的单价和总价。

【解】 标准临街宗地的单价和总价计算如下：

设临街深度为 30.48 米、临街宽度为 20.00 米的土地总价为 V，则

$$V\times(40\%+30\%)=85.34(\text{万元}),$$
$$V=85.34\div(40\%+30\%)=121.92(\text{万元})。$$

$$\text{标准临街宗地的单价}=121.92\times 10\,000\div(30.48\times 20.00)$$
$$=2\,000.00(\text{元/平方米})。$$

$$\text{标准临街宗地的总价}=2\,000.00\times(30.48\times 25.00)\div 10\,000$$
$$=152.40(\text{万元})。$$

为简明起见，将上述各种临街深度价格修正率用表格形式表示，即为临街深度价格修正率表，见表 9-1。

表 9-1 基于“四三二一法则”编制的临街深度价格修正率

临街深度(英尺)	25	50	75	100	125	150	175	200
“四三二一法则”	40%	30%	20%	10%	9%	8%	7%	6%
单独深度价格修正率	40%	30%	20%	10%	9%	8%	7%	6%
累计深度价格修正率	40%	70%	90%	100%	109%	117%	124%	130%
平均深度价格修正率	160%	140%	120%	100%	87.2%	78%	70.8%	65%

表 9-1 中的平均深度价格修正率是将上述临街深度 100 英尺处的平均深度价格修正率 25%乘以 4 转换为 100%，同时为保持与其他数字的相对关系不变，其他数字也都乘以 4。这也是利用平均深度价格修正率进行单价修正的需要。平均深度价格修正率与累计深度

价格修正率的关系还可用下列公式表示：

平均深度价格修正率＝累计深度价格修正率×标准临街深度/所给临街深度。

【例 9-4】 某临街宗地的路线价为 5 000 元/平方英尺，该路线价的标准深度为 100 英尺。宗地 A，B，C，D，E，F 的临街深度和宽度如图 9-4 所示，请根据“四三二一法则”计算各宗地的总地价。

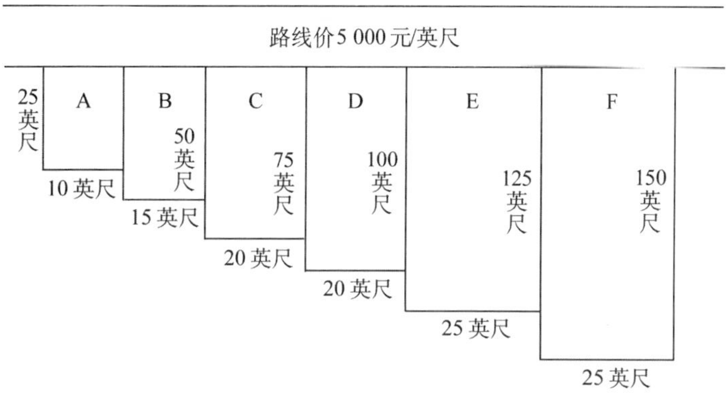

图 9-4　“四三二一法则”计算宗地价格

【解】 根据题意，各宗地的总地价计算如下：

A 总地价＝5 000×40%×10＝2(万元)；
B 总地价＝5 000×70%×15＝5.25(万元)；
C 总地价＝5 000×90%×20＝9(万元)；
D 总地价＝5 000×100%×20＝10(万元)；
E 总地价＝5 000×109%×25＝13.625(万元)；
F 总地价＝5 000×117%×25＝14.625(万元)。

2. 其他法则

(1) 苏慕斯法则

苏慕斯法则是由美国评估师 Somers 于 1886 年提出、1910 年开始运用于土地课税价格的估价。由于该法则在美国俄亥俄州克利夫兰市的应用最为著名，因此也称为克利夫兰法则。该法则认为，临街深度为 100 英尺的土地价格，前半部分和后半部分的价值，分别占整块土地价值的 72.5%和 27.5%。如果再深 50 英尺，则该部分的价值仅为临街深度为 100 英尺的临街土地价值的 15%。具体的修正率如表 9-2 所示。

表 9-2　苏慕斯法则临街深度价格修正率表

深度(英尺)	百分率	深度(英尺)	百分率
5	14.35%	90	95.6%
10	25%	100	100%

（续表）

深度（英尺）	百分率	深度（英尺）	百分率
15	33.22%	110	104%
20	41%	120	107.5%
25	47.9%	130	109.05%
30	54%	140	113%
40	64%	150	115%
50	72.5%	160	116.8%
60	79.5%	175	119.14%
70	85.6%	180	119.8%
75	88.3%	200	122%
80	90.9%		

（2）霍夫曼法则

霍夫曼法则是1 866年由纽约市法官 Hoffman 创立的。该法则认为，临街深度为100英尺的土地，前25英尺部分、前50英尺部分、前75英尺部分和整块土地的价值，分别占整块土地价值的37.5%，67%，87.7%和100%。

后来，霍夫曼法则经尼尔（Neil）修正、补充后，形成了著名的霍夫曼-尼尔法则，此法则是将各英尺的价值规定成一定的百分比，曾在纽约市施行，如表9-3所示。

表9-3　霍夫曼-尼尔法则临街深度价格修正率表

深度/英尺	5	10	15	20	25	30	40	50	60	70	75	80	90	100	130	150	175	200
百分率	17%	26%	33%	39%	44%	49%	58%	67%	74%	81%	84%	88%	94%	100%	112%	118%	122%	125%

（3）哈柏法则

哈柏法则最早创设于英国，该法则认为，一宗土地的价格与其临街深度的平方根成正比。若标准深度为100英尺的临街土地，则各宗土地的深度价格修正率为其深度平方根的10倍，即

$$深度价格修正率=(10\times\sqrt{临街深度})\%。$$

例如，临街深度为100英尺的土地，前25英尺部分的价值占整块土地价值的$(10\times\sqrt{25})\%=50\%$，前半部分的价值占整块土地价值的$(10\times\sqrt{50})\%=70.71\%$。

编制临街深度价格修正率表的要领是：①设定标准临街深度；②将标准临街深度划分为若干等份；③确定临街深度价格递减率；④求取单独深度价格修正率或累计深度价格修正率、平均深度价格修正率，并用表格形式表示。

二、其他价格修正

除了进行深度修正外,还应进行其他因素修正,主要有以下几项。

1. 宽度修正

对临街土地,特别是对临街商业用地而言,临街宽度不同,地价也不相等。临街商业店面的宽窄不一,可能对顾客的吸引力有所不同,从而影响商店营业额。因此,在运用路线价法估价时,必须对临街宽度加以修正。宽度修正方法是用来自同一路线价区段、进深相等的样本,根据在不同宽度条件下土地价格的变动状况,确定宽度修正系数。

2. 宽深比率修正

在通常情况下,大型商用房地产有较大的临街深度,而所占用的土地的价格随着宗地深度的增大逐渐降低。但是由于商店规模较大,铺面宽,同样会增加对消费者的吸引力。如果对大型商用房地产单独采用宽度和深度修正,又不太符合实际,会增加不必要的估价工作量。基于上述考虑,在估价中适宜采用宽深比率系数来进行修正。

3. 朝向修正

就住宅用地而言,住宅朝向会对其销售价格产生一定程度的影响。从住宅售价中扣除成本等必要项目后所余下的地价,也会因为朝向不同而有所差别,因此需进行地块朝向等环境条件影响修正,计算出朝向修正系数,进而进行朝向修正。

4. 地价分配率修正

地价分配率是将土地单价调整、分摊到各楼层的比率。一般而言,随着楼层数的加大,分配到楼层上的地价呈减少的趋势;当楼层数加大到一定数值后,分配到楼层上的地价不但不会减少,反而呈现出增加的趋势。为满足估价的需要,须编制出一个统一的地价分配率。

此外,还应进行容积率、土地使用年限的修正。计算三角形等形状的土地价值和价格,还需要编制三角形土地价格修正率表等相应的价格修正率表。

第四节 路线价法的总结与应用

一、路线价法总结

路线价法的主要内容如图 9-5 所示。该方法仅适用于城市临街土地的估价,而且土地市场要求规范,需要较多的交易实例。其应用有三个关键环节:一是路线价的确定;二是路线价修正体系的建立;三是临街情况不同的土地的估价。

二、路线价法应用

下面以标准临街宗地的单价作为路线价的情形为例,说明临街土地价值或价格的计

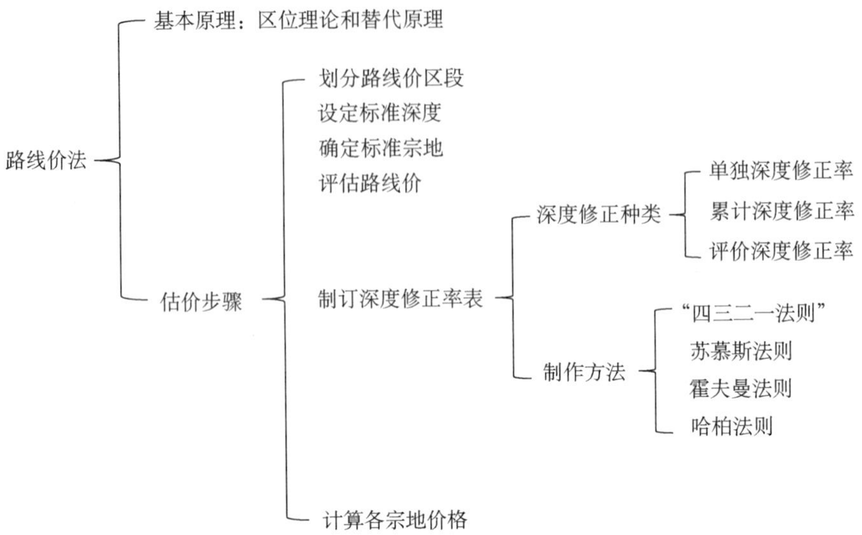

图 9-5　路线价法总结

算。并且假定临街土地的容积率、使用期限、开发程度等与路线价的内涵一致，如果不一致，还应对路线价进行相应的调整。

（一）一面临街矩形土地价值或价格的计算

计算一面临街矩形土地的价值或价格，要先查找出其所在路线价区段的路线价，再根据其临街深度查找出相应的临街深度价格修正率。计算公式为：

$$V(\text{单价})=u\times dv;$$
$$V(\text{总价})=u\times dv\times(f\times d)。$$

式中，V 为土地价值或价格；u 为路线价（用土地单价表示）；dv 为临街深度价格修正率（采用平均深度价格修正率）；f 为临街宽度；d 为临街深度。

【例 9-5】 有一块一面临街的矩形土地，临街深度为 15.24 米（即 50 英尺），临街宽度为 20.00 米，路线价（土地单价）为 2 000 元/平方米。请根据表 9-1 中的临街深度价格修正率，计算该一面临街矩形土地的单价和总价。

【解】 因路线价是用土地单价表示的，所以采用表 9-1 中的平均深度价格修正率。因此：

该一面临街矩形土地的单价＝路线价×平均深度价格修正率
＝2 000×140％
＝2 800（元/平方米）；

该一面临街矩形土地的总价＝土地单价×土地面积
＝0.28×20.00×15.24
＝85.34（万元）。

（二）前后两面临街矩形土地价值或价格的计算

计算前后两面临街矩形土地的价值或价格，通常是采用“重叠价值估价法”，即：①确定高价街（也称为前街）与低价街（也称为后街）影响范围的分界线。②以该分界线将前后两面临街矩形土地分为前后两部分。③根据该两部分各自所临街道的路线价和临街深度分别计算价值或价格。④将该两部分的价值或价格相加。计算公式为：

$$V(\text{总价})=u_0\times dv_0\times f\times d_0+u_1\times dv_1\times f\times(d-d_0)；$$

$$V(\text{单价})=\frac{u_0\times dv_0\times d_0+u_1\times dv_1\times(d-d_0)}{d}。$$

式中，u_0 为前街路线价；dv_0 为前街临街深度价格修正率；f 为临街宽度；d_0 为前街影响深度；u_1 为后街路线价；dv_1 为后街临街深度价格修正率；d 为总深度。

分界线的求取方法如下：

$$\text{前街影响深度}=\text{总深度}\times\frac{\text{前街路线价}}{\text{前街路线价}+\text{后街路线价}}，$$

$$\text{后街影响深度}=\text{总深度}\times\frac{\text{后街路线价}}{\text{前街路线价}+\text{后街路线价}}。$$

前街影响深度、后街影响深度和总深度之间的关系有：

$$\text{前街影响深度}+\text{后街影响深度}=\text{总深度}。$$

【例 9-6】 有一块前后两面临街的矩形土地，总深度为 30.00 米，前街路线价（土地单价）为 2 000 元/平方米，后街路线价（土地单价）为 1 000 元/平方米。请采用重叠价值估价法计算其前街和后街影响深度。

【解】 该前后两面临街矩形土地的前街和后街影响深度计算如下：

$$\begin{aligned}\text{前街影响深度}&=\text{总深度}\times\frac{\text{前街路线价}}{\text{前街路线价}+\text{后街路线价}}\\&=30.00\times 2\,000\div(2\,000+1\,000)\\&=20.00(\text{米})；\end{aligned}$$

$$\begin{aligned}\text{后街影响深度}&=\text{总深度}-\text{前街影响深度}\\&=30.00-20.00\\&=10.00(\text{米})。\end{aligned}$$

（三）矩形街角地价值或价格的计算

街角地是位于十字路口或丁字路口的土地，其价值或价格通常采用“正旁两街分别轻重估价法”计算，即先求取高价街（也称为正街）的价值或价格，再计算低价街（也称为旁街）的影响加价，然后将它们相加。计算公式为：

$$V(\text{单价})=u_0\times dv_0+u_1\times dv_1\times t；$$

$$V(\text{总价})=(u_0\times dv_0+u_1\times dv_1\times t)\times(f\times d)。$$

式中，u_0 为正街路线价；dv_0 为正街临街深度价格修正率；u_1 为旁街路线价；dv_1 为旁街临街深度价格修正率；t 为旁街影响加价率；f 为临街宽度；d 为临街深度。

街角地如果有人行天桥或地下道出入口等对其利用造成不利影响的，则应在上述方法计算其价值或价格后再进行适当的减价调整。

【例 9-7】 有一块矩形街角地，临正街深度为 22.86 米（即 75 英尺），临旁街深度为 15.24 米（即 50 英尺）；正街路线价（土地单价）为 2 000 元/平方米，旁街路线价（土地单价）为 1 000 元/平方米。假设旁街影响加价率为 20%，请根据表 9-1 中的临街深度价格修正率，计算该矩形街角地的单价和总价。

【解】 该矩形街角地的单价和总价计算如下：

$$\begin{aligned}\text{该矩形街角地的单价} &= u_0 \times dv_0 + u_1 \times dv_1 \times t \\ &= 2\,000 \times 120\% + 1\,000 \times 140\% \times 20\% \\ &= 2\,680(\text{元/平方米})；\end{aligned}$$

$$\begin{aligned}\text{该矩形街角地的总价} &= \text{土地单价} \times \text{土地面积} \\ &= 0.268 \times 15.24 \times 22.86 \\ &= 93.37(\text{万元})。\end{aligned}$$

（四）三角形土地价值或价格的计算

1. 一边临街直角三角形土地价值或价格的计算

计算一边临街直角三角形土地的价值或价格，通常是先作辅助线，以形成一面临街的矩形土地，然后依照一面临街矩形土地单价的计算方法计算，再乘以三角形土地价格修正率（一边临街直角三角形土地价值占一面临街矩形土地价值的百分率）。如果要计算总价，则再乘以该三角形土地的面积。计算公式为：

$$V(\text{单价}) = u \times dv \times h；$$
$$V(\text{总价}) = u \times dv \times h \times (f \times d \div 2)。$$

式中，u 为路线价；dv 为临街深度价格修正率；h 为三角形土地价格修正率；f 为临街宽度；d 为临街深度。

2. 其他三角形土地价值或价格的计算

计算其他三角形土地的价值或价格，通常是先作辅助线，形成两块一边临街的直角三角形土地，然后依照上述方法分别计算该两块一边临街直角三角形土地的价值或价格，再将两者相减，即得到该三角形土地的价值或价格。

【例 9-8】 图 9-6 中是一块一边临街的三角形土地，临街深度为 80 英尺，临街宽度为 50 英尺，路线价（土地单价）为 1 000 元/平方英尺。如果临街深度为 80 英尺的一面临街矩形土地的平均深度价格修正率为 116%，临街深度为 80 英尺的三角形土地价格修正率为 63%，请计算该一边临街三角形土地的价值。

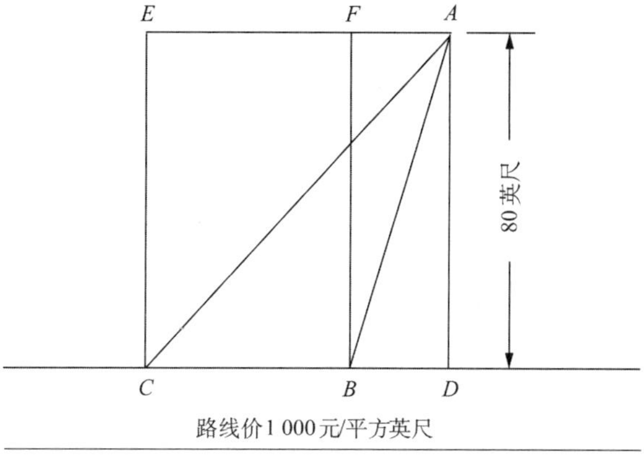

图 9-6　一边临街的三角形土地

【解】　在图 9-6 上作辅助线 AD,AE,CE 及 BF,则有：

直角三角形 ACD 土地总价＝0.1×116%×63%×70×80÷2

＝204.62(万元)；

直角三角形 ABD 土地总价＝0.1×116%×63%×20×80÷2

＝58.46(万元)；

三角形 ABC 土地总价＝直角三角形 ACD 土地总价－直角三角形 ABD 土地总价

＝204.62－58.46

＝146.16(万元)。

（五）其他形状土地价值或价格的计算

计算梯形、平行四边形等其他形状土地的价值或价格，通常是先将其划分为矩形、三角形土地，然后分别计算这些矩形、三角形土地的价值或价格，再将它们相加减。因此，一般只要掌握了一面临街矩形土地、前后两面临街矩形土地、街角地和三角形土地这几种形状和临街状况的土地价值或价格计算，其他形状土地的价值或价格计算问题便可解决。

复习思考题

一、名词解释

1. 路线价　　2. 路线价法　　3. "四三二一法则"

二、简答题

1. 路线价法的基本原理是什么？
2. 路线价法的适用范围及适用条件是什么？
3. 路线价法估价土地的操作步骤有哪些？
4. 标准宗地的条件有哪些？
5. 深度百分率有哪几种表现形式？

三、判断题

1. 路线价法仅适用于城镇临街商业用地的批量估价。（　　）

2. 一个路线价区段是具有相同路线价的地段。（　　）

3. 几个街道可以设立同一个路线价。（　　）

4. 宗地所处街道的位置不同，对其地价亦有影响，一般从商业用途看，位于普通沿街的宗地其地价要比街角地的宗地地价高很多。（　　）

5. 在路线价法中，以累计深度百分率而制作的深度指数随临街深度的增加而增加。（　　）

6. 利用路线价求取临街土地价值或价格时同时进行“交易情况修正”“市场状况调整”和“房地产状况调整”。（　　）

四、单选题

1. 同一路线价区段内各标准宗地的价格（　　）。

A. 不同　　B. 相同

C. 不确定　　D. 无法比较

2. 深度指数表是指（　　）。

A. 按距离地下深度的变化情况而编制的地价表

B. 按地价变化而编制的距离变化表

C. 按距离街道的变化情况而编制的地价变化表

D. 按建筑高度的变化情况而编制的地价变化表

3. 标准临街深度的设定通常是取路线价区段内各宗临街土地的临街深度的（　　）。

A. 平均数　　B. 中位数

C. 众数　　D. 加权算术平均值

4. 有一宗地深度为 15 米，若标准深度为 10 米，按照“四三二一法则”，该宗地的单独深度百分率为 40%，30%，20%，10%，9%，8%，则其平均深度百分率为（　　）。

A. 117%　　B. 78%

C. 58.5%　　D. 19.5%

5. 当以单位宽度的标准宗地的总价作为路线价时，临街宗地总价＝路线价×（　　）×临街宽度/标准宽度。

A. 单独深度价格修正率　　B. 累计深度价格修正率

C. 平均深度价格修正率　　D. 混合深度价格修正率

6. 随着临街深度的递增，临街深度价格的修正率递增的是（　　）。

A. 单独深度价格修正率　　B. 累计深度价格修正率

C. 平均深度价格修正率　　D. 混合深度价格修正率

五、多选题

1. 应用路线价法需要进行（　　）等修正。

A. 临街宽度　　B. 临街深度
C. 交易日期　　D. 交易情况
E. 土地形状

2. 在划分路线价区段时,应符合的条件包括(　　)。
A. 形状相似　　B. 位置相邻
C. 地价水平相近　　D. 通达性相当
E. 在同一条街道上只有一个路线价区段

3. 确定路线价时,选取标准宗地应符合(　　)等要求。
A. 一面临街　　B. 土地形状为矩形
C. 临街深度为标准临街深度　　D. 临街宽度为标准临街宽度
E. 容积率为所在路线价区段具有代表性的容积率

4. 应用路线价法的前提条件是(　　)。
A. 需要有较多的交易案例
B. 房地产市场比较规范
C. 需要有完善的城市规划
D. 较完整地街道系统和排列整齐的宗地
E. 需要有一套科学合理的深度指数表和其他各种价格修正率表

5. 关于路线价法和比较法相同之处的说法,正确的是(　　)。
A. 都需要进行市场状况调整　　B. 都需要进行交易状况调整
C. 都需要进行土地状况调整　　D. 都是批量估价方法
E. 理论依据相同,都是替代原理

六、计算题

1. 某一区段的标准深度为 40 米,宽度为 20 米的路线价为 2 000 元/平方米,使用"四三二一法则"来计算该区域内宽度为 30 米、深度为 50 米的矩形宗地价格。

2. 现有一前后两面临街的矩形宗地,总深度为 50 米,宽度为 30 米。前街的路线价为 3 000 元/平方米,后街的路线价为 2 000 元/平方米,两条街的标准深度均为 20 米,试用"四三二一法则"和重叠价值估价法来计算该宗地的价格。

第十章　基准地价修正法

基准地价是中国地价体系的核心内容之一，具有直接控制和引导各宗地价的功能，是国家对房地产市场采取宏观调控的依据，在征收土地使用税、出让国有土地使用权等方面发挥了基础性的作用。在基准地价的基础上，分用途、分区域分析地价影响因素与地价的关系，建立起基准地价修正体系，为评估宗地地价提供服务。

第一节　基准地价评估概述

一、基准地价的含义

基准地价是指在某个城镇的一定区域范围内，对现状利用条件下不同级别或不同均质地域的土地，按照商业、居住、工业等用途，分别评估确定的一定使用期限的建设用地使用权在某一时点的平均价格。也可以将基准地价简要定义为：以一个城镇为对象，在该城镇一定区域范围内，根据用途相似、地块相连、地价相近的原则划分地价区段，然后调查评估出的各地价区段在某一时点的平均价格。

每个城镇的基准地价都有其特定的内涵，包括对应的价值时点（基准日期）、土地用途、土地使用权性质、土地使用期限、土地条件和容积率等。

二、基准地价的特征

1. 区域性

基准地价反映的是城镇某一特定区域内土地的平均价格，它是以某一区域为单位进行评估的。通常情况下，一般分为级别区域、区片和区段三种形式。从而，基准地价也表现为三种形式，即级别区域基准地价、区片基准地价和区段基准地价等。由此看来，基准地价并不代表某宗地的价格，而是与一定的区域相联系、对该区域地价具有指示作用的平均价格。

2. 平均性

基准地价是一定时期的商业、住宅、工业等各类用地和综合土地级别的土地使用权平均价格，反映的是一定时间、一定区域的城镇土地利用所产生的实际经济效果的水平。在实际应用中，具体到某一宗地的价格很可能会稍高于或稍低于该平均价格。

3. 时效性

基准地价仅仅反映一定时期内地价的总体水平及其空间变化规律。在社会、经济、环境和人口等多方面因子的共同作用下，随着时间的变化，地价会产生波动，基准地价也会发生波动。基准地价作为某一时期的价格标准，必然有一定的时效性。为保证基准地价的有效性，避免基准地价的滞后性，因此有必要适时更新与调整基准地价。

4. 期限性

基准地价是土地使用权的价格，土地使用权是有时间限制的，从而基准地价也是有限年期内的价格。不同用途的城镇土地使用权的出让最高年限不同，不同用途基准地价的年期也不同。一般情况下，各用途城镇土地的基准地价的年期应是各用途土地的最高出让年期。

5. 标准性

基准地价不仅反映了地产市场的基本地价行情，它还是地产市场的地价标准，反映在标准条件下的一般地价水平。这有利于基准地价评估时的样点地价修正，以及应用基准地价系数修正法评估宗地地价。

6. 权威性

基准地价是由政府组织专家组成专门的估价机构进行评估或委托评估，其估价结果由政府审定、认可并定期公布，因而具有权威性。

三、基准地价的作用

作为具有指导性土地价格标准作用的基准地价，其作用主要表现在以下五个方面。

1. 宏观调控土地市场的依据

科学合理的基准地价反映了土地市场的地价水平和变动趋势，为政府掌握土地市场价格水平的变化、调节土地的供需、促进土地有效配置和土地市场健康发展，以及制定土地市场管理措施提供依据。

2. 国家征收土地使用税的依据

根据国外经验，土地税一般是从价征税。由于我国目前缺乏价格标准，土地使用税征收的税额偏低，无法体现土地收益级差，未达到利用土地使用税这一经济杠杆调节土地利用和级差收益的目的。因此，科学、合理、公开的基准地价可以为科学征收土地使用税等提供客观依据。

3. 制定土地使用权出让的依据

基准地价是城市内不同部分土地利用的收益差异较公正、客观的反映，是制定协议出让国有土地使用权底价的依据和标准。根据基准地价，政府可以确定土地使用权的出让价格。

4. 进一步评估宗地地价的基础

基准地价反映了某一区域或级别内宗地的平均价格，该区域或级别内各宗地的地价都围绕基准地价上下波动。因此，根据宗地条件对基准地价进行修订，即可方便地得到具体宗地的地价。

5. 促进土地合理利用

在市场经济中,土地价格直接影响土地利用。政府定期评估并公布基准地价,可以使投资者和土地使用者及时了解不同地段、不同用途的地价水平和变动趋势,从而根据自身需要和支付地租地价的能力调整土地利用方式和结构,最终通过经济手段实现土地合理利用的目的。

第二节　基准地价评估的程序和方法

一、基准地价评估的程序

1. 制定基准地价评估作业方案

制定基准地价评估作业方案包括确定基准地价评估的区域范围和技术路线,编制工作计划和时间进度,落实人员和工作场地,准备所需资料和设备等。其中,确定基准地价评估的区域范围由大到小有以下几种选择:①城镇行政区,②城镇总体规划确定的规划区,③土地利用总体规划确定的城镇建设用地范围,④建成区,⑤市区。基准地价评估的区域范围大小,主要根据有关规定、当地的实际需要和可以投入评估的人力、财力、物力等情况来确定,一般应为规划区。

2. 明确基准地价的内涵、构成和表达方式

明确基准地价的内涵是要确定基准地价对应的下列条件:①价值时点,一般应为年度的1月1日。②土地用途,例如是分为商业、居住、工业等不同用途,还是采用一个综合用途,一般应为前者。③土地使用权性质,例如是出让国有建设用地使用权,还是划拨国有建设用地使用权,一般应为前者。④土地使用期限,例如是不同用途的法定最高出让年限,还是统一为综合用途的法定最高出让年限50年,或者无限年。一般应分别为商业、居住、工业等用途的法定最高出让年限,即商业用途40年、居住用途70年、工业用途50年。⑤容积率,例如是不同用途对应的平均容积率还是综合容积率。一般应根据各个土地级别或均质土地地域内商业、居住、工业等不同用途的容积率的平均水平确定。⑥土地开发程度,即土地的基础设施完备程度和平整程度,例如是"三通一平"还是"五通一平""七通一平"。一般应根据各个土地级别或均质地域内土地开发程度的平均水平确定。

明确基准地价的构成是要确定基准地价包含的内容,例如是否包含建设用地使用权出让金、征地补偿费用、市政配套费等。可同时给出熟地价、毛地价和出让金。

明确基准地价的表达方式是要确定基准地价是采用土地单价形式(如每平方米的土地价格),还是采用楼面地价形式,或者是同时采用土地单价和楼面地价形式。

3. 划分土地级别或不同均质土地

划分土地级别应按照《城镇土地分等定级规程》(GB/T 18507—2014)规定的内容、程序和方法等进行。

划分不同均质地域通常是划分地价区段，是将“用途相同、位置相邻、地价相近”的土地加以圈围而形成不同的地价区域。一个地价区段可视为一个地价均质区域，即该区域内的各宗地的地价水平相近。地价区段可分为路线价区段和区片价区段。街道两侧的商业用地，适宜划分为路线价区段；居住、工业用地，适宜划分为区片价区段。划分地价区段的方法通常是就土地的位置、交通条件、利用现状、城市规划、房地产价格水平及收益情形等进行实地调查研究，将情况相同或相似的相邻土地划为同一个地价区段，各个地价区段之间的分界线应以道路、沟渠或者其他易于辨认的界限为准，但商业路线价区段应以标准深度为分界线。

4. 抽样评估若干宗地价格

在划分出的各个土地级别或地价区段内，按照具有代表性、分布均匀等原则，选择若干宗地，然后由估价师调查搜集这些宗地的相关市场交易资料、经营收益资料或开发费用资料等，运用收益法、比较法、成本法和假设开发法等适宜的估价方法，评估出这些宗地在合理市场下可能形成的正常市场价值，通常应求出土地单价或楼面地价，并进行交易日期、土地使用期限、容积率和土地开发程度等调整，将这些宗地的价格统一到基准地价内涵上来。

5. 计算各个土地级别或均质地域的地价

土地级别或地价区段的地价是某个特定的土地级别或均质地域的土地单价或楼面地价，它代表或反映着该土地级别或均质地域内土地价格的正常水平。土地级别或均质地域的地价计算，是分别以每个土地级别或均质地域为范围，求取该土地各级别或均质地域内所抽查评估出的若干宗地单价或楼面地价的平均数、中位数或众数。计算出的土地级别或均质地域的地价，相应有土地级别价、区片价和路线价。

6. 综合确定基准地价

在上述各个土地级别或均质地域计算的基础上做适当的调整后即是基准地价。在确定基准地价时，应先把握各个土地级别或均质地域之间的好坏层次（通常是从好到差排序），再把握它们之间的地价高低层次，以避免出现条件较差的土地级别或均质地域的基准地价高于条件较好的土地级别或均质地域的基准地价。基准地价确定后，通常还须制作基准地价表，或绘制基准地价图。

7. 编写基准地价使用说明

包括该基准地价的内涵、作用，将基准地价调整为宗地价格的方法和系数，如具体位置、土地使用期限、容积率、土地开发程度、土地形状和临街状况等的调整方法和调整系数。

二、基准地价评估成果更新

基准地价有着显著的时效性，它只反映一定时期的城镇土地的平均价格。而地产市场是一个动态市场，地价水平会不断变化。随着时间的推移，基准地价成果的准确性也会逐步丧失，其对房地产市场的规范作用会随之减弱，甚至带来误导。为了使基准地价成果符合房地产市场的客观实际，为了保持基准地价成果的现实性，基准地价应适时更新。

基准地价更新主要有以下三种技术路线。

（1）以土地定级为基础，以市场交易地价资料为参考，更新基准地价。

（2）以土地定级为基础，以土地收益为依据，以市场交易地价资料为参考，更新基准地价。

(3) 以土地定级(或均质区域)为基础,以地价指数为参考,更新基准地价。

上述三种技术路线,第一种和第三种适用于房地产市场比较活跃、房地产交易案例较多的城镇;第二种适用于已完成土地定级,但房地产市场不太活跃、房地产交易案例较少的城镇。基准地价的更新要根据城镇的实际情况选择合适的技术路线。

三、基准地价评估发展趋势

综合中国各地基准地价近几年评估实践的发展趋势及市场经济发达国家基准地价评估经验,中国基准地价评估方法的发展存在两个明显趋势:一是利用市场交易价格资料直接评估基准地价将成为基准地价评估的基本方法,二是由分类基准地价评估向分区基准地价评估方向发展。

(一) 利用市场交易价格资料直接评估基准地价

利用市场交易价格资料直接评估基准地价的前提条件是土地市场发育良好,各类交易样本丰富,能够达到数理统计的要求。随着中国土地有偿使用制度改革的不断深化,土地市场发育程度显著提高,具备利用市场交易价格资料直接评估基准地价的城镇逐渐增多,各地的基准地价评估实践已很好地证明了这一点,并由此导致基准地价评估方法及技术途径的变化。具体表现在以下三个方面。

1. 基准地价评估依据由土地利用效益资料向市场交易样本资料转化

基准地价评估方法早期主要采用级差收益测算法评估。该方法由于在理论上和实践过程中都存在明显的不足,是土地市场不发育条件下的一种选择。随着土地市场的发展,直接利用各类交易、租赁样本地价进行统计分析,评估基准地价的条件逐步具备。虽然有关文献强调土地效益资料与交易样本地价资料互相检验,但由于依据土地利用效益资料分离土地贡献值,存在诸多的企业经营个性因素,作为宏观分析或许可行,但落实到具体评估区域或级别区域准确性往往很难把握。基准地价评估以土地市场交易样本为依据是必然趋势。

2. 基准地价用途分类体系趋向细化

基准地价体系最先只是一个不分用途的综合基准地价,随后基准地价分类评估成为当前城镇基准地价评估的主流,目前一般只分商业、住宅、工业三个类型。但随着土地市场的发育,三类用途基准地价已不能满足市场需要。主要表现在两个方面:一是商业、住宅、工业内部不同细分用途土地收益能力及市场价格的差异性逐渐体现出来;二是随着土地使用制度改革的深入,土地有偿使用范围扩大,原属于划拨用地的教育、文化等公共设施用地类型也逐步纳入土地有偿使用范围,迫切需要与其具体用途对应的基准地价加以规范引导。因此,细化商业、住宅、工业基准地价用途分类体系,同时将教育、文化等公共设施用地纳入基准地价分类体系是今后基准地价评估方法发展的一个重要方向。

3. 基准地价表达方式趋向多元化

根据定义,基准地价是指一定范围内的平均价格,范围的大小根据应用的需要可大可小。起初基准地价只用级别地价表达,以致许多地方形成了基准地价就是级别地价的概念；随着土地市场发展及土地有偿使用的需要，实际应用时感觉到级别地价过于粗糙，级别内价格差异大，不符合均质的要求。当用基准地价系数修正法评估宗地地价时，修正幅度过大，特别是商业用地，同一级别内的价格水平相差数倍十分常见。因此，基准地价应包括两个层次，第一层次为级别地价，主要起宏观显示作用，总体上反映一个城镇的地价空间变化趋势。实际操作时应以第二层次的商业路线价、住宅区片价或各种用途的功能区基准地价为依据。

（二）由分类基准地价向分区基准地价评估方向发展

在市场经济条件下，土地价格是由土地最佳利用条件和收益水平决定。很多情况下，分类基准地价与土地市场的实际交易价格不具备可比性，因此分类基准地价很难实现其直观显示地价分布规律的作用。而建立在地价和功能分区基础上的分区基准地价，则可以避免分类基准地价评估和应用存在的问题，直接以地价相近、用途相近及规划控制条件相近作为基准地价评估控制区域，评估的基准地价与土地的最佳用途及利用条件一致，能够比较客观地反映土地市场的地价分布规律。因此，基准地价评估随着土地市场发育程度的提高，由分类基准地价向分区基准地价方向发展是必然的趋势。目前已有在城镇基准地价评估实践中，针对城市重点区域（如规划新区、开发区及旧城改造区），依据城市控制性详细规划地块或区域控制条件而建立分区的基准地价体系。

第三节 基准地价修正法

一、基准地价修正法的含义

基准地价修正法是指在政府或其有关部门已公布基准地价的地区，利用有关调整系数对估价对象宗地所在位置的基准地价进行调整后得到估价对象宗地价值或价格的方法。该方法本质上是一种比较法，并且是一种间接的估价方法。因为基准地价是一种评估价，因此，基准地价修正法估价结果的准确性主要取决于基准地价的准确性以及调整系数（修正系数）体系的完整性和合理性。

二、基准地价修正法的特点

（1）基准地价修正法适用于完成基准地价评估地区的土地估价，即具备基准地价成果图和宗地价格修正体系成果的地区。

（2）基准地价修正法可以在较短时间内完成操作，因此，可以快速、高效、及时地完成大面积、数量众多的土地估价。

（3）基准地价修正法估价的精度取决于基准地价及其修正系数精度，因此，该方法大多作为辅助估价的方法。

（4）基准地价修正法的运用需要有比较准确的基准地价修正体系为前提。

三、基准地价修正法的估价步骤

运用基准地价修正法进行宗地估价，一般分为下列五个步骤。

(1) 搜集有关基准地价的资料。包括搜集估价对象宗地所在城镇的基准地价图、基准地价表、基准地价修正系数表和基准地价内涵(如基准地价对应的土地权利类型、使用期限、用途、容积率、开发程度和估价期日)说明等。

(2) 查找估价对象宗地所在位置的基准地价。通常先根据估价对象宗地的具体用途，确定其所属的用途类别，例如是属于商服用途还是属于住宅用途或工业用途；其次根据估价对象宗地的用途类别和位置，确定其所处的土地级别或均质地域；然后根据估价对象宗地所处的土地级别或均质地域，确定其适用的基准地价。

(3) 对基准地价进行市场状况调整。这是将基准地价在其估价期日的值调整为在价值时点的值，调整方法与比较法中市场状况调整的方法相同。

(4) 对基准地价进行土地状况调整。这是将估价对象宗地状况，包括具体区位(如具体位置、临街状况等)、具体用途、土地使用期限、容积率和土地开发程度等，与基准地价对应的土地状况进行比较，根据它们之间的差异对基准地价进行相应的调整，调整的内容和方法与比较法中房地产状况调整的内容和方法相似。需要注意的是，因在不同的城镇，基准地价的内涵、表达方式等可能有所不同，所以具体调整内容和方法会有不同。

(5) 计算估价对象宗地价值或价格。基准地价修正法的计算公式为：

$$\begin{aligned}\text{宗地价值或价格} = &\text{适用的基准地价} \times \left(1 \pm \sum \text{区域及个别因素修正系数}\right) \times \\ &\text{土地市场状况调整系数} \times \text{土地使用期限调整系数} \times \\ &\text{容积率调整系数} \times \text{土地开发程度调整系数} \times \text{其他因素调整系数。}\end{aligned}$$

第四节　基准地价修正法实例

基准地价修正法具体适用于居住、工业、商业、旅游和娱乐等用地及划拨土地等的土地使用权价格评估。在已具备基准地价和基准地价修正系数表的情况下，该方法的关键是如何准确确定待估的各项修正系数。下面以商业用地估价实例说明基准地价修正法的具体应用。

一、评估地产范围和简要说明

委托单位为××市第一百货商店，为国有商业企业，地址在××市站前区东升街东升里 84 号。占地面积 2 270 平方米，西、北、南三面临街，南北长，东西宽，呈长方形，建筑面积 515 平方米，容积率 2.27，为单一商业用地。

土地使用为国有土地划拨土地使用权。

该宗地地处《××市城区土地定级评估》(2012 年 2 月)一级地内，市级商业中心区段，附近第三产业店铺很多，道路交通状况及基础设施条件均较好。

二、评估要求

评估目的："清产核资"工作中的土地资产评估。

评估期日：2013 年 2 月 10 日。

评估方法：采用以《××市城区土地定级评估》(2012 年 2 月)所获得的基准地价为基础，经过宗地区位条件因素修正、年期修正、估价期日修正和容积率修正，最后获得宗地标定地价。

测算公式：

$$\text{宗地价值或价格} = \text{适用的基准地价} \times \left(1 \pm \sum \text{区域及个别因素修正系数}\right) \times \text{土地市场状况调整系数} \times \text{土地使用期限调整系数} \times \text{容积率调整系数} \times \text{土地开发程度调整系数} \times \text{其他因素调整系数。}$$

三、参数测算过程

1. 基准地价

待评估宗地处于《××市城区土地定级评估》(2012 年 2 月)一级地内，基准地价为 2 420 元/平方米(商业用地)。

2. 区域及个别因素修正系数的测算

《××市城区土地定级评估》(2012 年 2 月)采用类级、区段两层控制，宗地区位调整修正的方法体系。待估宗地处于商业一级地，市级商业中心区段，查表得修正系数为+0.35。待估宗地区位调整修正系数结果如表 10-1 所示。

表 10-1　待估宗地修正系数表

修正因素	修正系数
企业经营类别	+6.0%
宗地土地利用强度	+3.5%
宗地临街道路级别	+4.0%
宗地周围土地利用类型	+2.0%
距公交站点距离	+1.5%
宗地受到水淹的可能	0
距长途汽车站距离	+3.0%
宗地临街状况	+2.5%
合　计	22.5%

该宗地区域及个别因素修正系数为 0.35+22.5%=0.575%。

3. 土地市场状况调整系数的测算

因基准地价所对应的基准日与本次评估不一致，需根据当地的地价指数水平，确定待估宗地期日修正系数。根据该市城市地价动态监测成果，经过估价人员调查分析测算，综合确定商业用地的地价指数修正表，如表10-2所示。

表10-2 商业地价指数修正表

年月	2011.1	2011.7	2011.12	2012.2
指数	100	105.33	106.74	106.74

根据地价指数修正表确定期日修正系数为1.0674。

4. 土地使用期限修正系数的测算

由于××市商业用地为40年，而划拨土地一般无约定使用年限，两者所对应的年期不一致，所以需要进行年期修正。已知××市商业用地土地还原利率为9%，则修正公式为：

$$\frac{1-\dfrac{1}{(1+9\%)^{40}}}{1-\dfrac{1}{(1+9\%)^{\infty}}}=1-\frac{1}{(1+9\%)^{40}}=0.9682。$$

5. 容积率修正系数的测算

××市基准地价容积率为1.5，待估宗地容积率为2.5，容积率调整系数如表10-3所示。

表10-3 商业用地容积率调整系数表

容积率	1.0	1.5	1.7	2.0	2.1	2.3	2.5
调整系数	0.827	0.914	0.948	1	1.041	1.117	1.186

则修正公式为：

$$\frac{1.186}{0.914}=1.2976。$$

6. 土地开发程度调整系数的测算

因该宗地开发程度为“六通一平”，与基准地价设定的开发程度一致，故无须修正。

7. 计算宗地价值或价格

$$\begin{aligned}宗地价值或价格&=2\,420\times(1+0.575)\times1.0674\times0.9682\times1.2976\\&=5\,111.27(元/平方米)。\end{aligned}$$

复习思考题

一、名词解释

1. 基准地价 2. 基准地价评估 3. 基准地价修正法 4. 基准地价更新

二、简答题

1. 基准地价的特征有哪些？

2. 简述基准地价的作用。

3. 简述基准地价评估的主要程序。

4. 简述基准地价修正法的基本原理。

5. 简述基准地价修正法的估价程序。

三、判断题

1. 基准地价修正法是指在政府或其有关部门已公布基准地价的地区，通过对具体区位、土地使用期限、容积率、土地形状和临街状况等的比较，由估价对象宗地所在位置的基准地价进行调整后得到估价对象宗地价值或价格的方法。（　　）

2. 对基准地价进行市场状况调整，是将基准地价在其价值时点的值调整为在估价期日的值。（　　）

3. 尽管在不同城市，基准地价的内涵、构成、表达方式等可能不同，但具体调整的内容和方法是完全相同的。（　　）

4. 利用市场交易价格资料直接评估基准地价将成为基准地价评估的发展趋势。（　　）

5. 基准地价有着显著的时效性，应适时更新。（　　）

6. 基准地价代表某宗地的价格，是对该宗地地价具有指示作用的平均价格。（　　）

四、单选题

1. 基准地价中土地使用年限通常是不同用途土地的法定最高年限，其中商业用地为（　　）。

A. 40 年　　B. 50 年　　C. 60 年　　D. 70 年

2. 基准地价修正法的基本原理是（　　）。

A. 收益原理　　B. 替代原理

C. 地租理论　　D. 生成费用理论

3. 基准地价修正法中的市场状况调整一般根据（　　）。

A. 地价指数的变动频率　　B. 地价指数的变动幅度

C. 地价的变动幅度　　D. 房价指数的变动幅度

4. 基准地价更新要以（　　）为基础。

A. 土地定级　　B. 土地收益

C. 地价指数　　D. 市场交易

五、计算题

1. 某一区段的标准深度为 40 米，宽度为 20 米的路线价为 2 000 元/平方米，使用“四三二一法则”来计算该区域内宽度为 30 米、深度为 50 米的矩形宗地价格。

2. 现有一前后两面临街的矩形宗地，总深度为 50 米，宽度为 30 米。前街的路线价为 3 000 元/平方米，后街的路线价为 2 000 元/平方米，两条街的标准深度均为 20 米，试用“四三二一法则”和重叠价值估价法来计算该宗地的价格。

第十一章　批 量 估 价

第一节　批量估价概述

一、批量估价的界定

批量估价是相对于单宗估价的一种评估方法。评估一宗房地产的市场价值时，该估价业务通常被称为“单宗估价”，而一次性评估大批量房地产的估价业务则被称为“批量估价”。两种业务中所采取的步骤十分相似，在单宗估价中，估价师利用市场数据来评估一宗房地产的价值；而在批量估价中，相同的数据则被用来评估一批房地产。

批量估价是20世纪70年代逐步兴起的，尤其是在房地产从价税的税基评估中，批量估价得到了广泛的应用。1983年，国际税收评估人员协会(International Association of Assessing Officers，IAAO)就已经颁布了关于三种基本价值评估方法(成本法、比较法和收益法)在批量评估中的应用准则。IAAO将批量估价定义为：利用共同的数据、标准化的方法和统计检验技术评估一组财产确定日期价值的活动。《国际评估准则2005》(2005 International Valuation Standard)对批量评估的解释是：应用系统的、统一的、考虑到统计检验和结果分析的评估方法和技术，于确定日期评估多项财产价值的活动。

早期批量估价的技术分析是通过手工操作来完成的，当时西方的经济分析师们采用多元回归分析进行农业用地的评估，由于缺乏计算机技术，一宗农业用地的批量估价常常需要两三个人工作一个月才能完成。随着信息时代的到来与计算机及其软件技术的开发和普及，批量估价操作方式已主要依靠计算机进行。不管是手工的批量估价还是计算机辅助的批量估价，其评估结果都是通过统计和数学的理论，采用体现房地产的相关变量与价值之间关系的数理模型，并对数理模型得出的数据进行复核和调整后产生的。

二、批量估价与单宗估价的差异

批量估价与单宗估价二者都是基于房地产价值理论评估方法基础上的评估技术，在估价过程中，都会考虑到公平、客观、公正的原则。但是，二者在很多方面存在着不同点。

1. 同一评估行为所涉及的估价对象数量不同

单从概念角度来看，单宗估价每次评估面向的对象是单宗房地产，即在同一估价业务中只涉及一宗房地产。目前评估机构所进行的房地产估价业务中，除基准地价评估、拆迁评估等在同一评估业务中所涉及的房地产数量较多外，其他估价行为，如房地产抵押价值估价、法院委托估价等评估行为一般都属于单宗估价。

单宗估价具有偶发性和交易随机性的特点，一般是根据房地产市场的需要或者接受客户委托进行评估，评估数量取决于市场或者客户的需求程度；而批量估价一般是根据一国或者一个行政区域的税制对该国或者该行政区域全部应税房地产进行评估，同一评估行为中所涉及房地产的数量非常大，属于海量估价行为。

2. 估价方法不同

批量估价用到的方法相对于单宗估价显得比较复杂，实际操作中所使用的批量估价方法一般都是计算机辅助批量估价法，除此之外，还要用数理统计知识对大量的数据进行筛选、确定参数，建立相应的数理模型。

3. 估价成本不同

批量估价引进数理统计方法，并结合计算机技术，每次评估面向的是大批量的房地产，对大量处于同一市场区域的财产样本建立评估模型从而避免了重复、相似的评估环节，评估花费的时间以及人力成本较小，效率较高。单宗估价每次只能评估一宗房地产，主要采用传统的手动型操作方法，相对来说，评估花费的时间及人力成本较高，效率较低。

4. 估价结果准确性

批量估价的结果易于达到准确、客观和公正。批量评估模型根据基本的估价方法，采用严密的数学推理和计算机技术对所采集的大量房地产交易客观数据进行处理，这样减少了评估师处理数据时由于主观判断可能产生的失误，从而提高了估价结果的准确度。同时，由于批量估价程序中对评估模型的多次检测与比率研究，可以通过对某些偏差的发现，消除不公平的评估值，从而使评估结果更具公正性。

三、批量估价的核心内容

1. 房地产分区等级划分

房地产分区等级划分直接关系到评估精度。分区的单位由高到低可以是行政区、板块、小区、楼幢和单元等任意等级。划分等级越细，最后的评估精度会越高，评估前期成本也会越高，后期数据维护的成本也会增加，但由于可以借助计算机实现数据更新，所以这个成本差异不大。一般来说，至少要求划分到小区，推荐划分到楼幢。

分区的结果不是固定的。随着城市的发展，需要对批量估价分区进行调整。批量估价分区应充分考虑与人们日常生活中习惯的地理分区接近，易于公众理解。

2. 房地产地理属性数据体系的建立

房地产地理属性数据体系主要指的是房地产的门牌地址，掌握房地产的地理属性数据是批量估价的基础。只有掌握了地理属性数据，才能将价格和具体物业建立对应关系，便于评估价格的检索，地理属性数据是实现批量估价的必要条件。

房地产地理属性数据的获取途径一般有以下两种：一是由政府部门提供，例如房屋管理局，这种方式的优势是能比较快捷、准确地获取到房地产的地理属性数据，通过这种方式获取到的地理属性数据和房屋产权证地址是一致的，在检索评估价格的时候能实现完全匹配，提高检索效率和匹配率，但劣势是数据更新比较慢，而且实际操作中不一定能获取到。二是通过现场勘察和采集，这种方式的优势在于能获取到较多的地理信息，但劣势在于通过这种方式获取的地理属性数据与房屋产权证地址不一定完全一致，而且有很多房产在现场勘察中根本找不到门牌号码，由此所建立的地理属性数据体系并不一定准确和完善。因此，要建立相对准确完善的房地产地理属性数据体系，需要多渠道数据的汇总和现场核查。

3. 房地产案例数据的采集

案例数据库，是采用市场比较法或者收益法对存量房进行批量估价的基础。市场数据搜集的多寡与案例的质量好坏，直接影响到评估中基准价格的精准度以及税收征收的公平性。因此，对于案例数据的获取数量和整理程度对批量估价的质量影响比较大。案例数据主要分为交易案例、挂牌案例和估价案例三种类型。其中，交易案例又分为买卖案例和租赁案例，其获取途径主要是房管局和房地产经纪公司。挂牌案例的获取途径也主要是经纪公司，可以通过网络和电话调查获取到。估价案例主要是从评估公司做过的评估报告中获取，由于这三种类型的案例是同一宗物业在不同条件下的价值，因此在使用时需要对案例的价值做浮动调整，同时也要注意案例的时效性，一般采用近三个月的案例作为估价案例。

4. 标准房基准价格的确定

在分区定级的前提下，需要对每一级别的房产设定标准房。根据标准房确定的规则，片区、小区和楼幢的标准房主要对面积、楼层、朝向及建成年代进行统一设定。如果评估精度是到小区的话，就在小区内设定一个标准房，即设定该标准房的楼层、朝向、面积等价格影响因素，通过已获取到的案例数据测算出该标准房的评估价格作为该小区的基准价格。

通常采用一般性的房产作为标准房，例如一层、朝南、90 平方米的房产。基准价格的测算，主要采用市场比较法、收益法、成本法等多种估价方法结合的方式，针对不同的物业类型，采用的估价方法也有所不同。

5. 房地产批量估价中修正体系的建立

在测算出标准房基准价格的基础上，如果要得出其他估价对象的价值，就需要对标准房基准价进行修正。

以住宅为例，在修正所涉及的特征变量选择中，我们将住宅房地产分为片区、小区和楼幢三个等级。针对不同等级房地产价格影响因素的侧重和内容的不同，分别针对性地选择一定数量的特征变量，按照设定的计算模型将特征因素进行量化，从而得出估价所需的修正体系。

第二节　批量估价方法

一、标准价调整法

（一）标准价调整法的概念

标准价调整法是对估价范围内所有被估价房地产进行分组，使同一组内的房地产具有相似性，在每组内选定或设定标准房地产并测算其价值或价格，利用有关调整系数将标准房地产价值或价格调整为各宗被估价房地产价值或价格的方法。

标准价调整法是一种批量估价方法，主要用于存量房交易税收估价和房地产税计税价值评估。该方法适用于估价对象物业属性和估价特性较为近似的物业，尤其适用于小范围且价格影响因素少的房地产批量估价。

（二）标准价调整法的优缺点

1. 标准价调整法的优点

（1）在规模较小的城市中，可以实现绝大部分物业的批量估价需求，具有较强的实用性。

（2）可以达到较高的批量估价覆盖率。

（3）估价准确性较好，并具有较好的质量可控性。

（4）除建设初期投入的人员成本和时间成本较大，后续维护的成本适中。

2. 标准价调整法的缺点

（1）由于人工作业的工作量太大，不适用于大、中型城市。

（2）对估价人员的经验要求较高，尤其是系数设置与标准房的价格评估等环节对质量的要求很高。团队运作时，需要具备较高的质量管理能力。

（3）不同物业间的系数关系可能受到市场、规划等因素的影响，需要定期进行监控和维护，有一定的难度，容易疏忽、遗漏。

（三）标准价调整法的估价步骤

1. 确定估价范围

估价范围包括估价的区域范围和房地产种类。估价的区域范围即需要对哪个地区范围内的房地产进行估价，例如，是某个城市的全部行政区，还是其规划区、建成区、某个或某几个辖区内的房地产。估价的房地产种类即需要对哪些用途和类型的房地产进行估价，例如，是住宅，还是商铺、办公楼、酒店和厂房等。

2. 进行房地产分组

这是对估价范围内的所有被估价房地产进行分组，简称“房地产分组”。进行房地产分组，就是把相似的房地产划分在同一组内，通常是将估价范围内的所有被估价房地产，先按用途划分，简称“分用途”，如分为居住、商业、办公、酒店及工业等用途的房地产；再按类型划分，简称“分类型”，如将住宅分为高层住宅、多层住宅、低层住宅等，将商业房地产分为大型商场、小型店铺等，将办公楼分为甲级办公楼、乙级办公楼、普通办公楼等：然后按区位划分，简称“分区域”或“分区”，如成片开发的住宅按自然小区划分，临街商业房地产按路线价区段划分。从理论上讲，划分的组越小，组内的房地产越相似，从而需要调整的因素就越少。但如果分组过小，则组内的交易实例等“样本”可能较少，从而难以满足测算标准房地产价值或价格的需要。

3. 设定标准房地产

这是在每组内设定标准房地产。标准房地产是指一个组内具有代表性的典型房地产。标准房地产最好是实际存在的，在没有合适的实际房地产作为标准房地产的情况下，可以虚拟某种状况的房地产作为标准房地产。标准房地产无论是实际存在的还是虚拟的，都要对其基本状况（如用途、位置、楼层、朝向、户型和面积等影响同一组内不同房地产价值和价格的主要因素）作出明确界定。

4. 测算标准价

标准价即标准房地产的价值或价格，其测算方法与测算路线价、基准地价的方法相似。

5. 确定有关调整系数

如楼幢、楼层、朝向、户型及面积等调整系数。

6. 计算各宗被估价房地产的价值或价格

这是利用有关调整系数，将标准房地产价值或价格调整为各宗被估价房地产的价值或价格。

二、批量估价的应用前提

由于批量估价技术着重保留了影响其价值的重要的、普遍的因素，忽略了估价对象的一些特殊差异，因此，批量估价的应用必须满足以下前提条件。

1. 相对成熟的房地产市场

批量估价系统需要相对成熟的房地产市场作为评估的前提和基础，以满足能搜集到大量、真实可靠的信息。相对成熟的房地产市场一般包括房地产市场信息公正透明；买卖双方行为理性；房价总体平稳，没有出现快速上涨或下跌；市场交易活跃，成交量大等。

2. 完善的房地产数据库系统

一般而言，估价系统中考虑因素越多，估价结果相对越准确。例如：物业税税基批量估价需要大量的、规范化的数据进行量化分析并构建统计模型，因此，税基评估数据库的建设对于物业税的税基评估十分重要。没有基础数据库，就不能获得影响房地产价格的参数体系的支撑，就无法正确评估物业税的税基。

3. 合理的房地产分类

不同的房地产类型，其价值影响因素的权重大小是不一样的。因此，在应用批量估价技术之前，应首先对房地产进行归纳分类，分别制订批量估价体系。另外，对于估价区域内的一些特殊的房地产，应该采用个案评估方法。

4. 合理的估价分区

不同地段、区位影响房地产市场价格水平的因素是有差异的，市场上表现出的房地产价格水平也会表现出明显的差异性。因此，在批量估价中，首先需要对标的物进行分区，其目的主要是在宏观影响因素、中观影响因素相同或相似的条件下对同批量房地产进行研究，从而只考虑微观个别因素的影响，易于对自变量进行把控，方便实际建模。

5. 统一完善的估价技术标准

在不动产评估中，不同的估价人员、不同的估价方法以及选取参数的不同都会导致所评估出的房地产价值产生较大的差别。因此在批量估价前，应当采用统一的估价标准，这样既保证了估价工作的效率性，又能体现估价工作的公平性。

三、多元回归分析法

（一）多元回归分析法的概念

多元回归分析法是对估价范围内的所有被估价房地产进行分组，使同一组内的房地产具有相似性，在每组内把房地产价值或价格作为因变量，把影响房地产价值或价格的若干因素作为自变量，设定多元回归模型，搜集大量房地产成交价格及其影响因素数据，经过试算优化和分析检验，确定多元回归模型，利用该模型计算出各宗被估价房地产价值或价格的方法。

多元回归分析法是一种批量估价方法，主要用于存量房交易税收估价和房地产税计税价值评估。

（二）多元回归分析法的优缺点

1. 多元回归分析法的优点

（1）多元回归方法所涉及的工作量主要在于特征变量的数量以及特征变量的赋值容易程度，受城市规模的影响较小，因此适用于大、中型及以上城市。

（2）多元回归方法通过拟合因变量与自变量关系从而建立数学模型，这个过程与何种物业类型无关，因此理论上多元回归方法适合各类型物业的批量估价建模。

（3）通过“调整 R 方”和“标准误差”两项指标，基本可以判断和掌握模型价格估计的准确度，并且可以对模型进行待续改进，从而保证批量估价的准确性。

（4）在市场稳定时期，由于自变量与因变量的关系较为稳定，因此模型更新维护的成本较低，从而价格更新的成本也较低。

2. 多元回归分析法的缺点

（1）在不同区域或不同市场，价格的影响因素不尽相同，建立的回归模型也不相同。因此，对每个城市每个物业类型的市场需要分别建立回归模型。

（2）多元回归建模研究过程的理论假设、建模方法、数据采集等环节，需要综合的知识、经验和技能。除了房地产估价师所需具备的估价理论知识、实务经验、调研及价格判断能力外，还需要有统计学、经济学等多学科知识，对人员和团队的综合能力要求很高，而这往往是传统估价机构所欠缺的。

（3）对样本数据的准确性要求较高。如果没有准确的样本数据，建立科学的经济学模型则为空中楼阁。而获得准确的样本数据，长久以来就是个难题，其中有人为的因素（如交易避税），也有客观的因素（如商业物业的交易活跃度低）。

(4) 在市场波动大的时候,原有模型可能失效或者预测能力大幅下降,而模型的迭代或维护周期较长,可能无法及时调整。

(三) 多元回归分析法的估价步骤

(1) 确定估价范围。这与标准价调整法中的确定估价范围相同。

(2) 进行房地产分组。这与标准价调整法中的进行房地产分组相同。

(3) 设定多元回归模型。

常见的多元回归模型为:

$$V=b_0+b_1X_1+b_2X_2+\cdots+b_nX_n。$$

式中,V 为被估价房地产价值或价格(因变量);X_1,X_2,…,X_n 为影响房地产价值或价格的若干因素(自变量);b_1,b_2,…,b_n 为自变量的系数;n 为自变量的数量;b_0 为常数项。

(4) 确定多元回归模型。

(5) 计算各宗被估价房地产的价值或价格。

此外,在运用多元回归分析法时,考虑到某些较少见或不普遍的影响房地产价值或价格的特殊因素如果作为多元回归模型中的自变量,会增加多元回归模型的复杂性和准确性,可先将这些特殊因素剔除,待利用多元回归模型计算出被估价房地产的价值或价格后,再利用特殊因素调整系数对那些存在特殊因素的被估价房地产的多元回归模型计算结果进行调整,从而得出被估价房地产的价值或价格。

四、与计算机技术相结合的方法

房地产批量估价对评估系统的要求主要有:全面覆盖所有物业、估价结果准确以及系统维护成本适中。根据前文论述,单一方法很难实现上述要求。如标准价调整法在大型或超大型城市中应用,将面临很高的运营成本;多元回归建模的更新维护周期较长,当市场出现快速波动时可能无法及时调整等。实践中,多种方法的有效结合是较为理想的,也是房地产批量估价技术的发展趋势。

与计算机技术结合,是指参数的设定、价格评估等都是通过预先设定的算法由计算机从大量的案例数据和其他相关数据中进行挖掘和分析得到的。房地产批量估价领域中以计算机技术为主的技术方法主要是基于大数据的数据挖掘。这一技术的应用最早开始于房地产互联网企业,后来逐步被引入到房地产批量估价的技术或产品研发中来。本节介绍以下两种主要的组合技术。

1. 标准价调整法与大数据挖掘技术的组合

大数据挖掘可以满足一些活跃区域的价格估算,因为活跃区域的交易数量较多,能满足算法所要求的数据量;而不活跃区域则无法为算法提供足够的“原材料”,因此不适用数据挖掘的方法。这时可以运用标准价调整法来弥补。按照标准价调整法的原理,在不活跃区域的临近或相似区域内设置一个标准房地产,经人工调研后设置标准房地产与不活跃区域的调整系数。这样在算法中得出活跃区域价格的同时,就可以利用预先设置好的系数一并计算不活跃区域的价格。此外,在算法中活跃区域的价格中有可能存在一定的偏差,这时可以应用标准价调整法的思路，设置活跃区域间的价格调整系数，以此检验算法结果的合理性。

这一组合的应用前提是存在大量数据可供挖掘，因此适合房地产市场规模较大、互联网信息技术比较发达的城市和地区。此外，在结合了大数据挖掘技术后，标准价调整法可以应用到大型及以上城市，克服了其原有的弊端。

2. 多元回归模型与大数据挖掘技术的组合

除了对估价人员的能力及样本数据的质量要求较高以外，多元回归模型最大的弱点在于迭代问题。市场不断变化，模型不可能一成不变，当市场发生变化并导致变量之间的关系也发生改变时，原有模型的价格预计精度必然下降，此时必须对模型进行重新构建。而市场价格变化未必会导致变量间的关系也发生变化（或变化很小），且当变量间关系发生变化时，估价人员主观上可能无法及时发现；当主观能够感受到变量间的关系出现变化时，往往已经有了很大的变化，之前的价格估算可能已经出现了错误。

大数据挖掘技术可以很好地弥补上述缺陷。大数据挖掘不仅可以直接计算某些具体变量，任何数据内在的规律和关联都可能应用大数据挖掘的方式进行探索和发现，并且能对极为细小的数值波动作出反应。利用数据挖掘的这一特性，我们可以建立对变量的波动监控，当波动超过一定的预设阈值时，即可启动模型的迭代更新。

这一组合的应用前提同样是存在大量数据可供挖掘。除了在城市规模有限等情况下不适用，在商业物业、工业厂房等物业市场也不适用。

第三节　批量估价案例

房地产批量估价技术在
“××市住宅类存量房交易计税基准价系统建设项目”中的应用

（注：本估价案例的部分内容由于篇幅原因而省略，以下所述内容主要使学生了解估价技术要领。）

一、项目介绍

1. 项目目标

建立以存量房交易计税基准价为主要征收依据的征管新模式，实现存量房交易税收征管的便捷、高效、利民。

2. 计税基准价应用范围

地域范围：××市所辖的十个区和两个县级市。

房地产类型：以合法取得房屋产权的住宅类存量房为主，包括花园洋房、别墅等。但不包含农民自建、集体产权等房产。

3. 房地产批量估价目的

评估交易存量房在正常交易条件下的市场价格，以此审核申报价格的真实性，并最终确定房地产交易环节的计税依据。在不考虑纳税指导系数的情况下，要求批量估价的结果尽量逼近市场真实交易价格。

4. 房地产批量估价基准日

本项目基准价评估基准日为 2012 年 1 月 1 日。

二、项目建设的整体思路与方向

××市作为××省的省会城市，具有城市发展快、房地产市场发展繁荣，存量房交易活跃和房地产类型存在多样性等特点，尤其是在城市发展的同时，很多道路或小区名称有不断的调整，致使房管发证的证载地址不能与实际对应；城市中住宅小区、散楼、自建房屋等交错分布，对于数据的检索造成诸多困难；但××市的地籍数据管理较为完备，大部分房屋在其《房屋所有权证》上都登记有其所在地块的图幅号。根据××市房地产市场状况，现就存量房交易价格批量估价项目制订如下技术路线(图 11-1)。

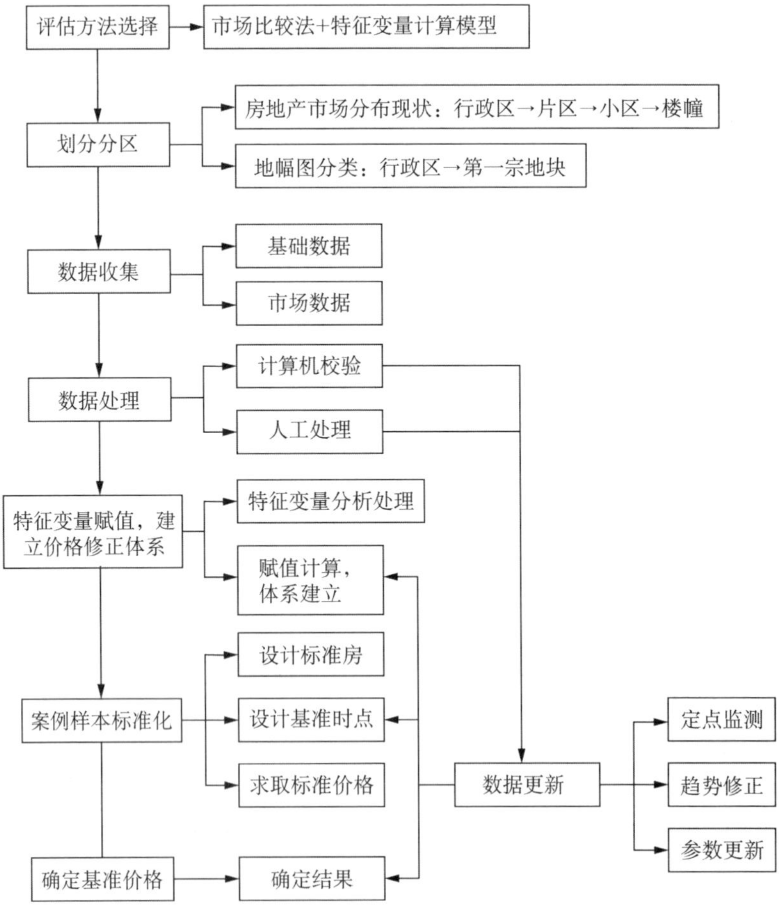

图 11-1　××市存量房批量估价技术路线

批量估价技术模型以市场比较法和特征变量计算模型为基础，确定标准房客观交易基准价，建立评估修正参数体系，通过比较征税对象与标准房之间的特征差异，自动获取修正系数和特征变量值，再乘以标准房客观交易基准价格即可获得征税对象的计税价格。

三、建立立体化评税分区

（一）分区说明

在××市住宅类存量房批量估价中，首先要对不同级别的评税分区赋予相应基准价和修正体系，确定自动评估参数，进行评估值测算。评税结果的精准度与行政区域内住宅类存量房评税分区体系的建立密切相关。

住宅类存量房评税分区根据行政区划、自然屏障、经济发展程度以及影响房地产价值因素情况等，按价值相似情况而建立。

（二）××市房地产市场分析（略）

（三）分区方法

××市住宅类存量房片区划分过程中，主要采用GIS（地理信息系统）图层叠加、专家经验和结合当地约定俗成三个方法。

1. GIS图层叠加

GIS图层叠加是在GIS技术的基础上，根据对房价的不同影响划分不同属性的片区图层。此次划分过程中综合考虑了商圈覆盖、交通通达、公共配套和基础设施、自然和人文环境共四个大类。

2. 专家经验

此次片区的划分过程中，形成了包括当地二手房经纪人、资深房地产估价师的顾问团队。顾问团队对片区的具体划分考虑了基准地价体系，并提供了诸多建设性意见。

3. 当地约定俗成

××市本地也有诸多约定俗成的片区划分。这些信息获取途径主要源于各家二手房中介门店及网站信息，请教本地居民等。

（四）分区结果

根据××市住宅房地产分布的特点，采用房地产现状分布和土地地幅图分类管理相结合的方式，依据地段相同、租金相似、涨幅相近的原则，将××市住宅类存量房的评税分区定为城市、行政区、片区、小区和楼幢五级，具体如下：

第一级为城市，主要以住宅类存量房所属的城市为一级别，本次分区即××市。

第二级为行政区，主要以目前××市行政区为准，将各行政区域作为独立的评税分区，即10个行政区和2个县级市。

第三级为片区，主要根据××市住宅存量房地理位置分布特点，参考传统房地产板块划分以及××市未来发展规划情况，依据商业配套、交通通达性、公共配套与基础设施及环境景观等价格影响因素，结合资深估价师和专家经验，综合考虑各影响因素，从GIS图层叠加、专家经验和当地约定俗成三个主要方法入手，在10个行政区和2个县市级的基础上，细分为582个片区。

第四级为小区，主要是指房屋在楼龄、结构等方面相近，或者由于历史原因百姓约定俗成的一些较小区域，并在基准价格水平方面相对一致的一些区域。小区级别评税分区主要包括住宅小区和部分散楼。住宅小区是指建成年代、建筑类型、建筑结构等条件相近，且形成封闭的统一的物业管理的小区住宅。散楼与住宅小区相比，其显著的区别在于无统一物业管理，且不同楼幢的建成年代、建筑结构、建筑类型等方面有显著区别，甚至在临近区域内楼幢的门牌号地址名称差别很大。根据本次项目的时间进度要求，重点对 582 个片区中在短期内可以确定小区基准价格的小区进行了调查分析研究，共完成 3 432 个小区级别的评税分区，小区数量会随着评税工作的深入而逐步充实。

第五级为楼幢，主要以小区中自然存在的楼幢为划分目标。根据本项目时间进度要求，重点对 3 432 个小区中在短期内可以确定楼幢基准价格的小区进行了调查分析研究，共完成 12.81 万栋楼幢的评税分区，详见表 11-1。

表 11-1　××市评税分区等级划分数量统计表

序号	行政区	片区数量	小区数量	楼幢数量
1	××区	24	484	13 190
2	××区	22	412	9 087
3	××区	22	273	17 249
4	××区	25	277	11 648
5	××区	28	404	10 990
6	××区	8	203	5 152
7	××区	8	35	1 441
8	××区	19	77	3 316
9	××区	6	37	5 363
10	××区	24	518	25 256
11	××市	144	290	16 764
12	××市	252	422	8 635
合计		582	3 432	128 091

四、数据的收集与处理

数据是进行科学评估的前提，是批量估价模型建立的基础。收集数据时应保证数据的准确性和公信度。根据数据内容，分为门牌号体系数据、小区基础信息数据、地图及属性数据、价格案例数据。

（一）数据类型

1. 门牌号体系数据

门牌号体系，是将房屋的《房屋所有权证》登记的地址与小区名、曾用名、曾用地址等建立对应关系，特别针对××市行政区变化、房管登记变化造成实际房屋地址不一致的实际状况。

2. 小区基础信息数据

小区基础信息数据决定着基准价和修正体系的建立。根据评估模型的设计，从诸多的数据项中，选出小区名称、小区别名、小区地址、行政区、土地等级、土地性质、小区内设施设备、小区开发商、物业公司、建筑规模、停车位情况及小区周边配套等数据作为特征因素。

3. 地图及属性数据

地图及属性数据主要是将房地产逐栋楼宇的位置、特征变量的参数等与地图进行关联。根据评估模型的设计，此类数据的质量直接决定特征变量参与计算的准确性。

4. 价格案例数据

价格案例数据包括小区的成交数据、挂牌交易数据、挂牌出租数据等，是评估模型中基准价和修正体系测算的核心数据。

（二）获取数据

1. 现场调查

为保证数据资料的准确性以及完整性，采取普查的方法对部分散楼及住宅小区进行现场走访，通过实地调查获取住宅的一手数据资料。

2. 政府相关部门

从××市相关政府部门获取小区基础信息数据，契税征管数据，这些数据的获得为门牌号体系的建立提供了帮助。通过地籍数据与各级分区划分建立对应关系，做到房管数据与地税平台数据的无缝衔接。

3. 网络调查

通过网络查询获取小区规模、土地占用面积、距离交通站点的距离、周边环境等信息以及大量的价格案例。

4. 购买

通过商业机构购买导航数据中的道路、建筑物、门牌等数据。

（三）数据处理方式

获取的数据里会含有一些不真实、无效的数据，这些数据需要转换或剔除。数据处理一般有人工审核和计算机自动筛选两种方法。

1. 人工审核

人工审核主要对于计算机无法判定的部分进行审核，包括对基础数据和市场数据进行审核。审核人员应该是经验丰富的房地产市场研究人员、资深估价师或者数据分析师。

2. 计算机校验

对于海量数据而言，完全依靠人工审核，审核成本将非常高。一般来说，同一小区内，个体价格相对小区均价的浮动不会超过一定的范围。对于超过价格浮动范围特定限度的案例，可以过滤出来，再采用逐个人工审核方式进行最终过滤。由于部分小区存在塔板结合、回迁房等因素，小区内的价格差异会较大。因此，建议浮动限度按照不同小区来分别设定。

中介提供房屋买卖信息中，对于小区名称、装修情况等字段均没有标准化。针对数据标准的不统一问题，可以设定相应的模糊识别规则，实现计算机自动修正，以保证统计标准的严格性。

（四）地理属性数据处理

1. 数据源拆分

证载地址数据源信息拆分以××市地方税务局提供的历史征税数据为例，具体拆分方式如表 11-2 所示。

表 11-2　××市地理属性数据拆分方式

证载地址	行政区	小区名称	门牌地址	楼幢号	单元号	户号
××区××路 142 号××广场 A 座 2601 室	××区	××广场	××路 142 号	A 座		2601

2. 数据源纠错

在所有搜集到的数据源中，不免部分数据出现错词、错字的现象，对这部分数据需要重新查询、核实和校正。例如，利都大厦错写为丽都大厦，对于这类输入性的错误，都需要一一查询，修正为正确的名称。

五、地理属性数据体系的建立

地税机关应用存量房批量评税系统进行契税征管，一般是通过输入存量房地理信息（多为证载地址），系统自动计算出交易计税价格。批量估价中，需要满足存量房地理信息与分区地址的相互对应匹配，具体包括两重对应关系的建立：一是建立存量房地理信息与小区或散楼地址、小区名称的对应关系；二是建立小区或散楼地址、小区名称与分区的对应关系。各对应关系的建立方法具体如下。

（一）建立存量房地理信息与小区地址或小区名称的对应关系

1. 契税征管数据拆分整理

契税征管数据中通常包括证载地址以及部分小区名称，通过对数据的拆分和整理，可完成部分小区存量房地理信息与小区或散楼地址、小区名称的对应工作。

2. 网络查询对应法

根据已知地理信息（确切的门牌号，或者大致的地理位置），结合网络信息查询其对应的小区名称。这种方法主要运用于深加工契税征管数据。

3. 现场调查法

通过现场实地走访调查法，完成部分散楼及小区的存量房地理信息与小区或散楼地址、小区名称的对应关系。

4. 地理信息匹配法

通过××市地理信息系统中的部分建筑物的门牌号。通过该资料，也可以完成小区地理信息与相应的小区或散楼地址、小区名称的对应关系。

（二）建立小区地址或小区名称与分区的对应关系

主要借助 GIS 中的地图及属性数据，建立小区或散楼地址、小区名称与分区的对应关系。GIS 中每个分区都有明确的四至及街道名称，在操作中输入存量房地理信息或小区名称即能够直接在 GIS 图上显示出相应的位置，然后根据分区范围，就可以查询并建立该小区与所在分区的对应关系。

六、基准价格修正体系的建立

在价格修正体系建立中，将××市住宅房地产分为普通小区和别墅，其中普通小区又分为多层、高层两类。针对每类房地产价格影响因素的侧重和内容的不同，分别选择一定数量的特征变量，按照设定的计算模型将特征因素量化，从而得出评估所需的修正体系。

（一）特征变量的选取

房地产估价规范中影响房地产价格的因素主要包括：繁华程度、交通便捷度、环境、景观、公共配套设施完备程度和城市规划限制等。此外，针对土地的因素主要包括：面积大小、形状、临路状况、基础设备完备程度、土地平整程度、地势、地质水文状况及土地使用权年限等；针对建筑物的因素主要包括：新旧程度、装修、设施设备、平面布置、工程质量、建筑结构、楼层和朝向等。

参照××市现行的房地产评估技术报告，影响各用途土地价格的因素有所不同，其中，影响住宅用地价格的个别因素主要包括：容积率、使用年期、交易期日、宗地面积、宗地形状、建筑物朝向、楼层及宗地基础设施配套程度。

根据××市住宅房地产市场的特点，结合上述分析初步选取了 37 个特征因素（注：统计分析后可能将相关同类特征因素综合归并），如表 11-3 所示。

表 11-3　住宅房地产价值特征因素表

序号	因素	备注
1	距市级商服中心距离（米）	通过 GIS 系统平台自动获取数据
2	距区级商服中心距离（米）	
3	距小区级商服中心距离（米）	
4	距街区商服中心距离（米）	
5	临街道路状况	
6	临公交站点状况（条）	
7	距地铁轻轨站点距离（米）	
8	距火车站距离（米）	
9	距长途汽车站距离（米）	
10	距大学距离（米）	
11	距中学距离（米）	
12	距小学距离（米）	

（续表）

序号	因素	备注
13	距幼儿园距离(米)	通过 GIS 系统平台自动获取数据
14	距农贸市场距离(米)	
15	距医院距离(米)	
16	距邮局距离(米)	
17	距电信营业厅距离(米)	
18	距公园距离(米)	
19	距银行营业厅距离(米)	
20	距大型超市距离(米)	
21	临江距离(米)	
22	其他影响因素	
23	建筑面积	通过人工实地调查获取数据
24	建筑结构	
25	所在楼层总楼层	
26	建成年份	
27	给排水是否正常	
28	容积率	
29	绿化率	
30	物业管理费	
31	有无健身设施	
32	有无消防设施	
33	有无防盗监控	
34	有无管道煤气	
35	有无集中供暖	
36	有无地下车库	
37	有无电梯	

（二）确立价格修正体系

（注：以××市存量房多层普通住宅为例）

1. 样本选取

样本来源于同一片区且小区内楼幢间差异较小的小区，共 362 个。这里的楼幢间差异包括景观、学区房、建成年代和建筑结构等有显著影响的因素，其中，多层总楼层为 4～9 层，包含东南、南、南北、北四个朝向，且产权面积均小于 200 平方米。

本次多层住宅价格修正体系中，多层住宅标准房设定面积为 70～90 平方米，所在楼层为 1 层，南北朝向。

2. 样本初步处理

通过数据过滤，对样本进行初步筛选，剔除了偏离平均值过高(≥20%)或者过低的样本(<15%)。

3. 初始值设定

(1) 面积修正初始值设定

根据估价师经验，面积修正初始值设定如表 11-4 所示。

表 11-4　面积修正初始值

50 平方米以下	50～70 平方米	70～90 平方米	90～110 平方米	110～140 平方米	140～200 平方米
0.02	0.01	0	−0.01	−0.02	−0.03

以 70～90 平方米为标准值，面积初始值设定的优劣性主要根据小户型总价低，单价高；大户型总价高，单价低。

(2) 楼层修正初始值设定

表 11-5　楼层修正初始值

总楼层＼所在楼层	1	2	3	4	5	6	7	8	9
4	0	0.02	0.02	0					
5	0	0.02	0.04	0.02	0				
6	0	0.02	0.04	0.04	0.02	0			
7	0	0.02	0.04	0.04	0.04	0.02	0		
8	0	0.02	0.04	0.04	0.04	0.04	0.02	0	
9	0	0.02	0.04	0.04	0.04	0.04	0.04	0.02	0

如表 11-5 所示，总楼层为 4～9 层，设定 1 层为标准值，楼层初始值的设定优劣性主要结合估价经验，消费者偏好中间层。

(3) 朝向修正初始值设定

由于所选样本包含东南、南、南北、北四个朝向，故朝向初始值设定为 4 个(表 11-6)，其中，南北朝向为标准值，其他朝向初始值设定的优劣性主要根据采光时间和通风情况而定。

表 11-6　朝向修正初始值

朝向	初始设定值
南北	0
南	−0.01
东南	−0.02
北	−0.09

4. 价格标准化

根据修正体系的初始设定值，将单价标准化。

$$标准价=房价\div\prod 各项修正。$$

5. 时间修正

样本发布时间不同，其价格也有所不同。将所有样本都修正到估价时点，并将同一小区的、经过时间修正的样本的价格进行算术平均化。

其中，修正公式为：

$$估价时点价格=样本价格\times(1+增长率)^{估价时点-样本发布时点}。$$

6. 修正幅度计算

将时间修正后的小区案例价格除以经过时间修正的样本的标准价格算术平均值(即上一步的结果)，获取修正幅度。

7. 设定自变量(表 11-7)

表 11-7　房地产价格特征变量设置表

设定变量名	变量内涵	设定变量名	变量内涵
INDEX	修正幅度	*F*24	总楼层 4，所在楼层 2
N	北朝向	*F*34	总楼层 4，所在楼层 3
NS	南北朝向	*F*44	总楼层 4，所在楼层 4
S	南朝向	*F*15	总楼层 5，所在楼层 1
SE	东南朝向	*F*25	总楼层 5，所在楼层 2
*S*50	50 平方米及其以下	*F*35	总楼层 5，所在楼层 3
*S*70	50～70 平方米(含)	*F*45	总楼层 5，所在楼层 4
*S*90	70～90 平方米(含)	*F*55	总楼层 5，所在楼层 5
*S*110	90～110 平方米(含)	*F*16	总楼层 6，所在楼层 1
*S*144	110～144 平方米(含)	*F*36	总楼层 6，所在楼层 3
*S*200	144～200 平方米(含)	*F*66	总楼层 6，所在楼层 6
*F*14	总楼层 4，所在楼层 1		

8. 模型设定

价格修正基础模型为：

$$基准时点案例价格=基准时点基准价格\times(1+面积修正)\times(1+楼层修正)\times(1+朝向修正)。$$

等式两边取对数，模型可以进一步简化为：

$$\ln 修正幅度=面积修正+楼层修正+朝向修正。$$

其中，修正幅度为因变量，面积修正、朝向修正、楼层修正均为虚拟变量形式表示的自变量。

9. 模型拟合

模型拟合采用最小二乘法，第一次拟合结果如表 11-8 所示。

表 11-8　模型统计结果

因变量：修正幅度				
方法：最小二乘法				
样本数：1362				
观测值：362				
变量	回归系数	标准误差	t 检验值	P 值
S	0.010263	0.001314	7.808508	0
N	0.088512	0.002024	43.7373	0
SE	0.022843	0.002935	7.782633	0
$S50$	−0.03077	0.003782	−8.1356	0
$S70$	−0.01326	0.001506	−8.80364	0
$S110$	0.007467	0.001713	4.35961	0
$S140$	0.01719	0.002679	6.416788	0
$S200$	0.037422	0.005868	6.376815	0
$F14$	−0.00922	0.002564	−3.59552	0
$F24$	−0.02502	0.002045	−12.2372	0
$F34$	−0.02552	0.001975	−12.9209	0
$F44$	−0.00407	0.001987	−2.04681	0.0414
$F15$	0.013285	0.002611	5.088634	0
$F25$	−0.0063	0.002814	−2.23835	0.0258
$F35$	−0.0246	0.001907	−12.9004	0
$F45$	−0.00993	0.002802	−3.54577	0.0004
$F55$	0.011393	0.003913	2.911219	0.0038
$F16$	0.004831	0.004117	1.17336	0.2415
$F36$	−0.03409	0.002268	−15.0289	0
$F66$	−0.00753	0.007482	−1.00663	0.3148
R^2	0.895106	被解释变量的样本均值		−0.0011

（续表）

调整后的 R^2	0.889278	被解释变量的样本标准误差	0.0331
回归残差的标准误差	0.010998	赤池信息准则	−6.12859
残差平方和	0.041365	施瓦兹信息准则	−5.91359
对数似然估计函数值	1 129.275	DW 检验值	1.371008
残差平方和	0.048251	施瓦兹信息准则	−5.71077
对数似然估计函数值	1 101.403	DW 检验值	1.644348

考虑到后续还有迭代修正，暂定 $F16$、$F66$ 两个系数通过检验。$R^2=0.895106$，模型显著。

10. 拟合参数修正

第二次拟合，各项修正因素的值为第一次拟合结果系数与第一次初始假设值的算术平均值。

11. 迭代

返回第 3 步，将第二次拟合参数修正中得到的各项修正因素值代入，并再次执行第 4 步至第 10 步的过程。

12. ××市存量房多层住宅价格修正体系最终确立

回归结果中，各项修正系数基本符合当地房地产估价师以及房地产经纪人的直观感觉，个别项目的数值与专家的经验有一定偏差，最终的参数值根据回归结果并参考估价师和房地产经纪人等专家经验拟定。

七、基准价格的确定

依据评税分区，将基准价格按片区基准价格、小区基准价格和楼幢基准价格进行测算。

基准价格的测算有三种方式：一是标准价调整法；二是特征因素模拟回归法；三是网格法。对于样本量大、同质化较高的评税分区，基准价格的求取主要通过标准价调整法；对于通过数理方式获取但不能反映真实成交价格的基准价格（和现场调查偏差较大），以及对于存在特殊因素、样本量少的评税分区可以采用特征因素模拟回归法；网格法主要用于散楼及片区价格的求取。这三种方法还可以起到互相校验的作用。

（具体过程略）

综合计算结果，最终研究确立了 582 个片区、3 432 个小区、12.81 万栋楼幢的基准价格。

复习思考题

1. 什么是批量估价？
2. 批量估价与单宗估价的差异。
3. 常用的批量估价方法及其优缺点。
4. 结合实际情况，谈谈批量估价组合技术。

第十二章　房地产估价报告

在房地产估价业务中，估价人员在确定了最终估价额以后，应将估价过程、估价结果等写成估价报告，交给委托方，才算最终完成估价业务。房地产估价报告是估价成果的报告书，也是关于估价对象的客观合理价格或价值的研究报告。

第一节　房地产估价报告的作用和要求

房地产估价报告是全面、公正、客观和准确地记录房地产估价过程，反映估价成果的文件，是交付委托估价方的书面回复，也是关于估价对象的客观合理价格或价值的研究报告。

通过估价报告，不仅可以了解房地产估价的最终成果，还能反映出整个估价的技术路线、应用方法和估价依据等内容。

一、房地产估价报告的作用

房地产估价报告在估价业务中具有重要作用，主要表现在以下三个方面。

1. 确定委托估价房地产评估价格的依据

编写房地产估价报告书的目的主要是对被估价的房地产做出公正的书面评价，并根据实际情况和法律规定，提出估价意见，向委托人说明估价工作已经完成，提供估价结果，为委托人在市场中交易委托估价房地产提供指导性意见。

2. 明确委托方、受托方责任的依据

房地产估价报告既是房地产估价机构履行委托估价合同，也是估价机构对其受托项目估价承担法律责任的书面证明文件。估价报告中的有关估价结果的说明，如价值时点、估价目的、估价假设和限制条件、应用范围、估价师声明及估价报告的有效时限等，既限定了估价结果的应用条件，也明确了估价机构和估价人员的责任界限。

3. 完善房地产评估管理的重要手段

房地产估价报告详实地记载了受托估价项目的估价过程、估价结果，反映了估价人员的业务水平、工作经验和职业道德，为房地产估价管理部门对估价结果确认质量、对估价机构评定资质等级和估价人员管理提供重要依据。

二、房地产估价报告的要求

估价报告是房地产估价机构和注册房地产估价师向估价委托人所做的关于估价情况和估价结果的正式陈述。理论上，估价报告有书面估价报告和口头估价报告两种，为了保证估价报告的严肃性、规范化等，估价报告应采取书面形式，即应为书面估价报告。房地产估价报告应当满足以下基本要求。

（1）估价报告真实，即估价报告对待估房地产应陈述事实、描述状况、说明情况，没有虚假记载。

（2）估价报告客观，即估价报告应客观叙述、分析和评论，得出结论应有依据，没有误导性陈述。

（3）估价报告准确，即估价报告中的估价基础数据应正确，用语应明确肯定、避免产生误解，对未予以核实的事项不得随意写入，对难以确定的事项及其对估价结果的影响应予以说明，不可含糊其词。

（4）估价报告完整，即估价报告应全面反映估价情况和结果，包含估价报告使用者所需要的必要信息，正文内容和附件资料应齐全、配套，不得隐瞒事实，没有重大遗漏。

（5）估价报告清晰，即估价报告应层次分明，用简洁的文字或图表对有关的情况和结果进行归纳总结，避免不必要的重复，便于估价报告使用者理解和使用。

（6）估价报告规范，即估价报告的制作应符合规定的格式，文字、图表等的使用应符合相应的标准，房地产估价术语及其他专业术语应符合《房地产估价基本术语标准》(GB/T 50899—2013)等有关规定。

第二节 房地产估价报告的形式和内容

撰写估价报告不仅是估价过程的总结，也是估价水平的体现。估价报告质量的高低不仅取决于估价结论的准确性、估价方法选择的正确性、参数确定的合理性，还要有规范的格式、较高的文字表述水平及良好的外观。

一、房地产估价报告的形式

房地产估价报告的形式分为口头报告（如专家证词）和书面报告。书面报告按照其格式又可分为叙述式估价报告和表格式估价报告。报告的形式一般取决于报告的用途和房地产的类型。

1. 叙述式

叙述式是一种由估价人员根据需要而撰写的估价报告形式。其优点是估价人员可根据估价对象、资料状况、估价经验等进行充分论证和解释，突出重点，使估价结果更具有说服力。叙述式估价报告是估价人员履行责任的最佳方式。因此，《房地产估价规范》(GB/T

50291—2015)规定:对于成片多宗房地产的同时估价,且单宗房地产的价值较低时,估价结果报告可以采用表格的形式,除此之外的估价结果报告应采用叙述式。

2. 表格式

表格式是一种固化了的估价报告格式,估价人员只需按表格要求逐项填写即可。这种估价报告的优点是操作方便,不易遗漏,估价人员撰写报告省时省力。缺点是对一些特殊性、个别性的内容,如有关参数的选择、调整幅度的确定等,不能详细分析,而这一点往往能体现出估价报告质量和估价人员的业务水平;另外,对一些需说明的内容不能描述和重点说明,如建筑物装修与使用情况。因此,表格式估价报告仅用于旧城区居民房屋拆迁补偿估价、居民预购商品住宅的抵押估价等。

二、房地产估价报告的内容

叙述式和表格式估价报告虽表现形式不同,但对它们的内容要求是相同的。下面主要以叙述式估价报告来说明估价报告的内容。

根据《房地产估价规范》(GB/T 50291—2015)的要求,一份完整的房地产估价报告由八个部分组成,具体内容如下。

(一)封面

封面应包括以下7项内容:①估价报告名称,一般为房地产估价报告,也可结合估价对象和估价目的给估价报告命名,如房地产抵押估价报告、国有土地上房屋征收评估报告、房地产司法拍卖估价报告等。②估价报告编号,应反映估价机构简称、估价报告出具年份,并应按顺序编号数,不得重复、遗漏、跳号。③估价项目名称,应根据估价对象的名称或位置和估价目的,提炼出简洁的名称。④估价委托人,当为单位时,应写明其名称;当为个人时,应写明其姓名。⑤房地产估价机构,应写明其名称。⑥注册房地产估价师,应写明所有参加估价的注册房地产估价师的姓名和注册号。⑦估价报告出具日期,应与致估价委托人函中的致函日期一致。

(二)目录

目录应按前后次序列出估价报告各个组成部分的名称及对应的页码,以便估价委托人或估价报告使用者对估价报告的框架和内容有一个总体了解,并容易找到其关注的内容。目录一般应包含以下几项:①致估价委托人函,②估价师声明,③估价假设和限制条件,④估价结果报告,⑤估价技术报告,⑥附件。

(三)致估价委托人函

致估价委托人函是估价机构和估价师正式地向估价委托人报告估价结果、呈送估价报告的文件,应包括以下9项内容:①致函对象,应写明估价委托人的名称或姓名。②估价目的,应写明估价委托人对估价报告的预期用途,或估价是为了满足估价委托人的何种需要。③估价对象,应写明估价对象的财产范围及名称、坐落、规模、用途和权属等基本状况。④价值时点,应写明所评估的估价对象价值或价格对应的时间。⑤价值类型,应写明所评估的估价对象价值或价格的名称;当所评估的估价对象价值或价格无规范的名称时,应写明其定义或内涵。⑥估价方法,应写明所采用的估价方法的名称。⑦估价结果,应写明最终评估价值的总价,并应注明其大写金额;除估价对象无法用单价表示外,还应写明最终评估价值的单价。⑧特别提示，应写明与评估价值和使用估价报告、估价结果有关的引起估价委托人和估价报告使用者注意的事项。⑨致函日期，应注明致函的年、月、日。该致函日期即为估价报告出具日期。致估价委托人函应加盖房地产估价机构公章，不得以其他印章代替；法定代表人或执行事务合伙人宜在其上签名或盖章。

（四）估价师声明

估价师声明应写明所有参加估价的注册房地产估价师对其估价职业道德、专业胜任能力和勤勉尽责估价的承诺和保证。该声明对签名的估价师是一种警示。不得将估价师声明的内容与估价假设和限制条件的内容相混淆，或把估价师声明变成估价师和估价机构的免责声明。

鉴证性估价报告的估价师声明应包括下列内容。

（1）注册房地产估价师在估价报告中对事实的说明是真实和准确的，没有虚假记载、误导性陈述和重大遗漏。

（2）估价报告中的分析、意见和结论是注册房地产估价师独立、客观、公正的专业分析、意见和结论，但受到估价报告中已说明的估价假设和限制条件的限制。

（3）注册房地产估价师与估价报告中的估价对象没有现实或潜在的利益，与估价委托人及估价利害关系人没有利害关系，也对估价对象、估价委托人及估价利害关系人没有偏见。

（4）注册房地产估价师是按照有关房地产估价标准的规定进行估价工作，撰写估价报告。

非鉴证性估价报告的估价师声明的内容，可根据实际情况对鉴证性估价报告的估价师声明的内容进行适当增减。

（五）估价假设和限制条件

估价假设和限制条件是估价报告中对估价假设和估价报告使用限制的说明。在说明估价假设和限制条件时，应有针对性并尽量简明，要防止出现以下三种情况：①随意编造估价假设和限制条件。②应说明的估价假设和限制条件不予以说明。③无针对性地列举一些与本估价项目无关的估价假设和限制条件。

1. 估价假设

估价假设应针对估价对象状况等估价前提，做出必要、合理且有依据的假定。不得为了规避应尽的检查资料、调查情况等勤勉尽责估价义务或为了高估、低估估价对象的价值或价格而滥用估价假设。估价假设应说明以下内容。

（1）一般假设，应说明对估价所依据的估价对象的权属、面积、用途等资料进行了检查，在无理由怀疑其合法性、真实性、准确性和完整性且未予以核实的情况下，对其合法、真实、准确和完整的合理假定；对房屋安全、环境污染等影响估价对象价值或价格的重大因素给予了关注，在无理由怀疑估价对象存在安全隐患且无相应的专业机构进行鉴定、检测的情况下，对其安全的合理假定等。

（2）未定事项假设，应说明对估价所必需的尚未明确或不够明确的土地用途、容积率等事项所做的合理的、最可能的假定。

（3）背离事实假设，应说明因估价目的的特殊需要、交易条件设定或约定，对估价对象状况所做的与估价对象的实际状况不一致的合理假定。例如，在国有土地上房屋征收评估中，评估被征收房屋的价值不考虑被征收房屋租赁、抵押、查封等因素的影响。在房地产司法拍卖估价中，不考虑拍卖财产上原有的担保物权、其他优先受偿权及查封因素，因为原有的担保物权及其他优先受偿权因拍卖而消灭，查封因拍卖而解除。

(4) 不相一致假设，应说明在估价对象的实际用途、登记用途、规划用途等用途之间不一致，或不同权属证明上的权利人之间不一致，估价对象的名称或地址不一致等情况下，对估价所依据的用途或权利人、名称、地址等的合理假定。

(5) 依据不足假设，应说明在估价委托人无法提供估价所必需的反映估价对象状况的资料及注册房地产估价师进行了尽职调查仍然难以取得该资料的情况下，缺少该资料及相应的估价对象状况的合理假定。例如，估价时一般应查看估价对象的权属证明原件，但在估价委托人不是估价对象权利人且不能提供估价对象权属证明原件的情况下，估价师虽然进行了尽职调查，但也难以取得估价对象的权属证明，此时对缺少估价对象权属证明的说明以及对估价对象权属状况的合理假定。再如，因征收、司法拍卖等强制取得或强制转让房地产，房地产占有人拒绝注册房地产估价师进入估价对象内部实地查勘，或估价对象涉及国家秘密，注册房地产估价师不得进入其内部实地查勘的，对不掌握估价对象内部状况的说明以及对估价对象内部状况的合理假定。

2. 限制条件

估价报告使用限制应说明估价报告和估价结果的用途、使用者、使用期限等使用范围及在使用估价报告和估价结果时需要注意的其他事项。其中，估价报告使用期限也称为估价报告应用有效期，是指自估价报告出具之日起计算，使用估价报告不得超过的时间。估价报告使用期限应根据估价目的和预计估价对象的市场价格变化程度来确定，不宜超过一年。超过估价报告使用期限使用估价报告的，相关责任应由估价报告使用者自行承担；在估价报告使用期限内使用估价报告的，相关责任应由在估价报告上盖章的房地产估价机构和签名的注册房地产估价师承担，但属估价报告使用者不当使用的除外。

(六) 估价结果报告

估价结果报告应简明扼要地说明下列事项：

(1) 估价委托人，当为单位时，应写明其名称、住所和法定代表人姓名；当为个人时，应写明其姓名和住址。

(2) 估价机构，应写明房地产估价机构的名称、住所、法定代表人或执行事务合伙人姓名、资质等级和资质证书编号。

(3) 估价目的，应说明估价委托人对估价报告的预期用途，或估价是为了满足估价委托人的何种需要。

(4) 估价对象，应概要说明估价对象的财产范围及名称、坐落、规模、用途和权属等基本状况；对土地基本状况的说明，还应包括四至、形状、开发程度及土地使用期限；对建筑物基本状况的说明，还应包括建筑结构、设施设备、装饰装修和新旧程度。

(5) 价值时点，应说明所评估的估价对象价值或价格对应的时间及其确定的简要理由。

(6) 价值类型，应说明所评估的估价对象价值或价格的名称、定义或内涵。

(7) 估价原则,应说明所遵循的估价原则的名称、定义或内涵。

(8) 估价依据,应说明估价所依据的有关法律、法规和政策,有关估价标准,估价委托书、估价委托合同、估价委托人提供的估价所需资料,房地产估价机构、注册房地产估价师掌握和搜集的估价所需资料。房地产抵押估价应有《房地产抵押估价指导意见》,房屋征收评估应有《国有土地上房屋征收评估办法》。

(9) 估价方法,应说明所采用的估价方法的名称和定义。按估价委托合同约定不向估价委托人提供估价技术报告的,还应说明估价测算的简要内容。

(10) 估价结果,应说明不同估价方法的测算结果和最终评估价值。最终评估价值应注明单价和总价,且总价应注明大写金额。估价对象无法用单位表示的,最终评估价值可不注明单价。

(11) 注册房地产估价师,应写明所有参加估价的注册房地产估价师的姓名和注册号,并应由本人签名及注明签名日期,不得以个人印章代替签名。非注册房地产估价师和未参加估价的注册房地产估价师不得在其上签名。

(12) 实地查勘期,应说明实地查勘估价对象的起止日期,具体为自进入估价对象现场之日起至完成实地查勘之日止。

(13) 估价作业期,相当于生产日期,应说明估价工作的起止日期,具体为自受理估价委托之日(如收到估价委托书之日或签订估价委托合同之日)起至估价报告出具之日止。

(14) 其他需要说明的事项。

(七) 估价技术报告

估价技术报告应较详细地叙述下列内容:

(1) 估价对象描述与分析,应有针对性地较详细说明、分析估价对象的区位、实物和权益状况。区位状况应包括位置、交通、外部配套设施和周围环境等状况,单套住宅的区位状况还应包括所处楼幢、楼层和朝向。土地实物状况应包括土地的面积、形状、地形、地势、地质、土壤和开发程度等;建筑物实物状况应包括建筑规模、建筑结构、设施设备、装饰装修、空间布局、建筑功能、外观和新旧程度等。权益状况应包括用途、规划条件、所有权、土地使用权、共有情况、用益物权设立情况、担保物权设立情况、租赁或占用情况、拖欠税费情况、查封等形式限制权利情况及权属清晰情况等。

(2) 场背景描述与分析,应简要说明估价对象所在地区的经济社会发展状况和房地产市场总体状况,并有针对性地较详细说明、分析过去、现在和可预见的未来同类房地产的市场状况。

(3) 估价对象最高最佳利用分析,应说明以估价对象的最高最佳利用状况为估价前提,并有针对性地较详细分析、说明估价对象的最高最佳利用状况。当估价对象已为某种利用时,应从维持现状、更新改造、改变用途、改变规模、重新开发及它们的某种组合或其他特殊利用中分析、判断何种利用为最高最佳利用。根据估价目的不以最高最佳利用状况为估价前提的,可不进行估价对象最高最佳利用分析。

(4) 估价方法适用性分析,应逐一分析比较法、收益法、成本法和假设开发法等估价方法对估价对象的适用性。对于理论上不适用而不选用的,应简述不选用的理由;对于理论上适用但客观条件不具备而不选用的,应充分陈述不选用的理由;对于选用的估价方法,应简述选用的理由并说明其估价技术路线。

（5）估价测算过程，应详细说明所选用的估价方法的测算步骤、计算公式和计算过程，以及其中的估价基础数据和估价参数的来源或确定依据等。

（6）估价结果确定，应说明不同估价方法的测算结果和最终评估价值，并详细说明最终评估价值确定的方法和理由。

估价技术报告一般应提供给估价委托人，但因知识产权、商业秘密等原因也可以不提供给估价委托人。如果不提供给估价委托人的，应事先在估价委托合同中约定。

（八）附件

附件是估价报告的重要组成部分，是放在估价报告后面的、相对独立的补充说明或证明估价依据、估价对象状况、估价机构资质和估价师资格等的资料。附件包括：①估价委托书复印件；②估价对象位置图；③估价对象实地查勘情况和相关照片；④估价对象权属证明复印件；⑤估价对象法定优先受偿款调查情况，当不是房地产抵押估价报告时，可不包括该情况；⑥可比实例位置图和外观照片，当未采用比较法进行估价时，可不包括该图和照片；⑦专业帮助情况和相关专业意见；⑧估价所依据的其他文件资料；⑨房地产估价机构营业执照和估价资质证书复印件；⑩注册房地产估价师估价资格证书复印件。

第三节　房地产估价报告实例

下面是一份房地产估价报告的实例，根据需要，隐去估价机构和估价对象具体情况。同时，由于篇幅所限，对部分内容进行了删减和省略。

×县×镇房屋征收估价报告

估价报告编号：××评房字(2015)××号

估价项目名称：×县×镇甲、乙、丙三条街征收区域A、B段征收补偿估价

估价委托人：×县房屋征收办公室

房地产估价机构：××评估事务所

注册房地产估价师：××注册号××××××

××注册号××××××

估价报告出具日期：2015年11月30日

目录(略)

致估价委托人函

甲县房屋征收办公室：

受贵办委托，我所派出以注册房地产估价师××为项目负责人的评估工作组，遵循为房屋征收部门与被征收人确定被征收房屋价值的补偿提供依据，评估被征收房屋价值的估

价目的，对位于×县×镇甲、乙、丙三条街征收区域A、B段范围内的被征收房屋及该征收区域内扣除国家利益后的出让住宅用地使用权在价值时点为2015年11月10日内的公开市场价格进行了评估。本次评估房屋共××户(含公建房屋)，被征收房屋总建筑面积44 040.543平方米，详见表12-1。

表12-1 估价结果一览表

现场查勘核对表									房屋现值		
序号	被征收人	身份证号码	房屋坐落	层数	用途	建筑面积(平方米)	占地面积(平方米)	建筑结构	修建/翻建时间	单价(元/平方米)	合计(万元)
1	(略)	(略)	(略)	二层	住宅	243.42	163.79	一层石头、土勾缝，二层砖混	1994年修建	460.00	11.19
2	(略)	(略)	(略)	(略)	(略)	(略)	(略)	(略)	(略)	(略)	(略)
3	(略)	(略)	(略)	(略)	(略)	(略)	(略)	(略)	(略)	(略)	(略)
…	(略)	(略)	(略)	(略)	(略)	(略)	(略)	(略)	(略)	(略)	(略)
合计						44 040.543	30 608.09			446.00	1 965.91

注：1. 根据房地产评估委托书，全部房屋均按住宅评估。
2. 上述结论的应用需要详见本报告中“价值类型”部分。

依照本次评估目的，根据委托方提供的资料、估价人员现场勘察情况和市场调查资料，结合估价对象实际情况，采用重置成本法对委估的被征收房屋所有权进行了评估。经分析和测算，结合估价师的经验，在满足本估价报告中“估价的假设和限制条件”下，估价对象(即被征收房屋及该征收区域内的住宅用地使用权)在价值时点为2015年11月10日的公开市场价格分别为：

被征收房屋的评估总价：人民币19 659 100.00元，大写：壹仟玖佰陆拾伍万玖仟壹佰元人民币。

被征收房屋的综合单价：人民币446.00元/平方米，大写：每平方米建筑面积肆佰肆拾陆元人民币。

被征收房屋的综合总价：人民币19 642 082.00元，大写：壹仟玖佰陆拾肆万贰仟零捌拾贰元人民币。

征收区域内出让住宅用地使用权平均价格(已扣除国家收益)：335.94元/平方米，大写：每平方米土地面积叁佰叁拾伍元玖角肆分人民币。

征收区域内出让住宅用地使用权总价(已扣除国家收益)：人民币10 282 482.00元，大写：壹仟零贰拾捌万贰仟肆佰捌拾贰元人民币。

上述结论仅为××评房字(2015)××号“×县×镇甲、乙、丙三条街征收区域A、B段征收补偿估价”报告书的一部分，应用时须认真阅读本估价报告书全文。

××评估事务所

执行合伙企业事务的合伙人：××

2015年11月30日

估价师声明(略)

估价假设和限制条件

一、本估价报告基于以下假设条件

(1) 假设估价对象(房屋的所有权及其占用土地的使用权)通过合法方式取得,并拥有合法产权和使用权,无所有权和使用权异议,未设定抵押、质押等担保,未对外投资入股、转让,不存在司法及行政机关依法裁定、决定查封和其他限制该房地产权利或影响其公开市场价值的情形,不存在法律、法规规定禁止估价对象按本次估价目的使用的其他情形。我们未对本事项进行调查确认。

(2) 假设在价值时点2015年11月10日的房地产市场为公开、公平的均衡市场。

(3) 因委托方未能提供估价对象房屋所占土地的《国有土地使用证》,我们根据本次估价目的和当地有关规定,评估时假设估价对象房屋所占土地的使用权为被征收人以出让方式取得,自价值时点起尚可使用年限为70年,在评估出土地价格后按政府规定扣除20%的国家收益部分。假设委托方提供的房屋所占土地面积、用途准确无误、合理、合法。本事项仅经委托方指认或说明,我们未对本事项进行调查确认。

(4) 因委托方未能提供估价对象房屋的《房屋所有权证》,我们根据本次估价目的,假设估价对象房屋是被征收人合法取得。本事项仅经委托方指认或说明,我们未对本事项进行调查确认。

(5) 本次估价假设估价对象房地产以征收当事人双方确定的用途持续使用并已达到最高最佳使用。若转换使用用途,本估价结果无效。

(6) 估价人员对估价对象的现场查勘仅限于估价对象在查勘期(2015年11月12日—2015年11月24日)的外观和使用状况,对被遮盖、未暴露及难以接触到的部分,本报告假设估价对象符合国家有关技术、质量、验收规范,符合国家有关安全使用标准。

(7) 假设估价对象在价值时点时的建筑结构、装修等物质实体与估价人员现场查勘时无任何变化。

(8) 本次评估所采用的房屋建筑面积和土地面积以委托方提供的数据为准,假设房屋建筑面积和土地面积准确无误。我们未对本事项进行调查确认。

(9) 假设委托方提供的估价资料和陈述的情况是事实、合法和完整的。我们未对本事项进行调查确认。

(10) 假设估价对象应缴纳的各种税费已按国家、省、市法律、法规和规章缴纳完毕,并取得相应的产权依据和其他法律保护依据。我们未对本事项进行调查确认。

二、本估价报告使用的限制条件

(1) 根据委托方的房地产评估委托书,本报告的估价结果将每户房屋和区域平均地价分开评估并单独列示。其中,房屋估价结果不包括简易房、围墙、院坝以及附属设施设备的价格,土地使用权估价结果为该征收区域的出让住宅用地使用权平均价格,并根据×县政府规定按出让住宅用地基准地价的20%扣除了国家收益。每户房屋占用范围内的土地使用权的补偿价格可根据本报告的"价格定义"结合具体的容积率和土地开发程度修正。

(2) 应用本估价报告时，本估价报告应用人应明确本次估价的价格定义，以及本估价报告中的"估价的假设和限制条件"。本报告估价结果是在满足全部假设与限制条件下的房屋和土地使用权公开市场价格。若国家政策、经济环境、房地产本身的状况等因素及本报告假设条件发生重大变化，并对估价结果产生重大影响时，本估价结果无效，须重新估价。

(3) 本报告所采用的房屋各部分建筑面积、用途以及房屋所占土地面积、用途以委托方提供的有关资料为依据，在运用本报告时，应以相关登记机关核实或由征收当事人双方确认的房屋建筑面积、用途和土地使用权面积、用途为准。

(4) 本估价报告的全部或部分内容只能表述在与本次征收有关的资料、公告中，未经本所书面许可，不得向委托方及相关方以外的单位或个人提供。

(5) 本估价报告的估价结果，需经××评估事务所盖章及在该所注册的房地产估价师签字，并作为一个整体完整使用时有效。本事务所对本次估价结果拥有最终解释权。

(6) 如在2015年11月30日未来壹年中估价对象所在区域类似房屋、住宅用地使用权市场行情无大的变化，并满足本估价报告中的"估价的假设和限制条件"时，本估价报告有效期为壹年，从2015年11月30日至2016年11月29日。

三、需要特殊说明的事项

(一) 资料来源说明

(1) 本报告所采用的房屋各部分建筑面积、用途以及房屋所占土地面积、用途、土地开发程度等估价资料由委托方提供。

(2) 估价对象区域条件、房地产租售价格、地价水平、房屋成新率和房屋造价水平等估价资料由估价人员实地调查得出。

(3) 住宅用地使用权的国家收益由×县国土资源局提供。

(二) 估价人员根据国家和地方有关法律、法规、标准《房地产估价规范》(GB/T 50291—2015)、《国有土地上房屋征收与补偿条例》《国有土地上房屋征收评估办法》《×县城镇房屋征收与补偿管理暂行办法》《×县城镇房屋征收与补偿估价操作实施意见》《×县×镇土地定级估价》、估价对象具体状况以及有利于旧城改造的原则来确定估价原则、方法及参数的选取。

(三) 其他需要特殊说明的问题

(1) 本报告估价结果仅供委托方进行城市房屋拆迁时，确定房屋价格和区域内已扣除国家收益的出让住宅用地使用权平均价格作参考，不适于采用其他处置方式(如强制处分等)和其他经济目的，不能理所当然地成为进行国有土地上房屋征收的执行价格，其每户房屋占用范围内的土地使用权的具体征收补偿价格可根据本报告的价格定义结合具体的容积率和土地开发程度由征收当事人双方确定。

(2) 本估价机构仅对委托方提供的资料及相关单位出具的有关证明真实、合法、完整和有效等情况下形成的估价结果承担责任，并对本次估价结果有解释权。

估价结果报告

一、委托方

机构名称：×县房屋征收管理办公室
法定代表人：××
联系人：××
联系电话：××
住所：××

二、估价方

机构名称：××评估事务所
执行事务合伙人：××
住所：××
估价资质等级：壹级
资质证书编号：建房估证字〔2014〕××号
联系电话：××

三、估价目的

为房屋征收部门与被征收人确定被征收房屋价值的补偿提供依据，评估被征收房屋价值。

四、估价对象

位于×县×镇甲、乙、丙三条街征收区域A、B段范围内的被征收房屋及该征收区域内扣除国家利益后的出让住宅用地使用权价格。《房屋征收决定公告》(×县建拆字[××]第××号)，被征收房屋共××户(含公建房屋)，总建筑面积44 040.543平方米，总占地面积30 608.09平方米。

1. 区域因素分析

估价对象所在的×县位于××省东部，距××市约300千米，×镇是交通重镇和×省东部政治、经济文化中心。

×镇是×县政府所在地，人口约8万人。估价对象所在的甲、乙、丙三条街位于×镇的中心，紧邻县政府、县医院。该区域交通方便、购物便利，是×县居民从事职业的首选之地。

2. 现场查勘状况

我所于2015年11月12日—2015年11月24日派出注册房地产估价师××、××和评估助理××、××在委托方以及相关方和甲、乙、丙三条街居委会代表陪同下对估价对象进行了逐一现场查勘。共查勘了×县×镇甲、乙、丙三条街征收区域A、B段范围内××户，估价对象在现场查勘期的状况见下表(略)。

3. 委托方确认事项

估价对象的用途、建筑面积、占地面积、房屋结构和土地使用权性质均得到委托方的确认。估价对象的现状，包括土地开发程度均得到委托方代表以及相关方、估价对象所在的居委会代表的认可。

五、价值时点

2015年11月10日，为征收决定公告发布之日。

六、价值类型

(1) 本报告估价结果是反映估价对象在价值时点的房屋和住宅用地使用权公开市场价格(该价格不含交易双方应缴纳的税费)。该估价结果基于以下假设条件：估价对象以委托方确定并经政府确认的用途持续使用，估价对象无他项权利限制和其他限制按估价目的的使用情形；未考虑未来市场变化风险、自然灾害和强制处分等非正常因素对估价对象的影响。

(2) 土地使用权价格定义：土地使用权作为出让住宅用地在该征收区域扣除国家收益后的平均价格(扣除的国家收益根据×县政府规定按出让住宅用地基准地价的20%计算)，自价值时点起尚可使用年限为70年，容积率为1.5～1.9，开发程度为“二通一平”(通电、通路，场地平整)。

(3) 估价对象房屋的用途均为住宅，其分户建筑面积、房屋结构、装修等状况详见现场查勘情况表。

因此，本估价结果为估价对象在价值时点时满足本估价报告中“估价的假设和限制条件”下的房屋所有权和该征收区域内的住宅用地使用权公开市场价值。

七、估价原则(略)

八、估价依据(略)

九、估价方法

(一) 房屋估价方法

收益法是将估价对象未来若干年的纯收益通过一定的报酬率将其折现到价值时点的现值的一种方法。因收益法的许多重要参数难以准确把握，测算的结果误差较大，所以本次估价不宜采用收益法。

比较法是指根据替代原则，将在同一市场供需圈内、近期发生的、具有可比性的交易案例与待估房地产的交易情况、期日、区域以及个别因素进行比较修正，得出估价对象在价值时点的市场价值。由于估价对象所在区域内与其用途和现状相同或相似的房地产交易资料较少，所以本次估价不宜采用比较法。

假设开发法是指将估价对象所在的房地产未来预期开发价值的现值扣除其未完工部分价值的现值后的余值作为委托估价房地产的现值的估价方法。该方法适于对在建工程估价，而估价对象为已完工工程，因此本次估价不宜采用假设开发法。

成本法就是以重建该房地产所需的各项费用之和为主要依据，再加上一定的利润、利息和应交纳的税费来确定估价对象价格的估价方法。由于估价对象房屋的建设成本较易获取，故本次估价可采用成本法对房屋所有权进行测算。

（二）土地估价方法

收益法是将估价对象未来若干年的纯收益通过一定的报酬率将其折现到价值时点的现值的一种方法。由于土地纯收益很难准确预测，评估难度较大，其可操作性差，所以本次估价不宜采用收益法。

比较法是指根据替代原则，将在同一市场供需圈内、近期发生的、具有可比性的交易案例与估价对象的交易情况、期日、区域以及个别因素进行比较修正，得出估价对象在价值时点的市场价值。×县×镇的土地市场发展较慢，且×县国土资源局未能提供与估价对象同类同开发程度的交易实例，故本次估价不宜采用比较法。

假设开发法是指将估价对象所在的房地产未来预期开发价值的现值扣除其未完工部分价值的现值后的余值作为委托估价房地产的现值的估价方法。由于委托方要求房地分别估价，因此本次估价不采用假设开发法。

基准地价修正法是根据替代原理，将土地的区位因素条件与区域的平均条件进行差异修正而得到的价格。×镇建立了较为完善的基准地价体系。估价对象土地使用权属于基准地价范围，因此本次评估可采用基准地价修正法对住宅用地使用权进行评估。

经上述分析，本次估价采用成本法对房屋所有权进行测算，采用基准地价修正法对土地使用权价格进行测算。

十、估价结果（略）

十一、注册房地产估价师（略）

十二、实地查勘期（略）

十三、估价作业期

2015 年 11 月 12 日—2015 年 11 月 30 日

估价技术报告

一、估价对象描述与分析(略)

二、市场背景描述与分析(略)

三、估价对象最高最佳利用分析

本次估价假设估价对象样本点按现场查勘情况表记载用途持续使用，并以此为估价对象的最高最佳使用用途。

四、估价方法适用性分析(同估价结果报告)

五、估价测算过程

由于委托方根据房屋所有权价格与地价分别补偿，同时基于上述原因，本次估价采用成本法估价房屋所有权价格，采用基准地价修正法估价土地使用权价格。

（一）房屋的估价（略）

（二）住宅用地使用权平均价格测算过程

地价采用基准地价修正法。

基准地价修正法是通过对该区域的基准地价进行个别因素修正得出委托估价宗地的价格的方法。×县×镇早在 2008 年 11 月就完成了城镇土地定级估价。

根据《城镇土地估价规程》(GB/T 18508—2014)及《×县×镇土地定级估价》成果，采用基准地价修正法的计算公式为：

$$\text{土地价格}=\text{基准地价}\times\left(1\pm\sum\text{区域及个别因素修正系数}\right)\times\text{土地市场状况修正系数}\times\text{土地使用年限修正系数}\times\text{容积率修正系数}\times\text{土地开发程度修正系数}$$

1. 基准地价

基准地价是城镇某一区域一定用途和条件下的土地使用权平均价格。×县将×镇的城镇土地分为四类四级。

根据×县×镇基准地价成果，估价对象占用宗地为一级住宅用地。一级住宅用地的基准地价为 372.57 元/平方米。

该基准地价的内涵为：

(1) 基准日期：2008 年 11 月 1 日。

(2) 使用年限：无限年。

(3) 土地开发程度：宗地外“四通”，即通电、通信、通路、通光纤；宗地内“二通一平”（通电、通路，场地平整）。

(4) 容积率：一级住宅用地的容积率为 1.5～1.9。

(5) 土地权利状况：出让所得，且无他项权利限制。

2. 区域及个别因素修正系数

根据地价修正体系，得出委托估价宗地的区域及个别因素修正系数，详见表 12-2。

表 12-2　基准地价区域及个别因素修正表

项目		条件	优劣度	分值
区域因素(单元总分值)		≥86	优	0.0918
个别因素	公用设施分值	≥60	优	0.0288
	楼层数	2	较劣	−0.0033
	距干道距离	<100 米	优	0.0216
	宗地面积	167～334 平方米	较劣	−0.0018
	环境质量	一般	一般	0
合计				0.1371

估价对象区域及个别因素修正系数为 0.1371。

3. 土地市场状况修正系数

由于该基准地价的基准日期为 2008 年 11 月 1 日，应进行土地市场状况修正。

根据×县国土局提供的资料。×镇住宅用地价格自 2008 年 11 月 1 日至价值时点的价格较稳定，基本无变化。土地市场状况修正系数为 1。

4. 土地使用年限修正系数

基准地价设定的使用年限为无限年。因委托方未能提供估价对象房屋所占土地的《国有土地使用证》，根据本次估价目的，本次估价设定住宅用地的使用年限为住宅用地的最高使用年限，即自价值时点起尚可使用年限为 70 年。

根据《城镇土地估价规程》(GB/T 18508—2014)，使用年限修正系数公式为：

$$K=\frac{1-\dfrac{1}{(1+r)^m}}{1-\dfrac{1}{(1+r)^n}},$$

式中，K 为使用年限修正系数；r 为土地报酬率；m 为估价对象的使用年限；n 为可比实例的使用年限。

报酬率的选取可以采用安全利率加风险调整值，并参考行业年平均投资利润率等方法综合测定。

根据财政部关于发行国债的通知，2014 年 5 月 10 日财政部发行的 5 年期凭证式(二期)国债利率为 5.41%，因此安全利率可选用 5 年期凭证式(二期)国债利率，即 5.41%。本次估价假设估价对象的土地使用权剩余使用年限为 70 年，故其投资回报率应高于现实的最高安全利率。根据利率市场变动情况，综合确定风险调整值为 1.5%，则其投资回报率测定为 6.91%。

据调查，该区域该类商品住宅开发的行业年平均投资利润率为7%。

综合商品住宅开发的行业年平均投资利润率和社会平均投资回报率，本次估价的宗地报酬率取为7%。则土地使用年限修正系数$=1-(1+7\%)^{-70}=0.9912$。

5. 容积率修正系数

由于本次估价的平均地价设定的容积率与基准地价设定的容积率相同，均为1.5～1.9，容积率修正系数为1。

6. 土地开发程度修正系数

由于本次估价的平均地价设定的开发程度为"二通一平"，与基准地价设定的开发程度相同，开发程度修正系数为1。

7. 区域平均地价

区域平均地价(含出让金)=基准地价$\times\left(1\pm\sum\right.$区域及个别因素修正系数$\left.\right)\times$土地市场状况修正系数×土地使用年限修正系数×容积率修正系数×土地开发程度修正系数$=372.57\times(1+0.1371)\times1\times0.9912\times1\times1=419.92$(元/平方米)。

由于估价对象均未取得《国有土地使用证》，但有关部门均认可为划拨所得，故上述测算得出的区域平均地价应扣除国家收益。根据×县国土资源局提供的资料，住宅用地的国家收益一般以土地使用权出让金代替，为基准地价的20%。则：

已扣除国家收益后的平均地价：$419.92\times(1-20\%)=335.94$(元/平方米)。

本次估价对象的总占地面积为30 608.09平方米，故已扣除国家收益后的总地价：$335.94\times30\ 608.09=10\ 282\ 482.00$(元)。

六、估价结果确定

依照本次评估目的，根据委托方提供的资料、估价人员现场查勘情况和市场调查资料，结合估价对象的实际情况，采用成本法对委托估价的被征收房屋所有权价格进行了估价，采用基准地价修正法对委托估价的被征收区域内住宅用地使用权平均价格进行了评估。经分析和测算，结合估价师的经验，该房地产在满足本估价报告中"估价的假设和限制条件"下，估价对象(即被征收房屋所有权及该征收区域内的住宅用地使用权)在价值时点2015年11月10日的公开市场价格分别为：

被征收房屋的评估总价：人民币19 659 100.00元，大写：壹仟玖佰陆拾伍万玖仟壹佰元人民币。

被征收房屋的综合单价：人民币446.00元/平方米，大写：每平方米建筑面积肆佰肆拾陆元人民币。

被征收房屋的综合总价：人民币19 642 082.00元，大写：壹仟玖佰陆拾肆万贰仟零捌拾贰元人民币。

征收区域内出让住宅用地使用权平均价格(已扣除国家收益)：335.94元/平方米，大写：每平方米土地面积叁佰叁拾伍元玖角肆分人民币。

征收区域内出让住宅用地使用权总价(已扣除国家收益)：人民币10 282 482.00元，大写:壹仟零贰拾捌万贰仟肆佰捌拾贰元人民币。

附　　件

1. 估价委托书复印件
2. 估价对象位置图
3. 估价对象实地查勘情况和相关照片
4. 估价对象权属证明复印件
5. 估价对象法定优先受偿款调查情况
6. 可比实例位置图和外观照片
7. 专业帮助情况和相关专业意见
8. 估价所依据的其他文件资料
9. 房地产估价机构营业执照和估价资质证书复印件
10. 注册房地产估价师估价资格证书复印件

复习思考题

1. 什么是房地产估价报告?
2. 简述房地产估价报告的作用。
3. 简述房地产估价报告的要求。
4. 简述房地产估价报告的主要组成内容。

附　　件

（注:在实际教学中,要求学生分组完成一份“房地产估价报告”,使学生更好地将所学理论应用于实践。以下4份估价报告案例,分别选取了住宅、办公楼、商场和土地作为估价对象,估价方法涵盖了比较法、收益法、成本法和假设开发法四种常用估价方法,以供学生参考。由于篇幅和保密原因,部分内容有所删减,但不影响学生了解估价技术和撰写要领。)

附件A　住宅房地产市场价格估价报告

附件B　办公楼房地产市场价格估价报告

附件C　商场及地下车位房地产抵押价值估价报告

附件D　国有土地使用权抵押价值估价报告

××××住宅房地产市场价格估价报告

××××房地产开发有限公司

二〇一四年七月二十日

房地产估价报告

估价项目名称：××××住宅房地产价格评估
委托方：××××房地产开发有限公司
估价方：××××××中心
估价人员：×××
估价作业日期：2014 年 7 月 1 日—2014 年 7 月 20 日
估价报告编号：××××

目 录

（略）

致委托方函

××××房地产开发有限公司：

受贵公司委托，我中心对贵方位于××市××区××××项目一期(E,F,G,H1,H2五幢住宅楼)截至2014年7月1日时未销售部分的房地产的现时市场价值进行了客观、公正的评估。本次估价目的是为贵方以估价对象进行抵押担保提供抵押价值依据。该未销售部分的房地产的建筑面积为27 505.70平方米，分摊的土地面积为7 108.10平方米，住宅用途，土地使用权类型为出让。我们确定估价对象在估价时点2014年7月1日的市场总价值为10 746.11万元，大写金额为人民币壹亿零柒佰肆拾陆万壹仟壹佰元整。

评估过程、结果及有关说明详见估价的假设和限制条件、《估价结果报告》及《估价技术报告》。

××××中心

二〇一四年七月二十四日

估价师声明

一、估价师声明

我们郑重声明：

1. 我们在本估价报告中陈述的事实是真实的和准确的。

2. 本估价报告中的分析、意见和结论是我们自己公正的专业分析、意见和结论，但受到本估价报告中已说明的假设和限制条件的限制。

3. 我们与本估价报告中的估价对象没有利害关系，也与有关当事人没有个人利害或偏见。

4. 我们依照《房地产估价规范》(GB/T 50291—2015)进行分析，形成意见和结论写作本估价报告。

5. 我们已对本估价报告中的估价对象进行了实地查勘。

6. 没有人对本估价报告提供重要专业帮助。

7. 其他需要声明的事项：

(1) 本报告估价时点为2014年7月1日，提交报告日期为2014年7月20日，估价结果自提交报告之日起有效期为一年，即自2014年7月20日—2015年7月19日。随着时间的推移，该房地产的价值应作相应调整，甚至重估。

(2) 本报告评估结果为充分考虑估价对象具体情况和同区位相似房地产的市场行情而得的估价对象的市场价格，并且仅用于为委托方提供客观、公正、科学和合理的估价对象市场价值依据。

(3) 本次估价按估价对象的形象进度进行评估，没有扣除未付的工程款及其他费用对估价结果的影响。

二、注册房地产估价师签字

房地产估价师姓名	注册证编号	签字
×××	×××	
×××	×××	

估价的假设和限制条件

一、项目整体状况

××××住宅小区位于××市××区×号，分为东区和西区，其中东区只有一幢住宅楼K楼（有单独的国有土地使用证，待建），西区共有10幢楼（共用一国有土地使用证），分为一期E，F，G，H1，H2五幢住宅楼（2014年6月30日已竣工入住），二期A，B，C幢住宅楼（现即将结构封），一间锅炉房（供整个小区供暖，已建完），一幢会所（待建）。一期的五幢楼于2013年5月开始预售，于2014年6月30日竣工入住。本次的估价对象为××××住宅西区一期的五幢楼于2014年7月1日起未销售的房地产的一部分。

二、项目规划情况

根据建设工程规划许可证，××××总体规划建设情况见附表1-1。

附表1-1　××××总体规划建设情况一览表　　（单位：平方米）

项目名称			规划建筑面积	规划地上层数/地下层数	数据来源
西区	一期	E住宅楼	21 707.00	23/2	×××
		F住宅楼	21 707.60	23/2	×××
		G住宅楼	21 707.00	23/2	×××
		H1住宅楼	5 953.00	14/2	×××
		H2住宅楼	5 953.01	14/2	×××
		合计	77 027.60		—
	二期	A住宅楼	94 533.00	24/2	×××
		B住宅楼			
		C住宅楼			
		合计			
	锅炉房		428.90	0/1	×××
	D会所		6 183.30	8/1	×××
	西区合计		178 172.80	—	—
东区	K住宅楼		5 785.00	16/2	×××
东西区总计			183 957.80	—	—

在实际建设过程中,上述的建筑面积有调整。根据××××房地产公司提供的“房屋土地测绘技术报告书”,上述有关工程的实际建筑面积见附表 1-2。

附表 1-2　××××总体实际建设情况一览表　　(单位:平方米)

项目名称			总建筑面积	地上建筑面积	可售面积		备注
					住宅	配套商业	
西区	一期	E 住宅楼	21 428.645	19 693.99	20 618.88	—	地上 23 层,地下 2 层,—1 层为自行车库、设备用房,—2 层为人防
		F 住宅楼	21 427.140	19 693.84	20 618.29	—	地上 23 层,地下 2 层,—1 层为自行车库、设备用房,—2 层为人防
		G 住宅楼	21 427.140	19 693.84	20 618.29	—	地上 23 层,地下 2 层,—1 层为自行车库、设备用房,—2 层为人防
		H1 住宅楼	5 963.570	5 140.03	5 566.31	—	地上 14 层,地下 2 层
		H2 住宅楼	5 963.570	5 140.03	5 566.31	—	地上 14 层,地下 2 层
		合计	76 210.065	69 361.727	72 988.082	—	
	二期	A 住宅楼	83 495.200	69 350.68	16 813.46	4 214.18	
		B 住宅楼			16 849.53	21 740.3	
		C 住宅楼			16 805.57	—	
		合计			50 468.56	25 954.50	
	锅炉房		428.9	—	—		×××
	D 会所		6 183.300	5 494.30	—		×××
	西区合计		166 317.47	—	123 456.64	25 954.50	—
东西	K 住宅楼		5 785.000	5 180.00			×××
东西区总计			172 102.46	—	—	25 954.50	—

注:K 住宅楼已有建筑工程规划许可的建筑面积,据开发商介绍,拟更改 K 楼的建设方案,建设面积将有所调整,我们未获得拟调整的资料。故在附表 1-2 中还以原规划面积列示。

本次评估我们以实际建筑面积(附表 1-2)列示的面积为计算依据。

从附表 1-2 中我们可知,项目整体总建筑面积为 172 102.465 平方米,其中西区的总建筑面积为 166 317.465 平方米,西区一期建筑面积为 76 210.065 平方米。

三、土地使用权状况

××××住宅用地由两个国有土地使用证记载的土地组成,但本次估价对象所占用的土地处于《中华人民共和国国有土地使用证》[××(2013 出)字××],且是该证上所记载土地面积的一部分。该证记载××××西区的土地使用权面积为 4 026.00 平方米,根据附表 1-2,我们可知西区一期可销售建筑面积为 72 988.082 平方米,二期可销售建筑面积为

76 423.06平方米(其中,住宅50 468.56平方米,配套商业25 954.5平方米),D会所(待建)的建筑面积为6 183.3平方米(数据源于建设工程规划许可,为地上八层、地下一层的建筑,地上建筑面积为5 494.3平方米),锅炉房不参与土地面积的分摊。根据上述的建筑面积,我们可分摊计算出一期五幢楼所占用的建设用地面积为18 859.38平方米。计算如下:

[40 026×72 988.082/(72 988.082+76 423.06+5 494.3)]=18 859.38(平方米)。

四、估价对象用途的确定

《中华人民共和国国有土地使用证》[××(2013出)字××]西区土地的用途为住宅、配套及地下车库。本次估价对象为此证中住宅的一部分,故在评估中对一期E,F,G,H1,H2五幢住宅楼分摊的土地按住宅用途进行评估。

五、确定土地使用权剩余使用年限

依据上述土地证,估价对象出让期为70年,自2013年1月24日—2083年1月2日。经计算,截至估价时点一期E,F,G,H1,H2五幢住宅楼分摊的土地的使用权剩余年限为68.57年。

六、确定容积率

根据《审定设计方案通知书》[2013规审字×××号]的附图,××××住宅的容积率为3.19(但我们很难辨别其是总容积率、地上容积率还是收益容积率)。故我们按一期五幢楼所分摊的土地面积18 859.38平方米及其能销售的建筑面积72 988.082平方米来计算其收益容积率,为3.87,以此作为我们此次评估的依据。

七、项目用地情况的说明

××××住宅用地原为××市×××总公司使用,其于2011年8月14日与××××房地产开发有限公司(以下简称××××房地产公司)签署了“关于合作开发建设居民住宅合同书”。

……

由于返还面积均处于二期,故我们假设××××房地产公司对一期有全部产权,无纠纷。

八、土地出让金

项目西区已签订《××市国有土地使用权出让合同》。

……

基于以上原因,我们假设拟抵押担保的××××一期五幢楼所占用的土地取得费及出让金已全部缴清。

九、他项权利状况

根据《中华人民共和国国有土地使用证》[××(2013出)字××]“记事”,××××一期五幢楼曾于2013年3月及同年9月办理了抵押登记,于2014年4月均予注销。本次评估假设估价对象未有任何他项权利。

十、其他假设和限制条件

1. 委托方对其提供资料的真实性和合法性负责。

2. 本次评估估价对象的形象进度为全部竣工。

3. 进入此次抵押评估范围的建筑面积由开发商提供，抵押登记时以预售备案登记主管部门核定的面积为准。

4. 未经评估单位书面同意，本评估报告的全部或任一部分不得用于公开的文件、通告或报告中，也不得以任何方式公开发表。

估价结果报告

一、委托方

（略）

二、估价方

（略）

三、估价对象

1. 估价对象概况

估价对象位于××市××区×××号，为××××住宅西区一期的五幢（三幢塔楼连两幢板楼）于 2014 年 7 月 1 日起未售完的房地产的一部分。三幢塔楼为地上 23 层、地下 2 层，两幢板楼为地上 14 层、地下 2 层。其负 1 层为自行车库及设备用房，负 2 层为人防。该五幢楼于 2013 年 3 月开工建设，于 2014 年 6 月 30 日竣工。

根据委托方提供的"抵押物汇总表"及本报告第三部分，为了直观，我们将抵押物的建筑面积整理如附表 1-3 所示（委估方没有提供进入评估范围的建筑面积所对应房号）。

附表 1-3　抵押物建筑面积一览表　　（单位：平方米）

楼号		总建筑面积	地上建筑面积	可售面积	已销售面积	估价对象建筑面积
塔式高层	E 住宅楼	21 428.645	19 693.987	20 618.882	3 599.87	6 619.220
	F 住宅楼	21 427.140	19 693.840	20 618.290	6 483.28	8 888.330
	G 住宅楼	21 427.140	19 693.840	20 618.290	12 032.77	6 628.260
	合计	64 282.925	59 081.667	61 855.462	22 115.92	22 135.810
板式小高层	H1 住宅楼	5 963.570	5 140.030	5 566.310	2 188.32	1 735.210
	H2 住宅楼	5 963.570	5 140.030	5 566.310	650.11	3 634.680
	合计	11 927.140	10 280.060	11 132.620	2 838.43	5 369.890
总计		76 210.065	69 361.727	72 988.082	24 954.35	27 505.700

由附表 1-3 可知，进入此次评估范围的估价对象的建筑面积为 27 505.70 平方米，占该五幢楼可销售建筑面积的 37.69%。

2. 估价对象权属

估价对象所在的××××住宅小区（分为东西两区，西区分一期、二期依次开发建设，估价对象位于西区一期）于 2012 年 2 月 8 日取得××市发展计划委员会和××市建设委员会核发的《关于合作开发建设××××住宅小区项目建议书（代可行性研究报告）的批复》

[计投资字××号]，同意××××房地产公司与×××总公司合作北苑新村小区项目；于2012年5月31日核发的《关于××××住宅小区项目有关问题的函》[计投资字××号]，同意上述的合作开发改为由××××房地产公司独立开发。

××××住宅小区于2012年7月8日取得《中华人民共和国建设用地规划许可证》[编号2012规地字××号]，证载建设用地面积为41 033.00平方米。

××××住宅小区于2013年6月2日取得《××市规划委员会审定设计方案通知书》(2013规审字××号)，批准项目总建筑面积为177 469.00平方米，其中地上建筑面积为46 551.00平方米，地下建筑面积为30 918.00平方米。

估价对象所在的西区于2013年1月17日取得《中华人民共和国国有土地使用证》[××(2013出)字××]，证载土地面积为40 026.00平方米，土地用途为住宅、配套及地下车库。

估价对象所在的西区一期于2013年3月27日取得该市建委颁发的《建筑工程施工许可证》[××(建)2013]，一期五幢楼批准建筑面积为77 027.60平方米，实际建筑面积为76 210.065平方米；于2013年9月取得该市国土资源与房屋管理局颁发的《××市商品房预售许可证》[房售证字(2013)××号]，一期五幢楼准予预售。

综上所述，估价对象权属合法，且为委托方所拥有。

3. 估价对象建设用地

根据估价对象的建筑面积，我们计算出估价对象分摊建设用地面积为7 108.10平方米(18 859.38×37.69%)，形状规则，土地使用者为××××房地产公司，使用权类型为国有出让，用途为住宅，剩余使用权年限为68.57年，收益容积率为3.87，土地等级为六级开发程度为宗地外“七通”(通电、通上水、通下水、通热、通气、通信、通路)和宗地内场地平整。所在区域东至×××、北至×××、西至×××、南至×××，处于×××的西北角。

4. 估价对象配套设施及周边环境

××××属于“泛CBD”区域，位于××商务区中区，紧邻×××高速路，驱车10分钟抵达CBD核心区；项目门前即为城市轻轨×××站；项目东侧的规划×××路将连通××路与×××大街，使本项目又进一步缩短了与××商业中心的距离；项目周边有××等多条公交线路，能随时满足出行的需要。

项目东南侧的×××大街是×××区的中心商业区，已形成较完善的生活配套设施医疗、教育、商业配套、金融、邮政及餐饮娱乐等配套设施基本齐全，具有居住生活的便利性，但素质一般，呈现较为典型的近郊区的生活形态。

项目北侧紧邻×××，是连通×××河的黄金旅游水道路，××市及××区历时十多年投入巨额资金正进行水系整治，不久将会使本案具备风景宜人、自然水系、高品质社区的条件。

5. 估价对象的建材、设备及建筑标准

上述五幢住宅楼按毛坯房交房，其建材、设备及装修标准具体如下。

结构：钢筋混凝土剪力墙。

外墙：高级外墙专用涂料。

内墙：预留装修面。

大堂（首层）：挑高4米，内部精装。

电梯：永大日立电梯。

门窗：名牌户门，××牌彩色金属粉末喷涂铝合金中空玻璃推拉窗。

厨房：全部预留安装厨具位置。

卫生间：全部预留安装洁具位置，加防水层。

供电：市政供电，每户独立电表，刷卡收费。

供水：市政供水，每户独立水表，社区采用“中水系统”。

供气：市政管道天然气，每户独立电表，刷卡收费。

消防：公共部分安装消防喷淋系统，社区周界安装红外监控报警系统，厨房安装燃气泄漏报警系统。

采暖：社区进口模块燃气锅炉房集中供暖，中日合资名牌散热器。

通信：接收全频道有线电视，宽带入户可实现快速上网。

四、估价目的

本次估价为委托方核实估价对象现值，为××××一期项目贷款作抵押担保提供客观、公正、合理的市场价值依据。

五、估价时点

2014年7月1日。

六、价值定义

此次评估的价格为估价对象现时市场房地产价格，包括土地使用权的价格和房屋价格。

其中，土地使用权价格是指开发程度为宗地外“七通”（通电、通上水、通下水、通热、通气、通信、通路）和宗地内场地平整的条件下，住宅用途，土地面积为18 859.38平方米，土地使用权性质为出让，容积率为3.87，土地使用权剩余使用年限为68.57年，在估价时点2014年7月1日的市场价值。

房屋市场价格是指在现状下（刚竣工的房屋，毛坯房，全新状态），建筑面积为27 505.70平方米，于估价时点2014年7月1日的市场价格。

七、估价依据

1. 有关政策法规和文件

（1）《中华人民共和国土地管理法》；

（2）《中华人民共和国城市房地产管理法》；

（3）《中华人民共和国城镇国有土地使用权出让和转让暂行条例》；

（4）《××市基准地价》；

（5）《房地产估价规范》（GB/T 50291—2015）；

（6）《城市房地产抵押管理办法》；

（7）××市其他有关土地法规、文件。

2. 委托方提供的有关资料（详见附件）

3. 本中心掌握的有关市场资料及估价人员实地勘察、调查所获得的资料

八、估价原则

本次估价依据房地产估价的独立、客观公正原则，以及合法原则、最高最佳使用原则、替代原则、估价时点原则和谨慎原则等，对估价对象进行客观、公正、科学及合理的地价评估。

1. 独立、客观公正原则

遵循独立、客观公正原则，就是要求估价师站在中立的立场，评估出对各方当事人均公平、合理的价值。

2. 合法原则

遵循合法原则，应以估价对象的合法使用、合法处分为估价前提。

3. 最高最佳使用原则

遵循最高最佳使用原则，应以估价对象的最高最佳使用为估价前提。最高最佳使用是指：①法律上许可，②技术上可能，③经济上可行，④价值是否最大。

4. 替代原则

遵循替代原则，要求估价结果不得明显偏离类似房地产在同等条件下的正常价格。

5. 估价时点原则

遵循估价时点原则，要求估价结果应是估价对象在估价时点的客观、合理价格或价值。

6. 谨慎原则

谨慎原则要求在存在不确定因素的情况下做出估价相关判断时，应当保持必要的谨慎，充分估计抵押房地产在抵押权实现时可能受到的限制、未来可能发生的风险和损失，不高估假定未设立法定优先受偿权下的价值，不低估房地产估价师知悉的法定优先受偿款。

九、估价方法

房地产评估中常用的估价方法有收益还原法、市场比较法、假设开发法和成本法等，结合估价对象的实际情况，经过反复研究，我们确定在此次估价中采用市场比较法、基准地价系数修正法、成本法对估价对象进行评估，最后经过综合测算确定估价对象的现时市场价值。

1. 市场比较法

市场比较法是将估价对象与在估价时点的近期有过交易的类似房地产进行比较，对这些类似的房地产的成交价格做适当的修正，以此估算估价对象房地产的客观、合理价格或价值的方法。

2. 基准地价系数修正法

基准地价系数修正法是在有基准地价的地区，通过与具体区位、土地使用权年限、建筑容积率等的比较，将基准地价修正至估价对象宗地价格的一种估价方法。用此方法，我们可计算出估价对象的土地的价值。

3. 成本法

成本法是以房地产价格各构成部分的累加为基础来估算房地产价格的方法。用此方法我们可计算出估价对象建筑物的价值。

十、估价结果

本着公正、公平、公开的总原则，在分析现有资料的基础上，采用市场比较法、基准地价系数修正法和成本法，我们确定估价对象在估价时点2014年7月1日的市场价值为房地产总价：10 746.11万元。

大写金额：人民币壹亿零柒佰肆拾陆万壹仟壹佰元整

十一、估价人员

房地产估价师姓名	注册证编号	签字
×××	×××	
×××	×××	

十二、估价作业日期

2014年7月1日—2014年7月20日。

十三、估价报告应用有效期

本估价报告的提交期为2014年7月20日，报告的有效期为自估价报告提交之日起一年。

估价技术报告

一、个别因素分析

（一）估价对象基本状况

1. 估价对象一览表

估价对象为××××住宅西区一期的五幢（三幢塔楼连两幢板楼）未售完的房地产的部分，三幢塔楼为地上23层、地下2层；两幢板楼为地上14层、地下2层。其负1层为行车库及设备用房，负2层为人防。该五幢楼于2013年3月开工建设，于2013年5月底开始预售，于2014年6月30日竣工，毛坯房出售。

根据委托方提供的“抵押物汇总表”及本报告第三部分，为了直观，我们将抵押物的建筑面积整理如附表1-3所示（委估方没有提供进入评估范围的建筑面积所对应房号）。

从附表1-3可知，进入此次评估范围的估价对象的建筑面积为27 505.70平方米，占该五幢楼的可销售建筑面积的37.69%。

2. 估价对象分摊的土地面积

根据该五幢楼的总可销售建筑面积及进入此次评估的可销售的建筑面积，则估价对象分摊的土地面积为7 108.10平方米（18 859.38×37.69%），土地使用者为××××房地产公司，使用权类型为国有出让，用途为住宅，剩余使用权年限为68.57年，收益容积率为3.87，土地等级为六级。

3. 估价对象的建材、设备及建筑标准

上述五幢住宅楼按毛坯房交房，其建材、设备及装修标准具体如下。

结构：钢筋混凝土剪力墙。

外墙：高级外墙专用涂料。

内墙：预留装修面。

大堂(首层)：挑高4米，内部精装。

电梯：永大日立电梯。

门窗：名牌户门，××牌彩色金属粉末喷涂铝合金中空玻璃推拉窗。

厨房：全部预留安装厨具位置。

卫生间：全部预留安装洁具位置，加防水层。

供电：市政供电，每户独立电表，刷卡收费。

供水：市政供水，每户独立水表，社区采用"中水系统"。

供气：市政管道天然气，每户独立电表，刷卡收费。

消防：公共部分安装消防喷淋系统，社区周界安装红外监控报警系统，厨房安装燃气泄漏报警系统。

采暖：社区进口模块燃气锅炉房集中供暖，中日合资名牌散热器。

通信：接收全频道有线电视，宽带入户可实现快速上网。

(二) 估价对象区位及周围环境状况

估价对象位于××区×××号，所在区域东至×××、北至×××、西至×××、南至××，处于×××的西北角。

1. 交通

×××属于"泛CBD"区域，位于××商务区中区，紧邻×××高速路，驱车10分钟抵达CHD核心区；项目门前即为×××站；项目东侧的规划×××路将连通×××路与×××街，使本项目又进一步缩短了与××商业中心的距离；项目周边有×××等多条公交线路，能随时满足出行的需要。

2. 周边环境

项目东南侧的×××大街是×××区的中心商业区，已形成较完善的生活配套设施医疗、教育、商业配套、金融、邮政及餐饮娱乐等配套设施基本齐全，具有居住生活的便利性，但素质一般，呈现较为典型的近郊区的生活形态。

项目北侧紧邻×××，是连通×××河的黄金旅游水道路，×市及××区历时十多年投入巨额资金正进行水系整治，不久将会使本案具备风景怡人、自然水系、高品质社区的条件。

二、区域因素分析

××××属于"泛CBD"区域，是距城区最近、最大的××城。××城市总体规划中××区的定位是：为××市服务，为中央商务区服务，承担市区产业疏散、人口疏散的功能，把××××建成市区的一部分，建成××市的大花园。

强大的硬件支持使××××成为实力派地产商(××集团、××地产、××等)和××市购房人群共同看好的市场，优势也使××区房地产业的区域性竞争显得更加激烈。

三、市场背景分析

××住宅目前呈现供销两旺、价格缓慢上升趋势。

××地区的交通环境逐渐发展成熟，房价也随交通的改善逐步提高。2013年××地区住宅新开盘项目共计 42 个，新增建筑面积 767.4 万平方米，均价为 3 100 元/平方米，比 2012 年××地区住宅均价上涨 200 元/平方米，年上涨率 6.9%。2014 年一季度涨幅明显低于 2013 年同期。××地区的房价也随着交通的发展而有不同的上升。例如，在××线规划确定开工后××房价都有不同程度的上涨，一般每平方米上涨 200 元，最高的每平方米上涨 500 元。在××线竣工前后××地区的房价上涨就没有以前明显，但还是呈缓慢上涨趋势。

由于区位原因，××地区房价相对市区还是较低，而且郊区清新的空气和良好的环境等为房屋涨价提供了上升的空间，促使××地区房价一再走高。

虽然种种利好刺激供应的急剧攀升导致市场供应量偏大，房地产市场竞争加剧，价格战必定成为竞争的主要工具，故价格在短期内大幅上升的可能性不大。

四、最高最佳使用分析

房地产估价要以房地产的最高、最佳使用为前提。所谓最高、最佳使用，是估价对象的一种最可能的使用。这种最可能的使用是法律上允许、技术上可能、经济上可行，经过充分合理的论证，并能给估价对象带来最高价值的使用。

衡量、判断估价对象房地产是否处于最优使用状态主要从下列方面考虑：

(1) 法律上允许。规划及相关政策法规许可。

(2) 技术上可能。按照房屋建筑工程方面的技术要求进行评估。

(3) 经济上可行。估价价值是在各种可能的使用方式中，以经济上有限的投入而能获得最大收益的使用方式的估价结果。

(4) 房地产与周围环境的协调性。

(5) 可持续发展性。估价时研究了过去和现在房地产市场的状况、发展趋势，以及政治、经济和政策变化对房地产形成的影响，以预测未来价值和收益变动的趋势。

综上所述，估价对象证载用途为居住用途，考虑到周边环境及土地利用方向，选择居住类物业方向可以实现估价对象的最高最佳使用。

五、估价方法选用

房地产评估中常用的估价方法有收益还原法、市场比较法、假设开发法、成本法等，结合估价对象的实际情况，经过反复研究，我们确定在此次估价中采用市场比较法、基准地价系数修正法、成本法对估价对象进行评估，最后经过综合测算确定估价对象的现时市场价值。

1. 市场比较法

市场比较法是将估价对象与在估价时点的近期有过交易的类似房地产进行比较，对这些类似的房地产的成交价格做适当的修正，以此估算估价对象房地产的客观、合理价格或价值的方法。

估价对象所处的区域在售项目很多，且销售情况较好，故可采用市场比较法。

2. 基准地价系数修正法

基准地价系数修正法是在有了基准地价的地区，通过具体区位、土地使用权年限、建筑容积率等的比较，将基准地价修正至估价对象宗地价格的一种估价方法。用此方法，我们可计算出估价对象的土地的价值。估价对象在该市基准地价覆盖范围内，属于居住用途六级地区，因此可选用基准地价系数修正法。

3. 成本法

成本法是以房地产价格各构成部分的累加为基础来估算房地产价格的方法。用此方法我们可计算出估价对象建筑物的价值。

4. 结果

我们将上述第 2 和第 3 点的估价结果相加，即可求出估价对象房地产的价值，再与第 1 点所得值进行比较、分析，最后确定估价对象房地产的价值。

六、估价测算过程

（一）用市场比较法求取估价对象价值

市场比较法是利用替代原则，依据市场上已有的具有同样的效用的房地产价格，互相接近、索引、比较而求出未知的待估房地产的价格。利用市场比较法求取待估房地产的总价值，必须对已有房地产的各种情况加以充分了解，再经过比较进行适当修正，其中包括交易情况修正、期日修正、区位修正和房地产用途修正等，最后形成该房地产的总价值。评估过程如下。

（由于近期板楼的销售较多，故我们以板楼进行计算，通过适当的修正求出塔楼的价值。）

1. 搜集交易案例

目前，××沿线项目很多，且销售情况较好，价格有一定程度的上升。估价对象为塔连板楼，但在周边类似的楼盘中塔楼项目不太多，而板楼较多，故我们主要搜集附近板楼的楼盘，主要见附表 1-4。

附表 1-4　周边楼盘情况一览表

项目名称	位置	建筑规模/万平方米	平均售价/（元/平方米）	备注
本案（××××）	北边紧邻××河	18	—	毛坯房
××××	靠近××站	60	板楼（现房 3 600，准现房 3 500）	毛坯房
××××	靠近××站	11	均价 4 200	毛坯
××××	邻近××站		纯板 4 000	毛坯，板楼
××××	邻近××站		3 800	板楼，现房，毛坯
××××	××站向北	5.8	3 680	公寓，毛坯，塔板结合
××××	邻近××站		板式高层 4 400	普通住宅，精装修
××××	紧邻××站	30	3 680	6 层板楼，粗装修
××××	紧邻××站	55	均价 4 000	板式，多层，毛坯房

附表 1-4 中，按毛坯房分析，板式小高层毛坯房销售价格均价集中在 3 600～4 200 元/平方米。

2. 选取可比实例

经分析，附表 1-4 中，在地理位置及楼盘品质上与××××最接近的为××××、××××、××××。此三个项目均有销售，销售均价集中于 4 000～4 200 元/平方米，我们以此三个项目作为可比实例。

3. 选择用途、位置、商业繁华度、环境优劣度等修正因子

比较估价对象与三个可比实例的住宅用途房地产的市场价值。

（1）编制估价对象与可比实例的因素条件说明表（附表 1-5）。

附表 1-5 因素条件说明表

		估价对象	可比实例 1	可比实例 2	可比实例 3
案名		××××一期未售房地产	××××	××××	××××
交易价格（元/平方米）		—	4 200	4 000	4 000
位置		距××××站约 100 米	轻轨××站北 100 米	距轻轨××站约 400 米	距轻轨××站较近，距××环岛 800 米
交易时间		2014 年 7 月 1 日	2014 年 7 月 2 日	2014 年 7 月 3 日	2014 年 7 月 4 日
交易情况		正常商品房一级市场销售	正常商品房一级市场销售	正常商品房一级市场销售	正常商品房一级市场销售
用途		住宅	住宅	住宅	住宅
区域因素	交通状况	距公交站点、××轻轨站很近，交通便捷度较好	距公交站点、××轻轨站很近，交通便捷度较好	距公交站点、××轻轨站较近，交通便捷度一般	距公交站点、××轻轨站较近，交通便捷度一般
	公共配套设施条件	周围公共配套设施条件一般	周围公共配套设施条件一般	周围公共配套设施条件一般	周围公共配套设施条件稍差
	基础设施条件	“七通一平”	“七通一平”	“七通一平”	“七通一平”
	环境质量	自然环境好，入住人群较杂，人文环境一般	有较小的火车噪声影响，入住人群较杂，人文环境一般	自然环境较好，入住人群较杂，人文环境一般	无水景，自然环境一般，入住人群较杂，人文环境一般
个别因素	临街条件	临街宽度较窄，深度较深，故临街条件一般	临街宽度较窄，深度较深，故临街条件一般	临街宽度较窄，深度较深，故临街条件一般	临街宽度较窄，深度较深，故临街条件一般
	所在楼房的建筑形式	板式小高层	板式小高层	板式高层、小高层	板式小高层

（续表）

		估价对象	可比实例 1	可比实例 2	可比实例 3
个别因素	建筑结构	钢筋混凝土	钢筋混凝土	钢筋混凝土	钢筋混凝土
	房屋成新率	100%	100%	100%	100%
	主力户型	一层、二室、三居	一层、二室、三居	一层、二室、三居	一层、二室、三居
	朝向	南北	南北	南北	南北
	小区成熟度	小区规模不大，且于本年 6 月 30 日入住，各项条件还待完善，故成熟度稍差	小区开发比委估房地产早，但还处于在售期，规模也不大，故成熟度一般	小区已完成一期销售，在售二期，小区有一定的影响力，人气较高，成熟度较好	小区规模大，入住率高，开发时间长，已形成成熟小区

（2）编制估价对象与可比实例的因素条件指数表。将估价对象与可比实例进行比较，以估价对象的各因素条件为基础，相应指数为 100，将可比实例相应因素条件与估价对象进行比较，确定出相应的指数，编制因素条件指数表（附表 1-6）。

附表 1-6　因素条件指数表

		估价对象	可比实例 1	可比实例 2	可比实例 3
交易价格/（元/平方米）		—	4 200	4 000	4 000
位置		100	101	97	96
交易时间		100	100	100	100
交易情况		100	100	100	100
用途		100	100	100	100
区域因素	交通状况	100	100	97	97
	公共配套设施条件	100	100	100	99
	基础设施条件	100	100	100	100
	环境质量	100	94	98	95
个别因素	临街条件	100	100	100	100
	所在楼房的建筑形式	100	100	101	100
	建筑结构	100	100	100	100
	房屋成新率	100	100	100	100
	户型结构	100	100	100	100
	朝向	100	100	100	100
	小区成熟度	100	101	102	103

（3）编制估价对象与可比实例的因素比较修正表。

根据因素条件指数表，将估价对象的指数作为分子，将可比实例的指数作为分母，编制比较因素修正系数表(附表 1-7)。

附表 1-7　比较因素修正系数表

		可比实例 1	可比实例 2	可比实例 3
交易价格/(元/平方米)		4 200	4 000	4 000
位置		100/101	100/97	100/96
交易时间		100/100	100/100	100/100
交易情况		100/100	100/100	100/100
用途		100/100	100/100	100/100
区域因素	交通状况	100/100	100/97	100/97
	公共配套设施条件	100/100	100/100	100/99
	基础设施条件	100/100	100/100	100/100
	环境质量	100/94	100/98	100/95
个别因素	临街条件	100/100	100/100	100/100
	所在楼房的建筑形式	100/100	100/101	100/100
	建筑结构	100/100	100/100	100/100
	房屋成新率	100/100	100/100	100/100
	户型结构	100/100	100/100	100/100
	朝向	100/100	100/100	100/100
	小区成熟度	100/101	100/102	100/103
比准价格		4 380	4 211	4 434
评估单价/(元/平方米)		4 342		

(4) 可比实例的交易价格经过各项修正后,都会得出相应的比准价格。以所取三个比准价格的简单算术平均值作为估价对象的比准价格,即估价对象单位面积价格为 4 342 元/平方米。

4. 根据板楼的价值测算塔楼的价值

我们调查了该市部分同期在售的住宅项目中塔楼与板楼的销售均价,见附表 1-8。

附表 1-8　××市部分同期在售的住宅项目中塔楼与板楼的销售均价

项目名称	位置	板楼销售均价/(元/平方米)	塔楼销售均价/(元/平方米)	塔楼售价与板楼售价之比
东×××	××区××路	5 400	4 900	90.74%
远×××	××山××路	6 500	5 600	86.15%
上×××	××区××路	5 200	4 800	92.31%
鑫×××	××区××路	6 400	5 400	84.38%

（续表）

项目名称	位置	板楼销售均价/（元/平方米）	塔楼销售均价/（元/平方米）	塔楼售价与板楼售价之比
星×××	××三环××路	5 500	4 600	83.64%
瑞×××	××区××路	5 300	4 600	86.79%
时×××	××区××路	4 000	3 700	92.5%

从附表1 8可知，塔楼售价一般为板楼售价的83%～92%。

由于估价对象北临××河，其水景对估价对象价值的贡献较大，楼层越高，其观赏水景越好，故估价对象其他的三幢楼尽管为塔楼，但由于其楼层高23层（而上述的板楼层高为地上14层），所以其价值不会比板式小高层低太多。根据估价对象的实际情况，我们取塔式高层的销售均价为板楼的87.5%（即83%～92%的中值），为3 800元/平方米。

（二）运用基准地价系数修正法及成本法求取估价对象房地产价值

测算思路为：先用基准地价系数修正法求取楼面熟地价，然后用成本法求取建筑物建筑单价，两者求和，求取房地产价值。

1. 运用基准地价系数修正法求取楼面熟地价

（1）基准地价说明

2012年，该市对2003年公布的基准地价进行了更新。根据《××市人民政府关于调整本市出让国有土地使用权基准地价的通知》，新基准地价自2012年12月10日起施行。在这里我们采用更新后的基准地价对估价对象进行评估。

（2）基准地价内涵

基准地价是各土地级别内，“七通一平”（或“五通一平”）土地开发程度下，平均容积率条件下，同一用途的完整土地使用权的平均价格。

（3）基准地价计算公式

委估宗地位于××区××地区，属六级地区，用途为居住，容积率为3.87，大于六级土地的平均容积率2，其基准地价的计算公式如下：

宗地楼面熟地价＝适用的基准地价（楼面熟地价）×期日修正系数×年期修正系数×容积率修正系数×因素修正系数

（4）测算过程

① 适用的基准地价（楼面熟地价）。根据该市基准地价级别范围，估价对象所在区域的土地级别属于居住用途六级，基准地价（楼面熟地价）为1 060～1 820元/平方米。根据该市基准地价的有关规定，这里宗地楼面熟地价取中值，即1 440元/平方米。

② 期日修正系数。本次评估基准日为2014年7月1日，基准地价的基准日为2012年1月1日。根据评估人员对估价对象所在区域居住用地市场的调查，从2012年1月1日到2014年7月1日，地价较平稳上升。

该市2010—2013年住宅用地的地价指数见附表1-9。

附表 1-9　××市 2010—2013 年地价指数

2010 年	2011 年	2012 年	2013 年
100	103	105	108

附表 1-9 中的指数是以 2010 年为基期的价格指数，从中可以看出：

2011 年比 2010 年地价上涨了 3%；

2012 年比 2011 年地价上涨了 2%；

2013 年比 2012 年地价上涨了 3%。

该市 2014 年经营性土地出让全部采用招拍挂，我们预测 2014 年的地价上升幅度与 2013 年地价持平，则 2014 年地价指数为 111。故期日修正系数为 1.057(111/105＝1.057)。

③ 年期修正系数。基准地价中住宅用地的土地使用年期为住宅用途法定最高出让年期，即 70 年。本次评估中，估价设定的估价对象土地使用年期为 68.57 年，与基准地价界定不一致，因此，在进行年期修正。公式为

$$K=\frac{1-1/(1+r)^n}{1-1/(1+r)^N},$$

式中，K 为年期修正系数；N 为基准地价土地的使用年期，即 70 年；n 为估价对象土地剩余使用年期，为 68.57 年；r 为土地还原利率，取银行现行一年期定期存款利率加一定的风险报酬率。

2012 年 2 月，中国人民银行公布的一年期定期存款利率为 3.50%。在房地产市场中，由于土地不同于一般生产要素的特性，在正常市场情况下，地价处于不断稳定上升的趋势，因此，对单独土地投资的风险和回报率均低于房地产开发项目，土地还原利率一般低于房地产综合还原利率，我们确定本次估价中土地还原利率为 7%。则

$$K=99.91\%。$$

④ 因素修正系数。基准地价确定的住宅用途用地影响因素包括居住社区成熟度、交通便捷度、区域土地利用方向、临路状况、宗地形状及可利用程度、公共服务设施和基础设施状况、自然和人文环境状况、与商业中心的接近程度等，估价对象各因素修正情况见附表 1-10。

附表 1-10　估价对象各因素修正情况

影响因素	六级居住用地修正系数取值范围	估价对象情况说明	估价对象因素修正系数
居住社区成熟度	－2.6～2.6	社区成熟度较差	－1
交通便捷度	－5.2～5.2	距离公交站点、轻轨站较近，与同级地价区相比，便捷度较好	3.2

（续表）

影响因素	六级居住用地修正系数取值范围	估价对象情况说明	估价对象因素修正系数
区域土地利用方向	－2.6～2.6	与区域土地利用方向较一致	1.5
临路状况	－2.6～2.7	一面临街，临路状况一般	1
宗地形状及可利用程度	－2.08～2.08	宗地形状较规则，可利用状况较好	1.5
公共服务设施和基础设施状况	－3.12～3.12	周围公共配套设施条件一般	0
自然和人文环境状况	－5.2～5.2	自然环境好，人文环境一般	3
与商业中心的接近程度	－2.6～2.6	区域内没有大型商业中心	－2
合计			7.2

则估价对象因素修正系数为7.2%。

⑤ 容积率修正系数。根据该市基准地价查表确定容积率为3.87时的容积率修正系数为：

容积率修正系数＝[(0.925－0.920)×(3.9－3.87)/(3.9－3.8)＋0.920]＝0.9215。

⑥ 其他情况修正系数。估价对象的土地开发程度等实际情况与基准地价所确定的基本相同，故我们取其他情况修正系数为1。

住宅楼面熟地价＝1 440×1.057×0.9991×0.9215×(1＋7.2%)×1
＝1 502(元/平方米)。

2. 用成本法求取建筑物价值

建筑物价值＝建筑物建造成本＋不可预见费＋专业人士费＋利息＋利润。

(1) 建筑物建造成本

根据我们所掌握的房地产市场资料和委估建筑物的实际状况，确定板楼建筑安装费为1 400元/平方米，塔楼的建筑安装费用为1 300元/平方米，开发期为两年。根据《××市出让地价格评估技术标准(试行)》及委估宗地的实际情况，红线内市政费用按建筑安装费用的10%～15%计，根据小区的规模及实际情况，我们按建筑安装费用的12%计，其他费用(包括建设单位管理费用、各项规费、电贴费等)按建筑安装费用的5%计。

板楼：

红线内市政费＝1 400×12%＝168(元/平方米)，
其他费用＝1 400×5%＝70(元/平方米)，

单方建造成本为以上三项之和，为1 638元/平方米。

塔楼：

红线内市政费＝1 300×12%＝156(元/平方米)，

其他费用＝1 300×5%＝65(元/平方米)，

单方建造成本为以上三项之和，为 1 521 元/平方米。

(2) 不可预见费

取值范围为建筑安装费用的 5%～10%，根据物业情况，按建筑安装费用的 10%计算，即

板楼：　　　　1 400×10%＝140(元/平方米)；

塔楼：　　　　1 300×10%＝130(元/平方米)。

(3) 专业人士费

取值范围为建造成本的 5%～10%，根据实际情况，按建造成本的 10%计算，即

板楼：　　　　1 638×10%＝164(元/平方米)，

上述三项合计为 1 942 元/平方米。

塔楼：　　　　1 521×10%＝152(元/平方米)，

上述三项合计为 1 803 元/平方米。

(4) 贷款利息

贷款利率取中国人民银行 2012 年 6 月公布的二年期贷款利率 6.40%，资金考虑各年投入 50%且均匀投入，假设开发期为两年，按复利计算，则贷款利息为：

板楼贷款利息＝1 942×0.5×[$(1+6.40\%)^{1.5}$－1＋$(1+6.40\%)^{0.5}$－1]＝125(元/平方米)；

塔楼贷款利息＝1 803×0.5×[$(1+6.40\%)^{1.5}$－1＋$(1+6.40\%)^{0.5}$－1]＝116(元/平方米)。

(5) 利润

根据该市房地产管理局《出让地价评估技术标准(试行)》的有关规定，以及我们所掌握的目前房地产市场的有关资料，我们选定开发周期两年的住宅项目的投资回报率为 25%，取费基数为楼面熟地价、建筑单价成本费用合计，则

板楼利润＝1 942×25%＝486(元/平方米)，

塔楼利润＝1 803×25%＝451(元/平方米)。

(6) 求建筑物价值

板楼：

建筑物价值＝建筑物建造成本＋不可预见费＋专业人士费＋利息＋利润

＝1 638＋140＋164＋125＋486＝2 553(元/平方米)。

塔楼：

建筑物价值＝建筑物建造成本＋不可预见费＋专业人士费＋利息＋利润

＝1 521＋130＋152＋116＋451

＝2 370(元/平方米)。

3. 求房地产价值

板楼价值＝土地价值＋建筑物价值＝1 502＋2 553＝4 055(元/平方米)，
塔楼价值＝土地价值＋建筑物价值＝1 502＋2 370＝3 872(元/平方米)。

七、估价结果确定

运用市场比较法测算所得的价值，板楼为 4 342 元/平方米、塔楼为 3 800 元/平方米；运用基准地价系数修正法及成本法测算所得的价值，板楼为 4 055 元/平方米、塔楼为 3 872 元/平方米。上述两种办法所计算出的结果差别不大，故我们采用简单算术平均的办法求出评估的最后值。

估价对象板楼市场价值(单价)＝(4 342＋4 055)×0.5＝4 199(元/平方米)，
估价对象塔楼市场价值(单价)＝(3 800＋3 872)×0.5＝3 836(元/平方米)，
估价对象的总价值＝4 199×5 369.89＋3 836×22 135.81＝10 746.11(万元)。

大写金额：人民币壹亿零柒佰肆拾陆万壹仟壹佰元整。

附　　件

(略)

附件 B　办公楼房地产市场价格估价报告

××××办公楼房地产市场价格估价报告

××××房地产估价师事务所

二〇一七年四月二十日

房地产估价报告

估价报告编号：房地师估(2017)房字第××××号
估价项目名称：××××办公楼房地产市场价格评估
估价委托人：×××
房地产估价机构：××××房地产估价师事务所
注册房地产估价师：×××　　注册号：×××
　　　　　　　　　×××　　注册号：×××
估价报告出具日期：2017 年 4 月 20 日

目　录

（略）

致估价委托人函

×××：

根据贵方的委托，本事务所遵循公开、公正、科学、合理的估价原则，按照建设部、国家质量技术监督局联合发布的《房地产估价规范》(GB/T 50 291—2015)规定的技术规范和估价程序进行了评估，并函告如下：

（一）估价目的：评估估价对象于价值时点的公开市场价值，为委托方转让房地产课税提供参考。

（二）估价对象：估价对象为××位于××区××路××号××大厦 1318 室办公楼房地产，建筑面积 46.46 平方米；土地性质为国有出让，土地用途为商业、办公；宗地总面积为 8 055 平方米，估价对象土地面积尚未分摊。

（三）价值时点：2017 年 4 月 11 日。

（四）价值类型：本估价报告提供的房地产价值为现状条件下于价值时点的估价对象公开市场价格。

（五）估价方法：估价对象分别采用了比较法和收益法进行评估。

（六）估价结果：

在满足全部限制条件下，估价对象××区××路××号××大厦 1318 室办公楼房地产(建筑面积 46.46 平方米)于价值时点的公开市场价格为：人民币壹佰叁拾玖万陆仟壹佰贰拾叁元整(RMB:1 396 123.00 元)，评估单价为 30 050 元/平方米。

××××房地产估价师事务所

法定代表人：×××

二〇一七年四月二十日

估价师声明

我们郑重声明：

（一）注册房地产估价师在估价报告中对事实的说明是真实和准确的，没有虚假记载、误导性陈述和重大遗漏。

（二）估价报告中的分析、意见和结论是注册房地产估价师独立、客观、公正的专业分析、意见和结论，但受到估价报告中已说明的估价假设和限制条件的限制。

（三）注册房地产估价师与估价报告中的估价对象没有现实或潜在的利益，与估价委托人及估价利害关系人没有利害关系，也对估价对象、估价委托人及估价利害关系人没有偏见。

（四）没有人或专业机构对本估价报告提供重要专业帮助。

（五）注册房地产估价师是按照《房地产估价规范》（GB/T 50291—2015）、《房地产估价基本术语标准》（GB/T 50899—2013）的规定进行估价工作，撰写估价报告。

估价假设和限制条件

一、估价的假设前提

1. 一般假设

（1）本事务所注册房地产估价师对由估价委托人提供的《××市房地产权证》进行了审慎检查，在无理由怀疑其合法性、真实性、准确性和完整性且未予以进一步核实的情况下，假设资料均为合法、真实、准确和完整的。

（2）本事务所注册房地产估价师仅对估价对象作了一般性的查勘，并对房屋安全、内在质量等影响估价对象价值的重大因素给予了关注，在无理由怀疑估价对象存在安全隐患且无相应专业机构进行鉴定、检测的情况下，假设估价对象建筑设计符合国家现行有关设计规范、建筑施工符合国家现行有关施工验收规范，并达到国家或行业规定的质量标准。

（3）本报告以估价对象具有合法产权并合理持续使用为前提，其占有、使用、处分等经济活动应依照国家和××市的有关政策法规合法进行，并应向有关政府部门缴纳相关税费等。

（4）假定在价值时点附近的一段时间内，估价对象所处同一供求圈内的房地产市场行情不会发生突发变化，是相对平稳的。

2. 未定事项假设

估价对象无未定事项假设。

3. 背离事实假设

估价对象无背离事实假设。

4. 不相一致假设

估价对象实际用途与登记用途、实际名称或地址与登载内容等各状况一致，本次评估无不相一致假设。

5. 依据不足假设

无依据不足假设。

根据若上述条件及本报告依据的其他条件发生变化时，本估价报告自行失效。

二、估价报告使用限制

（1）本估价报告仅供委托方转让房地产课税提供参考，不适用于其他目的的经济活动。

（2）估价报告使用者为估价委托人，或为估价委托合同中约定的其他估价报告使用者和国家法律、法规规定的估价报告使用者。任何未经估价机构和估价委托人确认的机构或个人，不能因得到估价报告而成为报告使用者。

（3）本估价报告的使用期限为半年，即自 2017 年 4 月 20 日—2017 年 10 月 19 日止。

如在此之间估价对象或国家经济形势、城市规划、房地产税费政策、金融政策等发生重大变化，市场价格变化较快对估价结果产生明显影响时，委托方和报告使用者应及时聘请房地产估价机构对估价结果作相应调整或重新估价。

(4) 本估价报告附件是报告的重要组成部分，使用本报告时请仔细阅读。本报告必须完整使用，对仅使用报告中的部分内容而导致的纠纷和损失，本估价机构和房地产估价师不承担法律责任。

(5) 未经许可，委托方或估价方的任何一方均不得随意将报告的全部或部分内容向无关的其他人提供或公开，也不得以任何形式公开发表。

估价结果报告

一、估价委托人

委托方：×××

地址：××区××路××号1318室

二、房地产估价机构

1. 单位名称：××××房地产估价师事务所
2. 单位地址：(略)
3. 单位资质等级：国家建设部房地产估价一级[证号：建房估证字(2016)××号]
4. 营业执照注册号：(略)
5. 法定代表人：(略)
6. 联系人：(略)
7. 联系电话：(略)

三、估价对象概况

1. 估价对象界定

评估对象为位于××市××区××路××号××大厦1318室办公楼房地产，建筑面积46.46平方米。

估价对象所在宗地东至××建材店、南至××花苑，西至××路，北至××路。

2. 房地产登记和权利状况

根据估价对象房地产权证登载，基本状况如下。

(1) 产证编号：房地×字(2009)第××××号。

(2) 权利人：××× 。

(3) 坐落：××路××号。

(4) 土地使用权来源：出让。

(5) 土地用途：商业、办公。

(6) 地号：××区××街道××街坊××丘。

(7) 宗地(丘)面积：8 055平方米。

(8) 土地使用期限：2009年7月30日至2053年6月8日止。

(9) 估价对象房屋状况如附表 2-1 所示。

附表 2-1　待估房屋状况

幢号/门牌号	室号	类型	房屋用途	层数	建筑面积/平方米	竣工日期	备注
—	1318	办公楼	办公	24	46.46	2008 年	

根据房地产估价师调查，基本情况如下。

(1) 估价对象所在项目名称："××大厦"。

(2) 他项权利状况：委托方未提供估价对象抵押登记信息。

(3) 租赁情况：估价对象现状为空置状态。

(4) 相邻关系权利：正常。

(5) 土地使用管制、其他特殊情况：无。

(6) 其他受限制状况：无。

3. 土地状况

地块四至：东至××建材店、南至××花苑，西至××路，北至××路。

土地使用期限：估价对象土地使用期限为 2009 年 7 月 30 日—2053 年 6 月 8 日止，至价值时点，土地剩余使用期限为 36.2 年。

基地形状：宗地形状规则，地势平坦。

土地等级：根据《××市 2013 年基准地价更新成果》，估价对象为基准地价商业三级、办公三级。

开发程度：估价对象红线外的开发程度为"七通"(通道路、通电、供水、排雨水、排污水、通信、通燃气)、红线内"七通"(通道路、通电、供水、排雨水、排污水、通信、通燃气)。

4. 建筑物状况

估价对象所在大楼为"××大厦"办公楼，大楼 1~4 层为商场，5 层以上为办公楼，配有四部客梯及一部货梯，每层分有 20 套办公单元，单元面积为 30～50 平方米。整座大楼无中央空调以及公共卫生间，公共部位地面铺有地砖，顶棚矿棉板吊顶。"××大厦"办公楼档次一般，属于乙级普通办公楼。

估价对象为开发商全装修办公房，室内配有一个卫生间，地面铺有复合地板，朝向朝西。

估价对象现状为空置状态。

5. 区域及个别因素

估价对象位于××市中心城区，该区以房地产业、高新技术产业、商业、旅游业作为区属经济四大支柱产业。以科学、文化、教育、卫生和体育等社会事业发达而著称。区内有重点科研院所、高等院校、医院、众多文艺团体及体育馆、游泳馆、体育场等大型场馆。

估价对象邻近××商圈，商业、办公环境较好。同时，估价对象邻近轨道交通枢纽，周边有 4 条地铁线及多路公交站点等，出行交通非常便捷。

四、估价目的

评估估价对象于价值时点的公开市场价值，为委托方转让房地产课税提供参考。

五、价值时点

2017 年 4 月 11 日。

六、价值类型

本估价报告提供的房地产价值为现状条件下于价值时点的估价对象公开市场价格。

七、估价依据

1. 相关法律、法规

(1)《中华人民共和国物权法》。

(2)《中华人民共和国担保法》。

(3)《中华人民共和国城市房地产管理法》。

(4)《中华人民共和国土地管理法》及其实施细则。

(5) ××市有关法律、法规和文件规定。

2. 估价标准

(1)《房地产估价规范》(GB/T 50291—2015)。

(2)《房地产估价基本术语标准》(GB/T 50899—2013)。

3. 产权方提供的相关资料

(1)《××市房地产权证》。

(2)《房地产估价委托协议》。

4. 本估价机构所掌握的相关资料及房地产估价师实地查勘所获取的资料

5. 市场调查资料

6. 估价人员实地勘察以及收集的相关资料

7. 其他相关信息资料

八、估价原则

本估价项目遵循房地产估价合法原则、替代原则、价值时点原则、供求原则、公平原则和最高最佳利用原则。

1. 合法原则

国家的土地使用法规、城市规划等是影响房地产价格的重要因素，当房地产合法使用时，其权益才受法律的保障，因此，在评估时以评估对象合法使用为前提。

2. 替代原则

根据商品的可替代规律，某宗房地产的价格受到同类型具有替代可能的房地产价格的影响，因此在进行房地产评估时，可通过对房地产条件的比较来评估房地产价格。

3. 价值时点原则

房地产价格随着社会经济的发展变化也会不断地涨落和变化，因此在不同的时点上，同一宗房地产往往有不同的价格水平，因此必须确定评估基准日，以此确定评估房地产价格。

4. 供求原则

房地产价格受市场的需求与供给关系的影响。因此，进行评估时要充分考虑到近期同类地区、同类用途房地产市场的供求状况和可能导致供求关系变化的因素。

5. 公平原则

受托估价方必须站在公平的立场上，认真客观地估价，求取公正合理的价格。

6. 最高最佳利用原则

要求估价结果是在估价对象最高最佳利用状况下的价值或价格的原则。最高最佳利用是指房地产在法律上允许、技术上可能、财务上可行并使价值最大的合理、可能的利用，包括最佳的用途、规模、档次等

九、估价方法

房地产估价常用方法有比较法、收益法、成本法和假设开发法，评估过程中应根据估价对象的实际情况选择适合的。根据《房地产估价规范》(GB/T 50291—2015)，结合估价对象实际情况，本次估价采用比较法和收益法进行评估。

1. 比较法

即选取一定数量的可比实例，将它们与估价对象进行比较，根据其间的差异对可比实例成交价格进行处理后得到估价对象价值或价格的方法。

(计算公式略)

2. 收益法

即预测估价对象的未来收益，利用报酬率或资本化率、收益乘数将未来收益转化为价值得到估价对象价值或价格的方法。

(计算公式略)

十、估价结果

经评估，在满足全部限制条件下，估价对象××区××路××号“××大厦”1318室办公楼房地产(建筑面积46.46平方米)于价值时点的公开市场价格为：人民币壹佰叁拾玖万陆仟壹佰贰拾叁元整(1 396 123.00元)，评估单价为30 050元/平方米。

十一、注册房地产估价师

(略)

十二、实地查看期

2017年4月11日。

十三、估价作业期

2017年4月11日—2017年4月20日。

十四、估价报告应用的有效期

本估价报告自2017年4月20日—2017年10月19日止有效。

估价技术报告

一、估价对象区位状况描述与分析

1. 位置状况描述与分析

估价对象位于××区××路××号“××大厦”内，该大厦所在地块东至××建材店，

南至××生活创意设计中心，西至××路，北至××路。大厦所在位置靠地块北端，临××路和××路。

“××大厦”距离××商业中心约1千米，周边商业设施齐全。“××大厦”总层数为24层，估价对象位于13层，属于中区位置，视野景观一般，主朝向为朝西。估价对象所在区域地理位置较好，对办公房地产有利。

2. 交通状况描述与分析

“××大厦”周边公交线繁多，东侧可至主干道××路，距轨道交通站仅500米。该大厦配有地下停车库和地上停车位，停车条件好。估价对象周边交通及停车状况较好，对办公房地产有利。

3. 环境状况描述与分析

“××大厦”位于××板块，该板块无工业污染，自然环境较好，周边有诸多办公大楼，估价对象邻近××商圈，商业、办公环境较好。

4. 外部配套设施状况描述与分析

“××大厦”所在宗地基础设施状况完善，宗地外七通（即通路、供电、通信、通上水、通下水、通污水、通燃气）。周边公共服务设施有体育场、公园等，公共服务设施完善，外部配套设施状况完善，对办公房地产有利。

5. 区位状况未来变化状况描述与分析

“××大厦”所在宗地属于××市2013年基准地价更新成果中的商业三级、办公三级地段，所在地区定位为商办、居住区域。目前估价对象所在大厦周边主要以成熟居住社区及商业办公为主，大厦周边各项配套设施完善，目前周边办公楼房地产供应量较大，对办公房地产较不利。

二、估价对象实物状况描述与分析

1. 土地实物状况描述与分析

根据委托人提供的《××市房地产权证》记载及注册房地产估价师现场踏勘记录，土地面积为8 055平方米，用途为商业、办公用地，土地形状规则，地形地势平坦，地质良好。该区域土地开发程度为“七通一平”（即红线外通路、供电、通信、通上水、通下水、通污水、通燃气，红线内场地平整），基础设施完善，对办公房地产有利。

2. 建筑物实物状况描述与分析

估价对象建筑面积为46.46平方米，房屋用途为办公，于2008年竣工。根据房地产估价师现场查勘，“××大厦”1～4层为商场，5层以上为办公楼，配有四部客梯及一部货梯，每层分有20套办公单元，单元面积为30～50平方米。公共通道地面铺有大理石，墙面乳胶漆及矿棉板吊顶。办公物业管理费为11元/(月·平方米)。“××大厦”办公楼档次一般，属于乙级普通办公楼。

估价对象为开发商全装修办公房，室内配有一个卫生间，地面铺有复合地板。估价对象朝向朝西。

三、估价对象权益状况描述与分析

1. 土地权益状况描述与分析

根据委托人提供的《××市房地产权证》记载，估价对象土地所有权状况为国有建设用地使用权，土地使用权状况为出让，土地用途为商业、办公，符合估价对象使用状态。土地他项权利设定状况、土地使用管制及其他特殊状况无记载。

2. 建筑物权益状况描述与分析

根据委托人提供的《××市房地产权证》记载，估价对象所有权人为×××，建筑类型为办公楼。根据房地产估价师现场查勘及尽职调查，估价对象现状为空置状态，至价值时点未设立他项权利登记（抵押、租赁及特殊情况），根据委托方的要求，评估结果不考虑房屋出租因素对房地产价格的影响。

四、市场背景描述与分析

（略）

五、估价对象最高最佳利用分析

最高最佳使用是指法律上允许、技术上可能、经济上可行，经过充分合理的论证，能使估价对象产生最高价值的使用方式。在合法使用前提下，房地产只有在最高最佳使用状态下才能发挥最大效用。经现场查看，估价对象现状用途为办公，与估价对象取得的××市房地产权证上记载的用途一致，同时估价对象与周边房屋用途、形态较匹配，符合所在区域的整体规划，故本次估价以估价对象现行合法用途办公作为最高最佳使用，据此进行评估。

六、估价方法适用性分析

房地产估价常用方法有比较法、收益法、成本法和假设开发法，评估过程中应根据估价对象的实际情况选择适合的。

1. 比较法

估价对象所在区域在价值时点近期，有较多类似房屋的市场交易实例，可比性较强，可以满足使用比较法的需要，故可以采用比较法求取估价对象房屋的价值。

2. 收益法

收益还原法根据估价对象在未来可使用年限（经济收益年限）内使用过程中获得净收益的能力，采用适当的资本化率对估价对象在未来可使用年限（经济收益年限）内各年的净收益进行资本化还原，确定估价对象的收益价格。

3. 成本法

成本法是测算估价对象在价值时点的重置成本或重建成本和折旧，将重置成本或重建成本减去折旧得到估价对象价值或价格的方法。

估价对象所在区域近期鲜有同类土地成交案例，难以求取价值时点估价对象相应土地使用权价值，故不采用成本法。

4. 假设开发法

假设开发法是求得估价对象后续开发的必要支出及折现率或后续开发的必要支出及应得利润和开发完成后的价值，将开发完成后的价值和后续开发的必要支出折现到价值时点后相减，或将开发完成后的价值减去后续开发的必要支出及应得利润得到估价对象价值或价格的方法。

假设开发法适用于具有开发或再开发潜力的房地产，估价对象为已建成办公房项目，需保持现有用途持续使用为前提，故不宜使用假设开发法。

七、估价测算过程

(一) 比较法

1. 案例来源说明

估价人员通过网上房地产信息服务系统对估价对象所在大楼"××大厦"2016年至今的成交案例调查,估价对象所在办公楼的市场交易案例较多,案例列表如附表2-2所示。

附表2-2 比较案例情况表

序号	区名	坐落	房屋类型	成交日期	面积/平方米	总价/元	单价/(元/平方米)
1	××区	××路××号1507室	办公楼	2016-3-17	46.46	1 250 000	26 905
2	××区	××路××号1619室	办公楼	2016-4-18	46.46	1 250 000	26 905
3	××区	××路××号1620室	办公楼	2016-4-18	50.23	1 355 000	26 976
4	××区	××路××号1621室	办公楼	2016-4-18	31.33	843 000	26 907
5	××区	××路××号719室	办公楼	2016-4-27	46.46	1 250 000	26 905
6	××区	××路××号1911室	办公楼	2016-6-8	27.87	750 000	26 911
7	××区	××路××号1912室	办公楼	2016-6-8	50.23	1 350 000	26 876
8	××区	××路××号1317室	办公楼	2016-6-17	46.46	1 250 000	26 905
9	××区	××路××号1219室	办公楼	2016-11-7	46.46	1 260 000	27 120
10	××区	××路××号507室	办公楼	2016-11-8	46.46	1 256 000	27 034

选择距价值时点较近时期的案例作为比较法的案例,经综合分析,选择案例8、案例9、案例10作为比较法的三个比较案例。

2. 因素条件说明表

比较实例与估价对象各因素及其条件说明详见附表2-3。

附表2-3 估价对象与可比实例因素条件说明表

因素条件	估价对象	比较实例A	比较实例B	比较实例C
名称	××大厦	××大厦	××大厦	××大厦
位置	××路××号 1318室	××路××号 1317室	××路××号 1219室	××路××号 507室

（续表）

因素条件			估价对象	比较实例 A	比较实例 B	比较实例 C
交易价格(元)			待估	1 250 000	1 260 000	1 256 000
交易单价(元/平方米)				26 905	27 120	27 034
交易情况			正常交易	卖方到手价	卖方到手价	卖方到手价
市场状况(交易日期)			2017.4.11	2016.6.17	2016.11.7	2016.11.8
区位状况	位置状况	坐落、方位	位于内环线以内，较优	位于内环线以内，较优	位于内环线以内，较优	位于内环线以内，较优
		与重要场所距离	距××商业中心约1千米，较优	距××商业中心约1千米，较优	距××商业中心约1千米，较优	距××商业中心约1千米，较优
		临街（路）状况	临××路，一般	临××路，一般	临××路，一般	临××路，一般
		楼层	13层	13层	12层	5层
		朝向	西	西	西	东
	交通状况	道路状况	普通商业街	普通商业街	普通商业街	普通商业街
		出入交通工具	便捷	便捷	便捷	便捷
		交通管制	无	无	无	无
		停车方便程度	方便	方便	方便	方便
	配套设施	基础设施	齐全、保障率高	齐全、保障率高	齐全、保障率高	齐全、保障率高
		公共服务设施	服务、商业设施齐全	服务、商业设施齐全	服务、商业设施齐全	服务、商业设施齐全
	周围环境	自然环境	一般	一般	一般	一般
		人文环境	一般	一般	一般	一般
		景观	一般	一般	一般	一般
实物状况	土地	土地面积	所在宗地8 055平方米，一般	所在宗地8 055平方米，一般	所在宗地8 055平方米，一般	所在宗地8 055平方米，一般
		形状	规则	规则	规则	规则
	建筑物	建筑面积	46.46平方米	46.46平方米	46.46平方米	46.46平方米
		建筑结构	混合	钢混	钢混	钢混
		设施设备	一般	一般	一般	一般
		装饰装修	开发商统一普通办公楼装修	开发商统一普通办公楼装修	开发商统一普通办公楼装修	开发商统一普通办公楼装修
		层高	约3米	约3米	约3米	约3米
		空间布局	满足正常使用	满足正常使用	满足正常使用	满足正常使用

（续表）

因素条件			估价对象	比较实例 A	比较实例 B	比较实例 C
实物状况	建筑物	建筑功能	一般	一般	一般	一般
		质量、外观	一般	一般	一般	一般
		成新	2008 年竣工，八五成新	2008 年竣工，八五成新	2008 年竣工，八五成新	2008 年竣工，八五成新
权益状况	用途		办公	办公	办公	办公
	规划（容积率）		容积率约 4.5，一般	容积率约 4.5，一般	容积率约 4.5，一般	容积率约 4.5，一般
	他项权利影响		无影响	无影响	无影响	无影响

3. 比较因素修正说明

根据估价对象与交易案例实际情况，选取影响房地产价格的各项因素，主要包括：交易情况、交易日期、区位状况、实物状况和权益状况。

（1）交易情况

交易情况调整系数$=1/(1+S\%)$，$S\%$为高于或低于市场正常成交价格的比例。

比较案例均为二手房买卖案例，根据调查，交易登记合同价基本为卖家净到手价，买家需要额外承担上家的差额营业税、土地增值税、所得税。经向周边中介询问，上述卖家税费一般占到交易价格的 10%左右。因此，取 $S=-10\%$。

（2）市场状况（交易日期）

市场情况调整系数$=(1\pm T\%)/100$，$T\%$为相对于估价对象价值时点的涨跌调整幅度。

市场状况是房地产价格随时间变化状况。案例价格时点与价值时点间隔不超过 1 年。根据中国城市地价动态监测网，2016 年 1 季度至 2017 年 1 季度××市各用途地价增长率水平详见附表 2-4。

附表 2-4　因素条件说明表

年度	季度	综合	商服	住宅	工业
2017	1	3.06	1.03	3.51	1.92
2016	4	4.64	1.34	5.46	1.56
2016	3	5.74	1.13	6.91	2.11
2016	2	5.61	0.72	6.87	2.57
2016	1	5.74	1.26	6.93	3.43

以 2017 年 4 月 11 日商服地价指数为 100，确定 2016 年以来各季度商服土地价格指数见附表 2-5。

附表 2-5　商服地价指数表

时间	商服地价指数
2017 年 4 月 11 日	100
2017 年 1 季度	99.0
2016 年 4 季度	97.7
2016 年 3 季度	96.6
2016 年 2 季度	95.9
2016 年 1 季度	94.7

一般房地产涨幅要大于地价涨幅，根据调查，商服、住宅房地产较对应的土地地价涨幅高 2%左右。故，比较案例 A，B，C 市场状况指数修正幅度分别如下。

案例 A 涨跌调整幅度：95.9－2－100＝－6.1；

案例 B 涨跌调整幅度：97.7－2－100＝－4.3；

案例 C 涨跌调整幅度：97.7－2－100＝－4.3。

（3）区位状况

状况调整系数＝100/（100±X%），以估价对象区位状况各项子因素为标准，根据比较实例与估价对象优劣程度大小，确定调整比例 X%，优取正，劣取负，调整值 X 按下述说明确定。

估价对象与比较案例在位置状况中的坐落方位、与重要场所距离、临街状况相同，上述因素不再修正。

在交通状况、配套设施状况、周围环境等因素相同，上述因素也不再进行修正。

楼层修正：估价对象所在大楼无特殊景观，根据调查，估价对象所在办公楼每相差一层，房价相差 0.3%～0.5%，本报告取中间值 0.4%。据此计算，比较案例 A，B，C 楼层调整系数分别为 0，－0.4，－3.2。

朝向修正：根据调查，办公楼对朝向要求没有住宅高，一般东、西向的房屋不再进行修正。委估对象朝西，比较案例 A，B 均为朝西，案例 C 朝东，比较案例 A，B，C 朝向调整系数均为 0。

（4）实物状况

状况调整系数＝100/（100±Y%），以估价对象实物状况各项子因素为标准，根据比较实例与估价对象优劣程度大小，确定调整比例 Y%，优取正，劣取负。

估价对象与比较案例位于相同大楼，建筑面积相同，装修状况均为开发商统一普通办公楼装修，故实物状况不再修正。

（5）权益状况

状况调整系数＝100/（100±Z%），以估价对象区位状况各项子因素为标准，根据比较实例与估价对象优劣程度大小，确定调整比例 Z%，优取正，劣取负。

权益状况调整的主要因素有用途、规划条件、使用权、土地使用权、共有情况、用益物权设立情况、担保物权设立情况、租赁或占有情况、拖欠税费情况、查封等形式限制情况及权属清晰情况等。估价对象与比较实例为接近，权属清晰，用途、规划条件、使用权和土地使用权状况一致不作调整；根据估价目的，不考虑估价对象他项权利及其他受限制状况对估价结果的影响。

4. 比准价值计算

基本公式：

比较价值＝可比实例单价×交易情况修正系数×市场状况调整系数×房地产状况调整系数。

房地产状况调整系数＝100/(100＋$\sum$可比实例区位状况优劣分$X\%$＋$\sum$可比实例实物状况优劣分$Y\%$＋$\sum$可比实例权益状况优劣分$Z\%$)。

具体计算详见附表2-6。

附表2-6　因素比较修正系数计算表

因素条件			比较实例A	比较实例B	比较实例C
名称			××大厦	××大厦	××大厦
位置(详见附件位置图)			××路××号	××路××号	××路××号
			1317室	1219室	507室
建筑面积(平方米)			46.46	46.46	46.46
交易价格(元)			1 250 000	1 260 000	1 256 000
交易单价(元/平方米)			26 905.00	27 120.00	27 034.00
交易情况			100/90	100/90	100/90
市场状况(交易日期)			100/93.9	100/95.7	100/95.7
区位状况	位置状况	坐落、方位	100/100	100/100	100/100
		与重要场所距离	100/100	100/100	100/100
		临街(路)状况	100/100	100/100	100/100
		楼层	100/100	100/99.6	100/96.8
		朝向	100/100	100/100	100/100
	交通状况	道路状况	100/100	100/100	100/100
		出入交通工具	100/100	100/100	100/100
		交通管制	100/100	100/100	100/100
		停车方便程度	100/100	100/100	100/100
	配套设施	基础设施	100/100	100/100	100/100
		公共服务设施	100/100	100/100	100/100
	周围环境	自然环境	100/100	100/100	100/100
		人文环境	100/100	100/100	100/100
		景观	100/100	100/100	100/100

（续表）

因素条件			比较实例 A	比较实例 B	比较实例 C
实物状况	土地	土地面积	100/100	100/100	100/100
		形状	100/100	100/100	100/100
	建筑物	建筑面积	100/100	100/100	100/100
		建筑结构	100/100	100/100	100/100
		设施设备	100/100	100/100	100/100
		装饰装修	100/100	100/100	100/100
		层高	100/100	100/100	100/100
		空间布局	100/100	100/100	100/100
		建筑功能	100/100	100/100	100/100
		质量、外观	100/100	100/100	100/100
		成新	100/100	100/100	100/100
权益状况	用途		100/100	100/100	100/100
	规划（容积率）		100/100	100/100	100/100
	他项权利影响		100/100	100/100	100/100
比准价格（元/平方米）			31 836	31 614	32 425
权重			1/3	1/3	1/3
评估价格（元/平方米）			31 958		

（二）收益法估价过程

收益法是运用适当的资本化率，将预期的估价对象未来各期的正常净收益折算到价值时点上的现值，求其之和得出估价对象价值的一种估价方法。

1. 基本公式

$$V=\frac{A}{r-s}\left[1-\left(\frac{1+s}{1+r}\right)^{n}\right]。$$

其中，V 为房地产总价值；A 为房地产净收益；r 为房地产资本化率；s 为房地产收益递增比率；n 为房地产收益年限。

2. 有关假设

（1）假设估价对象在权利期内全部用于出租，根据估价人员对估价对象周边类似物业的调查了解，××地区类似办公楼的空置率较低，一般在 2%左右。确定 2%折扣的原因，主要是考虑在一个租赁期内房屋出租的空置率以及房屋装修和免租期等客观原因带来的租金损失等因素。

（2）假设在估价对象租赁期内，该类房屋的租赁市场整体波动不大，不考虑通货膨胀以及其他影响房地产租赁市场的不可抗力因素。

（3）假设租赁期内房地产资本化率不变。

(4) 根据近年来的统计，××市 2008—2016 年房屋租赁价格指数变化如附表 2-7 所示。

附表 2-7　房屋租赁价格指数表(以 2000 年价格为 100)

年份	2008	2009	2010	2011	2012	2013	2014	2015	2016
房屋租赁价格指数	1 214	1 206	1 259	1 323	1 372	1 480	1 668	1 800	1 926

数据来源：××房屋租赁指数办公室

根据附表 2-7 可见，房屋租赁价格指数总体呈上升态势。9 年间，增长总幅度为 59%，环比年平均涨幅约 5%，这主要是由于近年来外来人口大幅增加，房地产价格整体处于井喷状态，房价的大幅提升也带动了租赁价格。但与房价的涨幅相比，租金的涨幅是微小的。在当前国内外政治、经济形势趋于稳定，CPI 高涨的状况下，租金的增长态势是可以预见的。此外，由于国家对住宅的宏观调控和房产税的试行，将会增加物业持有的成本，有可能使业主将该部分成本转嫁而推高租金。

考虑到办公物业租金涨幅要低于住宅租金涨幅，评估人员预测，未来商办地产租金价格保持长期上涨趋势，涨幅在 3%～5%。本次评估，故根据估价对象物业状况、所在区域的市场状况等因素，按租赁平均增长幅度 4%的年租金增长率进行估算。

3. 有关参数的选取

(1) 房地产资本化率

在此我们采用安全利率加风险调整值法求取房地产综合还原利率。以价值时点银行一年期定期存款年利率 1.5%为基础，结合考虑目前租赁市场中出租回报率要求的实际状况，以及估价对象所处地区的房地产市场环境条件，加 4.5%的房地产投资风险系数，综合考虑后取 6%作为房地产资本化率。

(2) 房地产收益年限

估价对象为出让土地，土地使用权终止日期为 2053 年 6 月 8 日，土地剩余使用年限为 36.2 年。估价对象房屋竣工日期为 2008，钢混结构，耐用年限为 60 年，至价值时点房屋剩余使用年限为 51 年。根据孰短原则，估价对象房地产收益年限设定为 36.2 年。

4. 测算过程

(1) 年租金收入

估价对象客观租金采用比较法进行评估。

委估房地产所在大厦为“××大厦”，“××大厦”1～4 层为商场，5 层以上为办公楼，每层设有 20 套单元，面积从 30 平方米至 50 平方米不等。办公楼市场租赁比较活跃，根据调查以及向大厦管理处询问，目前大楼房型为 46.46 平方米的办公房租金每套单元基本在 5 000 元/月，折算下来租金在 3.59 元/(平方米・天)。考虑到租赁市场上“××大厦”有较多的办公楼租赁案例，我们选择比较法评估估价对象房屋租金价格。

① 案例说明

我们调查了近期估价对象楼盘的出租案例，通过对中介房地产机构的询问调查，分析可能实现的出租价格，以此作为本次评估的比较案例。共计筛选出 3 例同一大厦内的租金案例，且符合正常市场租金水平，详见附表2-8。

附表2-8　出租案例因素条件说明表

因素条件		委估房地产	实例A	实例B	实例C
项目名称		××路××号1318室 “××大厦”	××路××号 “××大厦”中区	××路××号 “××大厦”高区	××路××号 “××大厦”中区
租金单价			3.57元/(平方米·天)	3.57元/(平方米·天)	3.5元/(平方米·天)
交易日期		2017.4.11	2017.4.11	2017.4.11	2017.4.11
交易情况		正常交易	正常交易	正常交易	正常交易
价格类型		评估价	报价	报价	报价
区域因素	交通条件	便捷	便捷	便捷	便捷
	商业办公环境	较好	较好	较好	较好
	环境质量	较好	较好	较好	较好
	公共服务设施	齐全	齐全	齐全	齐全
个别因素	楼层	13/24	中区/24	高区/24	中区/24
	楼盘品质	一般	一般	一般	一般
	建造年份成新率	2008年	2008年	2008年	2008年
	房型、面积	46.46平方米	46平方米	46平方米	80平方米
	朝向	西	西	西	南
	装修情况	普通办公楼装修	普通办公楼装修	普通办公楼装修	普通办公楼装修

② 编制比较因素条件指数表

比较因素条件指数如附表2-9所示。

附表2-9　比较因素修正指数表

估价对象与比较实例	委估房地产	实例A	实例B	实例C
项目名称	××路××号1318室 ××大厦	××路××号 ××大厦中区	××路××号 ××大厦高区	××路××号 ××大厦中区
租金单价		3.57元/(平方米·天)	3.57元/(平方米·天)	3.5元/(平方米·天)
交易日期	100	100	100	100
交易情况	100	100	100	100
价格类型	100	100	100	100

（续表）

估价对象与比较实例		委估房地产	实例 A	实例 B	实例 C
区域因素	交通条件	100	100	100	100
	商务繁华程度	100	100	100	100
	环境状况	100	100	100	100
	公共服务设施	100	100	100	100
区域因素合计		100	100	100	100
个别因素	楼层	100	100	102	100
	楼盘品质	100	100	100	100
	建造年份成新率	100	100	100	100
	房型、面积	100	100	100	98
	朝向	100	100	100	101
	装修情况	100	100	100	100
个别因素合计		100	100	102	99

③ 客观租金价格测算

在各因素条件指数表的基础上，进行比较实例估价日期修正、交易情况修正、区域因素、个别因素及其他因素的修正，计算得出各修正价格，见附表 2-10。

附表 2-10 因素比较修正系数计算表

项目	案例 A	案例 B	案例 C
交易价格	3.57 元/(平方米·天)	3.57 元/(平方米·天)	3.5 元/(平方米·天)
交易日期修正	100/100	100/100	100/100
交易情况修正	100/100	100/100	100/100
价格类型修正	100/100	100/100	100/100
区域因素修正	100/100	100/100	100/100
个别因素修正	100/100	100/102	100/99
修正后的价格	3.57	3.5	3.54
权重	1/3	1/3	1/3
租金评估价	3.54 元/(平方米·天)		

④ 租金收入计算

估价对象客观日租金评估价格为 3.54 元/(平方米·天)，空置率前述分析约为 2%，一年按 365 天收益计算，租金按常规付三押一计算，活期利率按 0.35%计算。

押金利息收益＝3.54元/(平方米·天)×46.46平方米×30天×0.35%＝17(元)；
年租金收入＝面积×日租金×365天×(1－空置率)×有效出租面积＋押金利息收益
＝46.46×3.54×365×(1－2%)×100%＋17
＝58 847(元)。

(2) 房地出租年总费用

① 管理费

按年有效收益的2%计。

管理费＝58 847元×2%＝1 177(元)。

② 维修费及保险费

房屋的维修费按建安造价的2%计算,保险费按照建安造价的1.5‰计算,维修费及保险费合计为2.15%。

估价对象为钢混结构,办公楼按普通装修设定,建安造价取为4 500元/平方米。估价对象建于2008年,成新率约为八五成新。

房屋现值＝建筑面积×建安造价×成新率
＝46.46×4 500×85%
＝177 710(元)；
维修及保险费＝177 710×2.15%
＝3 821(元)。

③ 税费

增值税为5%,附加税(按增值税税额征收7%的城建税、3%的教育费附加、地方教育费附加2%,合计为12%)。

根据《财政部、国家发展改革委关于清理规范一批行政事业性收费有关政策的通知》[财税(2017)20号],自2017年4月1日起,取消河道工程修建维护管理费。

税费＝58 847/(1＋5%)×5%×(1＋12%)＝3 139(元)。

④ 房地产年总费用

房地产年总费用＝管理费＋维修及保险费＋税金
＝1 177＋3 821＋3 139
＝8 137(元)。

(3) 房地年净收益

房地年净收益＝房地年有效收益－房地年总费用
＝58 847－8 137
＝50 710(元)。

(4) 收益法计算价格

根据收益还原法计算公式，房地产价格确定如下：

$$V=\frac{A}{r-s}\left[1-\left(\frac{1+s}{1+r}\right)^{n}\right]。$$

根据前述假设及有关参数选取说明，A 为房地产净收益，房地产资本化率 $r=6\%$，房地产收益递增比率 $s=4\%$，房地产收益年限 $n=36.2$ 年。

$$V=\frac{A}{r-s}\left[1-\left(\frac{1+s}{1+r}\right)^{n}\right]=\frac{50\ 710}{6\%-4\%}\left[1-\left(\frac{1+4\%}{1+6\%}\right)^{36.2}\right]=1\ 263\ 175(元)。$$

收益法评估单价为：1 263 175/46.46=27 188(元/平方米)。

八、估价结果确定

比较法评估单价为 31 958 元/平方米，收益法评估结果为 27 188 元/平方米，两种方法评估结果相差较大，考虑到比较法评估结果更能反映房地产市场状况，比较法权重取 60%、收益法权重取 40%，取两种方法的加权平均值作为估价对象的评估结果较为合理。

估价对象评估单价=31 958×60%+27 188×40%=30 050 元/平方米；

估价对象××路××号 1318 室评估总价=30 050 元/平方米×46.46 平方米
=139.612 3 万元。

附　　件

附件一：委估房地产地理位置

附件二：估价对象照片

附件三：《××市房地产权证》

附件四：估价机构营业执照

附件五：估价机构资质证书

附件六：估价人员资质证书

(以上均为复印件)

附件C　商场及地下车位房地产抵押价值估价报告

××××商场及地下车位房地产抵押价值评估报告

××××房地产估价师事务所

二〇一九年五月五日

房地产估价报告

估价项目名称：××商场及地下车位房地产抵押价格评估
估价委托人：××××资产管理股份有限公司
房地产估价机构：××××房地产估价师事务所
注册房地产估价师：×××　注册号：××××
　　　　　　　　　×××　注册号：××××
估价报告出具日期：2019 年 5 月 5 日
估价报告编号：房地师估(2019)房字第××××号

目　　录

（略）

致估价委托人函

××××资产管理股份有限公司：

根据贵方的委托，本公司遵循公开、公正、科学、合理的估价原则，按照国家建设部、国家质量技术监督局联合发布的《房地产估价规范》(GB/T 50291—2015)《房地产抵押估价指导意见》《房地产投资信托基金物业评估指引(试行)》规定的技术规范和估价程序进行了评估，并函告如下。

（一）估价目的

评估商场、地下车位现房房地产市场价值及抵押价值，为委托方收购资产包价值提供参考。

（二）估价对象

估价对象为××××置业有限公司位于××市××区××路××号1～4层商场及地下一层130个车位现房房地产，总建筑面积9 297.79平方米(详见附表3-1)；土地性质为国有出让，土地用途为住宅用地；所在宗地面积为136 137平方米，估价对象土地面积未分摊。

（三）价值时点

2019年4月1日。

（四）价值类型

在满足限制条件下于价值时点的商场、地下车位现房房地产公开市场价值及抵押价值。

（五）估价方法

估价对象房地产分别采用了比较法和收益法进行评估，考虑到估价对象为现房，基于谨慎原则，比较法结果权重取60%，收益法结果权重取40%，取两种方法的加权平均值作为估价对象的评估价格。

（六）估价结果

在满足全部限制条件下，××××置业有限公司位于××市××区××路××号1～4层商场及地下一层130个车位现房房地产(总建筑面积9 297.79平方米)于价值时点的市场评估总价格为人民币184 820 700.00元(取整)，大写：人民币壹亿捌仟肆佰捌拾贰万零柒佰元整。

根据产权方提供的资料，至价值时点，估价对象未有应付未付工程款。根据××××信托有限公司提供的《不动产登记证明》(他项权证)，估价对象已抵押给××××信托有限公司，抵押债权登记金额为19 400万元。考虑到委托方拟收购××××信托有限公司债权，本报告法定优先受偿款设定为0元。

扣除估价师知悉的上述法定优先受偿款，估价对象××路××号1～4层商场及地下一层130个车位现房房地产(总建筑面积9 297.79平方米)抵押总价值为：人民币184 820 700.00元(取整)，大写：人民币壹亿捌仟肆佰捌拾贰万零柒佰元整。

各单元具体价格详见附表3-1。

附表3-1 房地产评估明细表

序号	坐落	幢号	室号部位	房屋类型	用途	建筑面积/平方米	评估单价/(元/平方米)	评估总价/万元	备注
1	××路××号		商场7	商场	商业	5 288.29	30 770	16 272.07	
2	××路××号		垃圾房	其他	特种用途	64	0	0.00	配套用房
3	××路××号	××号	地下1层车位1	其他	特种用途	30.35	5 601	17.00	
⋮									
132	××路××号	××号	地下1层车位130	其他	特种用途	30.35	5 601	17.00	
总计						9 297.79		18 482.07	

(七) 特别提示

估价对象为现房，1～4层商场(实际用途为酒店)已对外出租，产权方已提供了其《××市房屋租赁合同》，但未提供租金收付凭据，本公司无法核实估价对象房屋实际租金支付状况。同时，估价对象酒店正在重新装修，根据调查，拟用于长租公寓出租。在此特别提醒报告使用人注意。

××××房地产估价师事务所

法定代表人：×××

二〇一九年五月五日

估价师声明

我们郑重声明：

(一) 注册房地产估价师在估价报告中对事实的说明是真实和准确的，没有虚假记载、误导性陈述和重大遗漏。

(二) 估价报告中的分析、意见和结论是注册房地产估价师独立、客观、公正的专业分析、意见和结论，但受到估价报告中已说明的估价假设和限制条件的限制。

(三) 注册房地产估价师与估价报告中的估价对象没有现实或潜在的利益，与估价委托人及估价利害关系人没有利害关系，也对估价对象、估价委托人及估价利害关系人没有偏见。

(四) 没有人或专业机构对本估价报告提供重要专业帮助。

（五）注册房地产估价师是按照《房地产估价规范》（GB/T 50291—2015）、《房地产估价基本术语标准》（GB/T 50899—2013）、《房地产抵押估价指导意见》《房地产投资信托基金物业评估指引（试行）》的规定进行估价工作，撰写估价报告。

估价假设和限制条件

一、估价的假设前提

（一）一般假设

1. 本公司注册房地产估价师对由产权方提供的资料进行了审慎检查，在无理由怀疑其合法性、真实性、准确性和完整性且未予以进一步核实的情况下，假设资料均为合法、真实、准确和完整的。

2. 本公司注册房地产估价师仅对估价对象作了一般性的查勘，并对房屋安全、内在质量等影响估价对象价值的重大因素给予了关注，在无理由怀疑估价对象存在安全隐患且无相应专业机构进行鉴定、检测的情况下，假设估价对象建筑设计符合国家现行有关设计规范、建筑施工符合国家现行有关施工验收规范，并达到国家或行业规定的质量标准。

3. 本报告以估价对象具有合法产权并合理持续使用为前提，其占有、使用、处分等经济活动应依照国家和××市的有关政策法规合法进行，并应向有关政府部门缴纳相关税费等。

4. 假定在价值时点附近的一段时间内，估价对象所处同一供求圈内的房地产市场行情不会发生突发变化，是相对平稳的。

（二）未定事项假设

本报告无未定事项假设。

（三）背离事实假设

根据产权方提供的资料，至价值时点，估价对象未有应付未付工程款。根据××××信托有限公司提供的《不动产登记证明》（他项权证），估价对象已抵押给××××信托有限公司，抵押债权登记金额为 19 400 万元。考虑到委托方拟收购××××信托有限公司债权，本报告法定优先受偿款设定为 0 元。

（四）不相一致假设

估价对象实际用途与登记用途、实际名称或地址与登载内容等各状况一致，本次评估无不相一致假设。

（五）依据不足假设

估价对象为现房，1～4 层商场（××酒店）已对外出租，产权方已提供了其《××市房屋租赁合同》，合同租赁价格明显高于当时市场租金，产权方未提供租金收付凭据。评估人员无法核实估价对象房屋实际租金支付状况，基于谨慎原则，本报告对该租约按客观租金进行评估。

根据若上述条件及本报告依据的其他条件发生变化时，本估价报告自行失效。

二、估价报告使用限制

1. 本报告为委托方收购资产包价值提供参考。

2. 估价报告使用者为估价委托人，或为估价委托合同中约定的其他估价报告使用者和国家法律、法规规定的估价报告使用者。任何未经估价机构和估价委托人确认的机构或个人，不能因得到估价报告而成为报告使用者。

3. 本估价报告的使用期限为壹年，即自2019年5月5日—2020年5月4日止。如在此之间估价对象或国家经济形势、城市规划、房地产税费政策、金融政策等发生重大变化，市场价格变化较快对估价结果产生明显影响时，委托方和报告使用者应及时聘请房地产估价机构对估价结果作相应调整或重新估价。

4. 本估价报告附件是报告的重要组成部分，使用本报告时请仔细阅读。本报告必须完整使用，对仅使用报告中的部分内容而导致的纠纷和损失，本估价机构和房地产估价师不承担法律责任。

5. 未经许可，委托方或估价方的任何一方均不得随意将报告的全部或部分内容向无关的其他人提供或公开，也不得以任何形式公开发表。

房地产抵押风险提示

(1) 房地产市场状况是变化的，主要受国家经济形势、购买力、宏观调控政策、房地产产业政策和税收政策等诸多因素影响，本市未来房地产市场及价格可能产生剧烈变动，金融机构应考虑未来房地产市场及其价格波动风险。同时房地产价值本身随时间变化而变化，包括物理折旧、功能折旧、剩余使用年限减少产生的价值贬损。城市发展建设导致的估价对象周边自然和社会环境改变，也可能对房地产价值产生影响。

(2) 房地产抵押存续期间，债务人可能出现财务状况或信用缺失，存在风险。

(3) 金融机构应根据本报告之假设和限制条件及有效期，合理使用本报告。

(4) 当房地产市场不稳定或变化较快时，建议及时对估价对象房地产价值进行再评估。

(5) 估价对象在处分时将发生快速变现而产生的贬值，就目前市场状况看，该项贬值可能达到评估值的30%，其他应扣除的处置费用包括诉讼费、拍卖佣金、税费和手续费等可占到10%～20%。

估价结果报告

一、估价委托人

1. 单位名称：××××资产管理股份有限公司

2. 单位地址：×××

3. 法定代表人：×××

二、估价机构

1. 单位名称：××××房地产估价师事务所

2. 单位地址：×××

3. 单位资质等级

(1) 建设部房地产估价一级［证号：建房估证字(2016)××号］。

(2) 土地资质：《关于××××房地产估价师事务所备案情况的函》［土估备字(2018)××号］。

(3) 土地评估资信等级：A 级。

(4) 土地评估机构备案编号：×××。

4. 统一社会信用代码：×××

5. 法定代表人：×××

6. 联系人：×××

7. 联系电话：×××

三、估价对象概况

1. 估价对象界定

评估对象为××××置业有限公司位于××市××区××路××号 1～4 层商场及地下一层 130 个车位现房房地产，总建筑面积 9 297.79 平方米。其中 1～4 层商场建筑面积为 5 288.29 平方米、垃圾房面积 64 平方米、130 个车位建筑面积为 3 945.5 平方米。

至价值时点，估价对象为现房，土地面积未分摊，该评估范围是房地合一价值。

估价对象为“××花园”住宅项目的配套商业，所在地块东至××路、南至××路、西至××路、北至××路，根据《××市 2013 年基准地价更新成果报告》，估价对象为基准地价住宅五级、商业六级土地。

2. 房地产登记和权利状况

根据产权方提供的资料，估价对象均已办理了《××市房地产权证》，商场和车库各自办了单独的《××市房地产权证》，产证具体登记状况如附表 3-2、附表 3-3 所示。

附表 3-2　××市房地产权证(商场、垃圾房)

(商场、垃圾房)		
××市房地产权证	证号	房地×字(2003)第××××号
	权利人	××××置业有限公司
	房地坐落	××路××号
	土地使用权来源	出让
	土地用途	住宅
	宗地号	××区××镇 25 街坊××丘
	宗地(丘)面积	136 137 平方米
	土地使用期限	1999 年 12 月 21 日—2069 年 12 月 20 日止
	房屋面积	5 352.29 平方米
	登记时间	2003 年 11 月 24 日

附表 3-3　××市房地产权证(地下车库)

(地下车库)		
××市房地产权证	证号	房地×字(2010)第××××号
	权利人	××××置业有限公司
	房地坐落	××路××弄××号
	土地使用权来源	出让
	土地用途	住宅
	宗地号	××区××镇××街坊××丘
	宗地(丘)面积	136 137 平方米
	土地使用期限	1999 年 12 月 21 日—2069 年 12 月 20 日止
	房屋面积	10 757.96 平方米(估价对象为其中的 130 个车位,建筑面积 3 945.5 平方米)
	登记时间	2010 年 9 月 27 日

3. 建设用地规划情况

估价对象为"××花园"住宅项目的配套商业,"××花园"项目占地面积 136 137 平方米,综合容积率 1.39,分三期开发,规划总建筑面积为 223 284 平方米,项目于 2003 年全部建成。项目仅剩很少量的商业未售,其余早已售罄。

4. 建筑物情况

估价对象位于小区最南面,紧邻顾戴路,为一幢独立使用的 4 层商业建筑,配有一部电梯可直通地下车库。建筑外墙涂料、局部石材贴面,铝合金窗。一层层高 4.7 米,二至四层层高 3.4 米,地下车库层高 3.9 米。

根据现场查看,估价对象 1 层约 896.6 平方米商业房出租经营××××餐饮,一层约 108 平方米出租经营全家连锁超市。一层其余房屋以及二至四层为××××精品酒店,酒店一层为大堂及就餐区,二至四层为客房,分隔有 110 间客房。至现场查看之日,承租户正在对酒店进行二次装修,装修主体工程已大部分完工,正在进行设备安装。经向承租方询问,酒店装修后拟用于长租公寓出租,但承租方未提供相关长租公寓资料。

估价对象所在商业广场名称为"××文化广场",商业体量适中,地面广场面积较大,商业业态主要以餐饮、教育、休闲娱乐为主。

估价对象所在地下车库位于地下一层,设计有 200 个左右车位,由于该车库主要面向"××文化广场"商业用户,地下部分车位已改作为商业房的储藏室。

估价对象位于××区××路、××路,地处中、外环线之间,属于××板块,区域内有大型居住社区,区域内居住人口较多。附近有医院、文化广场、中学、双语学校以及超市、银行、邮局、菜场等,生活配套设施齐全,商业及生活环境较好。出行公共交通有地铁站、公交站等,出行交通比较便捷。

四、估价目的

评估商场、地下车位现房房地产市场价值及抵押价值,为委托方收购资产包价值提供参考。

五、价值时点

2019 年 4 月 1 日。

六、价值类型

本房地产评估价格，是估价对象在满足全部假设和限制条件的情况下，于价值时点的房地产市场价值和房地产抵押价值。

七、估价依据

1. 相关法律、法规

(1)《中华人民共和国物权法》。

(2)《中华人民共和国担保法》。

(3)《中华人民共和国城市房地产管理法》。

(4)《中华人民共和国资产评估法》。

(5)《中华人民共和国土地管理法》及其实施细则。

(6)《城市房地产抵押管理办法》。

(7) ××市有关法律、法规和文件规定。

2. 估价标准

(1)《房地产估价规范》(GB/T 50291—2015)。

(2)《房地产估价基本术语标准》(GB/T 50899—2013)。

(3)《关于规范与银行信贷业务相关的房地产抵押估价管理有关问题的通知》及其附录《房地产抵押估价指导意见》。

(4)《房地产投资信托基金物业评估指引(试行)》。

3. 产权方提供的相关资料

(1)《××市房地产权证》。

(2)《不动产登记证明》(他项权证)。

(3)《××市不动产登记簿》。

(4)《××市房屋租赁合同》。

(5)《场地租赁合同》。

(6)《土地增值税清算》。

4. 本估价机构所掌握的相关资料及房地产估价师实地查勘所获取的资料

5. 可比交易实例市场信息资料

6. 估价人员实地勘察以及收集的相关资料

7. 其他相关信息资料

八、估价原则

本估价项目遵循房地产估价合法原则、替代原则、价值时点原则、供求原则、公平原则和谨慎原则。

1. 合法原则

国家的土地使用法规、城市规划等是影响房地产价格的重要因素，当房地产合法使用时，其权益才受法律的保障，因此，在评估时以评估对象合法使用为前提。

2. 替代原则

根据商品的可替代规律，某宗房地产的价格受到同类型具有替代可能的房地产价格的影响，因此在进行房地产评估时，可通过对房地产条件的比较来评估房地产价格。

3. 价值时点原则

房地产价格随着社会经济的发展变化也会不断地涨落和变化，因此在不同的时点上，同一宗房地产往往有不同的价格水平，因此必须确定评估基准日，以此确定评估房地产价格

4. 供求原则

房地产价格受市场的需求与供给关系的影响。因此，进行评估时充分考虑到近期同类地区、同类用途房地产市场的供求状况和可能导致供求关系变化的因素。

5. 公平原则

受托估价方必须站在公平的立场上，认真客观地估价，求取一公正合理的价格。

6. 谨慎原则

估价方应抱着谨慎态度，充分估计抵押房地产在处置时可能受到的限制、未来可能发生的风险和损失，不高估市场价值，不低估知悉的法定优先受偿款。

九、估价方法

房地产评估方法有比较法、收益还原法、成本法和假设开发法等。估价时应根据估价对象的不同情况确定可以使用的方法。估价对象为已建成商业项目，房屋已办理了《××市房地产权证》，考虑其所在区域商业、车位房地产买卖及租赁交易情况比较活跃，本估价报告采用比较法和收益法进行评估。

1. 比较法

即选取一定数量的可比实例，将它们与估价对象进行比较，根据其间的差异对可比实例成交价格进行处理后得到估价对象价值或价格的方法。

（计算公式略）

2. 收益法

即预测估价对象的未来收益，利用报酬率或资本化率、收益乘数将未来收益转化为价值得到估价对象价值或价格的方法。

（计算公式略）

十、估价结果

经评估，估价结论如。

在满足全部限制条件下，××××置业有限公司位于××市××区××路××号1～4层商场及地下一层130个车位现房房地产（总建筑面积9 297.79平方米）于价值时点的市场评估总价格为人民币184 820 700.00元（取整），大写：人民币壹亿捌仟肆佰捌拾贰万零柒佰元整。

根据产权方提供的资料，至价值时点，估价对象未有应付未付工程款。根据××××信托有限公司提供的《不动产登记证明》（他项权证），估价对象已抵押给××××信托有限

公司，抵押债权登记金额为 19 400 万元。考虑到委托方拟收购××××信托有限公司债权，本报告法定优先受偿款设定为 0 元。

扣除估价师知悉的上述法定优先受偿款，估价对象××路××号 1～4 层商场、××路××号××号地下一层 130 个车位现房房地产（总建筑面积 9 297.79 平方米）抵押总价值为：人民币 184 820 700.00 元（取整），大写：人民币壹亿捌仟肆佰捌拾贰万零柒佰元整。

各单元具体价格详见附表 3-1。

十一、估价对象变现能力分析

变现能力是指假定在价值时点实现抵押权时，在没有过多损失的条件下，将抵押房地产转换为现金的可能性。

1. 变现能力分析

一般从抵押房地产的通用性、独立使用性、可分割转让性、价值、规模大小、房地产开发程度和房地产市场状况几个方面分析。

（1）通用性：所谓通用性，通俗地说就是是否常见、是否普遍使用。估价对象用途为商业、地下车库用途，其通用性较好。

（2）独立使用性：所谓独立使用性，通俗地说就是能否单独地使用而不受限制。估价对象为独幢商场、成套地下车库，独立使用性较好。

（3）可分割转让性：所谓分割转让性，是指在物理上、经济上是否可以分离开来使用，估价对象商场不可分割转让。

（4）价值、规模大小：一般地说，价值越大的房地产，所需的资金越多，越不容易找到买者，变现能力越弱。估价对象商场面积偏大，市场接受度偏小。

（5）房地产开发程度：一般地说，开发程度越低的房地产，不确定性因素越多，变现能力越弱。估价对象为已建成项目，并办理了《××市房地产权证》，变现能力较强。

（6）房地产市场状况：房地产市场越不景气，出售房地产越困难，变现能力越强。商业房地产市场走势同样受制于政策调控，并会受经济形势波动的影响。

综合考虑了估价对象的通用性、独立使用性、可分割转让性等，认为估价对象变现能力一般。

2. 快速变现价格分析

抵押房地产的合法处分方式是通过拍卖或者变卖，由于存在短期内强制处分、潜在购买群体受到限制及未来不确定等因素的影响，估价对象在拍卖或者变卖时最有可能实现的拍卖价或处置价一般低于公开市场价格。由于房屋类型、标的大小、区域位置等的不同影响，折扣率有一定差异，一般处置价约为公开市场价的 70%左右。

3. 变现时间长短及税费

处置房地产时，其变现的时间长短以及费用、税金的种类、数额和清偿顺序与处置方式、税费政策和营销策略等因素有关。一般来说，以拍卖方式处置房地产时，变现时间较短，但变现价格一般较低，变现成本较高，在此过程中会产生包括诉讼费、房地产评估费、拍卖费，以及处置抵押物所需缴纳的土地增值税、营业税及附加等税费，且要优先支付（附表 3-4）。

附表 3-4　处置抵押房地产过程中应缴纳税费明细表

项目名称	取值标准	比例	备注
评估费	评估额	0.01%～0.5%	按国家计委、建设部(计价格[1995]971 号)原关于房地产中介服务收费的通知累进计算
诉讼费	诉讼标的	1%～2%	按财产案件受理费累进计算
律师费、广告费及其他不可预见费	诉讼标的	1%～2%	财产案件的律师费按照诉讼标的的比例计算
拍卖费	成交额	2%～5%	普通拍卖行拍卖费为商品成交价格的 2%～5%
增值税	成交额	5%	按税务、房产、国土管理部门规定
土地增值税	增值额	30%～60%	
印花税、手续费、登记费等	成交额	0.05%～0.07%	
合计		10%～25%	

4. 清偿顺序

依据《担保法》《合同法》及《中华人民共和国城市房地产管理法》的相关规定，处分抵押房地产所得价款，依下列顺序分配：

(1) 支付处分抵押房地产的费用；

(2) 扣除抵押房地产应缴纳的税费；

(3) 偿还抵押权人债权本息及支付违约金；

(4) 赔偿由债务人违反合同而对抵押权人造成的损害；

(5) 其他法定优先受偿款；

(6) 剩余金额交还抵押人。

5. 风险提示

(1) 房地产、土地市场状况因时间而变化。受国家经济形势、经济周期、人口变化、宏观调控政策、房地产产业政策和税收政策及 CPI 等诸多因素影响，未来房地产、土地价格可能产生波动。金融机构应考虑未来房地产、土地价格波动风险。

(2) 现行土地使用政策下，土地使用具有一定年期限制，土地剩余使用年限减少产生价值贬损。城市发展建设导致的估价对象周边自然和社会环境改变，也可能对土地价值产生影响。

(3) 抵押存续期间，贷款人可能出现财务状况或信用缺失，存在信贷风险。

(4) 金融机构应根据本报告之假设和限制条件及有效期，合理使用本报告，并控制贷款额度和放款节奏。

(5) 当土地市场、房地产市场不稳定或变化较快时，应及时对土地价值进行再评估。

十二、注册房地产估价师

（略）

十三、实地查勘期

2019年4月1日。

十四、估价作业期

2019年4月1日—2019年5月5日。

十五、估价报告应用的有效期

本估价报告自2019年5月5日至2020年5月4日止有效。

估价技术报告

一、抵押物实物状况分析

1. 土地实物状况描述与分析

估价对象位于××区××板块，所在地块东至××路、南至××路、西至××路、北至××路，根据《××市2013年基准地价更新成果报告》，估价对象为基准地价住宅五级、商业六级土地。所邻××路属于区域交通次干道。根据产权人提供的《××市房地产权证》记载及注册房地产估价师现场踏勘记录，估价对象所占地块宗地面积为136 137平方米，用途为住宅用地，估价对象为住宅小区的配套商业，宗地形状规则，地形地势平坦，地质良好。该区域土地开发程度为“七通一平”（即红线外通路、供电、通信、通上水、通下水、通污水、通燃气，红线内场地平整），基础设施完善，对商业、住宅房地产有利。

2. 建筑物实物状况描述与分析

估价对象位于小区最南面，紧邻××路，为一幢独立使用的4层商业，配有一部电梯直通地下车库。建筑外墙涂料、局部石材贴面，铝合金窗。一层层高4.7米，二至四层层高3.4米，地下车库层高3.9米。

根据现场查看，估价对象1层约896.6平方米商业房出租经营××××餐饮，一层约108平方米出租经营××连锁超市。一层其余房屋以及二至四层为××××精品酒店，酒店一层为大堂及就餐区，二至四层为客房，分隔有110间客房。至现场查看之日，承租户正在对酒店进行二次装修，装修主体工程已大部分完工，正在进行设备安装。经向承租方询问，酒店装修后拟用于长租公寓出租，但承租方未提供相关长租公寓资料。

估价对象所在商业广场名称为“××文化广场”，商业体量适中，地面广场面积较大，商业业态主要以餐饮、教育、休闲娱乐为主。

估价对象所在地下车库位于地下一层，设计有200个左右车位，由于该车库主要面向“××文化广场”商业用户，地下部分车位已改作为商业房的储藏室。如附表3-5所示。

附表 3-5　房屋状况表

序号	坐落	幢号	室号部位	房屋类型	用途	建筑面积/平方米	总层数	竣工日期	备注
1	××路××号		商场 7	商场	商业	5 288.29	4	2003 年	
2	××路××号		垃圾房	其他	特种用途	64	4	2003 年	配套用房
3	××路××号	××号	地下 1 层 1～130 号车位	其他	特种用途	3 945.5	0	2003 年	每个车位面积均为 30.35 平方米
总计						9 297.79			

二、抵押物权益状况分析

1. 土地权益状况描述与分析

根据产权人提供的《××市房地产权证》记载，估价对象土地所有权状况为国有建设用地使用权，土地使用权状况为出让，土地用途为住宅用地，估价对象各单元土地面积未分摊。估价对象土地使用期限为 1999 年 12 月 21 日—2069 年 12 月 20 日止，至价值时点，土地剩余使用年期为 50.7 年。

2. 建筑物权益状况描述与分析

根据产权人提供的《××市房地产权证》记载，估价对象所有权人为××××置业有限公司，房屋类型为商场、其他。

根据产权方提供的《不动产登记证明》(他项权证)，估价对象均进行了两次抵押，抵押权利人均为××××信托有限公司，抵押期限为 2017 年 12 月—2019 年 12 月，抵押登记债权合计为 19 400 万元。

至价值时点，估价对象产权均被金融法院司法查封及轮候查封。根据产权人的说明，上述查封均由××××信托有限公司申请。

估价对象××路××号商场 1～4 层(一层局部，二至四层全部，总建筑面积 4 292 平方米)由××××酒店管理有限公司于 2014 年 2 月 1 日承租，租期自 2014 年 9 月 1 日至 2029 年 8 月 31 日止，租金前两年为 6.3 元/(平方米·天)，后面每两年递增 5%左右。2014 年 8 月 17 日，××××酒店管理有限公司与××××置业有限公司签订了《补充条款》，约定免租期至 2014 年 12 月 31 日，前两年租金调整为 2.2 元/(平方米·天)，2017 年 4 月 1 日起租金恢复至原合同约定的同时段标准。租赁期间，使用该房屋所发生的水、电、煤气、通信、有线电视和物业管理费用由××××置业有限公司承担(附表 3-6)。

附表 3-6 估价对象 1～4 层租赁情况表

序号	承租人	租赁时间	面积/平方米	单价/[元/(平方米·天)]	月租金/元	年租金/元	备注（原合同）	备注（调整合同）
1	××××酒店管理有限公司	2014.03.01—2014.08.31	4 292.73	0	0	0	6个月免租期	免租期至2014.12.31
2		2014.09.01—2015.8.31		6.3	822 594	9 871 128		2015.01.01至2017.03.31租金单价为2.2元/(平方米·天)
3		2015.09.01—2016.8.31						
4		2016.09.01—2017.8.31		6.62	864 635	10 375 620		2017.04.01起恢复原合同租金价格
5		2017.09.01—2018.8.31						
6		2018.09.01—2019.8.31		6.92	903 548	10 842 576		
7		2019.09.01—2020.8.31						
8		2020.09.01—2021.8.31		7.29	951 859	11 422 308		
9		2021.09.01—2022.8.31						
10		2022.09.01—2023.8.31		7.65	998 865	11 986 380		
11		2023.09.01—2024.8.31						
12		2024.09.01—2025.8.31		7.95	1 038 035	12 456 420		
13		2025.09.01—2026.8.31						
14		2026.09.01—2027.8.31		8.26	1 078 512	12 942 144		
15		2027.09.01—2028.8.31						
16		2028.09.01—2029.8.31						

估价对象××路××号1层102室(896.6平方米)、103室(108平方米)由××××投资管理有限公司于2014年3月1日承租，租期自2015年1月1日—2026年12月31日止，租金固定为0.5元/(平方米·天)。2015年1月6日，××××投资管理有限公司将102

室、103室转租给××××餐饮有限公司，转租时间为8年，自2014年7月26日至2022年10月25日止，前两年租金为3.8元/(平方米·天)，后面每两年递增6%。租赁期间，使用该房屋所发生的水、电、煤气、通信、有线电视和物业管理费用由承租方承担(附表3-7)。

附表3-7 估价对象1层转租情况表

序号	承租人	租赁时间	面积/平方米	单价/[元/(平方米·天)]	月租金/元	年租金/元
1	××××餐饮有限公司	2014.07.26—2015.7.25	1 004.6	3.8	116 115	1 393 380
2		2015.07.26—2016.7.25		3.8	116 115	1 393 380
3		2016.07.26—2017.7.25		4.02	122 837	1 474 044
4		2017.07.26—2018.7.25		4.02	122 837	1 474 044
5		2018.07.26—2019.7.25		4.26	130 171	1 562 052
6		2019.07.26—2020.7.25		4.26	130 171	1 562 052
7		2020.07.26—2021.7.25		4.5	137 504	1 650 048
8		2021.07.26—2022.7.25		4.77	145 754	1 749 048

根据产权方提供的资料，至价值时点，估价对象为现房，未有应付未付工程款。

三、抵押物区位状况分析

1. 位置状况描述与分析

估价对象位于××区××板块，位于中外环线之间，所在楼盘为"××花园"，现状为"××文化广场"，地块紧邻××路为区域交通次干道。

估价对象距离距××广场约13千米，距××商业中心3千米，距南方商城商业中心约1.6千米，距虹桥机场约8.5千米。估价对象所在区域地理位置较好，对商业房地产较有利。

2. 交通状况描述与分析

估价对象周边500米内出行公共交通工具有地铁站、公交站等，出行交通比较便捷，对商业房地产无较大影响。

3. 环境状况描述与分析

估价对象位于××区××路、××路，地处中、外环线之间，属于××板块，区域内有大型居住社区，区域内居住人口较多。附近有医院、文化广场、中学、双语学校以及超市、银行、邮局、菜场、中小学等，生活配套设施齐全，商业及生活环境较好。

4. 外部配套设施状况描述与分析

所在宗地基础设施状况完善，宗地外七通(即通路、供电、通信、通上水、通下水、通污水、通燃气)。估价对象邻近的××路为区域主要商业街，"××文化广场"商业规模一般，属于社区商业中心。

5. 区位状况未来变化状况描述与分析

估价对象位于成熟居住社区，区域居住人口较多，估价对象西面为正在改造的××市场，随着××市场的整体转型，区域商业、办公环境将得到较大的改善，对估价对象房地产价值也将有较大的提升。

四、市场状况分析

1. 城市资源状况（略）

2. 城市社会经济发展状况（略）

3. 房地产税收及金融政策（略）

4. 不动产制度与不动产市场状况

（1）整体房地产市场状况

2018年，全市房地产开发投资低位增长，完成投资4 033.18亿元，比上年增长4.6%。从全年走势看，房地产开发投资呈现总体平稳、低位波动态势。1～2月的投资增速（10.1%）为全年最高点，此后总体保持平稳，增速在3.0%～5.3%区间波动。2018年，本市房地产开发投资占全市固定资产投资的52.9%，比重同比下降0.3个百分点。

从房屋类型看，住宅和办公楼投资小幅增长，商业营业用房投资下降。2018年，本市住宅投资2 225.92亿元，比上年增长3.4%，占房地产开发投资的55.2%，比重下降0.6个百分点；办公楼投资692.71亿元，增长7.9%，占17.2%；商业用房投资461.42亿元，下降8.9%，占11.4%。

从投资结构看，土地购置费快速增长、占比提升，建安工程投资下降。2018年，本市房地产开发投资中的土地购置费1 846.14亿元，比上年增长21.2%，占全部房地产开发投资的45.8%，比重提高6.3个百分点；建安工程投资1 971.77亿元，下降6.3%，占48.9%。

2018年，本市房地产市场保持调控政策的连续性和稳定性，从限购、限贷、价格监管到规范企业购房、加强摇号监管，充分体现了中央"房住不炒"的调控决心。在中央决定坚决遏制房价上涨后，市场短期预期有所转变，观望情绪有所增强。但在经历了2017年的楼市交易低迷、成交量大幅萎缩后，销售略有回升。

（2）住宅市场状况

国家统计局发布数据显示，2018年本市新建商品住宅价格上涨0.6%，二手住宅价格下降0.3%；4个一线城市新建商品住宅价格上涨1.3%，二手住宅价格下降0.3%。而多项数据印证了一二线城市新房销售遇阻、二手房低迷的现状。

2018年本市新增供给面积836万平方米，同比增长122.1%；而新建商品住宅成交面积约647万平方米，同比仅增长1.2%。同时，二手住宅共成交16.4万套，相比2017年的15.2万套略有上升。楼市经历了2017年商品住宅供应自2006年以来的最低水平，2018年呈现近3年以来首次供大于求的"逆转"，但供给放量并未推动成交量的上行。

2018年本市新房成交均价为53 432元/平方米，同比上涨11.5%。2007年至2018年，房价整体呈现上升的走势。从同比涨幅来看，自2011年至2018年，成交均价同比涨幅收窄，2018年同比较2017年同比下跌13.6个百分点。2011年和2012年新房价格接近于零的同比增速，是因为一系列限购限贷政策的有效遏制。预计后续新房成交价格整体将类似于2011—2015年间的盘整态势。

2018年，本市二手住宅销售价格环比下降0.3%，同比下降2.7%，累计成交约16.4万套，同比增长 7.8%。对比历史数据来看，2018 年二手房成交量仍在低位运行，市场属于平稳波动。随着成交量的萎缩，二手房价成交价格如期下跌，考虑到政策环境和信贷环境仍然没有放松，预计二手房价格将继续小幅下行趋势，需求难以维持旺盛水平。

2019 年一季度，在信贷的刺激下，部分投资及换房的购房者在市场炒作下，入市量有所提高，价格开始出现上浮。3 月全市商品住宅成交 31 490 套，成交均价为 44 999 元/平方米，成交价格持续平稳无大幅度上涨，成交量处于近一年的市场最高点，市场出现新一轮小阳春。

但根据 2019 年两会精神，稳地价、稳房价、稳预期仍然是房地产市场的主要基调。预计在楼市出现小阳春后将出台相对收紧的调控政策，以稳为目的。稳定房地产发展将成为政策趋势。

（3）土地市场状况

2018 年 12 月 19 日，中央经济工作会议指出，要构建房地产市场健康发展长效机制，坚持“房子不是用来炒的，而是用来住的”的定位，因城施策、分类指导，夯实城市政府主体责任，完善住房市场体系和住房保障体系。对比 2017 年，从供地结构上，租赁住宅用地供应不断放量，可售住宅用地比例不断下调。

2018 年，本市共成交可售住宅用地 34 宗，成交土地面积约 174 万平方米，土地出让总金额 854.3135 亿元，宅地楼面均价 26 847 元/平方米，全年平均溢价率 0.027%，除了 3 宗住宅用地外，其余 31 宗均为零溢价成交。从成交区域看，可售住宅用地成交以近郊区为主。

五、最高最佳使用分析

所谓最高最佳使用是指法律上允许、技术上可能、经济上可行，经过充分合理的论证，能使估价对象的价值达到最大化的一种最可能的使用。最高最佳使用原则以合法原则为前提，估价的结果应当确保估价对象最高最佳使用的合法实现。

委估房地产合法用途为商业用途，设计功能上符合上述要求，实际用途也为商业，故本次估价以估价对象现行合法用途作为最高、最佳使用，据此进行评估。

六、估价方法选用

房地产评估方法有比较法、收益还原法、成本法和假设开发法等。估价时应根据估价对象的不同情况确定可以使用的方法。估价对象为已建成商业项目，房屋已办理了《××市房地产权证》，考虑其所在区域商业、车位房地产买卖及租赁交易情况比较活跃，本估价报告采用比较法和收益法进行评估。

首先选取估价对象一层××××酒家以及××购物超市店铺（总面积 1 004.6 平方米）作为基准价格，分别采用比较法和收益法进行评估，最后通过楼层修正、面积修正、租约因素修正得到估价对象房地产评估价格。

比较法主要依据类似商业房地产的售价通过比较修正求取其合理的市场价格，收益法受收益还原率取主观性较强，可信度相对不及比较法，考虑到估价对象已为现房，比较法评估结果能更好地反映房地产市场状况，比较法结果权重取 60%，收益法结果权重取 40%，取两种方法的加权平均值作为估价对象的评估价格。

七、估价测算过程

（一）比较法评估

1. 可比实例选取

根据本次评估的估价目的，在距价值时点一年内，周边有较多类似估价对象的成交实例，房地产估价师选取下述三个可比性较强的成交实例作为可比实例（附表 3-8）。

附表 3-8　店铺比较案例表

	实例 A	实例 B	实例 C
项目名称	××新城	××花园	××城
地址	××路××号(单) 1～2 层店铺	××路××号 1～2 层店铺	××路××弄 ××号 1 层店铺
成交总价/万元	1 842.8	660	315
建筑面积/平方米	433.6	172.08	71.42
单价/(元/平方米)	42 500	38 354	44 105
交易日期	2019-2-21	2018-8-24	2018-9-9
交易情况	二手房成交价	二手房成交价	一手房成交价

2. 成交实例标准化处理

估价对象设定为一层店铺，比较案例 A、B 为 1～2 层，需要进行标准化处理。

根据调查，不带自动扶梯的二层商业一般为一层沿街商业价格的 70%左右，因此，将案例 A，B 价格统一折算为一层价格。

则实例 A、实例 B、实例 C 标准化处理后的单价如下。

实例 A 为：42 500/[(100%+70%)/2]=50 000 元/平方米。

实例 B 为：38 354/[(100%+70%)/2]=45 122 元/平方米。

实例 C 为：44 105 元/平方米。

3. 市场状况调整

三个实例的交易日期分别为 2019 年 2 月、2018 年 8 月和 2018 年 9 月，价值时点为 2019 年 4 月 1 日。根据调查，2018 年下半年至今，××市商业房地产市场运行较平稳，变化不大，故以估价对象价值时点市场状况指数为 100，比较案例市场状况指数分别为 100，100，100。

4. 房地产状况调整

房地产状况调整主要包括区位状况调整、实物状况调整和权益状况调整。

本报告在调整测算中，运用直接比较法，将可比实例同估价对象各项因素逐项进行比较，将可比实例的价格进行相应的调整，调整均采用百分比制。

(1) 估价对象及可比实例因素条件说明如附表 3-9 所示。

附表 3-9　因素条件说明表(店铺)

		估价对象	实例 A	实例 B	实例 C
项目名称		××文化广场	××新城	××花园	××城
地址		××路××号 1 层店铺	××路××号(单)1 层店铺	××路××号 1 层店铺	××路××弄××号 1 层店铺
标准化处理后的单价/(元/平方米)			50 000	45 122	44 105
交易日期		2019-4-1	2019-2-21	2018-8-24	2018-9-9
交易情况		市场价格	二手房成交价，税费均由买家承担	二手房成交价，税费均由买家承担	一手房成交价，税费各自承担
区位状况	位置条件	××区××板块，位置较好	××区××板块，位置较好	××区××板块，位置一般	××区××板块，位置一般
	交通条件	交通比较便捷	交通便捷	交通比较便捷	交通便捷程度一般
	商业繁华度	商业繁华程度一般	商业比较繁华	商业繁华程度一般	商业繁华程度一般
	基础设施	保障率较高	保障率较高	保障率较高	保障率较高
	客流量	客流量一般	客流量较大	客流量一般	客流量一般
	楼层	设定底层	设定底层	设定底层	底层
	临路条件	一般商业道路	一般商业道路	一般商业道路	商业内街
实物状况	建筑结构	钢混	钢混	钢混	钢混
	建筑面积	1 004.6 平方米	433.6 平方米	172.08 平方米	71.42 平方米
	开发品质	开发品质一般	开发品质一般	开发品质一般	开发品质一般
	项目类型	商业广场	商住沿街商业	商住沿街商业	商业广场
	成新率	2003 年	1997 年	2005 年	2007 年
	装修	普通商业装修	普通商业装修	普通商业装修	普通商业装修
	层高	层高 4.7 米	层高 4.5 米左右	层高 4.5 米左右	层高 4.5 米左右
	宽深比	1∶2～1∶3	1∶2～1∶3	1∶2～1∶3	1∶2～1∶3
权益状况	租约因素	设定不考虑租约无影响	正常短期租约，设定不考虑租约无影响	正常短期租约，设定不考虑租约无影响	正常短期租约，设定不考虑租约无影响
	权属性质	完全产权	完全产权	完全产权	完全产权
	使用年限	剩余年期 50.7 年	剩余 45～50 年左右	剩余 50 年左右	剩余 50 年左右

(2) 因素修正说明

根据估价对象与交易实例实际情况，选取影响房地产价格的各项因素，主要包括：交易情况、区域状况、实务状况和权益状况等。

① 交易情况

比较实例A、B为二手房成交价，税费均由买家承担；比较实例C为一手房交易成交价，税费各自承担。根据调查，二手商业房转让税费涉及增值税、土地增值税、个人所得税等，与当时买入价有关。根据调查，一般在10%～20%，本报告按中间值15%计算。以估价对象交易情况系数为100，比较实例交易情况系数分别为85，85，100。

② 区位状况

位置条件：估价对象与比较实例A均位于外环线内，位置较好；比较实例B、C位于外环线外，位置条件一般，以估价对象位置条件系数为100，比较实例位置条件系数分别为100，98，98。

交通条件：根据周边道路、公交数量确定交通便捷程度，分为便捷、比较便捷、一般、不大便捷和不便捷，每相差一个级别，修正系数为1.5%。

商业繁华程度：根据商服繁华程度分为繁华、比较繁华、一般、较差、差，每相差一个级别，修正系数为3%。

公共服务基础设施：主要考虑周边银行、邮局、医院、超市和学校等公共服务设施，分为齐全、比较齐全、一般和不大齐全四种，每相差一个级别，修正系数为1%。

客流量：根据客流量大小分为大、较大、一般、较小、小，每相差一个级别，修正系数为3%。

楼层修正：估价对象与比较实例均已进行了标准化处理，均设定为1层店铺，楼层因素不再修正。

临路修正：估价对象与比较实例A，B位于沿街店铺，比较实例C位于商业内街，以估价对象临路状况修正系数为100，比较实例A，B，C临路状况修正系数分别为100，100，85。

③ 实务状况

估价对象与比较实例在建筑结构、开发品质、项目类型、装修、层高和宽深比因素基本相似，上述因素不再修正。

房型及面积：一般来说，商铺面积越大，其销售价格越低。以估价对象房型及面积修正系数为100，比较实例A，B，C房型及面积修正系数分别为104，106，108。

建筑成新：估价对象与比较实例建造年份分别为2003年、1997年、2005年、2007年，以估价对象建筑成新修正系数为100，比较实例A、B、C建筑成新修正系数分别为99，100，101。

④ 权益状况

租约因素：估价对象设定不考虑租约因素，比较实例均为正常短期租约，无影响，故租约因素不再修正。

权属性质：估价对象与比较实例均为完全产权房屋，不再修正。

使用年限：估价对象剩余使用年期为50.7年，比较实例剩余使用年期基本为45～50年左右，使用年期基本接近，实际交易中年限接近对商业房地产基本无影响，故使用年限因素不再修正。

(3) 确定调整指数表

根据上述比较,确定调整指数表(附表 3-10)。

附表 3-10 因素比较修正系数表(店铺)

		实例 A	实例 B	实例 C
项目名称		××新城	××花园	××城
地址		××路××号(单) 1 层店铺	××路××号 1 层店铺	××路××弄××号 1 层店铺
标准化处理后的单价		50 000	45 122	44 105
市场状况调整		100	100	100
交易情况修正		85	85	100
区位状况调整		107.5	98	76.5
其中	位置条件	100	98	98
	交通条件	101.5	100	98.5
	商业繁华度	103	100	100
	基础设施	100	100	100
	客流量	103	100	100
	楼层	100	100	100
	临路条件	100	100	80
实物状况调整		103	106	109
其中	建筑结构	100	100	100
	开发品质	100	100	100
	建筑面积	104	106	108
	项目类型	100	100	100
	成新率	99	100	101
	装修	100	100	100
	层高	100	100	100
	宽深比	100	100	100
权益状况调整		100	100	100
其中	租约因素	100	100	100
	权属性质	100	100	100
	使用年限	100	100	100

(4) 比较法评估结果的确定

根据上述测算,确定比较因素修正(调整)系数表(附表 3-11)。

附表 3-11 因素比较修正系数计算表(店铺)

	实例 A	实例 B	实例 C
坐落	××路××号(单) 1 层店铺	××路××号 1 层店铺	××路××弄××号 1 层店铺
标准化处理后单价	50 000	45 122	44 105
市场状况调整	100/100	100/100	100/100
交易情况修正	100/85	100/85	100/100
区位状况调整	100/107.5	100/98	100/76.5
实物状况调整	100/103	100/106	100/109
权益状况调整	100/100	100/100	100/100
调整后单价	53 126	51 102	52 893
权重值	1/3	1/3	1/3
评估单价/(元/平方米)	52 374		

根据公式,各个实例评估单价计算公式如下:

实例 A=50 000×(100/100)×(100/85)×(100/107.5)×(100/103)×(100/10)=53 126(元/平方米)。

实例 B=45 122×(100/100)×(100/85)×(100/98)×(100/106)×(100/100)=51 102(元/平方米)。

实例 C=44 105×(100/100)×(100/100)×(100/76.5)×(100/109)×(100/100)=52 893(元/平方米)。

权重的确定:三个比准价格比较接近,因此取其算术平均值作为估价对象比较法评估的结果,则

评估单价=(53 126+51 102+52 893)=52 374(元/平方米),

即××路××号 1 层店铺比较法评估单价为 52 374 元/平方米。

(二) 收益法评估

1. 确定选用的收益模式

估价对象为商场,权利人一般以长租为主,且商业用房的租金涨幅平稳,因此本次评估收益模式采用“全剩余寿命模式”的报酬资本化法进行评估。且按净收益每年等比递增公式计算。计算公示为:

$$V=\frac{A}{r-s}\left[1-\left(\frac{1+s}{1+r}\right)^{n}\right],$$

其中，V 为房地产总价值；A 为房地产净收益；r 为房地产资本化率；s 为房地产收益递增比率；n 为房地产收益年限。

2. 年有效毛收入

(1) 房屋毛租金收入

估价对象位于××区古美板块，估价师通过市场调查，收集了与评估对象类似的市场交易实例若干，根据相关替代性原理，按用途相同、地区相近(或同一供需圈)、价格类型相同、价值时点接近和交易情况正常的要求，从交易实例中选择如附表 3-12 所示实例。经电话核实，所选的三个实例价格均真实有效，不存在虚假、低挂、高挂等脱离市场的现象。

附表 3-12　比较实例情况表

实例	地址	建筑面积/平方米	房屋类型	价格类型	月租金/元	租金单价/[元/(平方米·天)]	信息来源
1	××区××路××号1层店铺，近××路	75	店铺	2019 年 4 月报价	18 000	8.0	××网站
2	××区××路××号1～2 层店铺，近××路	500	店铺	2019 年 4 月报价	76 500	5.1	××网站
3	××区××路、××路“××文化广场”1层店铺，近××路	500 平方米，大小可分割	店铺	2019 年 4 月报价	105 000	7.0	××网站

(2) 租金价格标准化处理

估价对象设定为一层店铺，案例 A、C 为一层店铺，案例 B 为 1～2 层，案例 B 需要进行标准化处理。

根据调查，不带自动扶梯的二层商业租金一般为一层沿街商业价格的 70%左右，因此，将案例 B 价格统一折算为一层价格。

则实例 A、实例 B、实例 C 标准化处理后的单价如下。

实例 A 为：8.0 元/(平方米·天)。

实例 B 为：5.1/[(100%+70%)/2]=6 元/(平方米·天)。

实例 C 为：7.0 元/(平方米·天)。

通过比较法确定估价对象的客观市场租金，估价对象及可比实例因素条件说明见附表 3-13。

附表 3-13　比较实例因素条件情况表

		估价对象	实例 A	实例 B	实例 C
地址		××路××号 1 层店铺	××区××路××号 1 层店铺，近××路	××区××路××号 1－2 层店铺，近××路	××区××路、××路“××文化广场”1 层店铺，近××路
价格类型		市场租金	报价租金	报价租金	报价租金
标准化处理后租金单价/[元/(平方米·天)]			8.0	6.0	7.0
交易时间		2019 年 4 月 1 日	2019 年 4 月	2019 年 4 月	2019 年 4 月
区域因素	商业繁华度	商业繁华程度一般	商业比较繁华	商业繁华程度一般	商业繁华程度一般
	交通条件	交通比较便捷	交通便捷	交通比较便捷	交通比较便捷
	公共配套	公共配套齐全	公共配套齐全	公共配套齐全	公共配套齐全
	楼层	1 层	1 层	设定 1 层	1 层
	临街状况	一面临路，临××路	一面临路，临××路	一面临路，临××路	一面临路，临××路
实物因素情况	楼盘品质	品质一般	品质一般	品质一般	品质一般
	建筑面积	1 004.6 平方米	75 平方米	500 平方米	500 平方米
	成新率	2003 年，约七五成新	约七五成新	约七五成新	2003 年，约七五成新
	装修情况	普通商业装修	普通商业装修	普通商业装修	普通商业装修
	宽深比	1∶2～1∶3	1∶3～1∶4	1∶2～1∶3	1∶2～1∶3
	层高	4.7 米，不可做隔层	3.5 米左右，不可做隔层	4.5 米左右，不可做隔层	4.7 米左右，不可做隔层

通过比较法确定估价对象的客观市场租金，制订如附表 3-14 所示调整系数表。

附表 3-14　比较实例因素条件调整表

	实例 A	实例 B	实例 C
比较案例	××区××路××号 1 层店铺，近××路	××区××路××号 1—2 层店铺，近××路	××区××路、××路“××文化广场”1 层店铺，近××路
挂牌租金/[元/(平方米·天)]	8.0	6.0	7.0
交易时间	100	100	100
价格类型	103	103	103
区域因素修正	104.5	100	100

（续表）

		实例 A	实例 B	实例 C
区域因素	商业繁华度	103	100	100
	交通条件	101.5	100	100
	公共配套	100	100	100
	楼层	100	100	100
	临街状况	100	100	100
实物因素修正		106	104	104
实物因素	楼盘品质	100	100	100
	建筑面积	108	104	104
	成新率	100	100	100
	装修情况	100	100	100
	宽深比	98	100	100
	层高	100	100	100
比准价格		7.01	5.6	6.53
权重		1/3	1/3	1/3
修正后单价[元/(平方米·天)]		6.38		

即估价对象1层店铺的市场客观租金为6.38元/(平方米·天)。

(3) 空置率和租金损失

假设估价对象在权利期内全部用于出租，根据估价人员对估价对象周边类似物业的调查了解，××区商铺租赁状况差异较大，成熟商圈位置基本为满租，偏远地区空置率较高。考虑到估价对象属于古美成熟板块，周边居住人口较多，区域整体商业环境较好，沿街商铺空置率较低，本项目店铺空置率取4%，空置率主要考虑房屋装修和免租期等客观原因带来的租金损失等因素。

(4) 有效出租面积比例

估价对象面积为商铺的产证登记建筑面积，且其出租时均按产证登记建筑面积计算租金，因此确定有效出租面积比率为100%。

(5) 年有效毛收入

年有效毛收入＝日租金×365×(1－空置率)×有效出租面积比例
＝6.38×1 004.6×30×12×(1－4%)×100%
＝2 307 365(元)。

3. 其他收入

其他收入主要指承租人给付出租人的租赁押金利息收入，一般以三个月租金作为押金，利息率按照同期银行1年期存款利率为1.50%进行估算，则：

其他收入=6.38×1 004.6×30×1.50%=2 884(元)。

4. 年运营费用

(1) 管理费

指对出租房屋进行的必要管理所需的费用，上述租金中未包含物业管理费，估价对象项目另外会收取一定物业管理费，考虑物业管理费用可承担一定的管理成本。管理费按年有效毛收入的2%计，则：

管理费=年有效毛收入×2%=2 307 365×2%=46 147(元)。

(2) 维修费

指为保障房屋正常使用每年需支付的修缮费。经房地产估价师调查，根据区域内同类建筑物的实际情况，按建筑物重置价格的1.5%计算。

估价对象为钢混结构，总高4层，室内普通装修，建安造价取为3 800元/平方米，则：

维修费=房屋重置价格×1.5%
=3 800×1.5%×1 004.6
=57 262(元)。

(3) 房屋保险费

指房产所有人为使自己的房产避免意外损失而向保险公司支付的费用。按房屋重现值乘以保险费率1.5‰计算，估价对象建于2003年，维护保养情况一般，根据现场查看情况成新率取75%，则：

保险费=3 800×75%×1.5‰×1 004.6=4 295(元)。

(4) 税金

增值税及其附加：一般纳税人出租其取得的不动产(不含个人出租住房)，应按照5%的征收率计算应纳税额，城市维护建设税为增值税税额的7%；教育费附加为增值税税额的3%；地方教育费附加为增值税税额的2%，合计5.6%。

房产税：为出租营业收入的12%。

税金合计为：

2 307 365/(1+5%)×5.6%+2 307 365×12%=399 943(元)。

(5) 房地产出租年运营总费用

房地产出租年运营总费用=管理费+维修费+保险费+税金
=46 147+57 262+4 295+399 943
=507 647(元)。

5. 房地年净收益

房地年净收益=年有效毛收入+其他收入-年运营费用
=2 307 365 +2 884-507 647
=1 802 602(元)。

折合每平方米净现值为：1 802 602/1 004.6=1 794[元/(平方米·年)]。

6. 租金变化趋势分析

根据近年来的统计，××市 2008—2016 年房屋租赁价格指数变化如附表 3-15 所示。

附表 3-15 房屋租赁价格指数表(以 2000 年价格为 100)

年份	2008	2009	2010	2011	2012	2013	2014	2015	2016
房屋租赁价格指数	1 214	1 206	1 259	1 323	1 372	1 480	1 668	1 800	1 926

数据来源：××市统计年鉴 2012 年。

根据附表 3-15 可见，房屋租赁价格指数总体呈上升态势。9 年间，增长总幅度 59%，环比年平均涨幅约 5%，这主要是由于近年来外来人口大幅增加，房地产价格整体处于井喷状态，房价的大幅提升也带动了租赁价格。但与房价的涨幅相比，租金的涨幅是微小的。在当前国内外政治、经济形势趋于稳定，CPI 高涨的状况下，租金的增长态势是可以预见的。此外，由于国家对住宅的宏观调控和房产税的试行，将会增加物业持有的成本，有可能使得业主将该部分成本转嫁而推高租金。

综合上述分析，评估人员预测，未来商业地产租金价格保持长期上涨趋势，涨幅在 3%～5%。考虑到估价对象位于中外环之间，租金年涨幅一般低于市区，根据估价对象物业状况、所在区域的市场状况等因素，按 3%的年租金增长率进行估算。

7. 综合资本化率的确定

资本化率按安全利率加上一定的风险系数确定，以一年期固定存款利率 1.5%作为安全利率，考虑到估价对象为住宅配套商业用房的风险相对较低，因此最终确定房地产综合资本化率取 6%。

8. 收益年限的确定

估价对象为出让土地，土地使用权终止日期为 2069 年 12 月 20 日，估价对象土地剩余使用年限为 50.7 年。估价对象房屋建于 2003 年，钢混结构，耐用年限为 60 年，已使用 16 年，房屋剩余使用年限为 44 年。根据谨慎原则，估价对象房地产收益年期按房屋剩余使用年限 44 年计算。

9. 收益价值的测算

利用收益法公式求取估价对象的房地产市场单价，即

收益法评估单价为：

$$1\ 802\ 602/(6\%-3\%)\times\{1-[(1+3\%)/(1+6\%)]^{44}\}=43\ 098\ 101(元)。$$

估价对象 1 层面积为 1 004.6 平方米。

收益法评估单价为：43 098 101 元/1 004.6 平方米=42 901(元/平方米)。

(三) 车位价格评估

根据调查，估价对象所在楼盘及周边地区地下车位市场状况如下：

(1) ××路××号“××花园”77 号地下 1 层 130 号车位 2018 年 5 月成交价 15.2 万元。

(2) ××路××弄“××苑”地下 1 层 150 号车位 2018 年 8 月成交价 17.7 万元。

(3) ××路××弄“××城”77号地下1层567号车位2018年8月成交价20万元。

(4) ××南路××弄“××城”××号地下1层72号车位2018年1月成交价15万元。

以上车位均价为:(15.2+17.7+20+15)/4=17万元(取整)。

估价对象车位评估价格为17万元/个,折合单价为170 000/30.35=5 601(元/平方米)。

八、估价结果的确定

1. 1层店铺价格的确定

比较法评估××路××号1层店铺单价为52 374元/平方米,收益法评估其价格为42 901元/平方米。两种方法评估结果相差较大,收益法评估结果小于比较法评估价格,通过分析我们认为主要原因是:

(1) 根据中房指数显示,近8年来本市商业房地产价格累计涨幅超过了200%,而同期租金涨幅却不到50%,造成了租售比的差距不断加大,就目前本市的商业房地产而言,其主要功能是保值增值。

(2) 从2009年起我国每年的CPI升幅接近4%,资源类商品价格涨幅接近翻番,国民工资性收入保持稳定增长,生活中的种种迹象表明,我们正处在高通胀的时代,因此物价上涨货币贬值在未来将是不可避免的。而要在收益法中准确地预测未来近44年的收益变化情况无疑是相当困难的。

基于以上原因评估人员认为,对估价对象采用收益法较难以反映当前市场的真实价格状况,而比较法的估价结果直接来自市场的真实供求,比较贴近市场的实际价格水平。因此,为能更客观的反映估价对象的市场价值,比较法评估结果权重取60%、收益法权重取40%,取两种方法的加权平均值作为估价对象的评估结果更为合理。

××路××号1层店铺评估单价为:

$$52\ 374\times60\%+42\ 901\times40\%=48\ 585(\text{元/平方米})。$$

2. 楼层修正

估价对象为1～4层商场,楼层修正系数根据对该地区商业房地产各个楼层成交价格、租金价格统计得到。2层以上价格修正系数均参照1层店铺价格。

1层店铺楼层修正系数:100%。

2层店铺楼层修正系数:70%。

3层店铺楼层修正系数:60%。

4层店铺楼层修正系数:55%。

1～4层店铺楼层修正系数:71.25%。

3. 房型面积修正

估价对象评估设定一层面积为1 004.6平方米,1～4层总面积为5 288.29平方米。考虑到估价对象不能再分割,房型修正系数为-5%。

4. 长租约影响分析

××××酒店管理有限公司租赁价格明显高于现有市场租金,考虑到产权方未提供××××酒店管理有限公司现有租赁付款凭证，基于谨慎原则，××××酒店管理有限公司承租部位按客观租金进行评估。故不考虑其剩余3年租约对房地产价格的影响。

××××投资管理有限公司承租一层局部房屋合同租金为0.5元/(平方米·天)，远低于市场租金。考虑合同租赁期限内有效，基于谨慎原则，本报告对××××投资管理有限公司承租房屋按租赁合同租金价格进行评估。

估价对象××××投资管理有限公司承租一层局部房屋长租约房屋，在租赁期限(约8年)内分别采用客观租金、实际租约租金分别测算其净现值，取其差值作为租约影响值。

租赁期客观租金净现值采用计算公式：

$$V=\frac{A}{Y-g}\left[1-\left(\frac{1+g}{1+Y}\right)^{n}\right]。$$

其中，V为租赁期收益价值；A为房地产年净收益(客观租金)；Y为综合资本化率；G为净收益逐年递增的比率；N为剩余租赁期限。

××××投资管理有限公司承租一层局部房屋1 004.6平方米客观租金净现值为：

$$1\ 794/(6\%-3\%)\times\{1-[(1+3\%)/(1+6\%)]^{8}\}=12\ 271\text{元/平方米}。$$

××××投资管理有限公司承租一层局部房屋1 004.6平方米剩余7.8年租赁期实际租约净现值逐年折现计算净现值为1 133元/平方米。

××××投资管理有限公司承租一层局部房屋1 004.6平方米剩余8年租约影响价格为：1 133－12 271＝－11 138(元/平方米)。

按实际租金折算到总建筑面积单价为：

$$\begin{aligned}&[(48\ 585-11\ 138)\times1\ 004.6+48\ 585\times(5\ 288.29/4-1\ 004.6)+\\&48\ 585\times5\ 288.29/4\times70\%+48\ 585\times5\ 288.29/4\times60\%+\\&48\ 585\times5\ 288.29/4\times55\%]/5\ 288.29\\=&32\ 501(\text{元/平方米})。\end{aligned}$$

实际租金影响单价约为：32 501－48 585×(100%＋70%＋60%＋55%)/4＝－2 116(元/平方米)。

估价对象各单元价格计算如下：

$$\begin{aligned}\text{评估价格}&=\text{一层价格}\times\text{楼层修正}\times(1+\text{房型修正})+\text{租约因素修正}\\&=48\ 585\times71.25\%\times(1-5\%)-2\ 116\\&=30\ 770(\text{元/平方米})。\end{aligned}$$

5. 估价结果

估价对象1～4层商场评估单价为30 770元/平方米，车位价格为17万元/个。垃圾房属于配套用房，评估价格为0。

在满足全部限制条件下，××××置业有限公司位于××市××区××路××号1～4层商场及地下一层130个车位现房房地产(总建筑面积9 297.79平方米)于价值时点的市场评估总价格为人民币184 820 700.00元(取整)，大写：人民币壹亿捌仟肆佰捌拾贰万零柒佰元整。

根据产权方提供的资料，至价值时点，估价对象未有应付未付工程款。根据××××信托有限公司提供的《不动产登记证明》(他项权证)，估价对象已抵押给××××信托有限公司，抵押债权登记金额为 19 400 万元。考虑到委托方拟收购××××信托有限公司债权，本报告法定优先受偿款设定为 0 元。

扣除估价师知悉的上述法定优先受偿款，估价对象××路××号 1～4 层商场、××路××号××号地下一层 130 个车位现房房地产(总建筑面积 9 297.79 平方米)抵押总价值为：人民币 184 820 700.00 元(取整)，大写：人民币壹亿捌仟肆佰捌拾贰万零柒佰元整。

各单元具体价格详见附表 3-1。

九、处置税费及评估净值说明

根据委托方的要求，本报告对估价对象处置税费、评估净值进行了测算，仅供参考。处置税费主要涉及增值税及附加、印花税、土地增值税、企业所得税。

1. 增值税及附加

增值税：2016 年 5 月 1 日起××市全面实施“营改增”，一般纳税人销售其 2016 年 4 月 30 日前自建的不动产，适用简易计税方法，以取得的全部价款和价外费用为销售额，按照 5%的征收率计算应纳税额。估价对象为 2016 年 5 月 1 日前取得项目，适用简易计税方法。

增值税附加：增值税附加包括城市维护建设税、教育费附加、地方教育费附加。城市维护建设税为增值税税额的 7%；教育费附加为增值税税额的 3%；地方教育费附加为增值税税额的 2%。

增值税及附加合计为 5.6%。

增值税及附加＝销售价格×5.6%/(1＋5%)
＝18 482.07×5.6%/(1＋5%)
＝985.71(万元)。

2. 印花税

印花税按销售价格的 0.5‰缴纳。

印花税＝销售价格×0.5‰
＝18 482.07×0.5‰
＝9.24(万元)。

3. 土地增值税

估价对象为开发商一手房，根据产权方的说明，估价对象所在项目绝大部分已销售，2011 年已对商业、车库房地产土地增值税进行过清算，根据产权方提供的《土地增值税清算报告》(所属期：2009/07/01—2011/02/28，2011/03—2011/11)，商业、车库的土地增值税税率按销售价格的 3%缴纳。

土地增值税＝销售价格×3%
＝18 482.07×3%
＝554.46(万元)。

4. 企业所得税

按照现行税法政策，国内房地产开发企业转让房地产开发项目的企业所得税应在年终，视企业经营盈余情况征收，企业所得税税率为25%。考虑到产权方无法提供完整的开发经营成本资料，企业经营盈余资料不清，本报告暂不考虑企业所得税。

处置税费合计：

处置税费＝增值税及附加＋印花税＋土地增值税
＝985.71＋9.24＋554.46
＝1 549.41(万元)。

5. 评估净值

扣除处置税费后，估价对象评估净值为：18 482.07－1 549.41＝16 932.66(万元)。

附　　件

附件一：估价对象房地产地理位置
附件二：估价对象房地产照片
附件三：《××市房地产权证》
附件四：《不动产登记证明》(他项权证)
附件五：《××市不动产登记簿》
附件六：《××市房屋租赁合同》
附件七：估价机构营业执照
附件八：估价机构资质证书
附件九：估价人员资质证书
(以上均为复印件)

附件 D　国有土地使用权抵押价值估价报告

××××商业、办公用途国有土地使用权抵押价值评估报告

××××房地产估价师事务所
二〇一九年十一月十八日

土地估价报告

项目名称：××××商业、办公用途国有土地使用权抵押价值评估
委托单位：××××资产管理股份有限公司
受托估价单位：××××房地产估价师事务所
土地估价报告编号：房地师估(2019)地字第××××号
电子备案编号：××××
提交估价报告日期：2019 年 11 月 18 日

目　　录

（略）

致估价委托人函

（略）

估价师声明

（略）

估价假设和限制条件

一、估价的前提条件和假设条件

1. 估价对象具备合法出让的条件。

2. 估价对象按照合法用途、规划条件得到或将得到开发利用，并会产生相应的土地收益。

3. 根据《城镇土地估价规程》（GB/T 18508—2014）的有关规定，估价期日以接受评估委托后即进行的现场查勘日期为准，并假设在估价期日地产市场为公正、公开、公平的均衡市场。

4. 本报告采用的用地面积、用途、规划性质、规划容积率和建筑限高等规划指标均以产权方提供的资料为依据。

二、估价结果和估价报告的使用

1. 本报告依据《城镇土地估价规程》（GB/T 18508—2014）及所附《土地估价报告参考格式（含技术报告）》等技术标准进行评估并编制本报告书。

2. 本报告及估价结果仅为本报告设定的评估目的服务，当用于其他目的时本报告评估结果无效。并且，违规使用本报告所产生的法律责任由使用者承担。

3. 若待估宗地的土地利用方式、估价期日、用途、土地开发状况、土地使用年限和土地面积等影响地价的因素发生变化，该评估报告和结果也应作相应调整。

4. 本报告的估价结果自估价报告提交日起一年内有效。在有效期内如因政策或市场等原因导致土地市场发生大的波动，则应对估价结果进行及时调整或重估。

5. 任何单位和个人未经估价机构书面同意，不得以任何形式发表、肢解本报告。

6. 委托方具有本报告在设定估价目的下的使用权，××××房地产估价师事务所拥有本报告的解释权。

三、需要特殊说明的事项

1. 根据《××市国有建设用地使用权出让合同》，地下经营性建筑面积为20 000平方米，其中地下一层商业2 000平方米、地下一层停车库18 000平方米。根据产权方提供的《技术经济指标表》，地下经营性建筑面积实际为25 668.49平方米，其中地下一层商业2 000平方米、地下一层停车库23 150.54平方米、地下单体交通核517.95平方米。本报告评估设定地下经营性建筑面积实际为25 668.49平方米，其中地下一层商业2 000平方米、地下一层停车库23 150.54平方米、地下单体交通核517.95平方米，评估结果已扣除了地下经营性建筑面积超面积需补缴的土地使用权出让金。

2. 根据委托方的说明，估价对象已向××××资产管理股份有限公司进行了抵押，抵押金额为25 000万元。考虑到本报告为抵押权人进行项目风险分类提供参考依据，故本报告法定优先受偿款设定为0元。

3. 土地利用状况、权属资料等资料由产权方提供。

4. 土地区位条件、地产市场交易资料等评估相关资料由土地估价师实地调查而得。

5. 土地估价师根据国家有关法律、法规、估价规程及地方有关地价评估技术标准，结合待估宗地具体状况，确定估价原则、方法及参数的选取。

6. 本报告估价结果未考虑因抵押、担保、租赁、债务或其他权利对估价对象价格的影响。

7. 委托方对所提供资料的真实性负责，估价机构对所收集资料的真实性、准确性负责。

估价结果报告

一、估价委托方

1. 单位名称：××××资产管理股份有限公司

2. 单位地址：××××

3. 法定代表人：×××

二、估价机构

1. 机构名称：××××房地产估价师事务所

2. 机构地址：××××

3. 机构资质等级

(1) 土地资质：《关于××××房地产估价师事务所备案情况的函》[土估备字(2019)××××号]。

(2) 土地评估资质备案时间：2019年××月××日。

(3) 土地评估机构备案编号：××××。

(4) 土地评估资信等级：A级。

4. 统一社会信用代码：××××

5. 法定代表人：×××

6. 联系人：×××

7. 联系电话：××××

8. 邮政编码：××××

三、估价对象概况

1. 土地登记状况

估价对象为××××房地产开发有限公司位于××××的地块，土地权属性质为国有出让土地，土地面积为 37 800 平方米，土地用途为商业、办公用地。地块东至××路、南至××路、西至××公共绿地、北至××路。根据已公布的《××市 2013 年基准地价更新成果》，估价对象为基准地价商业十级、办公十级。

××××房地产开发有限公司于××××年××月××日通过挂牌出让方式取得了估价对象土地使用权，土地出让面积为 37 800 平方米，土地出让金为 40 500 万元。土地出让年限：商业 40 年、办公 50 年，并于××××年××月××日支付清了全部土地出让金，分别办理了《建设用地规划许可证》《不动产权证书》《建设工程规划许可证》《建筑工程施工许可证》。

2. 土地权利状况

估价对象的土地所有权属于国有，××××房地产开发有限公司于 2017 年 7 月 6 日通过出让方式取得了估价对象土地使用权。估价对象的商业用途土地使用权终止日期为 2057 年 8 月 22 日，批准使用年限为 40 年；办公用途土地使用权终止日期为 2067 年 8 月 22 日，批准使用年限为 50 年。

至本次评估期日，估价对象仍为出让土地使用权，商业用途土地的剩余使用年限为 37.8年，办公用途土地的剩余使用年限为 47.8 年。

根据委托方提供的资料，估价对象于 2017 年 9 月 18 日向××××资产管理股份有限公司进行了抵押，抵押金额为 25 000 万元，抵押期限为 2017 年 9 月 18 日—2019 年 9 月 17 日。

至估价期日，估价对象无其他租赁、抵押、司法限制等登记信息。

3. 土地利用状况

根据产权方提供的《××市国有建设用地使用权出让合同》，估价对象出让合同约定规划状况如下。

(1) 地上部分规划条件

土地面积：37 800 平方米。

地上建设用地规划性质：商业、办公混合用地。

地上建筑容积率：商办 2.0，计容面积 75 600 平方米(不含无偿移交政府的 3 600 平方米社会公共服务设施)。

混合用地各用途建筑面积比例：办公大于等于 80%，商业小于等于 20%。

地上建筑限高：40 米。

绿地率：下限 20%，集中绿地率下限 5%，屋顶绿化实施面积不小于建筑占地面积的 30%。

(2) 地下部分规划条件

地下建设用地规划性质：商务办公及商业服务业用地。

起止深度：±0.00～−6.00 米。

地下总用地面积：37 800 平方米。

地下总建筑面积：20 000 平方米。

地下经营性建筑面积：20 000 平方米（其中：商业建筑面积 2 000 平方米，非住宅配套停车库建筑面积 18 000 平方米）。

(3) 公共服务设施、公共空间建设要求

① 公共服务设施：该地块内应设置建筑面积不少于总建筑面积 4.8%（计 3 600 平方米）的公共服务设施，包括有老年人日间照料中心不小于 500 平方米、老年活动室不小于 500 平方米、文化活动室不小于 500 平方米、社区学校不小于 130 平方米、健身点不小于 300 平方米、生活服务点不小于 100 平方米和社区食堂不小于 200 平方米。公共服务设施应设置在建筑物三层以下，临街布置。社区公共配套服务设施建成后权属无偿移交政府，该部分面积不计容。

② 公共空间：地块内应设置不低于用地面积 5.3%（计 2 000 平方米以上）的公共环境空间，其中，增设不小于 2 000 平方米的广场。公共空间原则上短边不小于 12 米，沿××东路布局，不设置围墙，乔木覆盖率原则上不低于 50%。公共空间中应设置公共艺术作品（设施），包括前城市雕塑、装置艺术，经艺术化处理的城市家具和公共设施等，相关建设内容应在建筑规划设计方案中明确。公共空间建成后 24 小时向公众开放，结合商业、办公部分设置的，由受让人负责运营管理。

③ 公共通道：地块内设置一条宽度不小于 8 米、长度不小于 250 米（用地面积 2 000 平方米）的公共通道，确保连续舒适的步行要求、满足机动车应急救助通行要求，并应处理好与相邻地块的关系，通道位置、线型可结合建筑规划设计方案明确。公共通道建成后产权归受让人，24 小时向公众开放。

④ 地块内新增公共停车泊位不少于 100 个，结合绿地设置，建筑面积约 3 500 平方米。公共泊车位产权归受让人所有，并由其负责运营管理。

⑤ 土地受让人应配合落实地块内一个楼顶宏基站的建设（楼顶宏基站占地面积 13 平方米），并提供配套建设条件。建设和建设相关费用由通信设施机构负责。受让人应在预售证发放阶段将上述情况主动公告小业主。

⑥ 受让人应当自项目规划土地综合验收通过之日起自持建筑面积不低于 80%（计 12 096平方米以上）的商业物业不少于 20 年。

⑦ 受让人应当自项目规划土地综合验收通过之日起自持建筑面积不低于 40%（计 24 192平方米以上）的办公物业不少于 20 年。

⑧ 出让宗地上的房屋或者特定空间应当符合基本单元的规定，其中商业部分登记最小单位为：幢，销售最小单位为：间；办公部分登记最小单位为：幢，销售最小单位为：间。

⑨ 自持部分物业转让时需出让人同意。

⑩ 自持物业应整体抵押，不得分割抵押。

⑪ 出资比例：××××房地产开发有限公司，100%。

⑫ 办公地块不得建设公寓式办公，商业地块未经约定不得建设公寓式酒店。

4. 土地现状

至估价期日，估价对象所在地块红线外开发程度为“七通一平”。根据《××市国有建设用地使用权出让合同》，估价对象应于 2018 年 7 月 6 日之前开工，在 2021 年 7 月 6 日之前竣工。

根据规划图纸，1# 楼为总高 3 层的商业，位于地块内部，紧邻河道。2# 楼为总高 12 层的办公楼。3# 楼为总高 9 层的酒店用房，紧邻××路。4# 号楼临××路，一层为沿街商业店铺，2～12 层为办公楼。5# 楼、6# 楼临××路，总高 12 层的办公楼，部分一层为公共服务设施。底下一层 2 000 平方米为商业用房，其余基本为车库。

至估价期日，估价对象正在进行地下一层建设，项目处于正常施工中。

四、估价目的

评估土地使用权抵押价值，为委托人进行项目风险分类提供参考依据而评估抵押物的抵押价值。

五、价值时点

根据委托方的要求，本报告价值时点为现场查勘之日，即 2019 年 11 月 8 日。

六、价值类型

在满足限制条件下于价值时点的商业、办公用途国有土地使用权公开市场价值及抵押价值。

七、估价依据

1. 有关法律法规

(1)《中华人民共和国土地管理法》(2004 年修订版)。

(2)《中华人民共和国城市房地产管理法》(2007 年修正)。

(3)《中华人民共和国物权法》(2007 年十届人大 5 次会议)。

(4) 国土资源部《关于进一步规范土地登记工作的通知》。

(5)《中华人民共和国城镇土地使用权出让和转让暂行条例》。

(6) ××市实施《中华人民共和国土地管理法》(2010 年修正本)。

(7)《关于规范与银行信贷业务相关的房地产抵押估价管理有关问题的通知》。

2. 有关技术标准

(1)《城镇土地估价规程》(GB/T 18508—2001)及所附《土地估价报告参考格式(含技术报告)》。

(2)《城镇土地分等定级规程》(GB/T 18507—2014)。

(3)《土地利用现状分类》(GB/T 21010—2017)。

(4) 关于印发《××市 2013 年基准地价更新成果》的通知[规土资地(2014)××号]。

(5)《××市 2013 年基准地价更新成果》。

3. 其他资料原件

(1) 产权方提供的有关资料

①《不动产权证书》。

②《××市国有建设用地使用权出让合同》。

③《建设用地规划许可证》。

④《建设工程规划许可证》。

⑤《建筑工程施工许可证》。

⑥《××市项目详细规划总平面图》(含技术经济指标表)。

⑦《土地出让金缴款凭证》。

⑧《××市不动产登记簿》。

⑨ 其他有关资料。

(2) 土地估价委托合同

(3) 评估人员现场查看、调查、收集的相关资料

八、估价原则

本项目评估遵循土地估价合法性原则、替代原则、预期收益原则、最有效利用原则、供需原则、变动原则和谨慎原则。

1. 合法性原则

土地估价应以估价对象的合法权益为前提进行。合法权益包括:合法产权、合法使用、合法处分等方面。在合法产权方面,应以土地使用权证、权属登记和其他合法证件为依据。在合法使用方面,应以使用管制(城市规划、土地用途管制等)为依据。在合法处分方面,应以法律法规和合同(如土地使用权转让合同)等容许的处分方式为依据。估价对象为已出让地块,合法性主要体现在其获得规划、土地部门的设计条件批复。

2. 替代原则

土地估价应以相邻地区或类似地区功能相同、条件相似的土地市场交易价格为依据,估价结果不得明显偏离具有替代性质的土地正常价格。根据市场运行规律,在同一商品市场中,商品或提供服务的效用相同或大致相似时,价格低者吸引需求,即有两个以上互有替代性的商品或服务同时存在时,商品或服务的价格是经过相互影响与比较之后来决定的。土地价格也同样遵循替代规律,某块土地的价格,受其他具有相同使用价值的地块,即同类型具有替代可能的地块价格所牵制。

3. 预期收益原则

土地估价应以估价对象在正常利用条件下的未来客观有效的预期收益为依据。对于价格的评估,重要的并非是过去,而是未来。过去收益的重要意义,在于为推测未来的收益变化动向提供依据。土地的价格是由反映该宗地将来的总收益所决定的,它的价格也受预期收益形成因素的变动所影响。所以,土地投资者是在预测该土地将来所能带来的收益或效用后进行投资的。这就要求估价者必须了解过去的收益状况,并对土地市场现状、发展趋势、政治经济形势及政策规定对土地市场的影响进行细致分析和预测,准确预测该土地现在以至未来能给权利人带来的利润总和,即收益价值。

4. 最有效利用原则

判断土地的最有效利用以土地利用符合其自身条件、法律法规政策及规划限制、市场需求和最佳利用程度等为前提。由于土地具有用途的多样性,不同的利用方式能为权利人带来不同的收益量,且土地权利人都期望从其所占有的土地上获取更多的收益,并以能满

足这一目的为确定土地利用方式的依据。所以,土地价格是以该地块的效用作最有效发挥为前提的。

5. 供需原则

土地估价要以市场供需决定土地价格为依据,并充分考虑土地供需的特殊性和土地市场的地域性。在完全的市场竞争中,一般商品的价格都取决于供求的均衡点。供小于求,价格就会提高;否则,价格就会降低。由于土地与一般商品相比具有独特的人文和自然特性,因此在进行土地估价时既要考虑到所假设的公平市场,又要考虑土地供应的垄断性特征。

6. 变动原则

指估价人员应把握土地价格影响因素及土地价格的变动规律,准确地评估价格。一般商品的价格,是伴随着构成价格的因素的变化而发生变动的。土地价格也有同样情形,它是各种地价形成因素相互作用的结果,而这些价格形成因素经常处于变动之中,所以土地价格是在这些因素相互作用及其组合的变动过程中形成的。因此,在土地估价时,必须分析该土地的效用、稀缺性、个别性及有效需求以及使这些因素发生变动的一般因素、区域因素及个别因素。由于这些因素都在变动之中,因此应把握各因素之间的因果关系及其变动规律,以便根据目前的地价水平预测未来的土地价格。

7. 谨慎原则

估价方应抱着谨慎的态度,充分估计抵押房地产(土地)在处置时可能受到的限制、未来可能发生的风险和损失,不高估市场价值,不低估知悉的法定优先受偿款。

九、估价方法

根据《城镇土地估价规程》(GB/T 18508—2014)以及估价对象的具体条件、用地性质及评估目的,结合估价师收集的有关资料,考虑到当地地产市场发育程度,选择比较法、假设开发法进行评估。

1. 比较法

评估对象所在区域或周边类似地区有较多的比较案例可供选择,通过对比较案例考虑期日、用途、年期、交易方式、区域因素和个别因素等影响因素的修正,可以得到估价对象的价格。

2. 假设开发法

估价对象为待开发建设用地,有初步的规划方案,可用比较法、收益法测算估价对象未来开发价值,减去正常开发建设成本、管理费用、利息、利润和销售税费等费用,以此估算估价对象土地的客观合理价格。

考虑到估价对象有一定的自持限制,在此基础上对土地评估结果再进行相应的自持因素修正。

十、估价结果

估价人员在现场查勘和市场分析的基础上,按照《城镇土地估价规程》(GB/T 18508—2014)规定的地价评估原则和估价程序,分别采用了比较法和假设开发法进行评估,取两种方法测算结果的加权平均值作为估价对象的评估价格。

评估待估宗地土地使用权价格如下。

宗地数:1宗。

土地面积:37 800平方米。

单位面积土地价格:12 000元/平方米。

楼面地价:6 000元/平方米。

土地总价:453 600 000.00元。

大写:人民币肆亿伍仟叁佰陆拾万元整。

至估价期日,根据委托方的说明,估价对象已向××资产管理股份有限公司进行了抵押,抵押金额为25 000万元。考虑到本报告为抵押权人进行项目风险分类提供参考依据,故本报告法定优先受偿款设定为0元。

扣除估价师知悉的上述法定优先受偿款,估价对象土地使用权抵押价值为:¥453 600 000.00元,大写:人民币肆亿伍仟叁佰陆拾万元整。

十一、估价对象变现能力分析

1. 变现能力分析

(1) 通用性:就是是否常见、是否普遍使用。估价对象用途为商业、办公用地,其通用性较好。

(2) 独立使用性:就是能否单独地使用而不受限制。估价对象为一宗商业、办公用地,独立使用性较好。

(3) 价值、规模大小:一般而言,价值越大的房地产,所需的资金越多,越不容易找到买家,变现能力越弱。估价对象土地面积及建筑开发面积较大。

(4) 可分割转让性:指在物理上、经济上是否可作分离的使用,估价对象目前为未开发土地,一般不宜分割转让。

(5) 房地产开发程度:开发程度越低的房地产,不确定性因素越多,市场风险越大,变现能力越弱。估价对象为未开发的土地,存在较大的不确定风险。

(6) 房地产市场状况:房地产市场越不景气,销售就越困难,变现能力越弱。商业房地产市场走势同样受制于政策调控,并受经济形势波动的影响。

综合考虑了估价对象的通用性、独立使用性、可分割转让性等,认为估价对象变现能力一般。

2. 快速变现价格分析

抵押房地产的合法处分方式是通过拍卖或者变卖,由于存在短期内强制处分、潜在购买群体受到限制及未来不确定等因素的影响,估价对象在拍卖或者变卖时最有可能实现的拍卖价或处置价一般低于公开市场价格,由于开发类型、标的大小、区域位置等的不同影响,折扣率有一定差异,一般处置价约为公开市场价的70%。

3. 变现时间长短及税费

处置房地产时,其变现的时间长短以及费用、税金的种类、数额和清偿顺序与处置方式、税费政策和营销策略等因素有关。一般来说,以拍卖方式处置房地产时,变现时间较短,但变现价格一般较低,变现成本较高,在此过程中会产生包括诉讼费、房地产评估费、拍卖费以及处置抵押物所需缴纳的土地增值税、增值税及附加等税费，且要优先支付。相关费用参见附表 4-1。

附表 4-1 处置抵押房地产过程中应缴纳税费明细

项目名称	取值标准	比例	备注
评估费	评估额	0.01%～0.5%	按国家计委、建设部(计价格[1995]971 号)关于房地产中介服务收费的通知累进计算
诉讼费	诉讼标的	1%～2%	按财产案件受理费累进计算
律师费、广告费及其他不可预见费	诉讼标的	1%～2%	财产案件的律师费按照诉讼标的比例计算
拍卖费	成交额	2%～5%	普通拍卖行拍卖费为商品成交价格的 2%～5%
增值税及附加税费	成交额或增值额	简易征收按成交额的 5.6%	按照《关于全面推开营业税改征增值税试点的通知》[财税(2016)36 号]文件的规定征收
印花税	成交额	0.05%	
土地增值税	增值额	30%～60%	根据增值比率，按照增值金额的 30%～60%累进征收
所得税	应纳税所得额	20%	产权为个人，按照应纳税所得额的 20%缴纳；产权为企业，不单独征收
合计		10%～25%	

4. 清偿顺序

依据《担保法》《合同法》及《中华人民共和国城市房地产管理法》的相关规定，处分抵押房地产所得价款，依下列顺序分配。

（1）支付处分抵押房地产的费用；

（2）扣除抵押房地产应缴纳的税费；

（3）偿还抵押权人债权本息及支付违约金；

（4）赔偿由债务人违反合同而对抵押权人造成的损害；

（5）其他法定优先受偿款；

（6）剩余金额交还抵押人。

十二、注册房地产估价师

（略）

十三、实地查勘期

2019 年 11 月 8 日。

十四、估价作业期

2019 年 11 月 8 日—2019 年 11 月 18 日。

十五、估价报告应用的有效期

本估价报告自 2019 年 11 月 18 日—2020 年 11 月 17 日止有效。

估价技术报告

一、估价对象状况分析

1. 土地登记状况

估价对象为××××房地产开发有限公司位于××××的地块，土地权属性质为国有出让土地，土地面积为 37 800 平方米，土地用途为商业、办公用地。地块东至××路、南至××路、西至××公共绿地、北至××路。根据已公布的《××市 2013 年基准地价更新成果》，估价对象为基准地价商业十级、办公十级。

××××房地产开发有限公司于××××年××月××日通过挂牌出让方式取得了估价对象土地使用权，土地出让面积为 37 800 平方米，土地出让金为 40 500 万元，土地出让年限：商业 40 年、办公 50 年，并于××××年××月××日支付清了全部土地出让金，分别办理了《建设用地规划许可证》《不动产权证书》《建设工程规划许可证》《建筑工程施工许可证》。

2. 土地权利状况

估价对象的土地所有权属于国有，××××房地产开发有限公司于 2017 年 7 月 6 日通过出让方式取得了估价对象土地使用权。估价对象商业用途土地使用权终止日期为 2057 年 8 月 22 日，批准使用年限为 40 年；办公用途土地使用权终止日期为 2067 年 8 月 22 日，批准使用年限为 50 年。

至本次评估期日，估价对象仍为出让土地使用权，商业用途土地剩余使用年限为 37.8 年，办公用途土地剩余使用年限为 47.8 年。

根据委托方提供的资料，估价对象于 2017 年 9 月 18 日向××××资产管理股份有限公司进行了抵押，抵押金额为 25 000 万元，抵押期限为 2017 年 9 月 18 日—2019 年 9 月 17 日。

至估价期日，估价对象无其他租赁、抵押、司法限制等登记信息。

3. 土地利用状况

根据产权方提供的《××市国有建设用地使用权出让合同》，估价对象出让合同约定规划状况如下。

(1) 地上部分规划条件

土地面积：37 800 平方米。

地上建设用地规划性质：商业、办公混合用地。

地上建筑容积率：商办 2.0，计容面积 75 600 平方米（不含无偿移交政府的 3 600 平方米社会公共服务设施）。

混合用地各用途建筑面积比例：办公大于等于 80%，商业小于等于 20%。

地上建筑限高：40 米。

绿地率：下限 20%，集中绿地率下限 5%，屋顶绿化实施面积不小于建筑占地面积的 30%。

(2) 地下部分规划条件

地下建设用地规划性质:商务办公及商业服务业用地。

起止深度:±0.00 到-6.00 米。

地下总用地面积:37 800 平方米。

地下总建筑面积:20 000 平方米。

地下经营性建筑面积:20 000 平方米(其中:商业建筑面积:2 000 平方米;非住宅配套停车库建筑面积 18 000 平方米)。

(3) 公共服务设施、公共空间建设要求

① 公共服务设施:该地块内应设置建筑面积不少于总建筑面积 4.8%(计 3 600 平方米)的公共服务设施,包括:老年人日间照料中心不小于 500 平方米、老年活动室不小于 500 平方米、文化活动室不小于 500 平方米、社区学校不小于 130 平方米、健身点不小于 300 平方米、生活服务店不小于 100 平方米和社区食堂不小于 200 平方米。公共服务设施应设置在建筑物三层以下,临街布置。社区公共配套服务设施建成后权属无偿移交政府,该部分面积不计容。

② 公共空间:地块内应设置不低于用地面积 5.3%(计 2 000 平方米以上)的公共环境空间,其中,增设不小于 2 000 平方米的广场。公共空间原则上短边不小于 12 米,沿××东路布局,不设置围墙,乔木覆盖率原则上不低于 50%。公共空间中应设置公共艺术作品(设施),包括前城市雕塑、装置艺术,经艺术化处理的城市家具和公共设施等,相关建设内容应在建筑规划设计方案中明确。公共空间建成后 24 小时向公众开放,结合商业、办公部分设置的,由受让人负责运营管理。

③ 公共通道:地块内设置一条宽度不小于 8 米、长度不小于 250 米(用地面积 2 000 平方米)的公共通道,确保连续舒适的步行要求、满足机动车应急救助通行要求,并应处理好与相邻地块的关系,通道位置、线型可结合建筑规划设计方案明确。公共通道建成后产权归受让人,24 小时向公众开放。

④ 地块内新增公共停车泊位不少于 100 个,结合绿地设置,建筑面积约 3 500 平方米。公共泊车位产权归受让人所有,并由其负责运营管理。

⑤ 土地受让人应配合落实地块内一个楼顶宏基站的建设(楼顶宏基站占地面积 13 平方米),并提供配套建设条件。建设和建设相关费用由通信设施机构负责。受让人应在预售证发放阶段将上述情况主动公告小业主。

⑥ 办公地块不得建设公寓式办公,商业地块未经约定不得建设公寓式酒店。

⑦ 受让人应当自项目规划土地综合验收通过之日起自持建筑面积不低于 80%(计 12 096平方米以上)的商业物业不少于 20 年。

⑧ 受让人应当自项目规划土地综合验收通过之日起自持建筑面积不低于 40%(计 24 192平方米以上)的办公物业不少于 20 年。

⑨ 出让宗地上的房屋或者特定空间应当符合基本单元的规定,其中商业部分登记最小单位为:幢,销售最小单位为:间;办公部分登记最小单位为:幢,销售最小单位为:间。

⑩ 自持部分物业转让时需出让人同意。

⑪ 自持物业应整体抵押，不得分割抵押。

⑫ 出资比例：××××房地产开发有限公司，100％。

4. 土地现状

至估价期日，估价对象所在地块红线外开发程度为“七通一平”。根据《××市国有建设用地使用权出让合同》，估价对象应于2018年7月6日之前开工，在2021年7月6日之前竣工。

根据产权方提供的《建设工程规划许可证》，估价对象各建筑具体规划如附表4-2所示。

附表4-2 估价对象各建筑具体规划

序号	规划证编号	建设项目名称	总建筑面积/平方米	计容面积/平方米	地下建筑面积/平方米
1	×××建(2018)××××	桩基工程			
2	×××建(2019)××××	1# 商业	6 064.91	4 000	2 000
3	×××建(2018)××××	二期(2#、3# 楼)	23 476.37	23 099	119.42
4	×××建(2018)××××	三期(4#～6# 及地库)	76 108.72	48 501	23 549.07
合计			105 650	75 600	25 668.49

根据规划图纸，1# 楼为总高3层的商业，位于地块内部，紧邻河道。2# 楼为总高12层的办公楼。3# 楼为总高9层的酒店用房，紧邻××路。4# 号楼临××路，一层为沿街商业店铺，2～12层为办公楼。5# 楼、6# 楼临××路，总高12层的办公楼，部分一层为公共服务设施。地下一层2 000平方米为商业用房，其余基本为车库。

至估价期日，估价对象正在进行地下一层建设，项目处于正常施工中。

二、地价影响因素分析

（略）

三、估价方法选用

根据《城镇土地估价规程》(GB/T 18508—2014)以及估价对象的具体条件、用地性质及评估目的，结合估价师收集的有关资料，考虑到当地地产市场发育程度，选择评估方法。

1. 采用估价方法的理由

(1) 比较法

本次评估中估价师通过对当地的土地交易市场咨询和了解，在评估对象所在区域或周边类似地区有较多的比较案例可供选择，估价师认为通过对比较案例考虑期日、用途、年期、交易方式、区域因素和个别因素等影响因素的修正，可以得到估价对象的价格，因此评估测算过程中采用了市场比较法。

(2) 假设开发法

估价对象为待开发建设用地，有初步的规划方案，可用市场比较法、收益法测算估价对象未来开发价值，减去正常开发建设成本、管理费用、利息、利润和销售税费等费用，以此估算估价对象土地的客观合理价格，因此选择假设开发法进行评估。

考虑到估价对象有一定的自持限制，在此基础上对土地评估结果再进行相应的自持因素修正。

2. 未采用估价方法的理由

（1）收益法

估价对象所在区域内其类似项目无现实收益，且其未来每年的正常收益很难准确预测，评估难度大，不易把握，其可操作性差，故此次评估不宜采用收益还原法。

（2）成本法

由于调查项目周边征地、补偿安置成本、土地开发成本等数据困难，且从土地取得成本角度出发测算地价，往往不能准确反映目前市场价值，因此不适合采用成本逼近法进行评估。

（3）基准地价修正法

虽然××市已公布了基准地价体系，但政府公布的基准地价主要是为了课税、核定征收、补交土地出让金和控制土地出让底价等所需，且基准地价基准日至今已超过 5 年，基准地价价格水平不能完全客观地反映出近几年市场价格的变化情况，因此本次评估不考虑采用基准地价修正法进行评估。

四、估价测算过程

（一）比较法

1. 市场比较案例选择

估价对象位于××郊区，属于基准地价商业十级、办公十级范围，近两年没有商业、办公用地出让案例，我们从地理位置、土地级别相似的区域选择与估价对象具有可比性的挂牌出让土地作为比较案例，土地交易案例均来自××市规划和国土资源管理局网站。

案例 1 位于××镇，地理位置与估价对象非常相似，地理位置上具有较大的可比性。

案例 2 位于××镇，该区域属于××区一般位置，商业、办公环境尚不大成熟，与估价对象具有一定的可比性。

案例 3 位于××区××工业园区，周边商业、办公环境较差，现状与估价对象也有较强的可比性。

附表 4-3 比较实例情况

序号	成交日期	宗地号	地块位置	宗地面积/平方米	地块用途	成交总价/万元	竞得单位	容积率	楼面地价/(元/平方米)
1	2018-7-26	××镇××单元××地块	东至××地块 南至××地块 西至××地块 北至××路	13 470.7	商业	14 400	××养老产业有限公司	1.5	7 127

（续表）

序号	成交日期	宗地号	地块位置	宗地面积/平方米	地块用途	成交总价/万元	竞得单位	容积率	楼面地价/(元/平方米)
2	2018-2-13	××镇××单元××地块	东至××小区 南至××西路 西至××公路 北至××公路	14 121.4	商办旅馆	15 310	××房地产开发建设有限公司	1.8	6 023
3	2019-1-17	××镇××单元××地块	东至绿化 南至××路 西至××路 北至绿化	17 715.5	商业文体	14 533	××企业发展有限公司	1.5	5 469

2. 比较因素的选择

根据待估宗地的宗地条件，影响待估宗地价格的主要因素如下。

(1) 交易情况：是否为正常、公开、公平、自愿的交易。

(2) 土地用途：不同用途土地使用权地价存在差异。

(3) 地理位置：不同土地级别土地价格差异。

(4) 交易方式：因交易方式的不同而地价存在差异须进行交易方式修正。

(5) 土地使用年期：不同土地使用年期的地价存在差异，须进行土地使用年期修正。

(6) 交易时间：确定地价指数。

(7) 容积率修正：考虑宗地建筑容积率对地价的影响。

(8) 区域及个别因素：主要有商业繁华程度、交通条件、基础设施完善度、城市规划要求、环境状况、人文环境、临路类型、宗地形状、宗地面积、宽深比以及其他因素等。

3. 比较因素条件说明

见附表 4-4 所示。

附表 4-4　比较因素条件说明

地理位置	估价对象	案例 A	案例 B	案例 C
宗地名称	××乡××街坊××丘	××镇××单元××地块	××镇××单元××地块	××镇××单元××地块
交易价格(楼面地价，元/平方米)	待估	7 127	6 023	5 469
地理位置	东至××路 南至××路 西至××公共绿地 北至××路	东至××地块 南至××地块 西至××地块 北至××路	东至××小区 南至××西路 西至××公路 北至××公路	东至绿化 南至××路 西至××路 北至绿化

（续表）

地理位置		估价对象	案例 A	案例 B	案例 C
土地用途		商业、办公用地，商业 20%、办公 80%	商业用地	商业用地	商业、文体用地，商业 48%、文体 52%
交易期日		2019-11-8	2018-7-26	2018-2-13	2019-1-17
交易情况		正常交易	正常交易	正常交易	正常交易
交易方式		抵押	挂牌出让	挂牌出让	挂牌出让
土地使用年期(年)		商业 37.8 年、办公 47.8 年	商业 40 年	商业 40 年	商业 40 年、文体 50 年
容积率		2.0	1.5	1.8	1.5
区域因素	商服繁华程度	新开发区域，商服繁华程度较差	新开发区域，商服繁华程度差	位于××区××镇，商服繁华程度一般	位于××工业园区，商服繁华程度较差
	交通便捷度	交通便捷程度较差	交通便捷程度较差	交通便捷程度一般	交通便捷程度较差
	公共服务设施和基础设施状况	公共服务设施基本齐全，保障率较高	公共服务设施基本齐全，保障率较高	公共服务设施基本齐全，保障率较高	公共服务设施基本齐全，保障率较高
	人口状况/客流量	客流量较低	客流量较低	客流量一般	客流量较低
	周围环境	紧邻新建公园，环境较好	紧邻××东滩，环境较好	环境一般	紧邻公园，环境较好
	城市规划	规划较有利	规划较有利	城市规划无影响	城市规划无影响
个别因素	临街状况	主要两面临路，临路状况较优	一面临路，临路状况一般	主要两面临路，临路状况较优	一面临路，临路状况一般
	临街道路类型	一般商业道路	一般商业道路	一般商业道路	一般商业道路
	宗地形状	土地形状无不利影响	土地形状无不利影响	土地形状无不利影响	土地形状无不利影响
	宗地面积	37 800 平方米，土地面积优	13 470.7 平方米，土地面积较优	14 121.4 平方米，土地面积较优	17 715.5 平方米，土地面积较优
	宽深比	宽深比 1.2～1.6，较优	宽深比 1.2～1.6，较优	宽深比 1.2～1.6，较优	宽深比 1.2～1.6，较优
	自持因素	80%商业自持 20 年，40%办公自持 20 年	100% 商业自持 40 年	自持不低于 80% 的物业（主要为酒店）不少于 20 年	100%商业自持 40 年，100%文化物业自持 50 年
	地下经营性面积	地下一层商业 2 000 平方米、地下车库 23 150.54 平方米、地下单体交通核 517.95 平方米	无	无	地下一层车库 7 450 平方米

4. 编制比较因素条件指数表

根据待估宗地与比较实例各种因素具体情况，编制比较因素条件指数表。比较因素指数确定如下。

（1）交易情况

待估宗地与比较实例的交易情况均为正常交易，故本次评估确定交易情况修正指数取100/100。

（2）土地用途

根据对比较实例土地用途的分析，由估价人员判断可比实例与估价对象在土地用途不一致时的地价差值幅度及对地价的影响指数。估价对象为商办用途，商业20%、办公80%；案例A为商业用途；案例B为商业（其中80%为酒店），案例C为商业、文体用途，商业48%、8～10级办公用地价格平均相差50%左右，酒店用途价格一般为商业的80%左右，文体用途价格参照办公地价。以纯办公用途地价水平指数为100，估价对象与比较案例的用途修正系数分别如下。

估价对象用途系数：100×80%＋150×20%＝110。

案例A用途系数：100×150%＝150；

案例B用途系数：150×80%×80%＋150×20%＝126；

案例C用途系数：100×52%＋150×48%＝124。

（3）交易方式

本报告估价目的是为委托人进行项目风险分类提供参考依据而评估抵押物的抵押价值，比较案例为挂牌出让价格，均为正常市场价格，没有明显差异，故本次评估确定交易方式修正指数取100/100。

（4）土地使用年期修正指数

土地使用年期修正指数公式如下：

$$D=\frac{1-1/(1+r)^{m}}{1-1(1+r)^{n}}\times 100$$

式中，D为土地使用年期修正系数；r为土地还原率；m为比较实例宗地土地使用年期；n为待估宗地土地使用年期。

估价对象土地用途为商业、办公，商业占比20%、办公占比80%，根据《××市2013年基准地价更新成果》，商业用地土地还原利率为8%、办公用地还原利率为7%，估价对象商办用途按加权面积计算综合还原利率为7.2%。

以估价对象指数为100，比较案例使用年期修正系数均为100.5。

（5）交易日期修正

估价对象估价期日为2019年11月8日，比较实例成交日期分别为2018年7月、2018年2月、2019年1月，需要进行估价期日修正。根据中国地价动态监测网××市地价增长率，以2018年1月商服地价指数为100，估价对象及比较案例交易日期指数确定为103.7，101.9，100.8，102.9。

（6）容积率修正

根据估价对象和可比实例容积率条件，结合容积率对地价的影响程度，根据估价师对××区招拍挂市场的了解，容积率对最终取得土地的成交价有一定影响。本次评估对容积率进行修正，估价对象容积率 2.0，比较案例容积率分别为 1.5，1.8，1.5，以估价对象为 100，比较实例容积率因素条件指数确定为 105，102，105。

（7）区域及个别因素修正

① 商服繁华程度

分为繁华、比较繁华、一般、较劣、劣；每相差一个等级，地价修正 3%。以估价对象为 100，比较实例的商服繁华程度因素条件指数确定为 97，103，100。

② 交通便捷度

交通便捷度条件包括区域街道状况、公交线路、距地铁站点距离等，分差、较差、一般、较好、好五个等级。以估价对象为 100，比较实例的交通便捷度因素条件指数综合确定为 100，102，100。

③ 公共服务设施和基础设施状况

公共服务设施和基础设施状况分为齐全、保障率高，基本齐全、保障率较高、保障率一般、保障率较差，每相差一个等级，地价修正 2%。以估价对象为 100，比较实例的公共服务设施和基础设施状况因素条件指数确定为 100，100，100。

④ 人口状况/客流量

人口状况/客流量分为客流量大、较大、一般、较小、小 5 个级别，每个级别相差 3%，以估价对象为 100，比较实例的人口状况/客流量因素条件指数确定为 97，103，100。

⑤ 自然和人文环境状况，分为环境比较优美、空气质量优；环境比较优美、空气质量较优；环境一般、空气质量一般；环境较差、空气质量一般；环境差、空气质量差五个等级，以待估宗地为 100，每相差一个等级，地价修正 2%。以估价对象为 100，比较实例的交易情况因素条件指数确定为 100，98，100。

⑥ 城市规划

城市规划对土地价格有一定的影响，分为有利、较有利、一般、较不利、不利五个等级，每相差一个等级修正 2%。以估价对象为 100，比较实例的交易情况因素条件指数确定为 100，98，98。

⑦ 建设用地面积

宗地面积状况可分为大小非常适合土地利用类型、大小比较适合土地利用类型、大小对土地利用不造成影响、相对土地利用类型偏大或偏小和大小不适合土地利用类型，以待估宗地为 100，每相差一个等级，地价修正 2.5%。以估价对象为 100，比较实例的交易情况因素条件指数确定为 98.5，98.5，98.5。

⑧ 宗地地势、形状

宗地形状主要指估价对象和比较实例的宗地形状是否规则、土地可利用程度、地势是否平坦及地基承载力状况。以估价对象为 100，比较实例的宗地地势、形状因素条件指数确定为 100，100，100。

⑨ 临街状况，分为三面临路、两面临路、一面临路、袋地，每相差一个等级，地价修正2.5%。以估价对象临街状况指数为100，比较实例的临街状况因素条件指数确定为97.5，100，97.5。

⑩ 临街道路类型：估价对象均临一般商业道路，以估价对象临街道路类型指数为100，比较实例的临街道路类型因素条件指数确定为100，100，100。

⑪ 宽深比：估价对象与比较案例宽深比均为1.2～1.6，较优，以估价对象宽深比指数为100，比较实例的宽深比因素条件指数确定为100，100，100。

⑫ 自持因素：估价对象需80%商业自持20年、40%办公自持20年，案例A 100%全自持40年，案例B 80%面积需自持20年，案例C 100%全自持40年、50年。以估价对象自持因素指数为100，比较实例的自持因素条件指数确定为80，87，80。

⑬ 地下经营性面积：估价对象地下一层商业为2 000平方米、地下车库为23 150.54平方米、地下单体交通核为517.95平方米；案例A、B无地下经营性建筑，案例C有地下车库为7 450平方米。综合分析，以估价对象地下经营性面积因素指数为100，比较实例的地下经营性面积因素条件指数确定为98.5，98.5，99.3。

根据以上比较因素指数的说明，编制比较因素条件指数表，详见附表4-5。

附表4-5　比较因素条件指数

待估宗地及比较实例		估价对象	实例A	实例B	实例C
地块名称		××乡××街坊××丘	××镇××单元××地块	××镇××单元××地块	××镇××单元××地块
交易价格(楼面地价，元/平方米)		待估	7 127	6 023	5 469
土地用途		110	150	126	124
交易期日		103.7	101.9	100.8	102.9
交易情况		100	100	100	100
交易方式		100	100	100	100
土地使用年期(年)		100	100.5	100.5	100.5
容积率		100	105	102	105
区域因素	商服繁华程度	100	97	103	100
	交通便捷度	100	100	102	100
	公共服务设施和基础设施状况	100	100	100	100
	人口状况/客流量	100	97	103	100
	周围环境	100	100	98	100
	城市规划	100	100	98	98

（续表）

待估宗地及比较实例		估价对象	实例 A	实例 B	实例 C
个别因素	临街状况	100	97.5	100	97.5
	临街道路类型	100	100	100	100
	宗地形状	100	100	100	100
	宗地面积	100	98.5	98.5	98.5
	宽深比	100	100	100	100
	自持因素	100	80	87	80
	地下经营性面积	100	98.5	98.5	99.3

5. 编制因素比较修正系数表

根据比较因素条件指数表，编制因素比较修正系数表，详见附表 4-6。

附表 4-6　宗地比较因素修正系数

比较因素	实例 A	实例 B	实例 C
地块名称	××镇××单元 ××地块	××镇××单元 ××地块	××镇××单元 ××地块
交易价格（楼面地价，元/平方米）	7 127	6 023	5 469
土地用途	110/150	110/126	110/124
交易期日	103.7/101.9	103.7/100.8	103.7/102.9
交易情况	100/100	100/100	100/100
交易方式	100/100	100/100	100/100
土地使用年期（年）	100/100.5	100/100.5	100/100.5
容积率	100/105	100/102	100/105
区域因素小计	100/94	100/104	100/98
个别因素小计	100/74.5	100/83	100/75.3
比准价格	7 197	6 113	6 279
权重	1/3	1/3	1/3

三个比准价格差异不大，考虑到比较案例均为政府公开挂牌出让土地，比较案例真实可信，故取三个比准价格的简单算术平均值作为市场比较法评估结果，即：

估价对象楼面地价评估单价为：(7 197＋6 113＋6 279)/3＝6 530（元/平方米）。

（二）假设开发法

1. 基本思路

估价对象为待开发建设用地，有初步的规划方案，可用比较法、收益法测算估价对象未来开发价值，减去正常开发建设成本、管理费用、利息、利润和销售税费等费用，以此估算估价对象土地的客观合理价格，可选择假设开发法进行评估。

基本公式：

$$P = A - B - C,$$

式中，P 为待估宗地价格；A 为不动产总价；B 为开发项目整体的开发成本（包含开发建设成本、管理费用、利息和销售税费等费用）；C 为客观开发利润。

基本技术步骤为：

(1) 选择最佳的开发利用方式；

(2) 估计开发建设期；

(3) 预测开发完成后的房地产价值；

(4) 估算建设成本、管理费用、利息、销售税费和开发利润；

(5) 运用公式求算剩余价格。

考虑到估价对象有一定的自持限制，在此基础上对土地评估结果再进行相应的自持因素修正。

2. 确定土地最佳利用方式

根据产权方的说明，估价对象拟建设养老公寓。但根据《××市国有建设用地使用权出让合同》第十五条，"本合同项下出让宗地涉及商业、办公用途的，办公地块不得建设公寓式办公，商业地块未经约定不得建设公寓式酒店"。考虑到估价对象立项建设时均以商业、办公用途报批，未取得政府批准建设养老公寓，且养老类型房产涉及非公益性和公益性两种，两者经营模式、价格水平差异巨大，基于谨慎原则，本报告未按照产权方说明的养老用途房产进行评估。本报告仅按正常的商业、办公用途进行评估。

根据产权方提供的《技术经济指标表》，估价对象各类型房屋实际建设状况如附表 4-7 所示。

附表 4-7　估价对象实际建设状况

序号	部位	用途	楼层	建筑面积/平方米	备注
1	4# 沿街商业	商业	1 层	1 560	可售，计容
2	1# 商业	商业	1～3 层	4 000	自持，计容
3	3# 酒店	商业	9 层	9 560	自持，计容
4	2#，4#，5#，6# 办公	办公	12 层	60 480	自持、可售，计容
5	公建配套用房	公建配套	1～2 层	3 607.46	不可售，不计容
6	出屋面楼梯间面积	公建配套		774.05	不可售，不计容
7	地下一层商业	商业	地下一层	2 000	自持

（续表）

序号	部位	用途	楼层	建筑面积/平方米	备注
8	地下一层车库	特种用房	地下一层	23 150.54	689 个车位，自持、可售
9	地下单体交通核	特种用房	地下一层	517.95	不可售
合计				105 650	

估价对象周边基本为住宅、商业配套设施，估价对象土地用途符合区域发展需要，故按规划设计条件进行开发可以达到最有效利用。

3. 确定不动产总价

估价对象包括商业（沿街商业店铺、小区内商业、酒店）、办公楼、车库，根据周边类似用途房产调查，确定对商业、办公楼、车库采用市场比较法进行评估。

（1）商业房地产价格测算

估价对象商业主要包括 1 层沿街商业店铺、小区内 3 层商场和 9 层酒店。1 层沿街商业店铺紧邻××路，总面积 1 560 平方米，面积大小可分割，主要以小面积为主。1 层沿街商业店铺价格采用比较法进行评估，其余商业房产通过楼层、部位、面积大小进行修正。

① 案例选择及说明

比较实例与估价对象各因素及其条件说明详见附表 4-8。

附表 4-8　因素条件说明（店铺）

		估价对象	实例 A	实例 B	实例 C
地址		××乡××街坊××丘 1 层商业	××镇××路××弄××号 1 层 106 室店铺	××镇××路××弄××号 1 层 124 室店铺	××镇××路××弄××号 1 层 120 室店铺
单价（元/平方米）			25 012	26 000	24 000
交易日期		2019-11-8	2018-3-20	2019-6-17	2019-7-4
交易情况		评估价	一手房成交价	一手房成交价	一手房成交价
区位状况	位置条件	位置一般	位置较好	位置一般	位置一般
	交通条件	交通便捷程度一般	交通便捷程度一般	交通不大便捷	交通不大便捷
	商业繁华度	商服繁华程度一般	商业比较繁华	商服繁华程度较差	商服繁华程度较差
	基础设施	保障率较高	保障率较高	保障率较高	保障率较高
	客流量	客流量较小	客流量一般	客流量较小	客流量较小
	楼层	1 层	1 层	1 层	1 层
	临路条件	一般商业道路	一般商业道路	一般商业道路	一般商业道路

（续表）

		估价对象	实例 A	实例 B	实例 C
实物状况	建筑结构	钢混	钢混	钢混	钢混
	建筑面积	50～100 平方米	149.93 平方米	53.17 平方米	81.97 平方米
	开发品质	开发品质一般	开发品质一般	开发品质一般	开发品质一般
	进深面宽比	2.5～3.0	2.5～3.0	2.5～3.0	2.5～3.0
	成新率	2019 年	2012 年	新建	新建
	装修	毛坯	毛坯	毛坯	毛坯
	建筑层高	4 米左右	4 米左右	4 米左右	4 米左右
权益状况	权属性质	完全产权	完全产权	完全产权	完全产权
	使用年限	剩余年期 37.8 年	剩余年期 35 年左右	剩余年期 35 年左右	剩余年期 35 年左右

② 编制比较因素条件指数表

比较因素条件指数表见附表 4-9。

附表 4-9　比较因素条件指数(店铺)

		估价对象	实例 A	实例 B	实例 C
地址		××乡××街坊××丘 1 层商业	××镇××路××弄××号 1 层 106 室店铺	××镇××路××弄××号 1 层 124 室店铺	××镇××路××弄××号 1 层 120 室店铺
单价(元/平方米)			25 012	26 000	24 000
市场状况调整		100	97	100	100
交易情况修正		100	100	100	100
区位状况调整		100	109	95.5	95.5
其中	位置条件	100	103	100	100
	交通条件	100	100	98.5	98.5
	商业繁华度	100	103	97	97
	基础设施	100	100	100	100
	客流量	100	103	100	100
	楼层	100	100	100	100
	临路条件	100	100	100	100
实物状况调整		100	97	100	100

（续表）

		估价对象	实例 A	实例 B	实例 C
其中	建筑结构	100	100	100	100
	开发品质	100	100	100	100
	建筑面积	100	98	100	100
	进深面宽比	100	100	100	100
	成新率	100	99	100	100
	装修	100	100	100	100
权益状况调整		100	100	100	100
其中	权属性质	100	100	100	100
	使用年限	100	100	100	100

③ 商业房地产单价测算

在各因素条件指数表的基础上，进行比较实例估价日期修正、交易情况修正、区域因素、个别因素及其他因素的修正，计算得出各修正价格，见附表 4-10。

附表 4-10　因素比较修正系数计算(店铺)

	实例 A	实例 B	实例 C
坐落	××镇××路××弄××号 1 层 106 室店铺	××镇××路××弄××号 1 层 124 室店铺	××镇××路××弄××号 1 层 120 室店铺
单价(元/平方米)	25 012	26 000	24 000
市场状况调整	100/97	100/100	100/100
交易情况修正	100/100	100/100	100/100
区位状况调整	100/109	100/95.5	100/95.5
实物状况调整	100/97	100/100	100/100
权益状况调整	100/100	100/100	100/100
调整后单价(元/平方米)	24 388	27 225	25 131
权重值	1/3	1/3	1/3
评估单价(元/平方米)	25 581		

三个比准价格差异不大，故取三个比准价格的简单算术平均值作为比较法评估估价对象 1 层沿街店铺的评估均价，即：

$$(24\ 388+27\ 225+25\ 131)/3=25\ 581(\text{元/平方米}),$$

取整为 25 580 元/平方米。

楼层修正：根据调查，该地区 2 层店铺价格一般为 1 层店铺价格的 65%，3 层店铺为 1 层的 50%。因此 1～3 层店铺较一层店铺修正系数为 72%。

估价对象 1# 楼不直接临街，位于地块内部，临路修正系数为－20%。因此，1# 商业均价为：25 580×72%×(1－20%)＝14 734(元/平方米)。

地下一层商业：地下一层商业主要位于 1# 楼下，楼层修正系数为 40%。即地下一层商业单价为：25 580×(1－20%)×40%＝8 186(元/平方米)。

(2) 办公楼价格测算

① 案例选择及说明

比较实例与估价对象各因素及其条件说明详见附表 4-11。

附表 4-11 因素条件说明(办公楼)

		估价对象	实例 A	实例 B	实例 C
地址		××乡××街坊××丘办公楼	××区××镇××路××弄 2 号 308 室	××区××镇××路××弄 16 号 815 室	××区××镇××路××弄 7 号 509 室
单价(元/平方米)			18 465	14 191	14 701
交易日期		2019-11-8	2019-7-2	2019-3-3	2019-2-28
交易情况		评估价	二手房成交价	一手房成交价	一手房成交价
区位状况	位置条件	××区××镇，位置一般	××明区××镇，位置较好	××区××镇××新城，位置较好	××区××镇××新城，位置较好
	交通条件	交通便捷程度一般	交通便捷程度一般	交通便捷程度一般	交通便捷程度一般
	商业繁华度	商服繁华程度一般	商业繁华程度较差	商服繁华程度一般	商业比较繁华
	基础设施	保障率较高	保障率较高	保障率较高	保障率较高
	环境质量	环境较好	环境好	环境较好	环境一般
	楼层	6 层/12 层	3 层	8 层	5 层
实物状况	建筑结构	钢混	钢混	钢混	钢混
	建筑面积	50～100 平方米	57.46 平方米	35.62 平方米	56.82 平方米
	开发品质	开发品质一般	开发品质较好	开发品质一般	开发品质一般
	房屋用途	办公	办公	办公	办公
	成新率	2019 年	2016 年	九成新	2016 年
	装修	毛坯	精装修	毛坯	毛坯
	建筑层高	3 米左右	3 米左右	3 米左右	3 米左右
	朝向	朝南	朝南	朝南	朝南
权益状况	权属性质	完全产权	完全产权	完全产权	完全产权
	使用年限	剩余年期 47.8 年	剩余年期 45 年左右	剩余年期 45 年左右	剩余年期 45 年左右

② 编制比较因素条件指数表

比较因素修正指数表见附表 4-12。

附表 4-12　比较因素修正指数(办公楼)

		估价对象	实例 A	实例 B	实例 C
地址		××乡××街坊××丘办公楼	××区××镇××路××弄 2 号 308 室	××区××镇××路××弄 16 号 815 室	××区××镇××路××弄 7 号 509 室
单价(元/平方米)			18 465	14 191	14 701
交易日期		100	100	100	100
交易情况		100	100	100	100
区位状况	位置条件	100	103	103	103
	交通条件	100	100	100	100
	商业繁华度	100	97	100	103
	基础设施	100	100	100	100
	环境质量	100	102	100	98
	楼层	100	98	100	100
实物状况	建筑结构	100	100	100	100
	建筑面积	100	100	102	100
	开发品质	100	105	100	100
	房屋用途	100	100	100	100
	成新率	100	99	99	99
	装修	100	105	100	100
	建筑层高	100	100	100	100
	朝向	100	100	100	100
权益状况	权属性质	100	100	100	100
	使用年限	100	100	100	100

③ 房地产单价测算

在各因素条件指数表的基础上，进行比较实例估价日期修正、交易情况修正、区域因素、个别因素及其他因素的修正，计算得出各修正价格，详见附表 4-13。

附表 4-13　因素比较修正系数计算(办公楼)

	实例 A	实例 B	实例 C
坐落	××区××镇××路××弄 2 号 308 室	××区××镇××路××弄 16 号 815 室	××区××镇××路××弄 7 号 509 室
单价(元/平方米)	18 465	14 191	14 701
市场状况调整	100/100	100/100	100/100

（续表）

	实例 A	实例 B	实例 C
交易情况修正	100/100	100/100	100/100
区位状况调整	100/100	100/103	100/104
实物状况调整	100/109	100/101	100/99
权益状况调整	100/100	100/100	100/100
调整后单价(元/平方米)	16 940	13 641	14 278
权重值	1/3	1/3	1/3
评估单价(元/平方米)	14 953		

即，估价对象办公楼平均评估单价为：14 953 元/平方米。

(3) 酒店价格测算

估价对象有一幢 9 层酒店，按室内毛坯房设定，建筑品质与办公楼相似，考虑到酒店面积一般不分割，其价格参照办公楼价格下浮 10%，为：14 953×90%=13 458(元/平方米)。

(4) 车位价格测算

根据调查，该地区地下车位销售价格约 8 万～16 万元/个。如：××路××弄"××花苑"××号地下 1 层 179 号、215 号、4 号、5 号车位，2017 年 7 月至 2018 年 3 月成交价格为 8 万元。估价对象车位价格按 80 000 元/个计算。

××镇××路××弄"××佳苑"××号车库地下 1 层车位 256 室，2018 年 7 月成交价格 15 万元。

考虑到估价对象为商办项目，车位配比充足，车位价格按上述下限 8 万元/个计算。

(5) 不动产总价

根据前述分析，估价对象不动产总价计算详见附表 4-14。

附表 4-14　房地产开发价格计算

序号	部位	用途	楼层	建筑面积/平方米	评估价格/(元/平方米)	评估总价/万元	备注
1	4# 沿街商业	商业	1 层	1 560	25 580	3 990	
2	1# 商业	商业	1～3 层	4 000	14 734	5 894	
3	3# 酒店	商业	9 层	9 560	13 458	12 866	
4	2#，4#，5#，6# 办公	办公	12 层	60 480	14 953	90 436	
5	公建配套用房	公建配套	1～2 层	3 607.46	0	0	不可售
6	出屋面楼梯间面积	公建配套		774.05	0	0	不可售
7	地下一层商业	商业	地下一层	2 000	8 186	1 637	

（续表）

序号	部位	用途	楼层	建筑面积/平方米	评估价格/(元/平方米)	评估总价/万元	备注
8	地下一层车库	特种用房	地下一层	23 150.54	80 000 元/车位	5 512	689个车位
9	地下单体交通核	特种用房	地下一层	517.95	0	0	不可售
合计				105 650		120 335	

4. 建设成本

建设成本包括建筑安装工程费、前期费用、基础设施建设费、公共配套设施建设费、其他工程费和开发期间税费。

(1) 建筑安装工程费

根据产权方提供的建筑设计说明，同时参考该地区类似多层商铺、小高层办公楼、地下商业、地下车库的造价水平，确定估价对象地上建筑建安造价为 3 000 元/平方米，地下商业、车库造价为 3 220 元/平方米。估价对象建安造价和成本详见附表 4-15、附表 4-16。

附表 4-15　房屋建安造价计算

类型	基础	结构	安装工程费	装修工程	合计(元/平方米)
地上建筑	350	1 800	370	480	3 000
地下室	350	2 200	370	300	3 220

附表 4-16　房屋建安成本计算

序号	部位	用途	楼层	建筑面积/平方米	建安造价(元/平方米)	建安总价/万元
1	4#沿街商业	商业	1层	1 560	3 000	468
2	1#商业	商业	1～3层	4 000	3 000	1 200
3	3#酒店	商业	9层	9 560	3 000	2 868
4	2#,4#,5#,6#办公	办公	12层	60 480	3 000	18 144
5	公建配套用房	公建配套	1～2层	3 607.46	3 000	1 082
6	出屋面楼梯间面积	公建配套		774.05	3 000	232
7	地下一层商业	商业	地下一层	2 000	3 220	644
8	地下一层车库	特种用房	地下一层	23 150.54	3 220	7 454
9	地下单体交通核	特种用房	地下一层	517.95	3 220	167
合计				105 650	3 053	32 259

（2）前期费

包括勘察费、设计费、审图费、项目建议书编制费、项目可行性研究编制费、项目节能评估报告编制费、环境影响评价费、勘察招标代理费、设计招标代理费、施工招标代理费、施工监理招标代理费、全过程造价控制费、施工人员综合保险费、施工监理费和政府规费等。

据××市商办建设项目投资估算的一般标准和结合估价对象建设规模，前期费取为建筑安装工程费的5%左右。

前期费＝32 259×5%＝1 613(万元)。

（3）基础设施建设费

包括城市基础设施配套费和专业配套费用。

① 城市基础设施配套费：根据《关于调整本市城市基础设施配套费征收标准和使用范围的通知》的第二条，配套费征收标准由住宅建筑面积每平方米320元调整为430元，估价对象为商业、办公用途，城市基础设施配套费参考住宅大市政配套费，取430元/平方米。

城市基础设施配套费＝75 600×430＝3 251(万元)。

② 专业配套费用

包含供电、燃气、供水、电话和有线电视等，约为280元/平方米。

专业配套费用＝75 600×280＝2 117(万元)。

基础设施建设费合计为：3 251＋2 117＝5 368万元。

（4）公共配套设施建设费

包含绿化工程、道路、硬地、广场、室外消防、路灯、地下综合管线、区域内雨污水管及围墙等，根据其他已建工程暂估约为150元/平方米。按计容建筑面积计算。

公共配套设施建设费＝75 600×150＝1 134(万元)。

（5）其他工程费

其他工程费主要包含工程项目后期费用，如竣工图编制费、竣工档案编制费、环卫基金、土地证、大产证登记费、图纸费和建筑面积实测费等，参照其他已建工程暂估，约为42元/平方米。

其他工程费＝105 650×42＝444(万元)。

（6）开发期间税费

考虑到上述(1)～(5)项为含税价格，故(1)～(5)项开发期间税费不再单独考虑。

建设成本＝建筑安装工程费＋前期费用＋基础设施建设费＋公共配套设施建设费＋其他工程费＋开发期间税费

＝32 259＋1 613＋5 368＋1 134＋444＋0

＝40 818(万元)。

5. 管理费

包括项目建设所需的项目管理人员工资和办公等费用，根据××市商办建设项目投资估算的一般标准，费率一般为建设成本的3%～5%，结合估价对象特点和投资规模，管理费率取3%。

管理费=40 818×3%=1 225(万元)。

6. 利息

根据估价对象开发规模，预计开发周期为2年，贷款利率以银行1～3年期贷款利率4.75%计，考虑财务成本，贷款利率取6%，建设费用在建设期内平均支付。

按相关政策规定，出让土地使用权交易过户必须交纳契税，其比例为中标地价的3%。

$$
\begin{aligned}
\text{贷款利息} &= (\text{建设成本}+\text{管理费})\times[(1+6\%)^{2/2}-1]+(\text{土地价格}+\text{买地税费})\times[(1+6\%)^{2}-1] \\
&= (40\ 818+1\ 225)\times[(1+6\%)^{2/2}-1]+(\text{土地价格}+\text{买地税费})\times[(1+6\%)^{2}-1] \\
&= 2\ 523+0.123\ 6\times1.03\times\text{土地价格}。
\end{aligned}
$$

7. 开发利润

估价对象为商办项目，在开发过程中必然存在着投资利润，该利润也是土地开发利用效益的一种体现，包括建设投资的合理利润和土地投资及开发的增值。

根据2018年国内65家上市房地产开发企业1～3季度财务报告数据，结合我公司所做的“房地产开发行业利润率研究课题报告”，测算平均销售利润率约14%左右。估价对象所在区域规划前景尚可，本项目利润率取销售价格的14%。

$$
\begin{aligned}
\text{开发利润} &= \text{销售价格}\times\text{利润率} \\
&= 120\ 335\times14\% \\
&= 16\ 847(\text{万元})。
\end{aligned}
$$

8. 销售费用

主要为广告、销售代理，根据调查，××市销售费用一般为销售价格的2%左右，则：

$$
\begin{aligned}
\text{销售费用} &= \text{开发完成后的不动产总价}\times2.0\% \\
&= 120\ 335\times2.0\% \\
&= 2\ 407(\text{万元})。
\end{aligned}
$$

9. 税费

包括增值税及附加、印花税、买地契税。

(1) 增值税及附加：2016年5月1日起××市全面实施“营改增”。一般纳税人销售其2016年4月30日前自建的不动产，适用简易计税方法，以取得的全部价款和价外费用为销售额，按照5%的征收率计算应纳税额。估价对象为2016年5月1日以后的新建项目，考虑到抵扣项目计算复杂，根据测算，项目最终的增值税及附加与简易计税方法计算相差不大，因此本报告采用简易计税方法。

城市维护建设税为增值税税额的7%；教育费附加为增值税税额的3%；地方教育费附加为增值税税额的2%，合计12%。

增值税及附加＝含税销售额/(1＋税率)×税率(含附加)
＝120 335/(1＋5%)×5.6%
＝6 418(万元)。

(2) 印花税

印花税按销售收入的0.05%计算。

印花税＝120 335×0.05%＝60(万元)。

(3) 土地契税

按相关政策规定，出让土地使用权交易过户必须交纳契税，比例为中标地价的3%。

税费＝增值税及附加＋印花税＋买地契税
＝6 418＋60＋土地价格×3%
＝6 478＋土地价格×3%。

10. 土地价格

土地价格＝不动产总价－建设成本－管理费－利息－开发利润－销售费用－销售税费
＝120 335－40 818－1 225－(2 523＋0.123 6×1.03×土地价格)－16 847－2 407－6 478－土地价格×3%。

根据上式计算得出：

土地价格＝43 236(万元)。

按项目计容面积计算楼面地价＝43 236/75 600＝5 719(元/平方米)。

根据《××市国有建设用地使用权出让合同》，估价对象为商业、办公综合用地，办公比例约80%、商业比例约20%。其中商业中的80%需自持20年以上，办公中的40%需自持20年以上。

根据××市规划和国土资源管理局《关于发布实施〈××市经营性用地物业持有条件地价评估技术规则〉、〈工业用地容积率修正系数〉的通知》，估价对象所在土地级别为商业十级、办公十级，根据文件中持有条件地价系数修正系数表，十级商业自持20年修正系数为0.8016，十级办公自持20年修正系数为0.8369，估价对象自持因素修正系数合计为：

20%×80%×0.8016＋20%×20%×1＋80%×40%×0.8369＋80%×60%×1＝0.9161。

考虑自持因素后假设开发法评估楼面地价为：5 719×0.9161＝5 239(元/平方米)。

五、估价结果的确定

比较法评估楼面地价为6 530元/平方米，假设开发法评估楼面地价为5 239元/平方米。两种方法评估结果相差较大，考虑到比较法更能反映土地市场行情，比较法权重取

60%、假设开发法权重取40%，取两种方法测算结果的加权平均值作为估价对象的评估价格较为合理

估价对象楼面地价=6 530×60%+5 239×40%=6 014(元/平方米)

根据《××市国有建设用地使用权出让合同》，估价对象地下经营性建筑面积为20 000平方米(其中地下一层商业2 000平方米、地下一层车库18 000平方米)。根据批准的《建设工程规划许可证》，地下商业实际面积为2 000平方米，地下一层车库面积为23 668.49平方米，车库超面积5 668.49平方米。

根据《××市地下建设用地使用权出让规定》，地下建设用地使用权价格按照“鼓励开发、分层利用、区分用途、地下与地上相协调”的原则确定。地下一层基本价格以基准地价为依据，按照与同类用途、相应级别地上建设用地使用权基准地价的一定比例确定(附表4-17)。

附表4-17 地下一层基本价格与地上基准地价比例关系

级别		1	2	3	4	5	6	7	8	9	10
地下工程用途	依据的基准地价用途										
商业	商业	50%	50%	50%	50%	40%	40%	20%	20%	20%	20%
办公	办公	20%	20%	20%	15%	15%	15%	10%	10%	10%	10%
工业、仓储、研发、教育、文化、医疗等	工业、仓储、研发、教育、文化、医疗等	15%	15%	15%	15%	10%	10%	6%	6%	6%	6%
项目配套设施(含住宅套内地下室)	项目用途	10%	10%	10%	10%	6%	6%	3%	3%	3%	3%
单建停车库	商业	10%	10%	10%	10%	6%	6%	3%	3%	3%	3%
结建停车库	项目用途	10%	10%	10%	10%	6%	6%	3%	3%	3%	3%

注：地下二层按照地下一层的50%确定，地下三层及以下按照上一层的60%确定。

因此地下一层车库价格按地上综合价格的3%计算。

地下车库超面积需补缴出让金约：5 668.49×6 014×3%=102.27(万元)

估价对象土地总价=6 014×2.0×37 800−1 022 700=45 363.57(万元)

由此可得：

楼面地价为：45 363.57/75 600=6 000(元/平方米)

土地单价为：6 000×2.0=12 000(元/平方米)

土地总价为：12 000+37 800=45 360(万元)

附 件

附件1：待估宗地地理位置示意图

附件2：评估对象现状照片

附件 3:《不动产权证书》
附件 4:《建设用地规划许可证》
附件 5:《××市国有建设用地使用权出让合同》
附件 6:《建设工程规划许可证》
附件 7:《建筑工程施工许可证》
附件 8:《××市房地产登记簿》
附件 9:《××项目详细规划总平面图》(含技术经济指标表)
附件 10:土地估价机构营业执照
附件 11:土地估价机构资质证书
附件 12:土地估价师资质证书
(以上均为复印件)

参 考 文 献

[1] GB/T 50291—2015,房地产估价规范[S].
[2] GB/T 50898—2013,房地产估价基本术语标准[S].
[3] 赵小虹,赵财富.房地产估价[M].上海:同济大学出版社,2014.
[4] 柴强.房地产估价[M].北京:首都经济贸易大学出版社,2016.
[5] 戴学珍.房地产估价教程[M].北京:清华大学出版社,2017.
[6] 张红日.房地产估价[M].北京:清华大学出版社,2016.
[7] 施建刚.房地产开发与管理[M].3 版.上海:同济大学出版社,2014.
[8] 王旭育.房地产开发与管理实验教程[M].上海:同济大学出版社,2018.
[9] 刘洪玉.房地产开发经营与管理[M].北京:中国建筑工业出版社,2009.
[10] 刘洪玉.房地产开发[M].北京:首都经济贸易大学出版社,2006。
[11] 史贵镇.房地产估价案例与分析[M].北京:机械工业出版社,2017.
[12] 廖俊平,陆克华,唐晓莲,等.房地产估价案例与分析[M].北京:中国建筑工业出版社,2009.
[13] 中华人民共和国住房和城乡建设部.全国房地产评估师执业资格考试大纲[M].北京:中国建筑工业出版社,2015.
[14] 唐建新,周娟.资产评估教程[M].北京:清华大学出版社,2012.
[15] 俞明轩.房地产估价[M].北京:中国人民大学出版社,2012.
[16] 李龙.房地产估价理论与实务[M].北京:北京大学出版社,2012.
[17] 陈琳,谭建辉.房地产项目投资分析[M].北京:清华大学出版社,2015.
[18] 张永岳.房地产经济学[M].北京:高等教育出版社,2011.
[19] 张红.房地产经济学[M].北京:清华大学出版社,2006.
[20] 战松.房地产估价[M].大连:大连理工大学出版社,2013.
[21] 黄晔,胡芳珍.房地产估价[M].北京:北京大学出版社,2009.
[22] 卢新海.房地产估价——理论与实务[M].上海:复旦大学出版社,2010.
[23] 沈良峰.房地产估价[M].北京:北京大学出版社,2012.
[24] 美国估价学会.房地产估价词典[M].北京:中国城市出版社,2007.
[25] 肖历一.房地产批量评估技术的应用分析[J].中国房地产,2016(09):31-36.
[26] 郭振华.我国房地产批量评估技术研究[D].北京:首都经济贸易大学,2013.